L.1264.
G.49.d.1.

COLLECTION
DES MÉMOIRES

RELATIFS

A L'HISTOIRE DE FRANCE.

MÉMOIRES DE GRÉGOIRE DE TOURS. TOME I.

IMPRIMERIE DE A. BELIN.

COLLECTION
DES MÉMOIRES

RELATIFS

A L'HISTOIRE DE FRANCE,

DEPUIS LA FONDATION DE LA MONARCHIE FRANÇAISE JUSQU'AU 13ᵉ SIÈCLE ;

AVEC UNE INTRODUCTION, DES SUPPLÉMENS, DES NOTICES
ET DES NOTES ;

Par M. GUIZOT,
PROFESSEUR D'HISTOIRE MODERNE A L'ACADÉMIE DE PARIS.

A PARIS,

CHEZ J.-L.-J. BRIERE, LIBRAIRE,
RUE SAINT-ANDRÉ-DES-ARTS, N°. 68.

1823.

HISTOIRE
DES FRANCS,

PAR

GRÉGOIRE DE TOURS.

NOTICE

SUR

GRÉGOIRE DE TOURS.

———

Du cinquième au douzième siècle, le clergé presque seul a écrit l'histoire. C'est que seul il savait écrire, a-t-on dit. Il y en a encore une autre raison, et plus puissante peut-être. L'idée même de l'histoire ne subsistait, à cette époque, que dans l'esprit des ecclésiastiques; eux seuls s'inquiétaient du passé et de l'avenir. Pour les barbares brutaux et ignorans, pour l'ancienne population désolée et avilie, le présent était tout; de grossiers plaisirs ou d'affreuses misères absorbaient le temps et les pensées; comment ces hommes auraient-ils songé à recueillir les souvenirs de leurs ancêtres, à transmettre les leurs à leurs descendans? Leur vue ne se portait point au-delà de leur existence personnelle; ils vivaient concentrés dans la passion, l'intérêt, la souffrance ou le péril du moment. On a tort de croire que, dans les premiers temps surtout, le clergé seul sût écrire; la civilisation romaine n'avait pas disparu tout à coup; il restait, dans les cités, des laïques naguères riches, puissants, lettrés, d'illustres sénateurs, comme les appelle Grégoire de Tours. Mais ceux-là même tombèrent bientôt dans le plus étroit, le plus apathique égoïsme. A l'aspect de leur pays ravagé, de leurs monumens détruits, de leurs propriétés enlevées, au milieu de cette instabilité violente et de cette dévastation sauvage, tout sentiment un peu élevé, toute idée un peu étendue s'évanouit; tout intérêt pour le passé ou l'avenir cessa : ceux qui étaient vieux et usés crurent à la fin du monde; ceux qui étaient jeunes et actifs prirent parti, les uns dans l'Église, les autres parmi les barbares eux-mêmes. Le clergé seul, confiant en ses croyances et investi de quelque force, continua de mettre un grand prix à ses souvenirs, à ses espérances; et comme seul il avait des pensées qui ne se renfermaient pas dans le présent, seul il prit plaisir à raconter à d'autres générations ce qui se passait sous ses yeux.

De tous les monumens qu'il nous a transmis sur ce long et sombre chaos, le plus important est, à coup sûr, *l'histoire ecclésiastique des Francs* de Grégoire de Tours; titre singulier [1] et

[1] Un assez grand nombre de manuscrits portent pour titre *His-*

qui révèle le secret de l'état social à cette époque. Ce n'est pas l'histoire distincte de l'Église, ce n'est pas non plus l'histoire civile et politique seule qu'a voulu retracer l'écrivain ; l'une et l'autre se sont offertes en même temps à sa pensée, et tellement unies qu'il n'a pas cru pouvoir les séparer. Le clergé et les Francs, c'était alors en effet toute la société, la seule du moins qui prît vraiment part aux événemens et pût prétendre à une histoire. Le reste de la population vivait et mourait misérable, inactif, ignoré.

L'origine de Grégoire de Tours semblait le vouer à l'Église ; la famille de sa grand'mère Léocadie, l'une des plus considérables du Berry, avait donné au christianisme Vettius Epagatus, l'un des premiers et des plus illustres martyrs des Gaules ; son père Florentius et sa mère Armentaria descendaient l'un et l'autre de S. Grégoire, évêque de Langres ; il avait pour grand oncle S. Nicet [1], évêque de Lyon, et pour oncle S. Gal, évêque de Clermont ; tous les souvenirs

---

toria Francorum, ou *Gesta Francorum*; quelques-uns même simplement *Chronicæ*; mais les plus anciens sont intitulés *Historia ecclesiastica Francorum*, et le début du second livre indique clairement que tel est en effet le titre que Grégoire de Tours a dû donner à son ouvrage.

[1] Ou S. Nizier.

de ses ancêtres se rattachaient aux épreuves ou aux triomphes de la foi; et, lorsqu'il naquit en Auvergne le 30 novembre 539, sa famille y était depuis long-temps distinguée par les grandeurs religieuses et mondaines. La naissance d'un frère nommé Pierre et d'une sœur dont on ignore le nom, avait précédé la sienne; mais soit que la renommée qu'il acquit plus tard ait rejailli sur son enfance, soit qu'en effet on eût remarqué en lui de bonne heure un penchant peu commun pour l'étude et la piété, tout indique qu'il fut, dès ses jeunes ans, l'objet de la prédilection et des espérances de tous ses parens. Il reçut en naissant les noms de George et de Florentius, son grand père et son père, et les a inscrits lui-même en tête de ses ouvrages; ce fut seulement lorsqu'il parvint à l'évêché de Tours, que, d'après l'usage du temps, il prit le nom du plus illustre de ses ancêtres, S. Grégoire, évêque de Langres, son bisaïeul. Son père mourut peu après sa naissance; mais sa mère, femme d'un mérite distingué, à ce qu'il paraît, se voua avec passion à l'éducation d'un fils dont la faible complexion alarmait chaque jour sa tendresse, et dont les dispositions précoces promettaient à son orgueil maternel les plus douces joies. Les familles romaines n'avaient pas encore perdu tout souvenir d'un temps, non plus heureux pour le peuple en général, mais moins barbare et qui laissait quelque éclat aux anciennes grandeurs; elles mettaient encore du prix à la science, aux lettres, à la gloire polie et humaine. L'Église seule leur offrait quelques moyens d'y parvenir. Le jeune Grégoire fut confié aux soins de son oncle S. Gal, alors évêque d'Auvergne; son grand oncle, S. Nicet, évêque de Lyon, s'occupa aussi de ses progrès et de son avenir. S. Avite, successeur de S. Gal, lui porta la même affection. S. Odon, abbé de Cluni, au dixième siècle, et qui a écrit sa vie, raconte avec complaisance les marques de dévotion fervente que donnait Grégoire encore enfant, et les miracles opérés en faveur de sa santé sur le tombeau de S. Hillide. Mais il semble que la guérison ne fut jamais que momentanée; car, dans un nouvel accès de maladie, le jeune homme, déjà ordonné diacre, se fit transporter à Tours, sur le tombeau de S. Martin, alors la gloire des Gaules et l'objet de sa vénération particulière. Dans ce voyage, les citoyens de Tours le prirent en grande estime; son esprit était animé, son caractère doux, son instruction plus étendue que celle de la plupart des prêtres, et il l'avait dirigée avec ardeur vers les sciences sacrées : « Je ne m'occupe point, dit-il lui-même, « de la fuite de Saturne, ni de la colère de Ju- « non, ni des adultères de Jupiter; je méprise « toutes ces choses qui tombent en ruines, et « m'applique bien plutôt aux choses divines, aux « miracles de l'Évangile. » Le peuple partageait ce sentiment; c'était celui des meilleurs hommes de l'époque, de tous ceux qui conservaient quelque énergie morale, quelque goût vraiment actif pour le développement intellectuel; et lorsque le jeune Florentius retourna en Auvergne après avoir été guéri par l'intervention de S. Martin, il laissa le peuple comme le clergé de Tours pleins d'admiration pour la sainteté de son langage, de sa vie et de son savoir.

Il en reçut bientôt la preuve la plus éclatante. En 573, pendant un voyage qu'il fit, on ne sait pourquoi, à la cour de Sigebert roi d'Austrasie, auquel appartenait l'Auvergne, Euphronius, évêque de Tours, vint à mourir; et d'une voix unanime, dit le biographe, le clergé et le peuple élurent à sa place Grégoire absent et âgé seulement de trente-quatre ans. Des députés partirent aussitôt pour aller solliciter du roi Sigebert la confirmation de ce choix. Grégoire hésita; l'abbé de Cluni l'affirme du moins : sa jeunesse et sa mauvaise santé l'effrayaient ; mais Sigebert et la reine Brunehault joignirent leurs sollicitations à celles des députés ; il accepta, fut sacré par Ægidius (Gilles), évêque de Rheims, le 22 août 573, et partit aussitôt pour son évêché.

C'est dans les monumens du siècle, et surtout dans Grégoire de Tours lui-même, qu'il faut apprendre ce qu'était alors l'existence d'un évêque, quel éclat, quel pouvoir, mais aussi quels travaux et quels périls y étaient attachés. Tandis que la force avide et brutale errait incessamment sur le territoire, réduisant les pauvres à la servitude, les riches à la pauvreté, détruisant aujourd'hui les grandeurs qu'elle avait créées hier, livrant toutes choses aux hasards d'une lutte toujours imminente et toujours imprévue, c'était dans quelques cités fameuses, près du tombeau de leurs saints, dans le sanctuaire de leurs églises, que se réfugiaient les malheureux de toute condition, de toute origine, le Romain dépouillé de ses domaines, le Franc poursuivi par la colère d'un roi ou la vengeance d'un ennemi, des bandes de laboureurs fuyant devant des bandes de barbares, toute une population qui n'avait plus ni lois à réclamer, ni magistrats à invoquer, qui ne trouvait plus nulle part, pour son repos et sa vie, sûreté ni protection. Dans les églises seulement quelque ombre de droit subsistait encore et la force se sentait saisie de quelque respect. Les évêques n'avaient, pour défendre cet unique asile des faibles, que l'autorité de leur mission, de leur langage, de leurs censures; il fallait qu'au nom seul de la foi, ils réprimassent des vainqueurs féroces ou rendissent quelque énergie à de misérables vaincus. Chaque jour ils éprouvaient l'insuffisance de ces moyens; leur richesse excitait l'envie, leur résistance, le courroux; de fréquentes attaques, de grossiers outrages venaient les menacer ou les interrompre dans les cérémonies saintes; le sang coulait dans les églises, souvent celui de leurs prêtres, même le leur. Enfin ils exerçaient la seule magistrature morale qui demeurât debout au milieu de la société bouleversée, magistrature, à coup sûr, la plus périlleuse qui fût jamais.

Beaucoup d'évêques étaient fort loin de se montrer dignes d'une situation si difficile et si haute; il n'est aucun désordre, aucun crime dont on ne rencontre, dans l'histoire du clergé de cette époque, d'effroyables exemples. Mais Grégoire de Tours fut de ceux qui s'en scandalisaient et quelquefois les reprenaient vertement. Je ne redirai point ici les événemens de sa vie religieuse et politique; il les a racontés dans son histoire. On y verra que, soit qu'il s'agît de défendre ou le clergé en général, ou lui-même, ou les priviléges de son église, ou les proscrits qui s'y étaient réfugiés, soit qu'il fût appelé à maintenir ou à rétablir la paix dans sa ville, soit qu'il intervînt comme négociateur tour à tour employé par les divers rois Francs, il ne manqua ni de prudence ni de courage. On s'est étonné de sa superstition, de sa crédulité, de son ignorance, de son ardeur contre les hérétiques; il faut bien plutôt s'étonner de ce qu'il ne s'est point attribué à lui-même le don des miracles qu'il accordait à tant d'autres, de ses efforts pour s'instruire, de la douceur qu'il témoigna souvent, même aux brigands qui avaient pillé son église et aux Ariens ou aux Juifs que ses argumens n'avaient pas convertis. Peu d'ecclésiastiques de son temps, il est aisé de s'en convaincre, avaient une dévotion, je ne dirai pas aussi éclairée, mais moins aveugle, et tenaient, en ce qui touchait à l'Église, une conduite aussi modérée. On lui a reproché la confusion de son histoire, les fables absurdes dont elle est semée, sa partialité pour les rois orthodoxes, quels que soient leurs forfaits, et tous ces reproches sont légitimes ; mais il n'est aucun de ses contemporains qui ne les mérite encore davantage, aucun qui, à tout prendre, ait agi avec autant de droiture, étudié avec autant de soin, et donné, dans ses écrits et sa vie, autant de preuves de bon sens, de justice et d'humanité.

Aussi obtint-il constamment, dans le cours de son épiscopat, l'affection du peuple de Tours et la considération des rois Barbares. Il faut bien se servir des termes qui répondent aux sentimens qu'éprouvaient alors les hommes, et qu'ils ont employés eux-mêmes, quelque emphatiques qu'ils nous paraissent aujourd'hui. Grégoire de Tours fut vénéré comme un des plus saints évêques, et admiré comme une des lumières de l'Église. Le voyage que, selon l'abbé de Cluni, il fit à Rome, en 592 ou 594, pour voir le pape S. Grégoire-le-Grand, est fort douteux, car il n'en a parlé nulle part ; mais le récit du biographe n'en prouve pas moins quel éclat conservaient encore au dixième siècle son nom et sa mémoire. « Ar-
« rivé devant le pontife, dit-il, il s'agenouilla et
« se mit en prières ; le pontife, qui était d'un
« sage et profond esprit, admirait en lui-même
« les secrètes dispensations de Dieu qui avait dé-

« posé, dans un corps si petit et si chétif, tant
« de grâces divines. L'évêque, intérieurement
« averti, par la volonté d'en haut, de la pensée
« du pontife, se leva, et le regardant d'un air tran-
« quille : *c'est le Seigneur qui nous a faits*, dit-
« il, *et non pas nous-même ; il est le même dans
« les grands et dans les petits*. Le saint pape,
« voyant qu'il répondait ainsi à son idée, le prit
« encore en plus grande vénération, et eut tant à
« cœur d'illustrer le siége de Tours qu'il lui fit
« présent d'une chaire d'or qu'on conserve en-
« core dans cette église. »

Grégoire était en effet de très-petite taille et sa mauvaise santé dura toute sa vie. Deux mois après son élévation à l'épiscopat, il fut atteint d'une maladie si grave que sa mère, malade elle-même et qui s'était retirée en Bourgogne, se hâta d'accourir, malgré les fatigues et les périls du voyage, auprès de son fils chéri. L'intervention de S. Martin réussit seule à guérir le nouvel évê-que, qui bien des fois encore fut obligé d'y avoir recours. Enfin, le 17 novembre 593 [1], les mira-cles même devinrent inefficaces ; l'évêque de Tours mourut à 54 ans, après 20 ans et quelques mois d'épiscopat, et fut élevé au nombre des saints.

[1] Selon M. Lévesque de La Ravalière, et 595 selon dom Ruinart.

Il laissait, en mourant, de nombreux ouvrages dont il avait pris soin de dresser lui-même la liste, et qui, à l'exception de quatre, sont parvenus jusqu'à nous ; en voici la liste et le sujet :

1°. *L'Histoire Ecclésiastique des Francs.*

2°. Un traité *de la Gloire des Martyrs*, recueil de légendes en cent sept chapitres, consacré au récit des miracles des martyrs.

3°. Un traité *des Miracles de S. Julien*, martyr à Brioude en Auvergne, en cinquante chapitres.

4°. Un traité *de la Gloire des Confesseurs*, en cent douze chapitres.

5°. Un traité *des Miracles de S. Martin de Tours*, en quatre livres.

6°. Un recueil intitulé, *Vies des Pères*, en vingt chapitres, et qui contient l'histoire de vingt-deux saints ou saintes de l'Église gallicane.

7°. Un traité *des Miracles de S. André*, sur l'authenticité duquel on a élevé quelques doutes qui paraissent mal fondés.

Les ouvrages perdus sont :

1°. Un *Commentaire sur les Psaumes.*

2°. Un traité *sur les Offices de l'Église.*

3°. Une préface que Grégoire de Tours avait mise en tête d'un *traité des Messes* de Sidoine Apollinaire.

4°. Une traduction latine du martyre des sept Dormans.

Enfin on a attribué à Grégoire de Tours plusieurs écrits qui ne sont pas de lui.

De tous ces ouvrages, et malgré quelques faits ou quelques détails sur l'esprit et les mœurs du temps, épars dans les recueils de légendes, *l'histoire ecclésiastique des Francs* est le seul qui soit demeuré pour nous important et curieux. Tout porte à croire que ce fut le dernier travail de l'auteur ; son récit s'étend jusqu'en 591, époque voisine de sa mort, et presque tous ses autres ouvrages y sont cités, tandis que *l'histoire des Francs* ne l'est dans aucun. Elle est divisée en dix livres. Le premier, résumé absurde et confus de l'histoire ancienne et universelle du monde, serait aussi dépourvu d'intérêt que de vérité chronologique s'il ne contenait quelques détails sur l'établissement du christianisme dans les Gaules ; détails de peu de valeur, il est vrai, quant à l'histoire des événemens, mais qui peignent naïvement, et quelquefois avec charme, l'état des esprits et des mœurs ; peu d'anecdotes de ce temps sont plus touchantes, plus poétiques même que celle des deux Amans : ce livre finit à la mort de S. Martin de Tours, en 397. Le second

livre s'étend de la mort de S. Martin à celle de
Clovis 1er., c'est-à-dire, de l'an 397 à l'an 511.
Le troisième, de la mort de Clovis 1er. à celle
de Théodebert 1er., roi d'Austrasie, de l'an 511
à l'an 547. Le quatrième, de la mort de Théodebert 1er. à celle de Sigebert 1er., roi d'Austrasie, de l'an 547 à l'an 575. Le cinquième
comprend les cinq premières années du règne de
Childebert II, roi d'Austrasie, de l'an 575 à l'an
580. Le sixième finit à la mort de Chilpéric,
en 584. Le septième est consacré à l'année 585.
Le huitième commence au voyage que fit le roi
Gontran à Orléans, au mois de juillet 585, et finit
à la mort de Leuvigild, roi d'Espagne, en 586.
Le neuvième s'étend de l'an 587 à l'an 589. Le
dixième enfin s'arrête à la mort de S. Yrieix, abbé
en Limousin, c'est-à-dire, au mois d'août 591 [1].
L'ouvrage entier comprend ainsi, à partir de la
mort de S. Martin, un espace de cent soixante-
quatorze ans; les cinquante-deux dernières années sont celles auxquelles l'historien avait assisté.

[1] Malgré l'enchaînement chronologique des dix livres de *l'histoire des Francs*, il s'en faut beaucoup que les événemens y
soient bien classés et toujours rapportés à leur vrai temps; il y
règne au contraire une extrême confusion, et l'on rencontre sans
cesse, dans chaque livre, des récits qui devraient appartenir aux
livres antérieurs ou postérieurs.

Tout indique qu'il écrivit son histoire à deux reprises différentes ; plusieurs manuscrits ne contiennent que les six premiers livres, et ce sont les seuls que connût Frédégaire lorsque, dans le siècle suivant, il entreprit un abrégé des chroniqueurs qui l'avaient précédé. Il est donc probable que les quatre derniers livres furent composés après la publication des premiers ; peut-être même ne furent-ils répandus qu'après la mort de l'auteur. Cependant leur authenticité n'est pas moins certaine.

Imprimée pour la première fois à Paris, en 1561, l'*Histoire des Francs* l'a été fort souvent depuis ; je ne dirai rien des nombreux travaux d'érudition et de critique dont elle a été l'objet ; ils ont été reproduits et résumés avec le plus grand soin dans l'édition qui fait partie du *Recueil des historiens des Gaules et de la France*, et dont nous avons adopté le texte. Deux traductions françaises de l'ouvrage de Grégoire de Tours ont été publiées, l'une, en 1610, par Claude Bonnet, avocat au parlement de Grenoble, l'autre, en 1688, par l'abbé de Marolles. Elles sont l'une et l'autre extrêmement fautives, et la première est souvent plus inintelligible que l'original.

La meilleure ou plutôt la seule bonne édition

des œuvres complètes de Grégoire de Tours est celle que publia dom Ruinart, en 1699, in-folio. La préface est pleine de savantes recherches.

Les deux dissertations les plus complètes et les plus exactes sur la vie et les écrits de notre historien, sont : 1°. celle qui se trouve dans le tome 3°. de l'*Histoire littéraire de la France*, par les Bénédictins (page 372 — 397); 2°. un mémoire de M. Lévesque de La Ravalière dans la *Collection des mémoires de l'Académie des inscriptions et belles-lettres*, tome 26, page 598 — 637.

F. G.

PRÉFACE

DE GRÉGOIRE DE TOURS.

La culture des lettres et des sciences libérales dépérissant, périssant même dans les cités de la Gaule; au milieu des bonnes et des mauvaises actions qui y étaient commises, pendant que les barbares se livraient à leur férocité et les rois à leur fureur; que l'Église était attaquée par les hérétiques et défendue par les catholiques; que la foi chrétienne, fervente dans la plupart des cœurs, était, dans quelques autres, tiède et languissante; que les Églises étaient tour à tour enrichies par les hommes pieux et dépouillées par les infidèles, il ne s'est rencontré aucun grammairien, habile dans l'art de la dialectique, qui ait entrepris de décrire ces choses soit en prose, soit en vers. Aussi beaucoup d'hommes gémissaient disant : « Malheur à nos jours! l'étude « des lettres périt parmi nous, et on ne trouve « personne qui puisse raconter dans ses écrits les « faits d'à présent. » Voyant cela, j'ai jugé à propos de conserver, bien qu'en un langage inculte, la mémoire des choses passées, afin qu'elles arrivent à la connaissance des hommes à venir. Je n'ai pu taire ni les querelles des méchans ni la vie des gens de bien. J'ai été surtout excité par ce que j'ai souvent entendu dire à mes contemporains, que peu d'hommes comprennent un rhéteur philosophe, tandis que la parole d'un homme simple et sans art se fait entendre d'un grand nombre. Il m'a plu aussi de commencer ce livre par le calcul des années qui se sont écoulées depuis l'origine du monde; c'est pourquoi j'ai ajouté les chapitres suivans.

MÉMOIRES
DE
GRÉGOIRE DE TOURS.

HISTOIRE DES FRANCS.

LIVRE PREMIER.

Me disposant à écrire les guerres des rois avec les nations ennemies, celles des martyrs avec les païens, et de l'Église avec les hérétiques, je veux auparavant exposer ma profession de foi, afin que ceux qui me liront ne doutent pas que je suis catholique. Une autre raison, l'opinion de ceux qui se désolent de l'approche de la fin du monde, me détermine aussi à recueillir, dans les chroniques et les histoires, le nombre des années déjà passées, afin qu'on sache clairement combien il s'en est écoulé depuis le commencement du monde. Je réclamerai d'abord l'indulgence du lecteur si je me suis écarté, dans le style ou dans les mots, des règles de la grammaire dont je ne suis pas très-bien instruit. Je me suis seulement appliqué à bien retenir, avec simplicité et sans doute de cœur, ce dont l'Église prêche la croyance, car je sais que l'homme, sujet aux péchés, peut obtenir grâce par une foi pure auprès de notre clément Seigneur.

Je crois donc en Dieu père tout-puissant; je crois en Jésus-Christ son fils unique, notre Seigneur Dieu, né du Père et non créé; je crois qu'il a toujours été avec le père, non depuis un temps, mais avant tous les temps; car on ne pourrait appeler celui-ci père s'il n'avait pas de fils, ni celui-ci fils s'il n'avait pas de père. Je rejette avec exécration ceux qui disent : *Il était quand il n'était pas,* etc. et j'affirme qu'ils sont rejetés de l'Église. Je crois que le Christ est le Verbe du Père, par qui toutes choses ont été faites. Je crois que ce Verbe a été fait chair et que, par sa Passion, il a racheté le monde. Je crois que son humanité et non sa divinité a été soumise à la Passion. Je crois qu'il ressuscita le troisième jour, qu'il délivra l'homme perdu, qu'il monta dans les cieux où il est assis à la droite du Père, et qu'il viendra pour juger les vivans et les morts. Je crois que le Saint-Esprit procède du Père et du Fils, qu'il ne leur est pas inférieur, qu'il existait en même temps. Je crois qu'il est Dieu égal au Père et au Fils, étant d'une même nature, d'une omnipotence égale, d'une essence coéternelle, de telle sorte qu'il n'a jamais été sans le Père et le Fils, et qu'il n'est inférieur ni à l'un ni à l'autre. Je crois que cette sainte Trinité subsiste dans la distinction des personnes, et qu'autre est la personne du Père, autre celle du Fils, autre celle du Saint-Esprit. Dans cette Trinité, je confesse un seul Dieu, une seule puissance et une seule essence. Je crois à la bienheureuse Marie, vierge avant l'enfantement et vierge après. Je crois à l'immortalité de l'ame; mais je ne crois pas qu'elle ait une part de divinité. Je crois fidèlement à tout ce qui a été établi par les trois cent dix-huit évêques du concile de Nicée. Je pense, sur la fin du monde, ce que j'ai appris de mes anciens. L'antechrist d'abord introduira la circoncision, affirmant qu'il est le Christ; ensuite il placera sa statue pour qu'on l'adore dans le temple de Jérusalem, comme nous lisons que l'a dit le Seigneur : « Vous verrez que l'abomination de la « désolation sera dans le lieu saint[1]. » Mais le Seigneur lui-même montre par ces paroles que tous les hommes ignorent cette heure : « Quant à ce jour-là ou à cette « heure, nul ne la sait, ni les anges qui sont dans « le ciel, ni le Fils, mais le Père seul[2]. » Nous répondrons ici aux hérétiques qui affirment que le Fils est inférieur au Père puisqu'il ignore ce jour; qu'ils sachent donc que le Fils ici nommé est le peuple chrétien, duquel Dieu a dit : « Je serai votre père, et vous « serez mes fils et mes filles[3]. » S'il avait voulu parler de son fils unique, il n'eût jamais mis les anges auparavant, car il dit : « Ni les anges qui sont dans le ciel « ni le Fils; » ce qui fait voir que ces paroles se rapportent, non à son fils unique, mais à son peuple adoptif. Notre fin à nous, c'est le Christ lui-même qui, par son immense bonté, nous accordera la vie éternelle, si nous avons recours à lui.

Eusèbe, évêque de Césarée, et le prêtre Jérôme, dans leurs chroniques, parlent clairement du calcul des années du monde, et en expliquent le nombre. Orose, après de laborieuses recherches, a calculé aussi le nombre des années depuis le commencement du monde jusqu'à son temps. Victor, cherchant l'ordre

---

[1] Évang. sel. S. Mathieu, chap. 24, v. 15.
[2] Évang. sel. S. Marc, chap. 13, v. 32.
[3] II⁰ Épit. de S. Paul aux Corinth., chap. 6, v. 18.

de la fête de Pâques, a fait le même travail. Suivant l'exemple de ces auteurs, nous avons le dessein, si Dieu daigne nous prêter son secours, de calculer le nombre des années qui se sont écoulées depuis la naissance du premier homme jusqu'à nos jours. Nous le ferons plus aisément en commençant par Adam.

Au commencement Dieu créa dans son Christ, qui est le principe de toutes choses, c'est-à-dire dans son Fils, le ciel et la terre. Après avoir créé les élémens du monde, il prit une motte d'un fragile limon et en forma l'homme à son image et à sa ressemblance; il souffla dans sa structure l'esprit et la vie, et l'homme fut formé en ame vivante. Pendant qu'il dormait, Dieu lui ôta une côte dont il forma Ève. Il est hors de doute que ce premier homme, Adam, avait, avant qu'il eût péché, les traits du Seigneur notre Rédempteur. Car pendant que Notre-Seigneur était plongé lui-même dans le sommeil de la Passion, de l'eau et du sang s'écoulèrent de son côté, et il produisit l'Église vierge et immaculée, rachetée par ce sang, purifiée par cette eau, n'offrant ni tache ni ride, c'est-à-dire purgée de toute tache et de toute ride par la vertu du baptême et de la croix. Ces deux premières créatures humaines, qui vivaient heureusement au milieu des délices du Paradis, séduites par la ruse du serpent, transgressèrent les préceptes divins, et, chassées de ce séjour céleste, elles furent jetées dans les fatigues du monde.

La femme conçut de son mari, et enfanta deux fils. Dieu ayant accueilli avec bienveillance le sacrifice de l'un, l'envie s'empara de l'autre qui, devenant le premier parricide par l'effusion du sang fraternel, se jeta sur son frère, le vainquit et le tua.

Toute la race se précipita dans des crimes exécrables, excepté Énoch-le-Juste, qui, marchant dans les voies de Dieu, fut, à cause de sa justice, enlevé par le Seigneur lui-même du milieu de ce peuple de pécheurs; car nous lisons : « Énoch marcha avec Dieu, « et il ne parut plus parce que Dieu l'enleva [1]. »

Le Seigneur, irrité des iniquités du peuple qui ne marchait pas dans ses voies, envoya le déluge et fit périr, par une inondation, toutes les créatures vivantes sur la face de la terre. Il conserva seulement dans l'arche, pour renouveler le genre humain, Noé, qui lui était resté fidèle et reproduisait son image, avec sa femme et celles de ses trois fils. Ici les hérétiques nous demandent avec reproche pourquoi l'Écriture-Sainte a dit que le Seigneur s'était mis en colère. Qu'ils sachent donc que Notre-Seigneur ne se met pas en colère comme l'homme ; il s'émeut pour effrayer, il chasse pour rappeler, il s'irrite pour corriger. Je ne doute pas que l'image de cette arche ne représente celle de l'Église notre mère ; l'Église naviguant au milieu des flots et des écueils de ce monde, nous recueille dans son sein maternel pour nous préserver des maux qui nous menacent, et nous couvre de ses bras et de sa protection tutélaire.

D'Adam à Noé on compte dix générations, Adam, Seth, Énoz, Caïnan, Malaléel, Jared, Énoch, Mathusalem, Lamech, Noé. Pendant ces dix générations, on trouve mille deux cent quarante-deux ans. Le livre de Josué raconte clairement qu'Adam fut enterré dans la terre de Chanaan, appelée auparavant Hébron.

[1] Genèse, chap. 5, v. 24.

Après le déluge, Noé avait trois fils, Sem, Cham et Japhet. Ils donnèrent tous trois naissance à des nations, comme le dit l'ancienne histoire; c'est d'eux que le genre humain est sorti pour se disperser sous la face du ciel. Le premier né de Cham fut Chus, qui, par l'insinuation du diable, inventa le premier tout l'art de la magie et l'idolâtrie. Le premier aussi, par l'instigation du diable, il construisit une statue pour l'adorer. Par un faux miracle, il faisait voir aux hommes le feu et les étoiles tombant du ciel. Il passa chez les Perses qui l'appelèrent Zoroastre, c'est-à-dire étoile vivante. Ayant pris de lui la coutume d'adorer le feu, ils l'adorent lui-même comme un Dieu, et disent qu'il fut consumé par le feu divin.

Pendant que les hommes qui s'étaient multipliés se dispersaient par toute la terre, il y en eut qui, sortis de l'Orient, trouvèrent les fertiles campagnes de Sennaar. Y ayant bâti une ville, ils s'efforcèrent d'élever une tour qui touchât aux cieux. Dieu mettant la confusion dans leur vain projet, aussi bien que dans leurs langues, les dispersa dans le vaste univers. La ville fut nommée Babel, c'est-à-dire confusion, parce que Dieu avait mis de la confusion dans leur langage. Ce fut Babylone, bâtie par le géant Nembrod, fils de Chus, selon l'histoire d'Orose; elle fut construite en forme de carré dans une magnifique plaine. Son mur, bâti de brique et de bitume, avait cinquante coudées de large, deux cents de haut, et quatre cent soixante-dix stades de circuit. Un stade a cinq arpens. Il y a sur chaque côté vingt-cinq portes, ce qui fait en tout cent. Les battans de ces portes étaient d'une grandeur extraordinaire, et fondus en airain. Le même historien donne beaucoup d'autres détails sur cette ville, et ajoute : « Cet édifice si pompeux fut cependant vaincu et renversé. »

Le premier fils de Noé était Sem, duquel naquit Abraham à la dixième génération ; c'est-à-dire Noé, Sem, Arphaxad, Salé, Héber, Phaleg, Reü, Sarug et Tharé [1], qui engendra Abraham. Pendant ces dix générations, c'est-à-dire depuis Noé jusqu'à Abraham, on trouve neuf cent quarante-deux ans. Dans ce temps régna Ninus, qui fit bâtir une ville nommée Ninive, à laquelle le prophète Jonas assigne une étendue de trois journées de chemin. C'est dans la quarante-troisième année du règne de Ninus que naquit Abraham. C'est à Abraham qu'a commencé notre foi ; il reçut les promesses de Dieu, et le Christ Notre-Seigneur lui fit connaître, au moment où fut changée la victime de son sacrifice, qu'il naîtrait et souffrirait pour nous, car il dit lui-même dans l'Évangile : « Abraham « a désiré avec ardeur de voir mon jour, il l'a vu, et « il en a été rempli de joie [2]. » Sévère raconte, dans sa chronique, qu'Abraham offrit son holocauste sur le mont Calvaire, où le Seigneur fut crucifié. On rapporte que c'est là encore aujourd'hui l'opinion générale dans la ville même de Jérusalem. Sur cette montagne fut plantée la croix sainte où notre Rédempteur fut attaché, et d'où coula son bienheureux sang. Abraham reçut le signe de la circoncision ; ce qui fait voir que ce qu'il portait sur le corps nous devons le porter dans notre cœur, car le prophète dit : « Ayez soin de vous

---

[1] Entre Sarug et Tharé, la Genèse (chap. II, v. 23, 24) place Nachor.
[2] Évang. sel. S. Jean, chap. 8, v. 56.

« circoncire pour votre Dieu, et de circoncire votre
« cœur¹. » Et : « ne suivez point les dieux étrangers². »
Et aussi : « Tout étranger incirconcis de cœur et de
« chair n'entrera point dans mon sanctuaire³. » Dieu,
après avoir ajouté une syllabe au nom d'Abraham⁴, le
nomma le père d'un grand nombre de nations.

A l'âge de cent ans, il engendra Isaac. Isaac, dans
la soixantième année de son âge, eut deux fils de Rébecca. Le premier était Ésaü, qu'on appelle aussi
Édom, c'est-à-dire fait de terre, et qui vendit son
droit d'aînesse par gourmandise. Il est le père des Iduméens : Jobab en descendit à la quatrième génération ;
c'est-à-dire Ésaü, Rahuel, Zara et Jobab, qui engendra Job. Celui-ci vécut deux cent quarante-neuf ans :
dans sa quatre-vingtième année, il fut délivré de ses
infirmités ; après cette guérison, il vécut cent soixante-dix ans, ayant retrouvé au double toutes ses richesses,
et il eut le bonheur de se voir entouré d'autant de fils
qu'il en avait perdu.

Le second fils d'Isaac fut Jacob, chéri de Dieu,
comme il le dit par le prophète : « J'ai aimé Jacob,
« mais j'ai haï Ésaü⁵. » Depuis sa lutte contre l'ange
il fut appelé Israël, et c'est de lui que naquirent
les Israélites. Il engendra douze patriarches, dont
voici les noms : Ruben, Siméon, Lévi, Juda, Issachar,
Zabulon, Dan, Nephthali, Gad, et Aser. Après ceux-ci, il eut Joseph, de Rachel, dans la quatre-vingt-

---

¹ Deutéronome, chap. 11, v. 16.
² Jérémie, chap. 35, v. 15.
³ Ézéchiel, chap. 44, v. 9.
⁴ Abraham au lieu d'Abram.
⁵ Malachie, chap. 1, v. 2, 3.

douzième année de son âge. Il aima ce fils par-dessus les autres. Il eut aussi de Rachel Benjamin, qui fut le dernier de tous. Joseph, âgé de seize ans, et ressemblant à l'image du Rédempteur, eut un songe qu'il raconta à ses frères : il crut voir qu'il liait des gerbes, que les gerbes de ses frères adoraient ; et ensuite, que le soleil et la lune avec onze étoiles tombaient devant lui. Ces choses allumèrent fortement contre lui la haine de ses frères. C'est pourquoi, enflammés de jalousie, ils le vendirent pour vingt pièces d'argent à des Ismaélites qui allaient en Égypte. La famine les pressant, les frères de Joseph se rendirent en Égypte où ils ne reconnurent pas Joseph, qui les reconnut. Après leur avoir fait subir beaucoup d'épreuves et s'être fait amener Benjamin qui était né de sa mère Rachel, Joseph se découvrit à eux. Ensuite tous les Israélites vinrent en Égypte, où Joseph les fit jouir de la faveur de Pharaon. Après avoir donné la bénédiction à ses fils, Jacob mourut en Égypte et fut enterré dans la terre de Chanaan, dans le tombeau de son père Isaac. Après la mort de Joseph, Pharaon réduisit en servitude toute la race des Israélites. Après les dix plaies d'Égypte, elle fut délivrée par Moïse, et Pharaon se noya dans la Mer Rouge.

Comme plusieurs auteurs ont beaucoup parlé du passage de cette Mer, je juge à propos de dire ici quelque chose de la situation de cet endroit, et du passage même. Le Nil, comme on le sait très-bien, parcourt toute l'Égypte et l'arrose dans son cours ; c'est pour cela que les Égyptiens sont aussi appelés habitans du Nil. Un grand nombre de voyageurs disent que les bords du fleuve sont couverts maintenant de saints monastères. Sur son rivage est bâtie une ville nommée Babylone, mais qui n'est pas cette Babylone dont nous avons parlé plus haut [1]. Joseph y fit construire des greniers d'un travail étonnant, et bâtis en pierres carrées et en moellons. Ils sont spacieux dans le bas et resserrés dans le haut, de telle sorte qu'on y jette les grains par un petit trou. On voit encore aujourd'hui ces greniers [2]. Ce fut de cette ville que le roi partit avec une armée de guerriers en char, et un grand nombre de fantassins pour poursuivre les Hébreux. Le fleuve ci-dessus nommé, venant de l'orient, va se jeter à l'occident dans la Mer Rouge. A l'occident, s'avance un étang ou un bras de la Mer Rouge qui va contre l'orient, et a environ cinquante milles de long et dix-huit de large. A l'extrémité de cet étang, une ville, nommée Clysma, a été bâtie non en raison de la fertilité du lieu, car il n'en est pas de plus stérile, mais à cause du port. Les vaisseaux qui arrivent de l'Inde s'y arrêtent à cause de la commodité de ce port. Les Hébreux ayant marché par le désert vers cet étang, s'avancèrent jusqu'à la mer, et, ayant trouvé de l'eau douce sur le rivage, ils y établirent leur camp. Ils s'arrêtèrent dans ce lieu resserré entre le désert et la mer, comme le rapporte l'Écriture : « Pharaon, apprenant qu'ils étaient embarrassés en des lieux étroits et renfermés par le désert [3], » et qu'ils n'avaient aucun chemin pour s'échapper, marcha vers eux pour les poursuivre. A son approche, le peuple s'adressa à grands cris à Moïse. Celui-ci, par l'ordre de Dieu, ayant étendu

---

[1] C'est le Caire.

[2] Grégoire de Tours veut parler sans doute des Pyramides.

[3] Exode, chap. 14, v. 3.

sa baguette sur la mer, elle se divisa : et les Hébreux passant à pied sec, et, comme dit l'Écriture, « entourés « des eaux comme d'un mur [1]; » et, ayant Moïse à leur tête, arrivèrent sains et saufs à l'autre rivage, qui est vis-à-vis le mont Sinaï, tandis que l'armée des Égyptiens fut submergée. J'ai dit plus haut qu'il y avait beaucoup de récits de ce passage ; mais nous avons appris la vérité par le témoignage des hommes savans qui sont allés sur les lieux mêmes, et c'est ce que nous insérerons ici. Ils disent que les sillons qu'avaient faits les roues des chars subsistent encore aujourd'hui, et qu'on les aperçoit dans le fond de la mer, autant que la vue peut percer. Si quelque mouvement de la mer vient à les couvrir un peu, lorsqu'elle s'apaise par la volonté de Dieu, ils reparaissent comme ils étaient auparavant. D'autres disent que les Israélites, après avoir fait dans la mer un tour peu étendu, revinrent à la même rive d'où ils étaient partis ; d'autres affirment qu'ils passèrent tous par un seul chemin, et quelques-uns qu'un chemin s'ouvrit pour chaque tribu, à l'appui de quoi ils apportent le témoignage du psaume : « Il a séparé la Mer Rouge en sentiers; » il faut entendre ces mots selon l'esprit et non selon la lettre ; car il y a dans ce monde, qu'on appelle figurément une mer, un grand nombre de sentiers ; tous les hommes ne peuvent pas passer à la vie éternelle au même moment ni par un seul chemin. Les uns passent à la première heure; ce sont ceux que le baptême a fait renaître, et qui peuvent persister jusqu'à la fin de la vie terrestre sans aucune souillure de la chair : d'autres passent à la

---

[1] Exode, chap. 14, v. 22.

troisième heure ; ce sont ceux qui se convertissent dans un âge plus avancé : d'autres à la sixième heure ; ce sont ceux qui répriment la passion de la débauche ; et à ces diverses heures, comme dit l'Évangéliste, ils travaillent, selon leur propre foi, à la vigne du Seigneur. Tels sont les sentiers par lesquels on passe cette mer. Quant à ce que, étant allés jusque dans la mer, les Israélites revinrent où ils s'étaient arrêtés d'abord auprès de l'étang, c'est que Dieu dit à Moïse : « Qu'ils « retournent et qu'ils campent devant Phihahiroth, « qui est entre Magdala et la mer, vis-à-vis de Beelse- « phon[1]. » Il est hors de doute que ce passage de la mer et la colonne de nuée sont l'image de notre baptême, puisque le saint apôtre Paul dit : « Or vous ne devez pas « ignorer, mes frères, que nos pères ont été tous sous « la nuée, qu'ils ont tous été baptisés sous la conduite « de Moïse dans la nuée et dans la mer[2]. » La colonne de feu est l'image du Saint-Esprit.

Depuis la naissance d'Abraham jusqu'à la sortie des Israélites de l'Égypte ou le passage de la Mer Rouge, qui arriva la quatre-vingtième année de Moïse, on compte quatre cent soixante-deux ans.

De là les Israélites demeurèrent quarante ans dans le désert où ils reçurent des lois, furent éprouvés et vécurent d'une nourriture céleste ; ensuite, après avoir reçu la loi, ils passèrent le Jourdain avec Josué, et prirent possession de la Terre promise.

Après la mort de Josué, les Hébreux, méprisant les préceptes divins, furent souvent réduits en servi-

---

[1] Exode, chap. 14, v. 2.
[2] Ire Épît. de S. Paul aux Corinth., chap. 10, v. 1, 2.

tude par les nations étrangères. Mais, lorsqu'ils se convertissaient et gémissaient, Dieu leur donnait des hommes courageux dont le bras les délivrait. Ensuite demandant au Seigneur un roi, à l'exemple des autres nations et par l'entremise de Samuel, ils en reçurent d'abord Saül, et ensuite David.

Depuis Abraham jusqu'à David on compte quatorze générations, Abraham, Isaac, Jacob, Juda, Pharès, Esron, Aram, Aminadab, Naasson, Salmon, Booz, Obed, Jessé et David, qui eut Salomon de Bersabée. Salomon fut élevé au trône par le prophète Nathan, son frère et sa mère.

A la mort de David, Salomon ayant commencé à régner, le Seigneur lui apparut, et lui promit de lui accorder ce qu'il demanderait. Le roi, méprisant les richesses terrestres, préféra la sagesse. Cette demande plut tellement au Seigneur qu'il lui dit : « Parce que
« vous n'avez point desiré que je vous donnasse, ni un
« grand nombre d'années, ni de grandes richesses,
« ni la vie de vos ennemis; mais que vous m'avez
« demandé la sagesse, pour discerner ce qui est
« juste, j'ai déjà fait ce que vous m'avez demandé,
« et je vous ai donné un cœur si plein d'intelligence,
« qu'il n'y a jamais eu d'homme avant vous qui vous
« ait égalé, et qu'il n'y en aura point après vous qui
« vous égale [1]; » ce qui fut confirmé par le jugement que le roi rendit sur ces deux femmes qui se disputaient un enfant. Salomon bâtit, au nom du Seigneur, un temple admirable, orné de beaucoup d'or, d'argent, d'airain et de fer, en sorte que quel-

---

[1] Rois, liv. 3, chap. 3, v. 11, 12.

ques-uns disent qu'il n'y a jamais eu dans le monde un semblable édifice.

Depuis la sortie des fils d'Israël de l'Égypte jusqu'à la construction du Temple, qui eut lieu la septième année du règne de Salomon, on trouve quatre cent quatre-vingts ans, comme l'atteste l'histoire des Rois.

Après la mort de Salomon le royaume fut divisé en deux parties, à cause de l'iniquité de Roboam. Il resta à Roboam deux tribus, ce qui fut appelé royaume de Juda; et Jéroboam en eut dix, qui furent appelées royaume d'Israël. Ensuite ils s'adonnèrent à l'idolâtrie, et ne purent être rappelés ni par les oracles de leurs prophètes, ni par leur mort, ni par les désolations de la patrie, ni par la ruine même de leurs rois; tant qu'enfin le Seigneur, irrité contre eux, suscita Nabuchodonosor qui les emmena captifs en Babylone, avec tous les ornemens du temple. Le prophète Daniel, qui resta sain et sauf parmi des lions affamés, et les trois jeunes hommes qui demeurèrent couverts de rosée au milieu des flammes, subirent cette captivité, pendant laquelle prophétisa Ézéchiel et naquit le prophète Esdras.

Depuis David jusqu'à la ruine du Temple et la captivité en Babylone, on compte quatorze générations, c'est-à-dire David, Salomon, Roboam, Abias, Asa, Josaphat, Joram, Ozias, Joatham, Achaz, Ézéchias, Manassé, Amon, Josias. Pendant ces quatorze générations on trouve trois cent soixante-un ans.

Les Israélites furent délivrés de cette captivité par Zorobabel, qui ensuite rétablit le temple et la ville. Cette captivité est, je crois, l'image de la captivité où est retenue l'ame pécheresse, et qui la fera vivre dans un horrible exil si elle n'est délivrée par Zorobabel, c'est-à-dire par le Christ. Le Seigneur le dit lui-même dans l'Évangile : « Si le Fils vous met en liberté, « vous serez véritablement libres¹. » Qu'il daigne, je l'en supplie, se construire en nous-mêmes un temple où il vienne habiter, où la foi brille comme l'or, où l'éloquence de la sainte prédication éclate comme l'argent, et où tous les ornemens du temple visible reluisent dans la tempérance de nos sens et l'honnêteté de notre vie ! Que le Seigneur accorde à notre bonne intention de salutaires effets ; car, « si le Seigneur ne « bâtit une maison, c'est en vain que travaillent ceux « qui la bâtissent². » On dit que cette captivité dura soixante-seize ans.

Ramenés dans leur patrie par Zorobabel, tantôt murmurant contre Dieu, tantôt se prosternant aux pieds des idoles ou faisant des abominations, imitant les actions des Gentils, et méprisant les prophètes de Dieu, les Israélites furent envahis, subjugués et massacrés par les Gentils jusqu'à ce que le Seigneur, annoncé par la voix des prophètes et des patriarches, conçu dans le sein de la Vierge Marie par l'opération du Saint-Esprit, daignât naître pour racheter cette nation ainsi que toutes les autres.

Depuis le retour à Jérusalem jusqu'à la naissance de Jésus-Christ on compte quatorze générations, c'est-à-dire : Jéchonias, Salathiel, Zorobabel, Abiud, Eliacim, Azor, Sadoc, Achim, Éliud, Éléazar, Mathan, Jacob, Joseph, époux de Marie qui enfanta Notre

---

¹ Évang. sel. S. Jean, chap. 8, v. 36.
² Psaume, 126, v. 1.

Seigneur Jésus-Christ; Joseph est le quatorzième.

Pour ne pas avoir l'air de ne connaître que la seule nation des Hébreux, nous parlerons des autres royaumes, et dirons quels ils furent et dans quel temps de l'histoire des Israélites ils subsistèrent. Du temps d'Abraham, Ninus régnait sur les Assyriens; Europs sur les Sicyoniens : chez les Égyptiens était alors la seizième domination que, dans leur langue, ils appelaient dynastie. Du temps de Moïse, les Argiens avaient pour septième roi Tropas; Cécrops était le premier roi de l'Attique; les Égyptiens avaient pour douzième roi Cenchris, qui fut submergé dans la Mer Rouge; le seizième roi des Assyriens était Agatade; Marate occupait le trône des Sicyoniens du temps de Salomon, lorsqu'il régnait sur Israël. Sylvius était le cinquième roi des Latins ; Festus celui des Lacédémoniens; Oxion était le deuxième roi des Corinthiens; Théphei, roi des Égyptiens. Dans la cent vingt-sixième année, Eutrope régnait sur les Assyriens, Agasaste était le second roi des Athéniens. Lorsqu'Amon régnait sur les Juifs, quand ils furent emmenés en captivité en Babylonie, Argée était roi des Macédoniens; Gygès, roi des Lydiens; Vafrès, roi d'Égypte, et Nabuchodonosor, qui emmena les Israélites captifs, était roi de Babylone : Servius Tullius était le sixième roi de Rome.

Après eux vinrent les empereurs; le premier fut Jules César, qui s'empara du pouvoir dans tout l'Empire; le second fut Octave, neveu de Jules César, et qu'on nomme aussi Auguste, d'où on nomma un mois Auguste. Dans la dix-neuvième année de son règne, on trouve clairement la fondation de Lyon, ville des

Gaules, qu'on nomma dans la suite très-noble, à cause de l'illustration que lui donna le sang des martyrs.

Dans la quarante-troisième année du règne d'Auguste, naquit, selon la chair, Notre Seigneur Jésus-Christ, conçu, comme nous l'avons dit, par la Vierge Marie dans la ville de Bethléem. Les Mages, ayant vu de l'Orient une grande étoile, se rendirent auprès de lui avec des présens, et, après avoir déposé leurs dons, ils adorèrent humblement l'enfant. Hérode, par crainte pour son royaume, s'efforçant d'atteindre le Dieu-Christ, fit périr tous les petits enfans. Il ne tarda pas à être frappé lui-même du jugement de Dieu.

Notre Seigneur Dieu Jésus-Christ prêche la pénitence, accorde la grâce du baptême, promet à toutes les nations le royaume des cieux, et fait, au milieu du peuple, des prodiges et des miracles: c'est-à-dire qu'il change l'eau en vin, qu'il guérit les fiévreux, rend la lumière aux aveugles, fait renaître les morts à la vie, délivre des esprits immondes ceux qui en sont obsédés, et guérit la peau dégoûtante des malheureux lépreux. Pendant qu'il opérait ces miracles, ainsi que beaucoup d'autres, il prouva clairement aux peuples qu'il était Dieu ; ce qui alluma la colère des Juifs, excita leur haine, et leur esprit, nourri du sang des prophètes, médita méchamment de faire périr le Juste.

Pour que les oracles des anciens prophètes fussent accomplis, Jésus-Christ fut livré par un de ses disciples, condamné injustement par les pontifes, insulté par les Juifs, crucifié avec des larrons, et, après avoir rendu l'ame, son corps fut gardé par des soldats. Pendant que ces choses se passaient, des ténèbres se répandirent sur le monde entier, et un grand nombre d'hommes, s'étant convertis avec gémissement, confessèrent Jésus fils de Dieu.

Joseph, qui avait embaumé d'aromates le corps de Jésus et l'avait renfermé dans son tombeau, fut arrêté et mis dans une prison, où il fut gardé par les chefs mêmes des prêtres, qui, comme on le voit par les rapports que Pilate envoya à l'empereur Tibère, l'avaient en plus grande haine que le Seigneur lui-même, puisqu'il fut gardé par des prêtres, tandis que Jésus ne l'avait été que par des soldats. A la résurrection du Seigneur, une vision d'anges ayant effrayé les gardes qui ne le trouvaient plus dans le tombeau, pendant la nuit les murs de la prison qui renfermait Joseph furent enlevés en l'air, et un ange, après avoir délivré le prisonnier, remit les murs à leur place. Comme les pontifes faisaient des reproches aux gardes et leur redemandaient vivement le corps, tous les soldats leur dirent : « Rendez vous-même Joseph, et nous rendrons le Christ. Mais, pour que vous sachiez la vérité, vous ne pouvez rendre le bienfaiteur de Dieu, ni nous le fils de Dieu. » Les prêtres ayant été couverts de confusion, les soldats furent acquittés sur cette excuse.

On rapporte que l'apôtre Jacques, ayant vu le Seigneur mort sur la croix, protesta et jura qu'il ne mangerait jamais de pain s'il ne voyait le Seigneur ressuscité. Enfin, le troisième jour, le Seigneur, revenant échappé avec triomphe au séjour des morts, se montra à Jacques et lui dit : « Lève-toi, Jacques, et mange, « parce que je suis ressuscité des morts. » C'est ici Jacques-le-Juste qu'on nomme le frère du Seigneur, parce qu'il était fils de Joseph qui l'avait eu d'une autre femme que Marie.

Nous croyons que la résurrection du Seigneur a eu lieu le premier jour et non le septième, comme beaucoup le pensent. Le jour où Notre Seigneur Jésus-Christ est ressuscité est celui que nous avons appelé dimanche, c'est-à-dire jour du Seigneur, à cause de sa sainte résurrection. Ce jour fut le premier qui, dans l'origine des temps, vit la lumière, et c'est aussi le premier qui eut le bonheur de contempler le Seigneur sortant du tombeau.

Depuis la captivité de Jérusalem et la destruction du temple, jusqu'à la passion de Notre Seigneur Jésus-Christ, c'est-à-dire jusqu'à la dix-septième année du règne de Tibère, on compte six cent soixante-huit ans.

Le Seigneur, étant ressuscité, discourut pendant quarante jours avec ses disciples sur le royaume de Dieu. A leur vue il fut enveloppé dans un nuage, et monta aux cieux, où il est assis dans sa gloire à la droite du Père. Pilate envoya à Tibère des rapports dans lesquels il lui parle des miracles de Jésus-Christ, de sa passion et de sa résurrection. Ces rapports nous ont été conservés jusqu'à présent [1]. Tibère en fit part au sénat, qui les rejeta avec colère, parce qu'il n'en avait pas été instruit le premier. De là naquirent les premiers germes de haine contre les chrétiens. Pilate ne resta pas impuni du crime de sa méchanceté, c'est-à-dire de la mort qu'il fit subir à Notre Seigneur Jésus-Christ. Il se tua de ses propres mains. Un grand

---

[1] Les *Gesta Pilati*, qui sont parvenus jusqu'aux temps modernes, sont évidemment des fabrications dépourvues de toute authenticité.

nombre croient qu'il était manichéen, d'après ce qu'on lit dans l'Évangile : « Quelques-uns vinrent dire à Jésus « ce qui s'était passé touchant les Galiléens dont Pilate « avait mêlé le sang avec celui de leurs sacrifices[1]. »

De même le roi Hérode, ayant tourmenté les apôtres du Seigneur, fut frappé pour tant de crimes du jugement de Dieu; son corps enfla, se remplit de vers, et, ayant pris un couteau pour se délivrer de son mal, il s'en frappa de sa propre main.

Sous le règne de Claude, quatrième empereur depuis Auguste, le bienheureux apôtre Pierre se rendit à Rome où, faisant des prédications, il prouva clairement, par un grand nombre de miracles, que le Christ était fils de Dieu. C'est dans ce temps que les chrétiens commencèrent à paraître à Rome. Comme le nom du Christ se répandait de plus en plus parmi les peuples, la haine du vieux serpent se ralluma, et une cruelle méchanceté s'insinua dans le cœur de l'empereur; car ce Néron, vain et superbe, confondant dans ses débauches les hommes et les femmes, amant infâme de sa mère, de sa sœur et de ses plus proches parentes, pour combler la mesure de sa méchanceté, excita le premier une persécution contre les chrétiens. Il avait avec lui un homme appelé Simon-le-Magicien, rempli de méchanceté, et savant dans tous les arts de la magie. Celui-ci ayant été vaincu par les apôtres du Seigneur Pierre et Paul, Néron, irrité contre eux de ce qu'ils prêchaient le Christ fils de Dieu, et refusaient avec mépris d'adorer les idoles, ordonna qu'on fît mourir Pierre sur la croix et Paul par le glaive. Une sédition s'étant élevée contre lui, il essaya de se sauver, et se

[1] Évang. sel. S. Luc, chap. 13, v. 1.

tua de sa propre main, à la quatrième borne à partir de la ville.

Dans ce temps, Jacques, le frère du Seigneur, et Marc l'évangéliste reçurent la glorieuse couronne du martyre pour le nom du Christ. Le diacre Étienne entra le premier dans cette bienheureuse voie. Après la mort de l'apôtre Jacques, une grande calamité accabla les Juifs; car Vespasien, étant monté sur le trône, le temple fut incendié, et six cent mille Juifs périrent dans cette guerre par le glaive et la famine. Domitien fut le second qui, après Néron, persécuta les Chrétiens : il envoya en exil dans l'île de Pathmos l'apôtre Jean, et exerça contre le peuple diverses cruautés. A sa mort, saint Jean, apôtre et évangéliste, revint de l'exil âgé et plein de jours, et, après avoir mené une vie parfaite et toute en Dieu, il s'enferma vivant dans le sépulcre. On dit qu'il ne connaîtra point la mort avant que le Seigneur vienne une seconde fois pour juger les vivans et les morts; car il dit lui-même dans l'Évangile : « Je veux qu'il demeure jusqu'à ce que je « vienne[1]. »

Trajan fut le troisième après Néron qui persécuta les Chrétiens; sous son règne saint Clément, troisième évêque de l'Église de Rome, fut mis au supplice. On dit aussi que saint Siméon, évêque de Jérusalem et fils de Cléophas, fut crucifié pour le nom du Christ, et qu'Ignace, évêque d'Antioche, fut conduit à Rome et livré aux bêtes. Ces choses se passèrent sous le règne de Trajan.

Après lui Ælius Adrien fut créé empereur. Jérusalem fut nommée Ælia, d'Ælius Adrien, successeur

---

[1] Évang. sel. S. Jean, chap. 21, v. 22.

de Domitien[1], parce qu'il la fit reconstruire. Après ces martyres des saints, ce ne fut pas assez à l'ennemi de Dieu d'avoir excité contre les Chrétiens les nations infidèles, il fallut encore qu'il fît naître des schismes entre les Chrétiens eux-mêmes. Des hérésies s'élevèrent, et la foi catholique déchirée fut interprétée de diverses manières. Sous l'empereur Antonin parut l'hérésie insensée de Marcion et de Valentinien. Le philosophe Justin, après avoir écrit des livres pour l'Église catholique, fut couronné du martyre pour le nom du Christ. Dans l'Asie, une persécution s'étant élevée, saint Polycarpe, disciple de Jean, apôtre et évangéliste, dans la quatre-vingtième année de son âge, fut brûlé comme un pur holocauste pour le nom du Seigneur. Dans les Gaules, un grand nombre de Chrétiens reçurent, pour le même nom, la précieuse et brillante couronne du martyre; l'histoire de leurs souffrances nous a été conservée fidèlement jusqu'à ce jour.

Le premier fut Photin, évêque de la ville de Lyon, qui, plein de jours, subit, pour le nom du Christ, divers supplices. Saint Irénée, successeur de ce martyr, et qui avait été envoyé dans cette ville par saint Polycarpe, se distingua par une admirable vertu; en un court espace de temps, et par ses prédications, il rendit chrétienne la ville toute entière. Une persécution s'étant élevée, le démon suscita, par la main du tyran, de telles guerres dans ce pays, un si grand nombre de fidèles furent égorgés parce qu'ils confessaient le nom du Seigneur, que des fleuves de sang chrétien coulaient sur les places publiques, et que

---

[1] De Trajan.

nous ne pourrions dire le nombre ni les noms des martyrs ; le Seigneur les a écrits sur le livre de vie. Le bourreau ayant fait infliger, en sa présence, d'horribles supplices à saint Irénée, le consacra ainsi à Notre Seigneur Jésus-Christ. Après ce saint évêque on fit périr quarante-huit martyrs, dont le premier fut, dit-on, Vettius Épagatus.

Sous l'empereur Dèce il s'éleva contre le nom chrétien un grand nombre de persécutions, et on fit un si grand carnage des fidèles qu'on ne pourrait les compter. Babylas, évêque d'Antioche, avec trois petits enfans, Urbain, Prilidan et Épolone, Sixte, évêque de la ville de Rome ; Laurent, archidiacre, et Hippolyte, reçurent le martyre pour avoir confessé le nom du Seigneur. Valentinien et Novatius, alors les principaux chefs des hérétiques, à l'insinuation de l'ennemi de Dieu, attaquèrent notre foi. Dans ce temps sept hommes, nommés évêques, furent envoyés pour prêcher dans les Gaules, comme le rapporte l'histoire de la passion du saint martyr Saturnin. « Sous le consulat de « Décius et de Gratius, comme le rappelle un souvenir « fidèle, la ville de Toulouse eut pour premier et plus « grand évêque, saint Saturnin. » Voici ceux qui furent envoyés : Gatien, évêque à Tours ; Trophime à Arles ; Paul à Narbonne, Saturnin à Toulouse, Denis à Paris, Strémon en Auvergne et Martial à Limoges. Parmi ces pontifes, Denis, évêque de Paris, subit divers supplices pour le nom du Christ, et, frappé du glaive, termina sa vie en ce monde. Saturnin, déjà assuré du martyre, dit à deux prêtres : « Voici que je vais être « immolé, et le temps de ma destruction approche. Je « vous prie, jusqu'à ce que je termine ma vie, de ne

« pas m'abandonner. » Ayant été pris, on le conduisit au Capitole, et, abandonné par les deux prêtres, il fut emmené seul. Se voyant ainsi délaissé, on raconte qu'il fit cette prière : « Seigneur Jésus-Christ, exauce-moi du haut de ta sainte demeure; que cette Église n'obtienne jamais d'avoir un évêque pris entre ses citoyens. » Nous savons que jusqu'à présent sa prière a été exaucée. Attaché à la queue d'un taureau en fureur, et précipité du haut du Capitole, il termina sa vie. Gatien, Trophime, Strémon, Paul et Martial, vivant dans une éminente sainteté, après avoir gagné les peuples à l'Église et répandu partout la foi chrétienne, moururent en confessant paisiblement le Seigneur. Ceux qui sont sortis du monde par la voie du martyre, et ceux qui sont morts sans trouble dans leur foi sont unis dans le royaume des cieux.

Un de leurs disciples, étant allé dans la ville de Bourges, annonça aux peuples le Seigneur Jésus-Christ, sauveur de tous. Un petit nombre d'hommes ayant cru en lui furent ordonnés prêtres, et apprirent de lui la sainte liturgie. Il leur enseigna de quelle manière ils devaient construire une église et célébrer les fêtes du Dieu puissant; mais comme ils n'avaient que peu de ressources pour bâtir une église, ils demandèrent, pour en faire une, la maison d'un citoyen. Les sénateurs[1] et les premiers du lieu étaient

---

[1] Le mot *senator* n'a point, dans Grégoire de Tours et les écrivains de cette époque, une signification unique, précise et constante ; il désigne tour à tour, 1° les familles qui avaient été élevées par les Empereurs à la dignité de membres du sénat romain. Il y en avait un grand nombre dans toutes les provinces, et surtout dans la Gaule narbonnaise. Tous ceux qui avaient occupé les principales magistratures de l'Empire, ou obtenu seulement de l'Empereur le titre honoraire de ces magistra-

alors attachés à des cultes idolâtres ; ceux qui avaient cru étaient d'entre les pauvres, selon ce que le Seigneur reproche aux Juifs, disant : « Je vous dis, en « vérité, que les publicains et les femmes prostituées « vous devanceront dans le royaume de Dieu[1]. » N'ayant pas obtenu la maison qu'ils demandaient, ils allèrent trouver un certain Léocade, l'un des premiers sénateurs des Gaules, qui était de la race de Vettius Épagatus, martyrisé à Lyon pour le nom du Seigneur, comme nous l'avons rapporté ci-dessus ; quand ils lui eurent présenté leur demande et déclaré leur croyance, il répondit : « Si la maison que je possède dans Bourges « est digne de cet emploi, je ne la refuserai pas. » A ces mots ils se prosternèrent à ses pieds, lui offrant trois cents pièces d'or et un plat d'argent, et lui dirent que sa maison était digne de ce ministère. Après avoir accepté trois pièces d'or en signe d'amitié, et leur avoir généreusement rendu le reste, comme il était encore enveloppé dans l'erreur de l'idolâtrie, il se fit chrétien, et sa maison fut transformée en une église. C'est maintenant la première église de Bourges ; elle est arrangée avec un soin admirable et enrichie des reliques du premier martyr saint Étienne.

Valérien et Gallien montèrent sur le trône impérial

tures, étaient appelés *clarissimi* et *senatores*. 2° Les sénateurs municipaux des principales villes de la Gaule, ou membres de la *curie*, corps municipal qui portait quelquefois le titre de *senatus* ; peut-être les magistrats supérieurs de la curie étaient-ils seuls honorés du nom de sénateurs. 3° Enfin, les familles riches et considérables, qu'elles fussent ou non aggrégées depuis long-temps au sénat de Rome ou à celui de la cité. Au milieu du désordre des temps, toute famille importante dans sa ville devenait bientôt une famille sénatoriale, et ce titre était donné presque indifféremment à la grandeur de fait et aux anciens droits.

[1] Évang. sel. S. Math. chap. 21, v. 31.

de Rome, occupé pour la vingt-septième fois, et excitèrent contre les Chrétiens une cruelle persécution. Alors Rome fut illustrée par le bienheureux sang de Corneille, et Carthage par celui de Cyprien. Du temps de ces deux empereurs, Chrocus, roi des Allemands, ayant levé une armée, ravagea les Gaules. On rapporte que ce Chrocus était d'une grande arrogance; ayant commis quelques crimes par le conseil d'une mère perverse, il rassembla la nation des Allemands, se répandit dans toute la Gaule, et renversa de fond en comble tous les édifices anciens. Étant arrivé en Auvergne, il incendia, renversa et détruisit un temple que les habitans appelaient *Vasso*, en langue gauloise [1]. Il était d'une construction admirable et très-solide, car ses murs étaient doubles; ils étaient bâtis en dedans avec de petites pierres, en dehors avec de grandes pierres carrées, et avaient trente pieds d'épaisseur. L'intérieur était décoré de marbres et de mosaïques, le pavé était en marbre et le toit en plomb.

Auprès de la ville de Clermont reposent les martyrs Liminius et Antolien. Cassius et Victorin, liés par une amitié fraternelle dans l'amour du Christ, répandirent leur sang ensemble, et entrèrent ensemble dans le royaume des cieux. La tradition rapporte que Victorin avait été au service du pontife du temple dont je viens de parler. Allant souvent dans la rue appelée rue

---

[1] D'autres manuscrits portent *Vasa*. Quelques savans disent que les anciens Gaulois désignaient sous ce nom le dieu Mars; d'autres ont conjecturé que ce temple était consacré à Mercure, d'après un passage de Pline l'ancien (l. III, c. 7), qui rapporte que, de son temps, Zénodore construisit, en Auvergne, un grand temple en l'honneur de ce dieu.

des Chrétiens, pour les persécuter, il y trouva Cassius qui était chrétien ; touché par ses prédications et ses miracles, il crut en Jésus-Christ, et, abandonnant son infâme idolâtrie, il se fit consacrer par le baptême et devint puissant et célèbre en miracles. Peu de temps après, les deux amis ayant subi le martyre, montèrent ensemble dans le royaume des cieux.

Pendant l'irruption des Allemands dans les Gaules, saint Privat, évêque de la capitale du Gévaudan, fut trouvé dans une grotte du mont Memmat, où il se livrait aux jeûnes et aux oraisons, tandis que le peuple était enfermé dans les retranchemens du camp de Grèzes. Le bon pasteur refusa de livrer ses brebis aux loups, et on voulut le contraindre de sacrifier aux démons ; comme il détestait et repoussait cette souillure, on le frappa de verges jusqu'à ce qu'on le crût mort. Peu de jours après cette torture il rendit l'ame. Chrocus ayant été pris près d'Arles, ville des Gaules, subit divers tourmens, et fut frappé du glaive, livré avec justice au supplice qu'il avait infligé aux saints de Dieu.

Sous Dioclétien, qui fut le trente-troisième empereur de Rome, il s'éleva contre les Chrétiens, pendant quatre ans, une cruelle persécution, de sorte qu'une certaine fois, le saint jour de Pâques même, un grand nombre de chrétiens furent massacrés pour le culte du vrai Dieu. Dans ce temps, Quirinus, évêque de l'église de Siscia[1], subit pour le nom du Christ, le glorieux martyre ; les cruels païens, lui ayant attaché au cou une pierre de meule, le précipitèrent dans les eaux du fleuve ; après sa chute, et par la puissance divine, il se soutint long-temps sur les eaux, et elles

[1] Dans la haute Pannonie.

ne l'engloutissaient pas parce qu'aucun crime ne pesait sur lui. La multitude présente admirait ce miracle, et, sans tenir compte de la fureur des Gentils, elle se précipitait pour aller délivrer le pontife; ce que voyant, celui-ci ne souffrit pas qu'on l'arrachât au martyre; mais, ayant levé les yeux au ciel, il dit : « Seigneur Jésus, qui es assis dans ta gloire, à la « droite du Père, ne souffre pas qu'on me retire d'ici; « recevant mon ame, daigne me réunir à tes martyrs « dans le repos éternel. » Après ces mots il rendit l'ame. Son corps ayant été retiré par les Chrétiens, fut enterré avec respect.

Constantin devint le trente-quatrième empereur des Romains et régna heureusement pendant trente ans. La onzième année de son règne, la paix ayant été rendue aux Églises après la mort de Dioclétien, le bienheureux évêque saint Martin naquit à Szombatel, ville de Pannonie, de parens idolâtres, mais non obscurs. Constantin, dans la vingtième année de son règne, fit périr son fils Crispus par le poison, et sa femme Fausta dans un bain chaud, parce qu'ils voulaient s'emparer de son trône. De son temps le bois sacré de la croix du Seigneur fut retrouvé par le zèle de sainte Hélène, d'après les indications d'un Juif nommé Judas, qui, après le baptême, reçut le nom de Quiriacus. L'histoire d'Eusèbe va jusqu'à ce temps. Ce qui suit depuis la vingt-unième année du règne de Constantin a été ajouté par le prêtre Jérôme, qui dit que le prêtre Juvencus, à la prière de Constantin, mit les évangiles en vers.

Sous le règne de Constance vécut Jacques de Nisibe, dont les prières, parvenues aux oreilles de la clémence divine, écartèrent de sa ville de nombreux dangers. A la même époque Maximin, évêque de Trèves, fut puissant en sainteté.

Dans la dix-neuvième année de Constance le jeune, l'hermite Antoine mourut âgé de cent cinq ans. Saint Hilaire, évêque de Poitiers, fut envoyé en exil à l'instigation des hérétiques. Là, composant des livres pour la foi catholique, il les envoya à Constance, qui, le délivrant après quatre ans d'exil, lui permit de revenir dans sa patrie.

A cette époque notre lumière commença à paraître, et la Gaule à être éclairée des rayons d'un nouvel astre; c'est-à-dire que dans ce temps saint Martin commença à prêcher dans les Gaules, faisant connaître aux peuples, par un grand nombre de miracles, le Christ vrai fils de Dieu, et dissipant l'incrédulité des Gentils. Il détruisit leurs temples, accabla l'hérésie, bâtit des églises, et, brillant par un grand nombre d'autres miracles, pour mettre le comble à sa gloire, il rendit trois morts à la vie. La quatrième année du règne de Valentinien et de Valens, saint Hilaire, rempli de sainteté et de foi, après avoir opéré partout un grand nombre de miracles, monta aux cieux à Poitiers. On dit qu'il ressuscita aussi des morts.

Mélanie, noble matrone de la ville de Rome, alla par dévotion à Jérusalem, laissant à Rome son fils Urbain. Elle s'y conduisit envers tout le monde avec tant de bonté et de sainteté, que les habitans l'appelaient Thécla.

Après la mort de Valentinien, Valens, possesseur de tout l'Empire, ordonna d'incorporer les moines dans la milice, et de frapper de verges ceux qui refuseraient. Ensuite les Romains soutinrent dans la Thrace une guerre terrible; le carnage y fut si grand que les Romains, ayant perdu le secours de la cavalerie, s'enfuirent à pied.

Comme ils étaient taillés en pièces par les Goths, et que Valens fuyait blessé par une flèche, il entra dans une petite chaumière, où les ennemis l'ayant poursuivi, il fut enseveli sous les ruines de la maison incendiée et n'eut point de sépulture. Ainsi la vengeance divine s'appesantit enfin sur lui, à cause de l'effusion du sang des saints. Ici s'arrête la chronique de Jérôme; la suite a été écrite par le prêtre Orose.

L'empereur Gratien, voyant la dissolution de la république, s'associa Théodose pour collègue dans l'Empire. Ce Théodose mit tout son espoir et toute sa confiance en la miséricorde de Dieu. Ce fut plutôt par les veilles et les oraisons que par le glaive qu'il réprima les nations, affermit la république et entra vainqueur dans la ville de Constantinople.

Maxime, ayant remporté la victoire à l'aide des Bretons opprimés par la tyrannie, fut créé empereur par ses soldats. Ayant établi sa résidence dans la ville de Trèves, il entoura de piéges l'empereur Gratien et le fit périr. L'évêque saint Martin alla trouver ce Maxime. Théodose, qui avait mis tout son espoir en Dieu, prit possession de tout l'Empire. Soutenu par des inspirations divines, il dépouilla Maxime de son trône et le fit périr.

En Auvergne, le premier qui succéda à Strémon, évêque et prédicateur, fut Urbicus, l'un des sénateurs, qui s'était converti. Il avait une femme; mais, d'après la coutume ecclésiastique, elle se sépara de lui et se consacra à la vie religieuse. Ils étaient tous deux livrés aux oraisons, aux aumônes et aux bonnes œuvres. Pendant qu'ils se conduisaient ainsi, la haine du démon, qui est toujours ennemi de la sainteté, s'exerça sur la femme; l'ayant enflammée de concupiscence pour son mari, il en fit une nouvelle Ève. Enflammée de desirs et couverte des ténèbres du péché, elle se rendit, au milieu de l'obscurité de la nuit, à la maison épiscopale. Ayant trouvé tout fermé, elle commença à frapper à la porte et à dire : « Jusques à quand dormiras-tu, évêque? Jusques à « quand n'ouvriras-tu pas tes portes fermées? Pour- « quoi méprises-tu ta femme? Pourquoi tes oreilles « sont-elles insensibles, et n'écoutes-tu pas ce pré- « cepte de Paul, qui a dit : *Ne vous refusez point* « *l'un à l'autre ce devoir, de peur que le démon* « *ne prenne sujet de votre incontinence pour vous* « *tenter*[1]. Voilà que je viens vers toi, et ce n'est pas « vers un étranger, mais vers mon mari que je viens.» La religion du pontife s'endormit enfin par l'influence des paroles de cette femme. Il lui ordonna d'entrer dans son lit, d'où il la fit retirer après s'être livré à sa passion. Ensuite, revenu trop tard à lui, et gémissant du crime qu'il avait commis, il se retira dans le monastère de son diocèse pour y faire pénitence. Après y avoir lavé sa faute par ses gémissemens et ses larmes, il retourna dans sa ville. Ayant atteint le terme de sa vie, il sortit de ce monde. De son péché naquit une fille qui se voua à la vie religieuse. Le pontife fut enterré avec sa femme et sa fille dans le caveau

---

[1] Ire Épît. de S. Paul aux Corinth. chap. 7, v. 5.

de Chantoin, près de la voie publique. Légonus lui succéda dans l'épiscopat.

A sa mort, il fut remplacé par saint Hillide, homme d'une éminente sainteté et d'une éclatante vertu, tellement que la renommée en pénétra jusque chez les nations étrangères; d'où il arriva qu'il délivra de l'esprit immonde la fille de l'empereur de Trèves, qui avait réclamé son secours, ce que nous avons rapporté dans le livre que nous avons écrit sur sa vie. La renommée raconte que déjà très-vieux, plein de jours et de bonnes œuvres, il quitta, par une mort bienheureuse, les sentiers de la vie, et monta vers le Christ. On l'enterra dans un caveau situé dans le faubourg de sa ville. Il avait un archidiacre nommé avec raison le Juste, qui, ayant passé sa vie en bonnes œuvres, fut déposé dans le tombeau de son maître. Après la mort de saint Hillide, il s'opéra sur son glorieux tombeau de si grands miracles qu'on ne pourrait les écrire en entier, et que la mémoire ne saurait les retenir. Saint Népotien lui succéda.

Saint Népotien fut le quatrième évêque d'Auvergne. Des députés de la ville de Trèves furent envoyés en Espagne. Parmi eux était un certain Artémius, d'une sagesse et d'une beauté remarquables, et brillant de jeunesse; il fut attaqué d'une fièvre violente. Les autres ayant continué leur route, le laissèrent malade à Clermont. A cette époque, il était fiancé à Trèves avec une jeune fille. Saint Népotien l'étant allé voir et l'ayant oint de l'huile sainte par la grâce de Dieu, le rendit à la vie. Artémius, ayant ouï du même saint la parole de la prédication, oubliant son épouse terrestre et ses propres biens, fut uni à la sainte

Église ; et, ayant été fait clerc, il se distingua par une si grande sainteté qu'il succéda à saint Népotien dans la direction du troupeau du Seigneur.

Dans le même temps, Injuriosus, un des sénateurs d'Auvergne et fort riche, rechercha en mariage une jeune fille de même condition; et lui ayant donné des gages, il fixa le jour des noces. Ils étaient tous deux enfans uniques de leurs pères. Le jour arrivé, la cérémonie des noces ayant été célébrée, ils se placèrent, selon la coutume, dans le même lit. Mais la jeune fille, gravement affligée, se tourna du côté de la muraille, et se prit à pleurer amèrement ; son mari lui dit : « Qu'est-ce qui te chagrine ? Dis-le-moi, je t'en sup-
« plie. » Comme elle gardait le silence : « Je te con-
« jure, par Jésus-Christ, fils de Dieu, lui dit-il, de
« me faire part de ce qui t'afflige. » S'étant alors tournée vers lui, elle lui dit : « Dussé-je pleurer tous
« les jours de ma vie, mes larmes ne seraient jamais
« assez abondantes pour effacer la douleur immense
« de mon cœur. J'avais résolu de consacrer à Jésus-
« Christ mon corps pur de tout attouchement d'homme;
« mais malheur à moi, qu'il a tellement abandonnée
« que je ne pourrai accomplir mon desir, et que je
« crains de perdre en ce jour, que je n'aurais jamais
« dû voir, ce que j'avais conservé depuis le commen-
« cement de mon âge. Voilà que délaissée par le Christ
« immortel, qui me promettait le Paradis pour dot,
« je suis liée à un mari mortel ; et au lieu d'être parée
« d'une couronne de roses incorruptibles, je recevrai
« du mariage la triste parure d'une couronne de roses
« flétries. Je devais revêtir, dans les eaux sacrées de
« l'agneau divin, l'étole de pureté, et voilà que la

« robe que je porte est pour moi un fardeau et non
« un honneur. Mais pourquoi plus de paroles? Mal-
« heureuse! moi qui devais obtenir la demeure des
« cieux, je suis aujourd'hui précipitée dans les abî-
« mes! O si tel était mon avenir, pourquoi le jour
« qui fut le commencement de ma vie, n'en fut-il pas
« la fin? O plût au ciel que je fusse entrée dans la porte
« de la mort avant d'avoir goûté le lait! Plût au ciel
« que les baisers de mes douces nourrices ne m'eus-
« sent été donnés que dans un cercueil! Les pompes
« de la terre me font horreur, car je me représente
« les mains du Rédempteur, percées pour sauver le
« monde! Je ne puis voir les diadêmes resplendis-
« sans de pierres brillantes lorsque je porte le regard
« de ma pensée sur sa couronne d'épines. Je méprise
« les vastes espaces de la terre, car je souhaite ardem-
« ment les douceurs du Paradis! Tes palais élevés
« me font pitié lorsque je regarde le Seigneur élevé
« au-dessus des astres! » A ces paroles prononcées
avec des torrens de larmes, le jeune homme, touché
de pitié, lui dit : « Nous sommes les enfans uniques
« des pères les plus nobles de l'Auvergne, et ils ont
« voulu nous unir pour propager leur race, de peur
« qu'à leur sortie du monde un héritier étranger ne
« vînt à leur succéder. » Elle lui dit : « Le monde
« n'est rien, les richesses ne sont rien, la pompe de
« cette terre n'est rien; la vie même dont nous jouis-
« sons n'est rien. Il vaut bien mieux rechercher cette
« vie que la mort même ne termine point, qu'aucun
« accident, aucun malheur ne peut interrompre ni
« finir; où l'homme, plongé dans la béatitude éter-
« nelle, s'abreuve d'une lumière qui ne se couche point;

« et, ce qui est bien plus que toutes ces choses, où la
« présence du Seigneur lui-même, dont il jouit par la
« contemplation, le transporte dans l'état des anges et
« le pénètre d'une joie impérissable. » Il lui dit : « A tes
« douces paroles, la vie éternelle brille à mes yeux
« comme un soleil resplendissant! Si donc tu veux t'ab-
« stenir de toute concupiscence charnelle, je m'unirai
« à tes pensées. » Elle lui répondit : « Il est difficile que
« les hommes accordent aux femmes de telles choses.
« Cependant, si tu fais en sorte que nous demeurions
« sans tache dans ce monde, je te donnerai une part
« de la dot qui m'a été promise par mon époux, mon
« Seigneur Jésus-Christ, à qui je me suis consacrée
« comme servante et comme épouse. » S'étant alors
armé du signe de la croix, il lui répondit : « Je ferai
« ce à quoi tu m'exhortes. » S'étant donné les mains
il s'endormirent. Ils couchèrent depuis pendant un
grand nombre d'années dans un seul lit, et vécurent
dans une admirable chasteté, comme leur mort le
prouva dans la suite. Leur épreuve étant accomplie,
lorsque la jeune fille monta vers le Christ, son mari
s'étant acquitté des devoirs funéraires, dit, en la dé-
posant au tombeau : « Je te rends grâce, ô Notre Sei-
« gneur Dieu éternel, je rends à ta piété ce trésor sans
« tache comme je l'ai reçu de toi ! » A ces paroles, s'étant
mise à sourire dans son cercueil, elle lui dit : « Pour-
« quoi dis-tu ce qu'on ne te demande pas ? » Il ne tarda
pas long-temps à la suivre. Comme on les avait placés
dans deux tombeaux séparés par une cloison, on vit
un nouveau miracle qui mit au grand jour leur chasteté. Le lendemain matin, le peuple s'étant approché
de l'endroit, trouva réunis les tombeaux qu'il avait

laissés séparés; comme si le tombeau avait dû ne pas séparer les corps de ceux que le ciel avait réunis. Les habitans du lieu les ont appelés jusqu'à présent les deux amans. Nous en avons parlé dans le livre des miracles [1].

La seconde année du règne d'Arcadius et d'Honorius, saint Martin, évêque de Tours, rempli de vertus et de sainteté, après avoir comblé de bienfaits les infirmes et les pauvres, sortit de ce monde pour aller heureusement vers Jésus-Christ, dans le bourg de Candes de son diocèse [2], dans la quatre-vingt-unième année de son âge, la vingt-sixième de son épiscopat. Il mourut au milieu de la nuit du dimanche, sous les consuls Atticus et Cæsarius. Beaucoup de personnes entendirent à sa mort un concert dans les cieux. Nous en avons parlé amplement dans le livre 1er de ses miracles. Dès que le saint de Dieu eut commencé à être malade, les gens de Poitiers se réunirent à ceux de Tours pour suivre son convoi. A sa mort, il s'éleva entre les deux peuples une vive altercation. Les Poitevins disaient : « C'est notre moine ; il a été notre
« abbé; nous demandons qu'on nous le remette. Qu'il
« vous suffise que, pendant qu'il était évêque dans ce
« monde, vous avez joui de sa parole, participé à ses
« repas, vous avez été soutenus par ses bénédictions
« et réjouis de ses miracles. Que toutes ces choses vous
« suffisent ; qu'il nous soit au moins permis d'em-
« porter son cadavre. » Ceux de Tours répondaient :
« Si vous dites que ses miracles nous suffisent, sachez
« que, pendant qu'il était parmi vous, il en a fait bien

---

[1] La jeune fille s'appelait Scholastique.
[2] Au confluent de la Vienne et de la Loire.

« plus qu'ici. Car, pour en passer un grand nombre
« sous silence, il vous a ressuscité deux morts, et à
« nous un seul ; et, comme il le disait lui-même,
« il avait un plus grand pouvoir avant d'être évêque
« qu'après. Il est donc juste que ce qu'il n'a pas fait
« pour nous étant vivant, il le fasse étant mort. Dieu
« vous l'a enlevé et nous l'a donné. D'ailleurs, si l'on
« suit l'ancien usage, son tombeau, conformément à
« l'ordre de Dieu, sera dans la ville où il a été consacré.
« Si vous voulez le revendiquer en vertu du droit de
« votre monastère, sachez que c'est d'abord à Milan
« qu'il a été moine. » Pendant qu'ils se disputaient,
le jour fit place à la nuit ; le corps du saint, déposé
au milieu de la maison, était gardé par les deux peuples.
Les portes ayant été étroitement fermées, les Poitevins voulaient l'enlever par force le lendemain matin ;
mais le Dieu tout-puissant ne permit point que la ville
de Tours fût privée de son patron. Au milieu de la
nuit, toutes les troupes des Poitevins furent accablées
de sommeil, et il n'y avait pas un seul homme de cette
multitude qui veillât. Les Tourangeaux, les voyant
endormis, prirent le corps du saint : les uns le descendirent par la fenêtre, d'autres le reçurent au dehors ;
et, l'ayant placé sur un bâtiment, ils naviguèrent avec
tout le peuple sur le fleuve de la Vienne. Étant entrés
dans le lit de la Loire, ils se dirigèrent vers la ville de
Tours en chantant des louanges et des psaumes. Les
Poitevins, éveillés par ces chants, et ne retrouvant
plus le trésor qu'ils gardaient, s'en retournèrent chez
eux couverts de confusion.

Si quelqu'un demande pourquoi, après la mort de
l'évêque Gatien, il n'y a eu qu'un seul évêque, Li-

toire, jusqu'à saint Martin, il saura qu'à cause de l'opposition des païens, la ville de Tours fut long-temps privée de la bénédiction sacerdotale. Dans ce temps, ceux qui étaient chrétiens célébraient l'office divin secrètement et dans d'obscures retraites; car, lorsque les païens découvraient des chrétiens, ils les battaient de verges ou les frappaient du glaive. Depuis la Passion de Notre-Seigneur jusqu'à la mort de saint Martin, on compte 412 ans.

Voilà la fin du premier livre qui contient cinq mille cinq cent quarante six ans, depuis le commencement du monde jusqu'à la mort de l'évêque saint Martin.

LIVRE SECOND.

Nous rapporterons confusément, et sans aucun ordre que celui des temps, les vertus des saints et les désastres des peuples. Je ne crois pas qu'il soit regardé comme déraisonnable d'entremêler dans le récit, non pour la facilité de l'écrivain, mais pour se conformer à la marche des événemens, les félicités de la vie des bienheureux avec les calamités des misérables; car, en y regardant attentivement, le lecteur curieux trouvera, dans les histoires des rois israélites, que le sacrilége Phinée mourut sous Samuel-le-Juste, et le Philistin Goliath sous David, surnommé *le Bras Victorieux*. Et dans ce temps où Élie, prophète illustre, supprimait à son gré les pluies, à son gré les faisait descendre sur les terres desséchées, et par ses paroles changeait en richesse l'indigence d'une pauvre veuve, on peut se rappeler aussi quelles désolations tombèrent sur les peuples, quelle faim, quelle soif vinrent tourmenter la terre malheureuse. Quels maux ne souffrit pas Jérusalem dans le temps d'Ézéchias, à la vie duquel Dieu voulut ajouter quinze années? Et sous le prophète Élysée, qui rappela les morts à la vie, et fit, au milieu des peuples, beaucoup d'autres miracles, quels carnages, quelles misères affligèrent les peuples israélites? Eusèbe, Sévère, Jérôme et Orose, ont mêlé de même dans leurs chroniques les guerres des rois et les vertus des martyrs. Nous en avons usé de même en cet écrit, afin qu'il fût plus aisé de suivre jusqu'à nos jours la série des temps et le calcul des années. Passant donc sur ce qu'ont raconté les auteurs dont on vient de parler, nous rapporterons, avec l'aide de Dieu, les choses arrivées depuis.

Après la mort de saint Martin, évêque de Tours, homme éminent et incomparable, dont les vertus nous sont rapportées en de nombreux volumes, Brice lui succéda dans l'épiscopat. Cependant, durant la vie de saint Martin sur la terre, Brice lui avait tendu beaucoup d'embûches, parce que celui-ci lui avait souvent reproché de se livrer à des choses de peu de travail. Un jour, un malade, voulant demander à saint Martin quelque remède, vint trouver Brice, qui n'était encore que diacre, et lui dit avec simplicité : « Voilà que j'attends le saint homme, et je ne sais où « il est, ni ce qu'il fait. » Brice lui dit : « Si tu cher- « ches ce fou, regarde là bas ; le voilà qui considère « le ciel selon sa coutume, comme un homme hors « de sens. » Et lorsque ce pauvre, l'ayant rencontré, eut obtenu ce qu'il demandait, le saint homme parla ainsi à Brice : « Brice, je te parais donc fou ? » Comme celui-ci, confus en entendant ces mots, niait qu'il eût parlé ainsi, le saint homme lui dit : « Mes oreilles « n'étaient-elles pas près de ta bouche quand tu pro- « nonçais là bas ces paroles ? Je te dis *amen*, car j'ai « obtenu de Dieu qu'après moi tu fusses honoré du « pontificat ; mais tu connaîtras que dans l'épiscopat « tu es destiné à bien des peines. » Brice, entendant ces paroles, s'en moqua en disant : « N'avais-

« je pas dit vrai, que cet homme parlait comme
« un insensé? » Admis à la dignité de prêtre, il harcela souvent le saint homme de ses insultes. Ayant ensuite obtenu, du consentement des citoyens, les fonctions pontificales, il s'adonna à l'oraison. Quoiqu'il fût orgueilleux et vain, il passait cependant pour chaste de corps. Mais, dans la trente-troisième année de son épiscopat, il s'éleva contre lui une déplorable accusation de crime; car, une femme à qui ses domestiques avaient coutume de porter ses vêtemens à laver, et qui, sous l'apparence de religion, avait pris l'habit, vint à concevoir et enfanta. Cette circonstance enflamma de colère tout le peuple de Tours; il imputa ce crime à l'évêque, et il n'y avait qu'une voix pour le lapider, et le peuple disait : « Long-
« temps tu as caché ta luxure sous les dehors de la
« piété d'un saint, et Dieu ne permet pas que nous
« nous souillions plus long-temps à baiser tes indignes
« mains. » Lui, au contraire, niant avec force, dit :
« Apportez-moi l'enfant. » Et quand on lui eut apporté l'enfant, âgé de trente jours, l'évêque Brice lui dit : « Je te conjure, au nom de Jésus-Christ, fils du
« Dieu tout-puissant, si je t'ai engendré, de le dire
« en présence de tout le monde. » Et celui-ci dit :
« Tu n'es pas mon père. » Et le peuple le priant de demander qui était le père, le prêtre répondit : « Cela
« ne me regarde pas. Je me suis occupé de ce qui me
« regardait; si quelque chose vous intéresse, deman-
« dez-le vous-même. »

Alors, soutenant que ceci avait été opéré par l'art de la magie, tous, d'un commun accord, se soulevèrent contre lui; et, l'entraînant, ils lui disaient :

« Tu ne nous gouverneras pas plus long-temps sous le
« faux nom de pasteur. » Mais celui-ci, pour faire
connaître la vérité au peuple, mit dans sa robe des
charbons ardens, et, les pressant sur lui, il arriva,
avec la foule du peuple, au tombeau de saint Martin,
et, lorsqu'il eut jeté les charbons devant le tombeau,
on vit son vêtement exempt de brûlure, et il parla
ainsi : « De même que vous voyez mon vêtement
« préservé de l'atteinte de ce feu, de même mon
« corps est pur de toute souillure d'attouchement ou
« d'approche de femme. » Mais eux, ne le croyant
pas et contestant ce qu'il leur disait, il fut entraîné,
calomnié et chassé, afin que ces paroles du saint fussent accomplies : « Tu connaîtras que dans l'épiscopat
« tu es destiné à bien des peines. » Après l'avoir
chassé, on éleva Justinien à l'épiscopat. Enfin Brice
alla trouver le pape de Rome, et pleurant et se la-
mentant, il disait : « J'ai mérité de souffrir ces peines,
« parce que j'ai péché contre le saint de Dieu, car je
« l'ai souvent appelé fou et insensé, et que, témoin
« de ses vertus, je n'y ai pas cru ! » Après son départ
les Tourangeaux dirent à leur évêque : « Vas après
« lui, et fais ce que tu as à faire, parce que si tu ne
« le poursuis pas, tu auras le dessous, à notre grand
« déshonneur. » Mais Justinien étant parti de Tours,
et ayant atteint Verceil, ville d'Italie, frappé du
jugement de Dieu, mourut durant son voyage. Les
Tourangeaux, apprenant sa mort, et persévérant dans
leur haine, instituèrent à sa place Armence. Mais l'é-
vêque Brice étant arrivé à Rome, instruisit le pape de
ce qu'il avait souffert; et, durant son séjour dans la
résidence apostolique, ayant célébré plusieurs fois le

sacrifice de la messe, il lava par ses pleurs les fautes qu'il avait commises envers le saint de Dieu. Étant revenu de Rome la septième année, il se prépara, avec l'autorisation du pape, à retourner à Tours. Et étant arrivé à un village nommé Mont-Louis, à six milles de la ville, il y établit sa demeure. Cependant Armence fut attaqué de la fièvre et rendit l'esprit au milieu de la nuit. Une vision l'ayant aussitôt révélé à l'évêque Brice, il dit aux siens : « Levez-vous promp-« tement, pour que nous allions à la rencontre de « notre frère l'évêque de Tours, afin de l'ensevelir. » Et comme ils entraient par une porte de la ville on emportait le mort par une autre. Celui-ci étant enterré, Brice rentra en possession de son siége, et vécut ensuite heureusement l'espace de sept années. Après sa mort, arrivée la quarante-septième année de son épiscopat, il eut pour successeur saint Eustoche, homme très-grand en sainteté.

Ensuite les Vandales, quittant leur pays, vinrent avec leur roi Gunderic [1] pour faire une irruption dans les Gaules. Après y avoir commis de grands ravages, ils se dirigèrent sur l'Espagne. Les Suèves, c'est-à-dire les Allemands, les y suivirent et s'emparèrent de la Galice. Peu de temps après, comme les deux peuples étaient voisins l'un de l'autre, il y eut du bruit entre eux ; ils marchèrent en armes pour se faire la guerre : déjà ils étaient prêts à combattre, lorsque le roi des Allemands parla ainsi : « Jusques à quand la « guerre s'agitera-t-elle sur la totalité de ce peuple ? « Je vous en conjure, que les armées des deux peuples

---

[1] En 406.

« ne soient pas détruites; mais que deux des nôtres
« s'avancent avec leurs armes de guerre au milieu du
« champ de bataille et combattent entre eux : le peu-
« ple dont le guerrier sera vainqueur obtiendra sans
« contestation tout le pays. » Tout le peuple y consentit, afin que cette multitude entière n'allât pas se
précipiter sur la pointe des glaives. Ces jours-là le roi
Gunderic était mort, et Thrasamund avait à sa place
obtenu le trône [1]. Les deux guerriers ayant combattu,
le parti des Vandales fut vaincu. Thrasamund, dont le
guerrier avait été tué, promit de s'éloigner de bonne
grâce : ainsi, lorsqu'il eut préparé les choses nécessaires à son voyage, il s'éloigna des confins d'Espagne.

Dans le même temps, Thrasamund exerça une
persécution contre les chrétiens, et il contraignait
toute l'Espagne, par des tourmens et des supplices divers, à trahir la foi pour embrasser la secte d'Arius. Il
arriva qu'une jeune fille pieuse, opulente en richesses,
honorée selon le siècle à cause de sa noblesse sénatoriale, et, ce qui est plus noble que tout le reste, ferme
dans la foi catholique et servant Dieu tout-puissant
avec un zèle sans tache, se trouva soumise à cette
épreuve. Quand elle fut amenée en présence du roi,
il commença par des discours flatteurs à vouloir lui
persuader de se faire rebaptiser. Mais, comme munie
du bouclier de la foi, elle repoussait son trait empoisonné, le roi ordonna qu'on s'emparât de tous les biens
de celle qui, en esprit, possédait déjà les royaumes
du Paradis, et ensuite qu'on la tourmentât par des sup-

---

[1] Ce fut Genseric, et non Thrasamund, qui succéda à Gunderic son frère, et emmena les Vandales en Afrique en 428. Thrasamund régna en Afrique de l'an 496 à l'an 523.

plices, elle qui ne plaçait aucune espérance dans la vie présente. Que dirai-je de plus? Après des épreuves multipliées, après lui avoir enlevé toutes ses richesses terrestres, comme on ne pouvait la soumettre à diviser la sainte Trinité, on l'entraîna malgré elle à un nouveau baptême; mais, comme on la plongeait de force dans ce bain impur, elle s'écria : « Je crois que le Père, « et le Fils, et le Saint-Esprit sont d'une seule substance « et d'une même essence, » et infecta les eaux des excrémens de ses entrailles, parfum dont elles étaient bien dignes. Elle sortit de là pour être soumise à la torture selon la loi, par le moyen des chevalets, des flammes et des crocs, puis condamnée à avoir la tête tranchée pour Jésus-Christ. Ensuite pendant que les Allemands se répandaient jusqu'aux bords de la mer, les Vandales, l'ayant passée, se dispersèrent dans toute l'Afrique et la Mauritanie.

Comme ce fut de leur temps que la persécution contre les Chrétiens s'établit de plus en plus, ainsi que nous l'avons dit plus haut, il me paraît convenable de rapporter quelque chose de ce qu'ils firent contre les églises de Dieu, et de la manière dont ils furent chassés du royaume. Thrasamund étant donc mort, après les crimes qu'il avait commis sur les saints de Dieu, Huneric, homme encore plus féroce, régna après lui, et les Vandales l'élurent pour être à leur tête. On ne saurait concevoir le nombre prodigieux de chrétiens qui, sous son règne, furent mis à mort pour le nom sacré de Jésus-Christ. Mais ils peuvent appeler en témoignage l'Afrique où ils avaient pris naissance, et Jésus-Christ dont la main les a couronnés de pierres précieuses dont l'éclat ne se peut ternir; nous choisirons cependant pour les raconter les souffrances de quelques-uns de ces martyrs, afin d'accomplir ce que nous avons promis.

Cyrola, faussement appelé évêque, passait alors pour le plus ferme soutien de l'hérésie; et, comme le roi prenait divers moyens pour persécuter les Chrétiens, le persécuteur trouva dans un faubourg de sa ville l'évêque Eugène, homme d'une ineffable sainteté, et qu'on tenait pour très-sage; il le fit enlever si violemment qu'il ne lui fut pas permis d'aller exhorter le troupeau des fidèles. Mais, voyant qu'on l'emmenait, il écrivit à ses concitoyens, pour les engager à conserver la foi catholique, une lettre conçue en ces termes :

« L'évêque Eugène, à ses très-aimés et, dans l'a-
« mour du Seigneur, très-chers fils et filles de l'Église,
« que Dieu m'a confiés. L'autorité royale a parlé et
« nous a ordonné par un édit de venir à Carthage
« pour y manifester notre foi catholique; et afin de ne
« pas livrer, en m'éloignant, l'église de Dieu à un état
« équivoque et de suspension, et de ne pas quitter, pas-
« teur infidèle, les brebis du Seigneur sans leur adres-
« ser la parole, j'ai cru nécessaire de vous envoyer à
« ma place ces lettres pour vous conduire dans la sain-
« teté. Je vous conjure donc, et non sans répandre
« des larmes, je vous exhorte, vous avertis et vous
« supplie très-fort au nom de la majesté de Dieu, du
« redoutable jour du jugement et de la terrible splen-
« deur de la vertu du Christ; demeurez inébranlables
« dans la foi catholique et fermes à soutenir le Fils égal
« au Père, et le Saint-Esprit avec le Père et le Fils
« dans une même divinité. Conservez les grâces d'un

« baptême unique, et gardez soigneusement l'onction
« du saint chrême. Qu'aucun de ceux qui ont reçu l'eau
« ne retourne à l'eau après en avoir été régénéré; car,
« sur un signe de Dieu, le sel se forme de l'eau; mais,
« si on le réduit en eau, il perd aussitôt sa forme. Et
« ce n'est pas sans raison que le Seigneur a dit dans
« l'Évangile : Si le sel perd sa force, avec quoi le sa-
« lera-t-on [1]? Et certes, c'est perdre sa force que de
« vouloir être assaisonné une seconde fois, quand il
« suffit de l'avoir été une seule. N'avez-vous pas en-
« tendu cette parole du Christ? Celui qui a déjà été lavé
« n'a plus besoin que de se laver les pieds [2]. C'est pour-
« quoi, mes frères, mes fils et mes filles en Dieu, ne
« soyez pas contristés de mon absence, parce que, si
« vous restez attachés à la religion catholique, quelque
« soit mon éloignement, je ne vous oublierai pas, et la
« mort ne me séparera pas de vous. Sachez qu'en quel-
« que endroit que les bourreaux dispersent mes mem-
« bres, la palme y sera avec moi : si je vais à l'exil, j'ai
« pour exemple saint Jean-l'Évangéliste; si on m'en-
« voie à la mort, le Christ est ma vie, et la mort m'est
« un gain [3] : si je reviens ici, mes frères, Dieu rem-
« plira votre desir. Cependant il me suffit de n'avoir
« pas gardé le silence avec vous; je vous ai instruits
« et avertis autant que j'ai pu, je suis donc innocent
« du sang de tous ceux qui périront; et je sais que,
« quand viendra le temps de rendre à chacun selon ses
« œuvres, cette lettre sera lue et portera témoignage
« contre eux devant le tribunal du Christ. Si je re-

---

[1] Évang. sel. S. Math. chap. 5, v. 13.
[2] Évang. sel. S. Jean, chap. 13, v. 10.
[3] Épît. de S. Paul aux Philipp. chap. 1, v. 21.

« viens, mes frères, je vous verrai dans cette vie : si
« je ne reviens pas, je vous verrai dans la vie à venir.
« Cependant je vous dis adieu. Priez et jeûnez pour
« nous, parce que le jeûne et l'aumône ont toujours
« fléchi la miséricorde du Seigneur. Souvenez-vous
« qu'il est écrit dans l'Évangile : Ne craignez point
« ceux qui tuent le corps, et qui ne peuvent tuer
« l'ame; mais craignez plutôt celui qui peut perdre et
« l'ame et le corps dans l'enfer [1]. »

Saint Eugène ayant donc été amené vers le roi, discuta avec l'évêque des Ariens en faveur de la foi catholique; et lorsqu'il l'eut puissamment confondu sur le mystère de la sainte Trinité, et que le Christ lui eut donné le pouvoir de faire beaucoup de miracles, ce même évêque, excité par l'envie, entra dans une plus grande fureur; car saint Eugène était alors accompagné des hommes les plus sages et les plus saints de ce temps, des évêques Vindémiale et Longin, tous deux égaux en dignités aussi bien qu'en vertus, car saint Vindémiale passait dans ce temps pour avoir ressuscité un mort, et Longin avait guéri beaucoup de malades. Eugène ne détruisait pas seulement la cécité extérieure et des yeux, mais aussi l'aveuglement des esprits. Ce que ce méchant évêque des Ariens ayant vu, il fit venir vers lui un homme abusé de la même erreur où il vivait, et lui dit : « Je ne puis
« souffrir que ces évêques opèrent beaucoup de mi-
« racles au milieu du peuple, et que tout le monde
« me néglige pour les suivre. Reçois donc ces cin-
« quante pièces d'or, pour consentir à ce que je t'or-
« donne. Asseois-toi sur la place publique qui est sur

[1] Évang. sel. S. Math. chap. 10, v. 28.

« notre passage; et, tenant ta main sur tes yeux fer-
« més, écrie-toi de toute ta force quand je passerai
« avec les autres : — Je te supplie, bienheureux Cy-
« rola, pontife de notre religion, de manifester à mon
« égard ta gloire et ta puissance, en m'ouvrant les
« yeux, pour que j'obtienne de recouvrer la lumière
« que j'ai perdue. » Celui-ci, faisant ce qui lui avait
été ordonné, s'assit sur la place publique, et quand
l'hérétique passa avec les saints de Dieu, pensant se
jouer de Dieu, l'homme s'écria de toute sa force :
« Écoute-moi, bienheureux Cyrola; écoute-moi,
« saint pontife de Dieu, jette un regard sur ma cécité,
« et je serai guéri par ces remèdes que souvent les
« autres aveugles ont obtenus de toi, qu'en ont reçus
« les lépreux, et qui se sont fait sentir aux morts
« mêmes. Je te conjure par ce pouvoir que tu pos-
« sèdes, de me rendre la lumière que j'ai perdue, car
« je suis accablé d'une cruelle cécité. » Et sans le savoir il disait la vérité, car la cupidité l'avait aveuglé,
et pour de l'argent il se riait de la puissance de Dieu.
Alors l'évêque des hérétiques se tourna un peu, et,
comme s'il eût été prêt à se glorifier dans sa puissance,
transporté de vanité et d'orgueil, il mit sa main sur
les yeux de l'homme, et dit : « Par notre foi, qui est
« la vraie croyance en Dieu, que tes yeux s'ouvrent à la
« lumière. » Et à peine eut-il lâché ce blasphème que
la moquerie fit place aux gémissemens et que la fourberie de l'évêque se manifesta au public; car les yeux
de ce malheureux furent saisis d'une si grande douleur qu'à peine en les pressant de ses doigts pouvait-
il les empêcher de sortir de sa tête. Enfin l'infortuné
se mit à crier, disant : « Malheur à moi misérable, qui

« me suis laissé séduire par l'ennemi de la loi divine !
« Malheur à moi qui ai consenti à me moquer de Dieu,
« et qui ai reçu cinquante pièces d'or pour commettre
« ce crime! » Il dit aussi à l'évêque : « Voilà ton or,
« rends-moi la lumière de mes yeux que ta fourberie
« m'a fait perdre. Et vous, très-glorieux chrétiens, je
« vous supplie de ne pas mépriser, mais de secourir
« promptement un malheureux près de périr ; car je
« reconnais réellement qu'on ne se moque pas de
« Dieu. » Alors les saints de Dieu, émus de compassion, lui dirent : « Si tu crois, rien n'est impossible à
« celui qui croit. » Alors il s'écria d'une voix forte :
« Que celui qui ne croit pas que Jésus-Christ, fils de
« Dieu, et le Saint-Esprit ont, avec Dieu le père, une
« même substance et une même divinité, endure ce
« que je souffre aujourd'hui. » Et il ajouta : « Je
« crois en Dieu, Père Tout-Puissant, en Jésus-
« Christ, Fils de Dieu, égal au Père, et je crois au
« Saint-Esprit consubstantiel et co-éternel au Père
« et au Fils. » A ces paroles les pieux évêques s'efforcèrent à l'envi de se prévenir mutuellement de civilité, et il s'éleva entre eux une sainte dispute pour savoir qui imposerait, sur les yeux de cet homme, le signe de la bienheureuse croix. Vindémiale et Longin priaient Eugène d'imposer les mains à l'aveugle, et lui les en priait de son côté. Eux y ayant consenti, et tenant leurs mains sur sa tête, saint Eugène fit le signe de la croix sur les yeux de l'aveugle, et dit : « Au nom
« du Père et du Fils et du Saint-Esprit, que nous re-
« connaissons pour le vrai Dieu en trois personnes
« égales et toutes-puissantes, que tes yeux soient ou-
« verts ; » et la douleur s'étant aussitôt évanouie,

l'homme recouvra la santé, et l'on reconnut clairement, par la cécité de cet homme, que la doctrine de cet évêque des hérétiques couvrait les yeux du cœur d'un voile déplorable, afin qu'ils ne pussent contempler la vraie lumière de la foi ; malheureux qui n'étant pas entré par la porte, c'est-à-dire par le Christ, qui est la vraie porte, était devenu le loup plutôt que le gardien du troupeau, et s'efforçait, par la méchanceté de son cœur, d'éteindre dans le cœur des fidèles le flambeau de la foi qu'il aurait dû y allumer. Les saints de Dieu firent, au milieu du peuple, beaucoup d'autres miracles, et le peuple n'avait qu'une voix pour dire : « On doit adorer d'une même foi, re-
« douter d'une même crainte, et honorer d'un même
« respect le vrai Dieu père, le vrai Dieu fils, le vrai
« Dieu Saint-Esprit. » Car il était clair à tous que la doctrine de Cyrola était fausse.

Mais le roi Huneric, voyant que la glorieuse fidélité des saints faisait ainsi paraître à nu la fausseté de ses doctrines, que la secte de l'erreur se détruisait au lieu de s'établir, et que la fourberie de son pontife avait été mise à découvert par cette action criminelle, ordonna qu'après bien des tourmens, après les avoir fait passer par les chevalets, les flammes et les crocs de fer, on mît à mort les saints de Dieu ; mais il feignit seulement de vouloir faire décoller le bienheureux Eugène, car il ordonna que si, au moment où le glaive menacerait sa tête, il n'embrassait pas la secte des hérétiques, on s'abstînt de le tuer, de peur que les chrétiens ne le révérassent comme martyr, mais qu'il fût condamné à l'exil, ce qui arriva en effet ; car sur le point de recevoir la mort, ayant été interrogé s'il avait

dessein de mourir pour la foi catholique, il répondit :
« Mourir pour la justice, c'est vivre éternellement. »
Alors le glaive demeura suspendu et on l'envoya en
exil à Alby, ville des Gaules, où il termina sa vie sur
la terre. De fréquens miracles manifestent aujourd'hui
la sainteté de son tombeau. Le roi ordonna que saint
Vindémiale fût frappé de l'épée, et il mourut dans ce
combat. Octavien, archidiacre, et beaucoup de milliers d'hommes et de femmes attachés à notre croyance
furent mutilés et mis à mort; mais ce n'était rien aux
yeux de ces saints confesseurs, de souffrir ainsi pour
l'amour de la gloire; car, tourmentés en des choses de
peu, ils se savaient destinés à de grands biens, selon
ces paroles de l'apôtre : « Les souffrances de la vie
« présente n'ont point de proportion avec cette gloire
« qui sera un jour découverte en nous [1]. »

En ces années, beaucoup de gens, renonçant à leur
foi pour acquérir des richesses, se précipitèrent eux-
mêmes en de nombreuses douleurs, comme ce malheureux évêque, de nom Révocatus, qui révoqua,
dans ce temps, ses promesses à la vraie foi. Alors le soleil parut obscurci, de manière qu'à peine en voyait-
on briller la troisième partie; j'en attribue la cause à
tant de crimes et à l'effusion du sang innocent. Huneric, après un si grand forfait, fut possédé du démon,
et lui qui s'était long-temps abreuvé du sang des
saints, se déchirait par ses propres morsures; ce fut
dans ces tourmens qu'une juste mort termina son indigne vie. En 484 Hilderic lui succéda, et à sa mort,
Gélésimère parvint au gouvernement. Celui-ci, ayant
été vaincu par la république, termina sa vie en même

---

[1] Épît. de S. Paul aux Rom. chap. 8, v. 18.

temps que son règne. Ainsi tomba le royaume des Vandales [1].

Dans ce temps un grand nombre d'hérésies infestaient les églises de Dieu ; la vengeance divine en frappa plusieurs ; car Athanaric, roi des Goths, exerça une grande persécution. Il tuait par le glaive beaucoup de Chrétiens, après leur avoir infligé divers tourmens, et il en faisait mourir quelques-uns condamnés à l'exil, par la faim et différens supplices ; d'où il arriva par un effrayant jugement de Dieu, qu'en punition de l'effusion du sang des justes, il fut chassé de son royaume, et que celui qui avait envahi les églises de Dieu fut exilé de son pays. Mais maintenant retournons à des choses antérieures.

Le bruit s'était répandu que les Huns voulaient faire une irruption dans les Gaules. Il y avait en ce temps dans la ville de Tongres un évêque d'une très-grande sainteté, nommé Aravatius. Adonné aux veilles et aux jeûnes, souvent baigné d'une pluie de larmes, il suppliait la miséricorde de Dieu de ne pas permettre l'entrée des Gaules à cette nation incrédule, et toujours indigne de lui. Mais ayant été averti par inspiration qu'à cause des fautes du peuple, ce qu'il demandait ne lui serait pas accordé, il résolut de gagner la ville de Rome, afin que la protection des mérites apostoliques, unie à ses prières, lui obtînt plus facilement ce qu'il demandait

---

[1] Hilderic ne succéda point immédiatement à son père Huneric ; après la mort de celui-ci, Guntamund, le plus âgé des princes du sang royal, fut roi des Vandales. A Guntamund succéda Thrasamund, et Hilderic ne devint roi qu'après ce dernier, en 523 ; il mourut en 530. Son successeur, Gelimer, ou Gelesimer, ou Childimer, fut vaincu et détrôné par Bélisaire, l'année même de son élévation au trône.

humblement au Seigneur. S'étant donc rendu au tombeau du saint apôtre, il sollicitait le secours de sa bienveillance, se consumant dans une grande abstinence et un jeûne continuel; en sorte qu'il était deux ou trois jours sans manger ni boire, et ne mettait point d'intervalle dans ses oraisons. Étant demeuré dans cette affliction pendant l'espace de beaucoup de jours, on rapporte qu'il reçut cette réponse du bienheureux apôtre : « Pourquoi me tourmentes-tu, très-saint
« homme ? il a été irrévocablement fixé par les dé-
« crets du Seigneur que les Huns viendraient dans les
« Gaules, et que ce pays serait ravagé par la plus ter-
« rible tempête. Maintenant donc prends ta résolution,
« fais une prompte diligence, dispose ta maison, pré-
« pare ta sépulture, aie soin de te munir d'un linceul
« blanc. Tu quitteras ton enveloppe corporelle, et tes
« yeux ne verront pas les maux que les Huns doivent
« faire à la Gaule. Ainsi l'a dit le Seigneur notre Dieu. »
Après avoir reçu cette réponse du saint apôtre, le pontife hâte son voyage et regagne promptement la Gaule. Étant arrivé à la ville de Tongres, il apprête aussitôt ce qui était nécessaire à sa sépulture; et, disant adieu aux ecclésiastiques ainsi qu'au reste des habitans de la ville, il leur annonce avec des pleurs et des lamentations qu'ils ne verront plus long-temps son visage; et ceux-ci le suivant avec des larmes et des gémissemens, le suppliaient humblement en disant : « Ne nous abandonnez
« pas, saint père! ne nous oubliez pas, bon pasteur! »
Mais comme leurs pleurs ne pouvaient le retenir, ils s'en retournèrent après avoir reçu sa bénédiction et ses baisers. Lui donc, étant allé à la ville d'Utrecht, fut attaqué d'une légère fièvre, et abandonna son corps;

et, ayant été lavé par les fidèles, il fut enterré auprès du rempart public. Nous avons écrit, dans le livre des miracles, comment le corps de ce saint fut transféré après un long espace de temps.

Les Huns étant donc sortis de la Pannonie, vinrent, dépeuplant le pays, à la ville de Metz, où ils arrivèrent, ainsi que quelques-uns le rapportent, la veille du saint jour de Pâques. Ils livrèrent la ville aux flammes, passèrent les habitans au fil de l'épée, et égorgèrent même les prêtres du Seigneur devant les autels sacrés. Rien n'échappa à l'incendie, que l'oratoire de saint Étienne, premier martyr et diacre. Je n'hésite pas à raconter ce que j'ai entendu dire à quelques-uns au sujet de cet oratoire. Ils rapportent qu'avant l'arrivée des ennemis ils eurent une vision, dans laquelle leur apparut ce pieux fidèle, le bienheureux diacre Étienne, s'entretenant avec les saints apôtres Pierre et Paul sur tous ces ravages, et disant : « Je vous conjure, mes sei« gneurs, d'empêcher, par votre intercession, que nos « ennemis ne brûlent la ville de Metz ; car dans un « endroit de cette ville sont les restes de mon pauvre « corps ; mais plutôt que les habitans connaissent que « je peux quelque chose auprès du Seigneur ; et que « si les crimes du peuple se sont tellement accumulés « que la ville ne puisse éviter l'incendie, que mon « oratoire en soit au moins préservé. » Ils lui répondirent : « Vas en paix, très-cher frère ; l'incendie ne « respectera que ton oratoire. Quant à la ville, nous « ne pouvons rien obtenir, parce que la volonté di« vine a déjà prononcé la sentence ; car les péchés du « peuple se sont accumulés, et le cri de sa méchan« ceté est monté jusqu'en présence de Dieu : la ville

« sera donc consumée par cet incendie. » D'où il est hors de doute que c'est par leur intercession que, dans la désolation de la ville, l'oratoire est resté intact.

Cependant Attila, roi des Huns, ayant quitté la ville de Metz, et ravageant impunément les cités des Gaules, vint mettre le siége devant Orléans, et tâcha de s'en emparer en l'ébranlant par le choc puissant du bélier. Vers ce temps-là, cette ville avait pour évêque le bienheureux Anian, homme d'une éminente sagesse et d'une louable sainteté, dont les actions vertueuses ont été fidèlement conservées parmi nous. Et comme les assiégés demandaient à grands cris à leur pontife ce qu'ils avaient à faire, celui-ci, mettant sa confiance en Dieu, les engagea à se prosterner tous pour prier et implorer avec larmes le secours du Seigneur toujours présent dans les calamités. Ceux-ci s'étant mis à prier, selon son conseil, le pontife dit : « Re-« gardez du haut du rempart de la ville si la miséri-« corde de Dieu vient à notre secours. » Car il espérait, par la miséricorde de Dieu, voir arriver Aétius, que, prévoyant l'avenir, il était allé trouver à Arles ; mais, regardant du haut du mur, ils n'aperçurent personne ; et l'évêque leur dit : « Priez avec zèle, car le Seigneur « vous délivrera aujourd'hui. » Ils se mirent à prier, et il leur dit : « Regardez une seconde fois. » Et ayant regardé, ils ne virent personne qui leur apportât du secours. Il leur dit pour la troisième fois : « Si vous « le suppliez sincèrement, Dieu va vous secourir « promptement. » Et ils imploraient la miséricorde de Dieu avec de grands gémissemens et de grandes lamentations. Leur oraison finie, ils vont, par l'ordre du vieillard, regarder pour la troisième fois du haut du rempart, et aperçoivent de loin comme un nuage qui s'élève de la terre. Ils l'annoncent au pontife qui leur dit : « C'est le secours du Seigneur. » Cependant les remparts, ébranlés déjà sous les coups du bélier, étaient au moment de s'écrouler lorsque voilà Aétius qui arrive, voilà Théodoric, roi des Goths, ainsi que Thorismund son fils, qui accourent vers la ville à la tête de leurs armées, renversant et repoussant l'ennemi. La ville ayant donc été délivrée par l'intercession du saint pontife, ils mettent en fuite Attila, qui, se jetant dans les plaines de Méry [1], se dispose au combat; ce que les Orléanais apprenant, ils se préparent à lui résister avec courage.

Dans ce temps, le bruit parvint à Rome qu'Aétius avait à soutenir un rude combat au milieu des phalanges des ennemis. Sa femme ayant appris cette nouvelle, triste et tourmentée, se rendait assidûment à la basilique des saints apôtres, et demandait au ciel de voir revenir son mari sain et sauf. Comme elle priait nuit et jour, il arriva qu'une nuit un pauvre homme pris de vin s'endormit dans un coin de la basilique de l'apôtre saint Pierre, de manière qu'il n'était pas sorti lorsque, selon la coutume, les gardes fermèrent les portes. S'éveillant au milieu de la nuit, il vit toute l'église resplendissante de lumière. Saisi d'épouvante, il chercha une issue pour s'échapper; mais après avoir essayé d'ouvrir une première porte, puis une autre, et reconnu qu'elles étaient toutes fermées, il se coucha par terre, et attendit en tremblant l'instant où le peuple s'assemblerait pour chanter les

[1] Méry-sur-Seine, *Mauriacum.*

hymnes du matin, afin de pouvoir sortir de ce lieu. Pendant ce temps, il vit deux personnes se saluant avec un respect mutuel, et se demandant réciproquement de leurs nouvelles. Alors le plus âgé commença à parler ainsi : « Je ne puis soutenir plus long-
« temps les larmes de la femme d'Aétius. Elle me sup-
« plie assidûment de ramener des Gaules son mari
« sain et sauf, tandis que le jugement de Dieu en avait
« décidé autrement. Cependant, en faveur de sa sin-
« gulière piété, j'ai obtenu la vie de son mari, et je
« me hâte de le ramener ici vivant. Mais j'engage celui
« qui entendra ces paroles à se taire, et à ne pas oser
« divulguer les secrets du Seigneur, de peur qu'il ne
« soit promptement enlevé de la terre. » Mais le pauvre homme entendant ces paroles ne put garder le silence. Aussitôt que le ciel commença à s'éclaircir, il découvrit à la femme d'Aétius tout ce qu'il avait entendu; et, lorsqu'il eut parlé, ses yeux se fermèrent à la lumière.

Aétius donc, réuni aux Goths et aux Francs, livra bataille à Attila. Celui-ci, voyant que ses troupes étaient taillées en pièces, eut recours à la fuite. Cependant Théodoric, roi des Goths, fut tué dans ce combat. Personne ne doit douter que la défaite des ennemis arriva par l'intercession du saint évêque dont nous avons parlé. Cependant le patrice Aétius et Thorismund remportèrent la victoire et détruisirent les ennemis. La guerre étant terminée, Aétius dit à Thorismund : « Hâtez-vous de retourner prompte-
« ment dans votre patrie, de peur que votre frère, se
« pressant, ne vous dépouille du royaume de votre
« père. » Celui-ci, entendant ces paroles, se hâta de

partir pour prévenir son frère et prendre possession le premier du trône de son père. Aétius se délivra par une semblable ruse du roi des Francs. Après leur départ Aétius pilla le camp, et retourna victorieux dans sa patrie avec un butin considérable. Attila se retira avec un petit nombre des siens, et peu de temps après les Huns s'étant emparés d'Aquilée, qu'ils incendièrent et détruisirent, se répandirent dans l'Italie et la ravagèrent. Thorismund, dont nous avons parlé plus haut, soumit dans une guerre les Alains ; ensuite, après beaucoup de différends et de guerres, ses frères tombèrent sur lui et le tuèrent [1].

Après avoir arrangé et complètement exposé ces événemens selon l'ordre des temps, j'ai cru qu'il ne m'était pas permis de passer sous silence ce que l'histoire de Renatus Frigeridus [2] rapporte sur Aétius dont nous avons parlé plus haut. Il raconte, dans le douzième livre de son histoire, qu'à la mort de l'empereur Honorius, Valentinien, encore enfant, et n'ayant accompli qu'un lustre, fut créé Empereur par son cousin germain Théodose, et que le tyran Jean s'éleva à l'empire de Rome ; après avoir dit que ses députés furent méprisés par César, il ajoute : « Pendant « que ces choses se passaient ainsi, les députés retour- « nèrent vers le tyran, lui rapportant les menaces les « plus terribles. Ces menaces déterminèrent Jean à « envoyer aux Huns, avec beaucoup d'or, Aétius, à « qui était alors confié le soin de son palais. Celui-ci les « avait connus dans le temps où il était chez eux en « ôtage, et était lié avec eux d'une intime amitié. Il fut

[1] En 453.
[2] Historien qui n'est connu que par ce passage de Grégoire de Tours.

« chargé de leur porter les instructions suivantes,
« qu'aussitôt que les ennemis entreraient en Italie, ils
« les attaquassent par derrière, tandis que lui les pren-
« drait de front. Et comme nous aurons par la suite
« beaucoup de choses à dire sur cet homme, je juge à
« propos de parler de sa naissance et de son caractère.
« Son père Gaudentius, de la principale ville de la
« province de Scythie, ayant commencé la guerre par
« l'état de domestique, parvint jusqu'au grade de maî-
« tre de la cavalerie. Sa mère, Itala, était une femme
« noble et riche; leur fils Aétius, prétorien dès son
« enfance, fut à trois ans remis en ôtage à Alaric, de
« là aux Huns; ensuite, étant devenu gendre de Car-
« pillion, il commença, en qualité de comte des do-
« mestiques, à être chargé de l'administration du pa-
« lais de Jean. Il était d'une taille médiocre, d'un
« corps vigoureux, sans faiblesse ni pesanteur, d'un
« extérieur mâle et élégant, d'un esprit très-actif; ca-
« valier très-agile, habile à lancer des flèches, adroit
« la lance à la main, très-propre à la guerre, excel-
« lent dans les arts de la paix. Exempt d'avarice et de
« toute avidité, il était doué des dons de l'esprit, ne
« s'écartant pas de son devoir par de mauvais pen-
« chans, supportant les outrages avec une très-grande
« patience, aimant le travail, ne craignant aucun dan-
« ger, souffrant avec beaucoup de courage la faim, la
« soif et les veilles. Il est certain qu'il lui fut prédit,
« dès son jeune âge, à quelle puissance le destin le ré-
« servait, et qu'il serait renommé dans son temps et
« dans son pays. »

Voilà ce que rapporte sur Aétius l'historien nommé
ci-dessus. Mais l'empereur Valentinien, devenu adulte,

craignant qu'Aëtius ne le mît sous le joug, le tua sans sujet. Lui-même à son tour, siégeant sur son tribunal dans le champ de Mars et parlant au peuple, fut surpris par derrière et percé d'une épée par Occylla, trompette d'Aëtius. Telle fut la fin de l'un et de l'autre.

Beaucoup de personnes ignorent quel fut le premier roi des Francs. Quoique Sulpice Alexandre [1] rapporte sur eux beaucoup de choses, il ne nomme pas le premier de leurs rois, et dit qu'ils avaient des ducs : il est bon cependant de rapporter ce qu'il raconte de ces derniers chefs. Après avoir dit que Maxime, ayant perdu tout espoir de conserver l'Empire, restait dans Aquilée, presque privé de tout, il ajoute : « Dans ce « temps les Francs, sous la conduite de Gennobaude, « Marcomer et Sunnon, leurs ducs, firent une irrup- « tion dans la Germanie [2], et, passant la frontière, « massacrèrent beaucoup d'habitans, et, ayant ravagé « des cantons d'une grande fertilité, portèrent l'épou- « vante jusqu'à Cologne.

« Aussitôt que la nouvelle en eut été portée à Trèves, « Nannénus et Quintinus, commandans de la milice, « à qui Maxime avait confié l'enfance de son fils et la « défense des Gaules, assemblèrent une armée et se « rendirent à Cologne. Mais les ennemis, chargés de « butin, après avoir pillé les richesses des provinces, « repassèrent le Rhin, laissant sur le territoire romain « plusieurs des leurs prêts à recommencer le ravage. « Les Romains les combattirent avec avantage, et « tuèrent un grand nombre de Francs près de la forêt des

---

[1] Historien qui n'est connu, comme Renatus Frigeridus, que par ce passage de Grégoire de Tours.
[2] Province romaine sur la rive gauche du Rhin.

« Ardennes. Comme on délibérait pour savoir si, pour
« profiter de la victoire, on devait passer dans le pays
« des Francs, Nannénus s'y refusa, sachant bien qu'ils
« étaient prêts à les recevoir, et qu'ils seraient cer-
« tainement plus forts chez eux. Quintinus et le reste
« de l'armée étant d'un avis différent, Nannénus re-
« tourna à Mayence. Quintinus, ayant passé le Rhin
« avec son armée auprès de Nuitz, arriva, le deuxième
« jour de marche depuis le fleuve, à des maisons
« inhabitées et de grands villages abandonnés. Les
« Francs, feignant d'être épouvantés, s'étaient retirés
« dans des bois très-enfoncés, et avaient fait des abattis
« sur la lisière des forêts, après avoir incendié toutes
« les maisons, croyant, dans leur lâche sottise, que
« déployer contre ces murs leur fureur, c'était con-
« sommer leur victoire. Les soldats, chargés de leurs
« armes, passèrent la nuit dans l'inquiétude. Dès la
« pointe du jour, étant entrés dans les bois sous la
« conduite de Quintinus, ils s'engagèrent presque jus-
« qu'à la moitié du jour dans les détours des chemins,
« et s'égarèrent tout-à-fait. A la fin, arrêtés par une
« enceinte de fortes palissades, ils se répandirent dans
« des champs marécageux qui touchaient à la forêt.
« Quelques ennemis se montrèrent sur leur passage,
« montés sur des troncs d'arbres entassés ou sur des
« abattis. Du haut de ces tours, ils lançaient, comme
« si c'eût été avec des machines de guerre, des flèches
« trempées dans le poison des herbes; de sorte qu'une
« mort certaine était la suite des blessures qui n'a-
« vaient fait qu'effleurer la peau, même dans des par-
« ties du corps où les coups ne sont pas mortels.
« Bientôt l'armée, environnée d'un grand nombre

« d'ennemis, se précipita avec empressement dans les
« plaines que les Francs avaient laissées ouvertes. Les
« cavaliers s'étant plongés les premiers dans les ma-
« rais, on y vit périr pêle-mêle les hommes et les
« chevaux. Les fantassins qui n'étaient pas foulés par
« le poids des chevaux, plongés dans la fange, et, dé-
« barrassant leurs pieds avec peine, se cachaient de
« nouveau en tremblant dans les bois dont ils venaient
« à peine de sortir. Les légions ayant rompu leurs rangs
« furent massacrées. Héraclius, tribun des Joviniens [1],
« ayant été tué ainsi que la plupart des officiers, un
« petit nombre trouva son salut dans l'obscurité de la
« nuit et les retraites des forêts. » Ce récit se trouve dans
le troisième livre de l'histoire de Sulpice Alexandre.

Dans le quatrième, après avoir raconté le meurtre
de Victor, fils du tyran Maxime, il dit : Dans
« ce temps Charietton et Syrus, mis à la place de Nan-
« nénus, s'opposèrent aux Francs avec une armée
« dans la Germanie. » Et après quelques mots sur le
butin que les Francs avaient remporté de Germanie,
il ajoute : « Arbogaste, ne souffrant aucun délai, en-
« gagea César à infliger aux Francs le châtiment qu'ils
« méritaient, à moins qu'ils ne restituassent tout ce
« que, dans l'année précédente, ils avaient pillé après
« le massacre des légions, et qu'ils ne livrassent les
« auteurs de la guerre, afin qu'on les punît d'avoir
« violé perfidement la paix. »

Il raconte ce qui se passa pendant le commandement de Charietton et Syrus, et ajoute : « Peu de jours
« après, ayant eu une courte entrevue avec Marcomer
« et Sunnon, officiers royaux des Francs, et en ayant

---

[1] Légion romaine.

« reçu des otages, selon la coutume, le général ro-
« main se retira à Trèves pour y passer l'hiver. »
Comme il les appelle royaux [1], nous ne savons s'ils
étaient rois ou s'ils en tenaient la place. Le même historien, rapportant la situation critique de l'empereur Valentinien, ajoute : « Pendant que divers événemens
« se passaient dans la Thrace, en Orient, l'état des
« affaires était troublé dans la Gaule. Le prince Va-
« lentinien, renfermé à Vienne dans l'intérieur de
« son palais, et presque réduit au-dessous de la con-
« dition de simple particulier, le soin des affaires mi-
« litaires était livré à des satellites Francs, et les af-
« faires civiles étaient passées entre les mains de la
« faction d'Arbogaste. Parmi tous les soldats engagés
« dans la milice, on n'en trouvait aucun qui osât
« obéir aux ordres ou aux discours particuliers du
« prince. »

Il rapporte ensuite que, « dans la même année,
« Arbogaste, poursuivant Sunnon et Marcomer, pe-
« tits rois francs, avec une haine de barbare, se ren-
« dit à Cologne dans la plus grande rigueur de l'hiver,
« pensant qu'il pénétrerait facilement dans les re-
« traites des Francs, et y mettrait le feu lorsqu'ils ne
« pourraient plus se cacher en embuscade dans les
« forêts dépouillées de feuilles et arides. Ayant donc
« rassemblé une armée, il passa le Rhin, et ravagea le
« pays des Bructères, qui sont le plus près de la rive,
« et un village habité par les Chamaniens, sans que
« personne se présentât, si ce n'est quelques Amp-

---

[1] Le texte porte en effet : *Francorum regalibus*, et non pas *regibus*. Mais il y a tout lieu de croire que, par *regalibus*, Sulpice Alexandre entendait simplement *regibus*.

« suares et Chattes, commandés par Marcomer, qui
« se montrèrent sur les plus hauts sommets des col-
« lines¹. » Là, laissant de nouveau ceux qu'il appelle
chefs et *royaux*, il dit clairement que les Francs
avaient un roi, lorsqu'il dit, sans indiquer son nom :
« Ensuite le tyran Eugène, ayant entrepris une ex-
« pédition militaire, après avoir, selon sa coutume,
« renouvelé les anciens traités avec les rois des Alle-
« mands et des Francs, gagna la limite du Rhin pour
« effrayer les nations sauvages par l'aspect d'une ar-
« mée très-considérable. » C'est là tout ce que l'historien ci-dessus nommé a dit des Francs.

Renatus Profuturus Frigeridus, dont nous avons déjà parlé, rapportant la prise et la destruction de Rome
par les Goths, dit : « Pendant ce temps, Goar², ayant
« passé aux Romains, Respendial, roi des Allemands,
« retira son armée des bords du Rhin, car les Van-
« dales étaient en guerre avec les Francs. Le roi Go-
« dégisile avait succombé, et une armée de près de
« vingt mille hommes avait péri par le fer. Les Van-
« dales auraient été détruits si les Alains ne les eus-
« sent secourus à temps. » Nous sommes étonnés que,
nommant par leur nom les rois des autres nations,
l'historien ne dise pas aussi celui du roi des Francs.
Cependant lorsqu'il dit que Constantin³, s'étant emparé du pouvoir, ordonna à son fils Constans de
quitter l'Espagne pour le venir trouver, il raconte ce
qui suit : « Constantin ayant rappelé d'Espagne son

---

¹ Ces tribus faisaient partie de la confédération des Francs.
² Roi ou chef d'une tribu d'Alains.
³ Simple soldat d'une légion romaine cantonnée dans la Grande-Bretagne, et qui se fit Empereur en 407.

« fils Constans, qui y régnait en même temps, afin de
« délibérer ensemble sur l'état des affaires présentes,
« Constans laissa à Sarragosse toute sa cour avec sa
« femme, confia toutes choses en Espagne à Géron-
« tius, et se rendit sans s'arrêter auprès de son père.
« Dès qu'ils furent ensemble, après avoir laissé passer
« plusieurs jours, voyant qu'il n'y avait rien à crain-
« dre de l'Italie, Constantin se livra à la débauche et
« à l'intempérance, et engagea son fils à retourner en
« Espagne. Pendant que celui-ci, après avoir envoyé
« ses troupes devant, demeurait encore avec son
« père, des courriers, arrivant d'Espagne, lui annon-
« cèrent que Gérontius avait établi sur le trône
« Maxime, un de ses clients[1], et que, secondé des
« nations barbares, il faisait contre lui des préparatifs
« de guerre. Effrayés de ces nouvelles, Constans et
« Décimus Rusticus, devenu préfet des Gaules de
« maître des offices qu'il était auparavant, après avoir
« envoyé Édobic vers les Germains, marchèrent vers
« les Gaules avec les Francs, les Allemands et toutes
« leurs troupes, projetant de retourner bientôt auprès
« de Constantin. » De même, lorsqu'il raconte que Constantin était assiégé, l'historien dit : « A peine quatre
« mois s'étaient écoulés depuis que Constantin était
« assiégé, lorsque tout à coup des messagers venus
« de la Gaule ultérieure annoncèrent que Jovin s'était
« revêtu des ornemens royaux, et qu'accompagné des
« Bourguignons, des Allemands, des Francs et des
« Alains, il menaçait les assiégeans avec toute son
« armée. Les assiégeans pressèrent le siége, et Cons-
« tantin ouvrit les portes de la ville et se rendit. Con-

[1] En 410.

« duit aussitôt vers l'Italie, il fut décapité sur les bords
« du Mincio, par des exécuteurs que le prince envoya
« au-devant de lui. » Le même historien dit ensuite :
« Dans le même temps le préfet du tyran Décimus
« Rusticus, Agroëtius, qui avait été chef des secré-
« taires de Jovin, et un grand nombre de nobles,
« étant tombés, en Auvergne, entre les mains des gé-
« néraux d'Honorius, subirent un rigoureux sup-
« plice. Les Francs pillèrent et incendièrent la ville
« de Trèves dans une seconde irruption. »

Astérius ayant été élevé à la dignité de patrice par des lettres de l'empereur, l'historien ajoute : « Dans le
« même temps Castinus, comte des domestiques, fut
« mis à la tête d'une expédition contre les Francs et
« envoyé dans les Gaules. » Voilà ce que ces historiens racontent des Francs. Orose, historien, parle ainsi dans le septième livre de son ouvrage : « Stili-
« con ayant rassemblé les troupes, écrasa les Francs,
« passa le Rhin, parcourut les Gaules et alla jusque
« vers les Pyrénées. » Ce sont là les renseignemens que les historiens dont nous avons parlé nous ont laissés sur les Francs, sans nous dire le nom de leurs rois. Un grand nombre racontent que ces mêmes Francs, abandonnant la Pannonie, s'établirent sur les bords du Mein : qu'ensuite, traversant ce fleuve, ils passèrent dans le pays de Tongres, et que là, dans leurs bourgs et dans leurs villes, ils créèrent, pour les commander, les rois chevelus pris dans la première et, pour ainsi dire, la plus noble de leurs familles. Comment les victoires de Clovis assurèrent ensuite ce titre à sa famille, c'est ce que nous montrerons plus tard.

Nous lisons dans les Fastes Consulaires que Théodomer, roi des Francs, fils de Richimer, et Aschila sa mère, furent massacrés. On rapporte aussi qu'alors Chlogion, homme puissant et distingué dans son pays, fut roi des Francs; il habitait Dispargum[1] qui est sur la frontière du pays de Tongres. Les Romains occupaient aussi ces pays, c'est-à-dire vers le midi jusqu'à la Loire. Au-delà de la Loire le pays était soumis aux Goths. Les Bourguignons, attachés aussi à la secte des Ariens, habitaient au-delà du Rhône qui coule auprès de la ville de Lyon. Chlogion, ayant envoyé des espions dans la ville de Cambrai et ayant fait examiner tout le pays, défit les Romains et s'empara de cette ville[2]. Après y être demeuré quelque temps, il conquit le pays qui s'étend jusqu'au fleuve de la Somme. On prétend que le roi Mérovée, qui eut pour fils Childéric, était né de sa race.

Mais il paraît que cette race fut toujours adonnée aux cultes idolâtres, et ne connut pas du tout le vrai Dieu. Ils se firent des images des forêts, des eaux, des oiseaux, des bêtes sauvages et d'autres objets, et s'accoutumèrent à les adorer, leur offrant des sacrifices. Oh! si cette voix terrible que Dieu fit entendre au peuple par la bouche de Moïse avait frappé les fibres de leurs cœurs : « Vous n'aurez point des dieux étrangers « devant moi ; vous ne vous ferez point d'image taillée, « ni aucune figure de ce qui est en haut dans le ciel, « et en bas sur la terre, ni de tout ce qui est dans les « eaux sous la terre[3]. » Et ces paroles-ci : « Vous crain-

---

[1] Duysborck, entre Bruxelles et Louvain.
[2] Vers l'an 445.
[3] Exod. chap. 20, v. 3, 4.

« drez le Seigneur votre Dieu, vous ne servirez que
« lui seul, et vous ne jurerez que par son nom¹. » Qu'auraient-ils dit s'ils avaient vu quelle vengeance tomba
sur les Israélites parce qu'ils avaient adoré le veau
d'or, et lorsqu'après les festins et les chants, après les
débauches et les danses, leur bouche impure dit, en
parlant de cette idole : « Voici vos dieux, ô Israël!
« qui vous ont tiré de l'Égypte² ; » il en périt vingt-
quatre mille. Qu'auraient-ils dit de ceux qui, s'étant
associés aux profanes mystères de Belphégor et mêlés
aux femmes Moabites, furent renversés et tués par
leurs parens? Le prêtre Phinée apaisa, par la mort des
adultères, la colère de Dieu qui avait envoyé sur eux
une plaie, et ce zèle lui fut imputé à justice. Qu'auraient-ils dit si ces paroles terribles que Dieu prononça par la bouche de David avaient retenti à leurs
oreilles? « Parce que tous les dieux des nations sont des
« démons, mais le Seigneur est le créateur des cieux³. »
Et : « Les idoles des nations ne sont que de l'argent et
« de l'or, et les ouvrages des mains des hommes ; que
« ceux qui les font leur deviennent semblables, avec
« tous ceux qui mettent en elles leur confiance⁴. » Ou
celles-ci : « Que tous ceux-là soient confondus qui
« adorent des ouvrages de sculpture et qui se glori-
« fient dans leurs idoles⁵. » Et aussi celles que dit le
prophète Habacuc : « Que sert la statue qu'un sculp-
« teur a faite, ou l'image fausse qui se jette en fonte?
« Elle est couverte au dehors d'or et d'argent, et elle

¹ Deutéron. chap. 6, v. 13.
² Exod. chap. 32, v. 4.
³ Psaum. 95, v. 5.
⁴ Psaum. 113, v. 12, 16.
⁵ Psaum. 96, v. 7.

« est au dedans sans ame et sans vie; mais le Seigneur
« habite dans son temple saint : que toute la terre de-
« meure en silence devant lui¹. » Un autre prophète
dit : « Que les dieux qui n'ont point fait le ciel et la
« terre périssent sous le ciel, et soient exterminés de la
« terre². » De même dans un autre endroit : « Car voici ce
« que dit le Seigneur qui a créé les cieux, le Dieu qui a
« créé la terre et qui l'a formée, qui lui a donné l'être, et
« qui ne l'a pas créée en vain, mais qui l'a formée afin
« qu'elle fût habitée : Je suis le Seigneur, c'est là le nom
« qui m'est propre, je ne donnerai pas ma gloire ni les
« hommages qui me sont dus à des idoles³. » Et ailleurs : « Y a-t-il quelqu'un parmi les faux dieux des
« nations qui fasse pleuvoir⁴? » Et il dit encore, par la
bouche d'Isaïe : « Je suis le premier et je suis le der-
« nier; y a-t-il donc quelqu'autre Dieu que moi, et
« un créateur que je ne connaisse pas? Tous ces arti-
« sans d'idoles ne sont rien; leurs ouvrages les plus
« estimés ne leur serviront de rien; ils sont eux-mê-
« mes témoins de leur confusion, que leurs idoles ne
« voient point et ne comprennent rien. Comment
« donc un homme est-il assez insensé pour vouloir
« former un Dieu, et pour jeter en fonte une statue
« qui n'est bonne à rien? Tous ceux qui ont part à cet
« ouvrage seront confondus; car tous ces artisans ne
« sont que des hommes. Le forgeron travaille avec sa
« lime, il met le fer dans le feu et le bat avec le mar-
« teau pour en former une idole; il y emploie toute la

---

¹ Habacuc, chap. 2, v. 18, 19, 20.
² Jérémie, chap. 10, v. 11.
³ Isaïe, chap. 45, v. 18; chap. 42, v. 8.
⁴ Jérémie, chap. 14, v. 22.

« force de son bras. Le sculpteur étend sa règle sur le
« bois, et le forme avec le rabot; il le dresse à l'é-
« querre, il lui donne ses traits et ses proportions avec
« le compas, et fait enfin l'image d'un homme qu'il
« rend le plus beau qu'il peut, et il le loge dans une
« niche : il en a pris lui-même pour se chauffer, et il
« prend le reste, il en fait un dieu, et l'adore ; il en fait
« une image morte devant laquelle il se prosterne, et
« qu'il prie en lui disant : Délivrez-moi; car vous êtes
« mon dieu. J'ai fait du feu de la moitié de ce bois,
« j'en ai fait cuire du pain sur les charbons, j'y ai fait
« cuire la chair que j'ai mangée, et du reste j'en ferai
« une idole ; je me prosternerai devant un tronc d'ar-
« bre; une partie de ce bois est déjà réduite en cendres,
« et cependant son cœur insensé adore l'autre, et il
« ne pense point à tirer son ame de l'égarement où
« elle est, en disant : certainement cet ouvrage de mes
« mains n'est qu'un mensonge[1]. » La nation des Francs
ne comprit pas d'abord cela, mais elle le reconnut plus
tard, comme la suite de cette histoire le fera connaître.

Avitus, un des sénateurs, et, comme on sait bien,
citoyen de l'Auvergne, ayant été élevé à l'empire de
Rome[2], et voulant mener une conduite déréglée, fut
chassé par le sénat et nommé ensuite évêque de Plai-
sance. Ayant découvert que le sénat, encore irrité
contre lui, voulait attenter à sa vie, il partit chargé
d'un grand nombre d'offrandes pour la basilique du
bienheureux martyr saint Julien d'Auvergne. Mais,
ayant atteint en route le terme de la carrière de sa vie,
il mourut et fut porté au village de Brioude, et enterré

---

[1] Isaïe, chap. 44, v. 6-20.
[2] En 455.

aux pieds du martyr ci-dessus nommé. Majorien lui succéda à l'Empire [1]; dans les Gaules, le Romain Ægidius fut nommé maître de la milice.

Childéric, roi des Francs, s'abandonna à une honteuse luxure, déshonorant les femmes de ses sujets. Ceux-ci, s'indignant de cet outrage, le détrônèrent [2]. Ayant découvert qu'on en voulait même à sa vie, il se réfugia dans la Thuringe, laissant dans son pays un homme qui lui était attaché pour qu'il apaisât, par de douces paroles, les esprits furieux. Il lui donna aussi un signe pour qu'il lui fît connaître quand il serait temps de retourner dans sa patrie, c'est-à-dire qu'ils divisèrent en deux une pièce d'or, que Childéric en emporta une moitié, et que son ami garda l'autre, disant : « Quand je vous enverrai cette moitié, et que « les deux parties réunies formeront la pièce entière, « vous pourrez revenir en toute sûreté dans votre « patrie. » Étant donc passé dans la Thuringe, Childéric se réfugia chez le roi Bizin et sa femme Basine. Les Francs, après l'avoir détrôné, élurent pour roi, d'une voix unanime, Ægidius qui, ainsi que nous l'avons dit plus haut, avait été envoyé par la république romaine comme maître de la milice. Celui-ci était déjà dans la huitième année de son règne lorsque le fidèle ami de Childéric, ayant secrètement apaisé les Francs, envoya à son prince des messagers pour lui remettre la moitié de la pièce qu'il avait gardée. Celui-ci, voyant par cet indice certain que les Francs desiraient son retour, et qu'ils le priaient eux-mêmes de revenir, quitta la Thuringe, et fut rétabli sur son

---

[1] En 457.
[2] *Ibid.*

trône. Tandis qu'il régnait, Basine, dont nous avons parlé plus haut, abandonna son mari pour venir auprès de Childéric. Comme il lui demandait avec empressement par quel motif elle venait d'un pays si éloigné, on dit qu'elle répondit : « J'ai reconnu ton « mérite et ton grand courage ; je suis venue pour « rester avec toi : sache que si j'avais connu, dans « des régions au-delà des mers, un homme plus mé- « ritant que toi, j'aurais desiré d'habiter avec lui. » Celui-ci, enchanté, l'épousa. Il en eut un fils qu'on appela du nom de Clovis. Ce fut un grand prince et un redoutable guerrier.

Après la mort de saint Artémius en Auvergne, Vénérande, un des sénateurs, fut créé évêque. Paulin nous apprend ce que fut ce pontife, en disant : « Si « vous voyez les pieux pontifes du Seigneur, Exsu- « père à Toulouse, Simplicius à Vienne, Amande à « Bordeaux, Diogénien à Albi, Dynamius à Angou- « lême, Vénérande en Auvergne, Alithius à Cahors, « ou Pégase à Périgueux, quels que soient les vices « du siècle, vous verrez assurément les plus dignes « gardiens de la sainteté, de la foi et de la religion. » On dit que Vénérande mourut la veille même du jour de Noël. Le lendemain, une procession solennelle suivit ses obsèques. Après sa mort, il s'éleva parmi les citoyens une honteuse querelle au sujet de l'épiscopat ; et comme les partis en désaccord voulaient chacun en élire un, il y avait parmi le peuple une division très-animée. Pendant que les évêques siégeaient un dimanche, une femme voilée et vouée à Dieu s'avança hardiment vers eux, et leur dit : « Écoutez-moi, pontifes du Seigneur ; sachez que les

« hommes que ces gens-là ont élus pour le sacerdoce
« ne plaisent point à Dieu, car le Seigneur choisira
« lui-même aujourd'hui son évêque. Ne soyez donc
« pas en contestation, et ne troublez pas le peuple;
« mais soyez un peu patiens, car le Seigneur vous
« conduit maintenant celui qui doit gouverner cette
« Église. » Tandis qu'ils s'étonnaient de ces paroles,
arriva tout à coup un homme appelé Rustique, qui était
un prêtre du diocèse même de la ville de Clermont;
il avait déjà été désigné à cette femme dans une vision. L'ayant vu, elle dit : « Voilà celui qu'a choisi le
« Seigneur; c'est là le pontife que le Seigneur vous a
« destiné : qu'il soit nommé évêque. » Le peuple, entendant ces paroles, mit un terme à toute querelle,
proclamant que c'était un bon et digne évêque; Rustique, placé sur le siége épiscopal, fut le septième
qui l'occupa, à la satisfaction du peuple.

Dans la ville de Tours, l'évêque Eustoche étant mort
dans la dix-septième année de son pontificat, on nomma
Perpétuus, qui fut le cinquième après saint Martin.
Témoin des miracles continuels qui s'opéraient sur le
tombeau du saint, et voyant qu'on n'y avait bâti qu'une
très-petite chapelle, il la trouva indigne de tant de
prodiges. L'ayant donc fait enlever, il fit construire
la grande basilique qui subsiste encore aujourd'hui,
et qui est à cinq cent cinquante pas de la ville. Elle
a cent soixante pieds de long et soixante de large.
Elle a en hauteur, jusqu'à la voûte, quarante-cinq
pieds. Elle a trente-deux fenêtres du côté de l'autel
et vingt dans la nef qui est ornée de quarante-une
colonnes. Dans tout l'édifice, il y a cinquante-deux
fenêtres, cent vingt colonnes, huit portes, trois du

côté de l'autel et cinq dans la nef. Cette basilique a trois fêtes solennelles, pour la dédicace du temple, la translation du corps du saint, et l'anniversaire de sa promotion à l'épiscopat. On célèbre la première le 4 juillet, et la seconde le 11 novembre. Quiconque observera exactement ces fêtes méritera la protection de l'évêque dans ce monde et dans l'autre.

Comme la boiserie de la première chapelle était d'une structure élégante, le pontife ne crut pas à propos de laisser périr cet ouvrage. Il fit bâtir, en l'honneur des saints apôtres Pierre et Paul, une autre basilique dans laquelle il fit placer cette boiserie. Il fit construire, au nom de Jésus-Christ, encore un grand nombre de basiliques qui ont subsisté jusqu'à présent.

Dans ce temps, le prêtre Euphronius éleva une basilique au bienheureux martyr Symphorien d'Autun. Dans la suite, Euphronius lui-même parvint à l'évêché de cette ville. Ce fut lui qui envoya, en grande dévotion, le marbre qui est placé sur le tombeau de saint Martin.

Après la mort de l'évêque Rustique, saint Namatius devint en Auvergne le huitième évêque. Il fit bâtir l'église qui subsiste encore, et qui est la principale dans les murs de la ville. Elle a cent cinquante pieds de long, soixante de large, cinquante de haut dans l'intérieur de la nef jusqu'à la voûte : au devant est une rotonde, et, de chaque côté, les ailes de l'église sont d'une élégante structure, et tout l'édifice est disposé en forme de croix. Elle a quarante-deux fenêtres, soixante-dix colonnes et huit portes. Une pieuse crainte de Dieu se fait sentir dans ce lieu, où pénètre une brillante clarté; et très-souvent les religieux y sentent des parfums qui semblent provenir de doux aromates. Les parois du côté de l'autel sont ornées de différentes espèces de marbres ciselés avec beaucoup d'élégance. L'édifice achevé au bout de douze ans, Namatius envoya à Bologne, ville d'Italie, pour demander les reliques de saint Vitalis et de saint Agricola, crucifiés, comme on sait, pour le saint nom de Christ Notre Dieu.

La femme de Namatius bâtit, dans le faubourg de la ville, la basilique de saint Étienne. Voulant la faire orner de peintures, elle avait dans son giron un livre où elle lisait l'histoire des actions des anciens temps, indiquant aux peintres celles qu'ils devaient représenter sur les murailles. Il arriva un jour qu'étant assise dans la basilique, et en train de lire, un pauvre vint pour prier; et apercevant cette femme vêtue d'une robe sale et déjà avancée en âge, il la prit pour une pauvresse, et lui porta un morceau de pain qu'il posa sur ses genoux, après quoi il s'en alla. Celle-ci, ne dédaignant pas le don du pauvre qui n'avait pas reconnu son rang, l'accepta et le remercia. Elle garda le pain, le plaça devant elle dans tous ses repas, disant chaque jour son *benedicite* sur ce pain, jusqu'à ce qu'il n'en restât plus.

Childéric fit la guerre aux Orléanais; Adovacre vint à Angers avec les Saxons. Une épouvantable peste désola alors le peuple. Ægidius mourut, laissant un fils nommé Syagrius. Après la mort d'Ægidius, Adovacre reçut des ôtages d'Angers et d'autres villes. Les Bretons furent chassés de Bourges par les Goths, qui en tuèrent un grand nombre près du bourg de Dol.

Le comte Paul, avec les Romains et les Francs, fit la guerre aux Goths, sur lesquels il fit un grand butin. Adovacre étant venu à Angers, le roi Childéric arriva le jour suivant, et ayant tué le comte Paul, il s'empara de la ville. Ce jour-là l'église fut consumée par un grand incendie.

Sur ces entrefaites, la guerre s'alluma entre les Saxons et les Romains. Mais les Saxons prenant la fuite, abandonnèrent un grand nombre des leurs au glaive des Romains qui les poursuivaient. Leurs îles furent prises et ravagées par les Francs qui tuèrent une grande partie des habitans. Le neuvième mois de cette année, il se fit un tremblement de terre. Childéric conclut un traité avec Adovacre, et ils soumirent ensemble les Allemands qui avaient envahi une partie de l'Italie.

Euric, roi des Goths, dans la quatorzième année de son règne, créa Victor duc des sept Cités [1]. Celui-ci, étant venu subitement en Auvergne, voulut ajouter la cité de Clermont à celles qu'il gouvernait déjà. Ce fut lui qui fit construire les chapelles souterraines qu'on voit encore aujourd'hui dans la basilique de saint Julien, ainsi que les colonnes qui sont placées dans l'église. Il fit bâtir la basilique de saint Laurent et de saint Germain, dans le bourg de Saint-Germain-de-Lambron. Il resta neuf ans en Auvergne. Il éleva des accusations calomnieuses contre le sénateur Euchérius. Après l'avoir fait mettre en prison, il l'en fit tirer de nuit, le fit attacher à une vieille muraille, et ordonna de la faire écrouler sur lui. Comme il était fort débauché, craignant d'être assassiné par les gens

---

[1] La première Narbonnaise qui comprenait les cités de Narbonne, Toulouse, Beziers, Agde, Nismes, Maguelonne et Lodève.

de l'Auvergne, il s'enfuit à Rome; mais voulant y mener une vie aussi déréglée, il fut lapidé. Euric régna encore quatre ans après la mort de celui-ci; il mourut dans la vingt-septième année de son règne[1]. Il y eut alors un grand tremblement de terre.

Namatius, évêque d'Auvergne, étant mort, fut remplacé par Éparchius, homme d'une grande sainteté et de beaucoup de foi. Comme, dans ce temps, l'église avait dans les murs de la ville une petite propriété, l'évêque y demeurait dans l'endroit qu'on nomme à présent la sacristie, et pendant la nuit il se levait pour aller rendre grâces à Dieu à l'autel de l'église. Il arriva qu'une certaine nuit qu'il y alla, il trouva l'église remplie de démons, et leur prince lui-même vêtu à la manière des femmes et assis dans la chaire épiscopale. Le pontife lui dit : « Infâme courtisane, tu ne te con-
« tentes pas d'infecter tous les lieux de tes profana-
« tions; tu viens souiller le siége consacré à Dieu, en y
« posant ton corps dégoûtant! Retire-toi de la maison
« de Dieu, ne la profane pas davantage. » Celui-ci lui répliqua : « Puisque tu me donnes le nom de courti-
« sane, je te tendrai beaucoup d'embûches, en t'en-
« flammant de passion pour les femmes. » A ces mots, il s'évanouit comme de la fumée. Il est vrai que le pontife éprouva de violens accès de concupiscence charnelle; mais, armé du signe de la croix, l'ennemi ne put lui faire aucun mal. On rapporte qu'il fit bâtir sur le sommet du mont Chantoin un monastère, où l'on voit encore son oratoire et où il s'enfermait pendant les saints jours du carême. Le jour de Pâques il s'en retournait à son église en chantant accompagné des

[1] En 485.

clercs et des citoyens, et avec un chœur nombreux qui chantait devant lui. A sa mort, il fut remplacé par Sidoine, qui avait été préfet[1]. C'était un homme très-noble, selon la dignité du siècle, et un des premiers sénateurs des Gaules ; aussi avait-il obtenu en mariage la fille de l'empereur Avitus[2]. De son temps, pendant que Victor, dont nous avons parlé ci-dessus, demeurait encore à Clermont, il y avait, dans le monastère de St.-Cyr de cette même ville, un abbé, nommé Abraham, qui était animé de la foi et des vertus de ce premier patriarche, comme nous l'avons rapporté dans le livre de sa vie.

S. Sidoine était doué d'une si grande éloquence que très-souvent il improvisait sur-le-champ avec le plus grand éclat sur quelque sujet qu'il voulût. Il arriva qu'un jour il fut invité à la fête de la basilique du monastère dont nous avons parlé ci-dessus; quelqu'un lui ayant méchamment enlevé le petit livre dont il avait coutume de se servir pour célébrer les fêtes sacrées, il se prépara en très-peu de temps, et récita tout l'office de la fête si bien que tout le monde l'admirait, et que les assistans croyaient entendre, non pas un homme, mais un ange. Nous en avons amplement parlé dans la préface du livre que nous avons ajouté aux messes de sa composition. Comme il était d'une admirable sainteté, et, ainsi que nous l'avons dit, un des premiers sénateurs, il emportait souvent de la maison, à l'insu de sa femme, des vases d'argent qu'il distribuait aux pauvres. Lorsque celle-ci en était ins-

---

[1] Préfet de Rome, en 467, sous l'empereur Anthémius. Il fut nommé évêque en 471.

[2] Papianilla. Sidoine l'épousa avant que son père fût empereur.

truite, elle s'irritait contre lui; et alors il en donnait le prix aux pauvres et remettait ces meubles dans la maison.

Après que Sidoine se fut consacré au service du Seigneur, et pendant qu'il menait dans ce monde une sainte vie, deux prêtres se soulevèrent contre lui; et lui ayant enlevé tout pouvoir sur les biens de l'église, ils lui laissèrent à peine de quoi vivre, et lui firent subir les plus grands outrages; mais la clémence divine ne souffrit point que ces injures restassent long-temps impunies. Un de ces prêtres méchans et indignes l'avait menacé de l'arracher de l'église avant la nuit. Ayant entendu le son qui appelait à Matines, il se leva enflammé de fureur contre le saint de Dieu, et méditant dans son cœur pervers d'accomplir le dessein qu'il avait formé le jour précédent. Mais étant entré dans un privé, il rendit l'ame en s'efforçant de satisfaire ses besoins. Son domestique attendait dehors avec un flambeau que son maître sortît. Le jour approchait déjà. Son complice, c'est-à-dire l'autre prêtre, lui envoya un messager pour lui dire : « Viens, « ne tarde pas, pour que nous accomplissions en- « semble ce que nous avons médité hier. » Mais, comme le mort ne répondait pas, le domestique ayant soulevé le voile de la porte[1], trouva son maître mort sur le siége du privé. On ne peut douter, d'après cela, qu'il ne fût coupable d'un crime aussi grand que cet Arius qui rendit de même ses entrailles dans un privé. On ne peut appeler autrement qu'hérétique celui qui, dans une église, n'obéit pas au pontife de

---

[1] Des tentures plus ou moins grossières servaient de portes dans l'intérieur des maisons.

Dieu auquel a été remis le soin de paître les brebis, et qui s'empare du pouvoir que ni Dieu ni les hommes ne lui ont confié.

Le saint pontife, quoiqu'il lui restât encore un ennemi, fut remis en possession de son pouvoir. Il arriva après cela qu'étant attaqué de la fièvre, il devint malade, et pria les siens de le porter dans l'église. Lorsqu'il y fut venu, une multitude d'hommes, de femmes et d'enfans s'assembla auprès de lui, pleurant et disant : « Pourquoi nous abandonnes-tu, bon « pasteur ? ou à qui laisses-tu ceux que ta mort va ren- « dre orphelins ? Quelle sera notre vie après ta mort ? « Qui, dans la suite, nous assaisonnera comme toi « du sel de la sagesse ? Qui nous inspirera par sa pru- « dence la crainte du saint nom de Dieu ? » Le peuple entremêlait ces paroles de grandes lamentations. Enfin le pontife, se sentant animé du Saint-Esprit, leur répondit : « Ne craignez rien, ô peuples ! voilà que mon « frère Apruncule vit, et il sera votre pontife. » Ne comprenant pas ces paroles, ils le croyaient en délire.

Aussitôt après sa mort, le méchant prêtre qui était resté, animé d'une avidité coupable, s'empara de tous les biens de l'église, comme s'il était déjà évêque, et il disait : « Le Seigneur a enfin jeté les yeux sur moi, « et il a vu que j'étais plus juste que Sidoine, et il m'a « accordé ce pouvoir. » Tandis qu'il parcourait toute la ville en triomphe arriva le jour du Seigneur, qui n'était pas éloigné de la mort du saint homme. Il prépara un festin, fit inviter tous les citoyens dans la maison épiscopale où, sans respect pour les vieillards, il se coucha le premier sur son lit. L'échanson, lui ayant offert une coupe, lui dit : « Seigneur, j'ai eu un

« songe que, si vous le permettez, je vais vous racon-
« ter. Je voyais beaucoup de choses la nuit dernière,
« et voilà, il y avait un grand appartement dans le-
« quel était placé un trône. Sur ce trône était assis
« un juge qui l'emportait sur tous les autres par son
« pouvoir ; il était entouré d'un grand nombre de prê-
« tres en vêtemens blancs, et d'une foule innombra-
« ble de peuple. Pendant que je contemplais ces choses
« en tremblant, j'aperçus le bienheureux Sidoine qui
« s'élevait au milieu de tous, accusant vivement ce
« prêtre qui vous était cher, et qui est sorti de ce
« monde il y a peu d'années : celui-ci ayant été con-
« damné, le roi ordonna qu'on le plongeât dans un
« sombre cachot. Comme on l'entraînait, Sidoine com-
« mença à s'élever contre vous, disant que vous aviez
« été complice du crime pour lequel cet autre venait
« d'être condamné. Comme le juge cherchait avec soin
« quelqu'un pour l'envoyer vers vous, je me cachai
« parmi les autres et me retournai, craignant, comme
« je vous suis connu, qu'on ne m'envoyât vers vous.
« Pendant que je réfléchissais à cela en silence, tout le
« monde s'étant éloigné, je restai seul ; le juge m'ayant
« appelé, je m'approchai de lui. A l'aspect de sa puis-
« sance et de son éclat, je demeurai stupéfait et chan-
« celant de crainte. Il me dit alors : Ne crains rien,
« jeune homme, mais va, et dis à ce prêtre qu'il
« vienne pour répondre à l'accusation, car Sidoine a
« demandé qu'on le fît venir. Ne différez donc pas à
« vous y rendre, parce que le roi m'a recommandé
« expressément de vous dire ces choses, me disant :
« Si tu te tais, tu mourras de la mort la plus cruelle. »
A ces mots, le prêtre effrayé laissa échapper la coupe

de ses mains, et rendit l'ame. Le mort, enlevé de dessus son lit, fut enseveli, et alla prendre possession de l'enfer avec son complice. Voilà le jugement dont le Seigneur frappa en ce monde les prêtres rebelles; l'un subit la mort d'Arius; l'autre, comme Simon-le-Magicien, fut, à la prière du saint apôtre, précipité du faîte de son orgueil. Il n'est pas douteux qu'ils furent plongés ensemble dans l'enfer, pour avoir tous deux persécuté de leur méchanceté leur saint évêque.

Pendant ce temps, comme le nom des Francs avait pénétré dans ce pays, et que tous desiraient qu'ils y portassent leur empire, saint Apruncule, évêque de la ville de Langres, commença à devenir suspect aux Bourguignons[1]. La haine croissant de jour en jour contre lui, on ordonna de le faire périr en secret par le glaive. Apruncule en ayant eu connaissance, s'échappa pendant la nuit en se glissant le long du mur du château de Dijon, et se rendit en Auvergne où, selon la parole que le Seigneur avait mise dans la bouche de saint Sidoine, il devint le onzième évêque.

Pendant le pontificat de Sidoine, une grande famine désola la Bourgogne. Comme les peuples se dispersaient dans différens pays, et qu'aucun homme ne fournissait de nourriture aux pauvres, on rapporte qu'Ecdicius, sénateur et parent de Sidoine, mettant sa confiance en Dieu, fit alors une belle action. Pendant les ravages de la famine, il envoya ses domestiques avec des chevaux et des chars vers les villes voisines, pour qu'ils lui amenassent ceux qui souf-

---

[1] Les Francs étant les seuls des conquérans de la Gaule qui ne fussent pas Ariens, le clergé catholique desirait vivement leurs progrès, et sollicitait souvent leurs invasions.

fraient de la disette. Ceux-ci l'ayant fait amenèrent à sa maison tous les pauvres qu'ils purent trouver. Là il les nourrit pendant tout le temps de la disette, et les empêcha de mourir de faim. Il y eut, comme beaucoup le rapportent, plus de quatre mille personnes des deux sexes. L'abondance étant revenue, Ecdicius les fit reconduire chacun dans son pays par le même moyen. Après leur départ, il entendit une voix partant du ciel qui lui dit: « Ecdicius, Ecdicius, « puisque tu as fait cette action, ta postérité ne man- « quera jamais de pain, parce que tu as obéi à mes « paroles et rassasié ma faim en nourrissant les pau- « vres. » Beaucoup de gens rapportent que cet Ecdicius était d'un courage admirable. On dit qu'un jour, avec dix hommes, il mit en fuite un grand nombre de Goths. On raconte que, pendant la même famine, saint Patient, évêque de Lyon, fit au peuple le même bien. Il nous reste encore une lettre de saint Sidoine, dans laquelle il le loue solennellement à ce sujet.

De son temps, Euric, roi des Goths, sortant des frontières d'Espagne, fit tomber dans les Gaules une cruelle persécution sur les Chrétiens. Il faisait décapiter tous ceux qui ne voulaient pas se soumettre à sa perverse hérésie, et plongeait les prêtres dans des cachots. Quant aux évêques, il envoyait les uns en exil, et faisait périr les autres. Il avait ordonné de barricader les portes des églises avec des épines, afin que l'absence du culte divin fît tomber en oubli la foi. La Gascogne et les deux Aquitaines furent surtout en proie à ces ravages. Il existe encore aujourd'hui à ce sujet une lettre du noble Sidoine. Mais l'auteur de cette persécution ne tarda pas à mourir frappé de la vengeance divine.

Le bienheureux Perpétuus, évêque de la ville de Tours, ayant passé trente ans dans l'épiscopat, s'endormit en paix; on mit à sa place Volusien, un des sénateurs. Mais étant devenu suspect aux Goths, il fut emmené captif en Espagne, dans la septième année de son pontificat; il ne tarda pas à y mourir. Vérus lui succédant, fut le septième évêque depuis saint Martin.

Après ces événemens, Childéric étant mort, son fils Clovis régna à sa place [1]. Dans la cinquième année de son règne, Syagrius, roi des Romains et fils d'Ægidius, résidait dans la ville de Soissons, dont Ægidius s'était autrefois emparé, comme nous l'avons raconté plus haut. Clovis, ayant marché contre lui avec Ragnachaire [2], son parent, qui était aussi en possession d'un royaume, lui fit demander de choisir un champ de bataille. Celui-ci ne différa point, et ne craignit pas de lui résister. Le combat s'engagea donc [3]. Syagrius, voyant son armée rompue, prit la fuite et se réfugia avec une extrême promptitude auprès du roi Alaric, à Toulouse. Clovis envoya prier Alaric de le remettre entre ses mains, disant qu'autrement, s'il le gardait, il lui déclarerait la guerre. Celui-ci, craignant de s'attirer la colère des Francs, car la crainte est ordinaire aux Goths, livra aux députés Syagrius chargé de fers. Clovis, l'ayant reçu, ordonna de le

---

[1] En 481. Tournai était le chef-lieu de la tribu Franque qu'il commandait.
[2] Roi des Francs de Cambrai.
[3] En 486.

garder; et, s'étant emparé de son royaume, il le fit égorger secrètement.

Dans ce temps, l'armée de Clovis pilla un grand nombre d'églises, parce que ce prince était encore plongé dans un culte idolâtre. Des soldats avaient enlevé d'une église un vase d'une grandeur et d'une beauté étonnante, ainsi que le reste des ornemens du saint ministère. L'évêque de cette église envoya vers lui des messagers pour lui demander que, s'il ne pouvait obtenir de recouvrer les autres vases, on lui rendît au moins celui-là. Le roi, ayant entendu ces paroles, dit au messager : « Suis-moi jusqu'à Soissons, « parce que c'est là qu'on partagera tout le butin ; et « lorsque le sort m'aura donné ce vase, je ferai ce que « demande le pontife[1]. » Étant arrivés à Soissons, on mit au milieu de la place tout le butin, et le roi dit : « Je vous prie, mes braves guerriers, de vouloir « bien m'accorder, outre ma part, ce vase que voici, » en montrant le vase dont nous avons parlé ci-dessus. Les plus sages répondirent aux paroles du roi : « Glo- « rieux roi, tout ce que nous voyons est à toi : nous- « mêmes nous sommes soumis à ton pouvoir. Fais « donc ce qui te plaît ; car personne ne peut résister « à ta puissance. » Lorsqu'ils eurent ainsi parlé, un guerrier présomptueux, jaloux et emporté, éleva sa francisque et en frappa le vase, s'écriant : « Tu ne « recevras de tout ceci rien que ce que te donnera « vraiment le sort. » A ces mots tous restèrent stupéfaits. Le roi cacha le ressentiment de cet outrage sous un air de patience. Il rendit au messager de l'évêque

---

[1] Grégoire de Tours fait employer à Clovis le mot de *papa*.

le vase qui lui était échu [1], gardant au fond du cœur une secrète colère. Un an s'étant écoulé, Clovis ordonna à tous ses guerriers de venir au Champ-de-Mars revêtus de leurs armes, pour faire voir si elles étaient brillantes et en bon état. Tandis qu'il examinait tous les soldats en passant devant eux, il arriva auprès de celui qui avait frappé le vase, et lui dit : « Personne n'a des armes aussi mal tenues que les « tiennes, car ni ta lance, ni ton épée, ni ta hache, « ne sont en bon état; » et lui arrachant sa hache, il la jeta à terre. Le soldat s'étant baissé un peu pour la ramasser, le roi levant sa francisque, la lui abattit sur la tête, en lui disant : « Voilà ce que tu as fait au « vase à Soissons. » Celui-ci mort, il ordonna aux autres de se retirer. Cette action inspira pour lui une grande crainte. Il remporta beaucoup de victoires dans un grand nombre de guerres. Dans la dixième année de son règne, il fit la guerre aux gens de Tongres [2], et les soumit à son pouvoir.

Les Bourguignons avaient pour roi Gondeuch, de la race du roi persécuteur Athanaric, dont nous avons parlé plus haut. Il eut quatre fils, Gondebaud, Godégisile, Chilpéric et Godomar. Gondebaud égorgea son frère Chilpéric; et, ayant attaché une pierre au cou de sa femme, il la noya. Il condamna à l'exil les deux filles de Chilpéric. La plus âgée, ayant pris l'habit, s'appelait Chrona, et la plus jeune Clotilde [3]. Clovis

---

[1] Apparemment un autre vase, car rien n'indique que celui que redemandait saint Remi n'eût pas été brisé par le coup de francisque, ni que le sort l'eût donné à Clovis.

[2] En 491.

[3] La plupart des manuscrits de Grégoire de Tours la nomment Chrotechilde.

envoyant souvent des députés en Bourgogne, ceux-ci virent la jeune Clotilde. Témoins de sa beauté et de sa sagesse, et ayant appris qu'elle était du sang royal, ils dirent ces choses au roi Clovis. Celui-ci envoya aussitôt des députés à Gondebaud pour la lui demander en mariage. Gondebaud, craignant de le refuser, la remit entre les mains des députés qui, recevant la jeune fille, se hâtèrent de la mener au roi. Clovis, transporté de joie à sa vue, en fit sa femme. Il avait déjà d'une concubine un fils nommé Théodoric.

Clovis eut de la reine Clotilde un premier fils. La reine, voulant qu'il reçût le baptême, adressait sans cesse de pieux conseils au roi, disant : « Les dieux « que vous adorez ne sont rien, puisqu'ils ne peuvent « se secourir eux-mêmes ni secourir les autres; car « ils sont de pierre, de bois ou de quelque métal. « Les noms que vous leur avez donnés sont des noms « d'hommes et non de dieux, comme Saturne qui, « dit-on, pour ne pas être chassé du trône par son « fils, s'échappa par la fuite; comme Jupiter lui-même, « honteusement souillé de tous les vices, qui a déshonoré tant de maris, outragé les femmes de sa « propre famille, et qui n'a pu s'abstenir de concubinage avec sa propre sœur, puisqu'elle disait : *Je* « *suis la sœur et la femme de Jupiter.* Qu'ont jamais « pu Mars et Mercure? Ils possèdent plutôt la science « de la magie qu'une puissance divine. Le Dieu qu'on « doit adorer est celui qui, par sa parole, a tiré du « néant le ciel et la terre, la mer et toutes les choses « qui y sont contenues; qui a fait briller le soleil, et « a orné le ciel d'étoiles; qui a rempli les eaux de « poissons, la terre d'animaux, et les airs d'oiseaux;

« à l'ordre duquel la terre se couvre de plantes, les
« arbres de fruits et les vignes de raisins; dont la
« main a produit le genre humain; qui a donné enfin
« à l'homme son ouvrage avec toutes les créatures pour
« lui obéir et le servir. »

Ces paroles de la reine ne portaient nullement l'esprit du roi à la foi sainte, mais il disait : « C'est par
« l'ordre de nos dieux que toutes choses sont créées
« et produites; il est clair que votre Dieu ne peut
« rien; bien plus, il est prouvé qu'il n'est pas de la
« race des dieux. » Cependant la reine fidèle présenta son fils au baptême : elle fit décorer l'église de
voiles et de tapisseries, pour que cette pompe attirât
vers la foi catholique le roi que ses discours n'avaient
pu toucher. L'enfant ayant été baptisé et appelé Ingomer, mourut dans la semaine même de son baptême. Le roi, aigri de cette perte, faisait à la reine
de vifs reproches, lui disant : « Si l'enfant avait été
« consacré au nom de mes dieux, il vivrait encore;
« mais, comme il a été baptisé au nom de votre Dieu,
« il n'a pu vivre. » La reine lui répondit : « Je rends
« grâces au puissant Créateur de toutes choses, qui ne
« m'a pas jugée indigne de voir associé à son royaume
« l'enfant né de mon sein. Cette perte n'a pas affecté
« mon ame de douleur, parce que je sais que les en-
« fans que Dieu retire du monde, quand ils sont en-
« core dans les aubes, sont nourris de sa vue. » Elle
engendra ensuite un second fils, qui reçut au baptême le nom de Chlodomir. Cet enfant étant tombé
malade, le roi disait : « Il ne peut lui arriver autre
« chose que ce qui est arrivé à son frère, c'est-à-dire
« qu'il meure aussitôt après avoir été baptisé au nom

« de votre Christ. » Mais le Seigneur accorda la santé de l'enfant aux prières de sa mère.

La reine ne cessait de supplier le roi de reconnaître le vrai Dieu et d'abandonner les idoles; mais rien ne put l'y décider, jusqu'à ce qu'une guerre s'étant engagée avec les Allemands, il fut forcé, par la nécessité, de confesser ce qu'il avait jusque-là voulu nier. Il arriva que les deux armées se battant avec un grand acharnement[1], celle de Clovis commençait à être taillée en pièces; ce que voyant, Clovis éleva les mains vers le ciel, et le cœur touché et fondant en larmes, il dit : « Jésus-Christ, que Clotilde affirme être Fils du
« Dieu vivant, qui, dit-on, donnes du secours à ceux
« qui sont en danger, et accordes la victoire à ceux
« qui espèrent en toi, j'invoque avec dévotion la gloire
« de ton secours; si tu m'accordes la victoire sur mes
« ennemis, et que je fasse l'épreuve de cette puissance
« dont le peuple, consacré à ton nom, dit avoir reçu
« tant de preuves, je croirai en toi, et me ferai bap-
« tiser en ton nom; car j'ai invoqué mes dieux, et,
« comme je l'éprouve, ils se sont éloignés de mon se-
« cours; ce qui me fait croire qu'ils ne possèdent au-
« cun pouvoir, puisqu'ils ne secourent pas ceux qui les
« servent. Je t'invoque donc, je desire croire en toi;
« seulement que j'échappe à mes ennemis. » Comme il disait ces paroles, les Allemands, tournant le dos, commencèrent à se mettre en déroute; et voyant que leur roi était mort, ils se rendirent à Clovis, en lui disant : « Nous te supplions de ne pas faire périr notre
« peuple, car nous sommes à toi. » Clovis, ayant arrêté le carnage et soumis le peuple, rentra en paix

---

[1] En 496, à Tolbiac, aujourd'hui Zülpich, près de Cologne.

dans son royaume, et raconta à la reine comment il avait obtenu la victoire en invoquant le nom du Christ.

Alors la reine manda en secret saint Remi, évêque de Rheims, le priant de faire pénétrer dans le cœur du roi la parole du salut. Le pontife, ayant fait venir Clovis, commença à l'engager secrètement à croire au vrai Dieu, créateur du ciel et de la terre, et à abandonner ses idoles qui n'étaient d'aucun secours, ni pour elles-mêmes, ni pour les autres. Clovis lui dit : « Très-saint père, je t'écouterai volontiers ; mais il « reste une chose, c'est que le peuple qui m'obéit « ne veut pas abandonner ses dieux ; j'irai à eux et je « leur parlerai d'après tes paroles. » Lorsqu'il eut assemblé ses sujets, avant qu'il eût parlé, et par l'intervention de la puissance de Dieu, tout le peuple s'écria unanimement : « Pieux roi, nous rejetons les dieux « mortels, et nous sommes prêts à obéir au Dieu im- « mortel que prêche saint Remi. » On apporta cette nouvelle à l'évêque qui, transporté d'une grande joie, ordonna de préparer les fonts sacrés. On couvre de tapisseries peintes les portiques intérieurs de l'église, on les orne de voiles blancs ; on dispose les fonts baptismaux ; on répand des parfums, les cierges brillent de clarté, tout le temple est embaumé d'une odeur divine, et Dieu fit descendre sur les assistans une si grande grace qu'ils se croyaient transportés au milieu des parfums du Paradis. Le roi pria le pontife de le baptiser le premier. Le nouveau Constantin s'avance vers le baptistère, pour s'y faire guérir de la vieille lèpre qui le souillait, et laver dans une eau nouvelle les taches hideuses de sa vie passée. Comme il s'avançait vers le baptême, le saint de Dieu lui dit de sa bouche éloquente : « Sicambre, abaisse humblement « ton cou : adore ce que tu as brûlé, brûle ce que tu « as adoré. » Saint Remi était un évêque d'une grande science, et livré surtout à l'étude de la rhétorique ; il était si célèbre par sa sainteté qu'on égalait ses vertus à celles de saint Silvestre. Nous avons un livre de sa vie où il est dit qu'il ressuscita un mort.

Le roi, ayant donc reconnu la toute-puissance de Dieu dans la Trinité, fut baptisé au nom du Père, du Fils et du Saint-Esprit, et oint du saint chrême avec le signe de la croix ; plus de trois mille hommes de son armée furent baptisés. On baptisa aussi sa sœur Alboflède, qui, quelque temps après, alla joindre le Seigneur. Comme le roi était affligé de cette perte, saint Remi lui envoya, pour le consoler, une lettre qui commençait ainsi : « Je suis affligé autant qu'il « faut de la cause de votre tristesse, la mort de votre « sœur Alboflède, d'heureuse mémoire ; mais nous « pouvons nous consoler, car elle est sortie de ce « monde plus digne d'envie que de pleurs. » L'autre sœur de Clovis, nommée Lantéchilde, qui était tombée dans l'hérésie des Ariens, se convertit ; et ayant confessé que le Fils et le Saint-Esprit étaient égaux au Père, elle fut rebaptisée.

Gondebaud et Godégisile son frère occupaient le royaume des Bourguignons, situé aux environs du Rhône et de la Saône, et la province de Marseille. Ils adhéraient, ainsi que leurs sujets, à la secte des Ariens. Une guerre s'étant engagée entr'eux, Godégisile, instruit des victoires du roi Clovis, lui envoya secrètement des députés pour lui dire que, s'il lui fournissait du secours pour faire la guerre à son frère, et qu'il pût tuer celui-ci ou le renverser du trône, il lui paierait tous les ans le tribut qu'il voudrait exiger. Clovis y consentit volontiers, et lui promit de lui fournir du secours partout où il en aurait besoin. Au temps marqué, Clovis se mit en marche avec son armée contre Gondebaud[1]. A cette nouvelle, Gondebaud, ignorant la ruse de son frère, fit dire à celui-ci: « Viens à mon secours, car les Francs marchent contre « nous, et viennent dans notre pays pour s'en empa- « rer : soyons donc d'accord pour repousser une na- « tion ennemie, de peur que, séparés, nous n'éprou- « vions le même sort que les autres peuples. » Celui-ci lui répondit: « J'irai avec mon armée, et je te fournirai « du secours. » Les trois armées, c'est-à-dire celle de Clovis contre celles de Gondebaud et de Godégisile, s'étant mises en marche avec tout leur appareil de guerre, elles arrivèrent auprès du fort nommé Dijon. En étant venus aux mains près la rivière d'Ouche, Godégisile se joignit à Clovis, et leurs armées réunies taillèrent en pièces celle de Gondebaud. Celui-ci, voyant la perfidie de son frère qu'il n'avait pas soupçonnée, tourna le dos et prit la fuite. Ayant parcouru les bords du Rhône et les marais qui l'avoisinent, il entra dans la ville d'Avignon. Godégisile ayant donc remporté la victoire, après avoir promis à Clovis quelque partie de ses états, se retira en paix, et entra en triomphe dans Vienne, comme s'il était déjà possesseur de tout le royaume. Clovis, ayant encore augmenté ses forces, se mit à la poursuite de Gondebaud pour l'arracher de la ville et le faire périr. A cette nouvelle, Gondebaud, saisi d'épouvante, craignit

[1] En 500.

qu'une mort soudaine ne vînt le frapper. Il avait avec lui un homme célèbre, nommé Aridius, courageux et sage. L'ayant fait venir, il lui dit : « De tous côtés je « suis entouré d'embûches, et ne sais ce que je dois « faire, parce que ces barbares viennent sur nous « pour nous tuer et ravager ensuite notre pays. » Aridius lui répondit : « Il faut, pour ne pas périr, que « vous apaisiez la férocité de cet homme. Maintenant, « si cela vous plaît, je feindrai de vous fuir et de pas-« ser vers lui; et lorsque je me serai réfugié vers lui, « je ferai en sorte qu'il ne détruise ni vous ni cette con-« trée. Veuillez seulement lui accorder ce qu'il vous de-« mandera par mon conseil, jusqu'à ce que la clémence « du Seigneur daigne faire prospérer votre cause. » Et Gondebaud lui dit : « Je ferai ce que tu auras de-« mandé. » Après ces mots, Aridius prit congé du roi et s'éloigna. Étant arrivé vers le roi Clovis, il lui dit : « Voilà que moi, ton humble esclave, très-pieux roi, « je viens me livrer en ta puissance, abandonnant le « misérable Gondebaud. Si ta clémence daigne jeter « les yeux sur moi, tu verras en moi un serviteur in-« tègre et fidèle pour toi et tes successeurs. » Le roi l'ayant aussitôt reçu, le garda avec lui; car il était enjoué dans ses récits, sage dans les conseils, juste dans ses jugemens, et fidèle dans ce qu'on lui confiait.

Clovis ayant campé avec son armée sous les murs de la ville, Aridius lui dit : « Si la gloire de ta gran-« deur, ô roi, daigne accueillir les petits conseils de « ma faiblesse, quoique tu n'aies pas besoin d'avis, je « te les donnerai avec une entière fidélité, et ils pour-« ront être utiles et à toi, et au pays que tu te proposes

« de traverser. Pourquoi retiens-tu ton armée, lors-
« que ton ennemi est dans un lieu très-fortifié? Tu
« désoles les campagnes, tu ravages les prés, tu coupes
« les vignes, tu abats les oliviers; enfin, tu détruis tou-
« tes les productions du pays, et tu ne peux cependant
« lui faire aucun mal. Envoie-lui plutôt des députés,
« et impose-lui un tribut qu'il te payera tous les ans;
« de cette manière, la contrée sera délivrée, et tu
« seras toujours le maître de celui qui te payera un
« tribut. Si Gondebaud n'y consent pas, tu agiras
« alors comme il te plaira. » Le roi ayant accueilli ce
conseil, ordonna à ses guerriers de retourner chez
eux. Ayant donc envoyé une députation à Gondebaud,
il lui prescrivit de lui payer exactement tous les ans le
tribut qu'il lui imposait. Gondebaud le paya sur le
champ, et promit d'en faire autant par la suite.

Après cela, Gondebaud ayant repris des forces, et
négligeant déjà de payer au roi Clovis le tribut qu'il
lui avait promis, fit marcher une armée contre Godégisile, son frère, et l'assiégea dans la ville de Vienne.
Dès que les vivres commencèrent à manquer au bas
peuple, Godégisile craignant que la disette ne s'étendît jusqu'à lui, fit chasser de la ville tous les pauvres
gens. Cela fait, parmi ceux qui furent renvoyés se
trouva un ouvrier de la ville à qui était confié le soin
des aqueducs. Irrité d'avoir été renvoyé avec les
autres, il alla, tout furieux, trouver Gondebaud,
et lui indiqua par quel endroit il pourrait envahir la
ville pour se venger de son frère. S'étant mis à la
tête de l'armée, l'ouvrier dirigea par l'aqueduc les
troupes, précédées d'un grand nombre d'hommes
armés de leviers de fer. Il y avait un soupirail bouché

par une grosse pierre; quand on l'eut renversée au moyen des leviers, et sous la direction de l'ouvrier, ils entrèrent dans la ville, et surprirent par-derrière les soldats qui lançaient des flèches du haut des remparts. Ayant sonné de la trompette au milieu de la ville, les assiégeans s'emparent des portes, et les ayant ouvertes, ils se précipitent tous ensemble dans les rues, tandis qu'au milieu de ces deux armées le peuple était massacré des deux côtés. Godégisile se réfugia dans l'église des hérétiques, où il fut tué avec l'évêque arien. Les Francs qui étaient, dans ce temps, auprès de Godégisile, se retirèrent tous dans une seule tour. Gondebaud ayant ordonné qu'on ne leur fît aucun mal, les fit prisonniers, et les envoya en exil à Toulouse, auprès du roi Alaric. Il fit ensuite périr les sénateurs et les Bourguignons du parti de Godégisile. Il remit sous sa domination tout le pays qu'on nomme actuellement la Bourgogne. Il y institua des lois plus douces, pour qu'on n'opprimât pas les Romains [1].

[1] La loi des Bourguignons est le plus ancien des codes barbares; il est hors de doute que sa rédaction est antérieure à la conquête du royaume des Bourguignons par les Francs, en 534; mais il n'est pas également certain que, du moins dans sa forme actuelle, elle soit l'ouvrage de Gondebaud, quoiqu'on lui ait donné son nom (*loi Gombette*). On parle, il est vrai, dans la préface, de la seconde année du règne du roi Gondebaud, ce qui se rapporterait à l'an 467 ou 468, époque où Gondebaud régnait en commun avec ses frères. Mais deux des lois contenues dans ce code (tit. 42, 45), sont annoncées comme publiées sous le consulat d'Aviénus, en 501 ou 502; et une troisième (tit. 52) se rapporte au consulat d'Agapet, en 517. Or, Gondebaud mourut en 515. En y regardant de près, on reconnaît que ce qu'on appelle la préface contient deux préfaces différentes; c'est dans la seconde qu'il est fait mention de la seconde année du règne de Gondebaud; mais au lieu de *Gondebaud*, on lit dans plusieurs manuscrits le nom de Sigismond son fils; et la seconde

Ayant reconnu la fausseté des assertions des hérétiques, après avoir confessé que le Christ, fils de Dieu, et le Saint-Esprit sont égaux au Père, Gondebaud alla en secret demander à saint Avitus, évêque de Vienne, d'être rebaptisé. Le pontife lui dit : « Quiconque me confessera et me reconnaîtra devant les hommes, je le reconnaîtrai aussi moi-même devant mon Père qui est aux cieux ; et quiconque me renoncera devant les hommes, je le renoncerai aussi moi-même devant mon Père qui est dans les cieux[1]. Ainsi parlait le Seigneur à ses saints chéris et aux bienheureux apôtres, lorsqu'il leur annonçait les épreuves de persécution qu'ils auraient à subir, leur disant : Donnez-vous de garde des hommes, car ils vous feront comparaître dans leurs assemblées, et ils vous feront fouetter dans leurs synagogues ; et vous serez présentés, à cause de moi, aux gouverneurs et aux rois, pour leur servir de témoignage aussi bien qu'aux nations[2]. Mais vous qui êtes roi, et n'avez pas peur qu'on vous saisisse, vous craignez la révolte du peuple, et ne confessez pas le Créateur en présence de tous ! Laissez là cette folle erreur, et ce que vous dites croire dans votre cœur, prononcez-le de bouche au milieu du peuple. Un

année du règne de ce dernier coïncide exactement avec l'an 517, date de la loi la moins ancienne du recueil. Il est donc probable que Gondebaud avait fait rédiger un premier code auquel se rapporte la première préface, et qui contenait sans doute la plupart des lois ; mais que Sigismond, en 517, fit compléter ce recueil et le publia de nouveau, avec la seconde préface, et dans la forme sous laquelle il nous est parvenu. (Voir l'*Histoire du droit romain dans le moyen âge*, en allemand, par M. de Savigny, t. 2, p. 1–4.)

[1] Évang. sel. S. Math. chap. 10, v. 32, 33.
[2] *Ibid.* v. 17, 18.

« saint apôtre dit : Il faut croire de cœur pour être jus-
« tifié, et confesser sa foi par ses paroles pour être
« sauvé [1]. Le prophète dit aussi : Je publierai vos
« louanges, Seigneur, dans une grande assemblée ; je
« vous louerai au milieu d'un peuple très-nombreux [2].
« Et aussi : Je chanterai et je ferai retentir vos louan-
« ges sur les instrumens [3]. Tu crains le peuple, ô
« roi ! tu ignores donc qu'il doit suivre ta foi, et que
« tu ne dois point te montrer favorable à ses fai-
« blesses ; car tu es le chef du peuple, et le peuple
« n'est pas ton chef. Si tu vas à la guerre, tu es à la
« tête des guerriers, et ils te suivent où tu veux les
« mener. Il vaut mieux que, marchant à ta suite, ils
« connaissent la vérité, que si, après ta mort, ils
« demeuraient dans l'erreur, car on ne se joue pas de
« Dieu ; et il n'aime pas celui qui, pour un royaume
« terrestre, ne le confesse pas dans ce monde. »
Confus de tant de sagesse, Gondebaud persista cependant, jusqu'à la fin de sa vie, dans cette folle conduite, et ne voulut jamais confesser publiquement
l'égalité de la Trinité. Le bienheureux Avitus était
alors un homme d'une grande éloquence. Les hérésies commençant à s'élever dans la ville de Constantinople, tant celle qu'enseignait Eutychès que celle
de Sabellius, et qui soutenaient toutes deux qu'il
n'y a rien de divin dans Notre-Seigneur, il écrivit,
à la demande du roi Gondebaud, contre ces coupables
erreurs. Il nous reste encore de lui des lettres admi-
rables, qui édifient à présent l'église de Dieu, comme

---

[1] Épît. de S. Paul aux Rom. chap. 10, v. 10.

[2] Psaum. 34, v. 18.

[3] Psaum. 56, v. 7.

autrefois elles confondirent l'hérésie. Il a composé un livre d'homélies sur l'origine du monde, six livres arrangés en vers sur divers autres sujets, et neuf livres de lettres qui contiennent celles dont nous venons de parler. Il rapporte, dans une homélie sur les Rogations, que ces mêmes Rogations que nous célébrons avant le triomphe de l'ascension du Seigneur, furent instituées par Mamertus, évêque de Vienne, dont Avitus était alors lui-même le pontife, à l'occasion d'un grand nombre de prodiges qui épouvantaient cette ville. Il y avait souvent des tremblemens de terre, et les loups et autres bêtes féroces, entrant par les portes, erraient, sans rien craindre, par toute la ville. Comme ces choses se passaient dans le cours de l'année, l'arrivée de la fête de Pâques fit espérer au peuple fidèle que la miséricorde de Dieu mettrait, le jour de cette grande solennité, un terme à leur épouvante. Mais la veille même de cette glorieuse nuit, pendant qu'on célébrait les cérémonies de la messe, tout à coup le palais royal, situé dans la ville, fut embrasé du feu divin. Tous furent saisis de terreur, et abandonnèrent l'église, craignant que cet incendie ne consumât toute la ville, et que la terre ébranlée ne s'entrouvrît. Le saint évêque, prosterné devant l'autel, supplia, en gémissant et pleurant, la miséricorde de Dieu. Que dirai-je ? la prière de l'illustre pontife pénétra jusqu'aux cieux, et le fleuve de larmes qu'il répandait éteignit l'incendie du palais. Pendant que ces choses se passaient, le jour de l'ascension du Seigneur approchant, comme nous l'avons dit plus haut, il prescrivit un jeûne aux peuples, et régla la forme des prières, l'ordre des lectures pieuses, ainsi que la manière de célébrer les Rogations. Tous les sujets d'épouvante s'étant alors dissipés, la nouvelle de ce fait se répandit dans toutes les provinces, et porta tous les évêques à imiter ce qu'avait inspiré à Mamertus sa profonde foi. On célèbre encore aujourd'hui, au nom de Jésus-Christ, ces cérémonies dans toutes les églises, avec componction du cœur et contrition d'esprit.

Alaric, roi des Goths, voyant les conquêtes continuelles que faisait Clovis, lui envoya des députés pour lui dire : « Si mon frère y consent, j'ai dessein « que nous ayons une entrevue sous les auspices de « Dieu. » Clovis, y consentant, alla vers lui. S'étant joints dans une île de la Loire, située auprès du bourg d'Amboise, sur le territoire de la cité de Tours, ils conversèrent, mangèrent et burent ensemble ; après s'être promis amitié, ils se retirèrent en paix.

Beaucoup de gens, dans toutes les Gaules, desiraient alors extrêmement être soumis à la domination des Francs. Il arriva que Quintien, évêque de Rhodez, haï pour ce sujet, fut chassé de la ville. On lui disait : « C'est parce que ton vœu est que la domina-« tion des Francs s'étende sur ce pays. » Peu de jours après, une querelle s'étant élevée entre lui et les citoyens, les Goths, qui habitaient cette ville, ressentirent de violens soupçons ; car ces citoyens reprochaient à Quintien de vouloir les soumettre aux Francs ; et, ayant tenu conseil, ils résolurent de le tuer. L'homme de Dieu, en ayant été instruit, se leva pendant la nuit avec ses plus fidèles ministres, et, sortant de la ville de Rhodez, il se retira en Auvergne, où l'évêque saint Euphrasius, qui avait succédé à Apruncule de Dijon, le reçut avec bonté, et lui ayant fait présent de maisons, de champs et de vignes, le garda avec lui, disant : « Le revenu de cette église est « assez considérable pour nous entretenir tous deux; « que la charité que recommande le saint apôtre « reste au moins entre les pontifes de Dieu. » L'évêque de Lyon lui fit aussi présent de quelques propriétés de son église, situées dans l'Auvergne. Ce qui concerne saint Quintien et les maux qu'il souffrit, aussi bien que les choses que Dieu daigna accomplir par ses mains, se trouve raconté dans le livre de sa vie.

Le roi Clovis dit à ses soldats : « Je supporte avec « grand chagrin que ces Ariens possèdent une partie « des Gaules. Marchons avec l'aide de Dieu, et, après « les avoir vaincus, réduisons le pays en notre pou- « voir. » Ce discours ayant plu à tous les guerriers, l'armée se mit en marche et se dirigea vers Poitiers; là se trouvait alors Alaric. Mais comme une partie de l'armée passait sur le territoire de Tours, par respect pour saint Martin, Clovis donna l'ordre que personne ne prît dans ce pays autre chose que des légumes et de l'eau. Un soldat de l'armée s'étant emparé du foin d'un pauvre homme, dit : « Le roi ne nous a-t-il pas « recommandé de ne prendre que de l'herbe et rien « autre chose? Et bien, c'est de l'herbe. Nous n'aurons « pas transgressé ses ordres si nous la prenons. » Et ayant fait violence au pauvre, il lui arracha son foin par force.

Ce fait parvint aux oreilles du roi. Ayant aussitôt frappé le soldat de son épée, il dit : « Où sera « l'espoir de la victoire, si nous offensons saint Mar- « tin? » Ce fut assez pour empêcher l'armée de rien prendre dans ce pays. Le roi envoya des députés à la basilique du saint, leur disant : « Allez, et vous trouverez peut-être dans le saint temple quelque présage de la victoire. » Après leur avoir donné des présens pour orner le lieu saint, il ajouta : « Seigneur, si vous êtes mon aide, et si vous avez résolu de livrer en mes mains cette nation incrédule et toujours ennemie de votre nom, daignez me faire voir votre faveur à l'entrée de la basilique de saint Martin, afin que je sache si vous daignerez être favorable à votre serviteur. » Les envoyés s'étant hâtés arrivèrent à la sainte basilique, selon l'ordre du roi ; au moment où ils entraient, le premier chantre entonna tout à coup cette antienne : « Seigneur, vous m'avez revêtu de force pour la guerre, et vous avez abattu sous moi ceux qui s'élevaient contre moi, et vous avez fait tourner le dos à mes ennemis devant moi, et vous avez exterminé ceux qui me haïssaient[1]. » Ayant entendu ce psaume, et rendu grâce à Dieu, ils présentèrent les dons au saint confesseur, et allèrent pleins de joie annoncer au roi ce présage. L'armée étant arrivée sur les bords de la Vienne, on ignorait entièrement dans quel endroit il fallait passer ce fleuve, car il était enflé par une inondation de pluie. Pendant la nuit le roi ayant prié le Seigneur de vouloir bien lui montrer un gué par où l'on pût passer, le lendemain matin, par l'ordre de Dieu, une biche d'une grandeur extraordinaire entra dans le fleuve aux yeux de l'armée, et passant à gué, montra par où on pouvait traverser. Arrivé sur le territoire de Poitiers, le roi se tenait dans sa tente sur une élévation ; il vit de loin un feu qui sortait de la basilique de saint Hilaire,

[1] Psaum. 17, v. 39, 40.

et semblait voler vers lui, comme pour indiquer qu'aidé de la lumière du saint confesseur Hilaire, le roi triompherait plus facilement de ces bandes hérétiques, contre qui le pontife lui-même avait souvent soutenu la foi. Clovis défendit à toute l'armée de dépouiller personne ou de piller le bien de qui que ce soit dans cet endroit ou dans la route.

Il y avait dans ce temps un homme d'une admirable sainteté, l'abbé Maxence, renfermé par la crainte de Dieu dans son monastère situé dans le territoire de Poitiers. Nous n'indiquons pas au lecteur le nom de ce monastère, parce que cet endroit s'appelle encore aujourd'hui la chapelle de Saint-Maxence; les moines, voyant qu'un corps de troupes s'avançait vers le monastère, prièrent leur abbé de sortir de sa cellule pour les exhorter à se retirer. Effrayés de ce qu'il tardait, ils ouvrirent la porte et le firent sortir de la cellule. Maxence marcha courageusement au-devant de la troupe, comme pour demander la paix; un soldat avait tiré son épée pour lui trancher la tête, mais sa main qu'il avait levée jusques auprès de son oreille, se roidit tout à coup et l'épée tomba en arrière. Le soldat, se prosternant aux pieds du saint homme, lui demanda pardon. A cette vue, les autres, saisis d'une grande terreur, retournèrent à l'armée craignant de subir le même sort. Le saint confesseur ayant touché le bras du soldat avec de l'huile bénite, et fait le signe de la croix, lui rendit la santé; ainsi sa protection préserva le monastère de tout outrage. Il fit encore un grand nombre d'autres miracles. Si quelqu'un est curieux de s'en instruire, il les trouvera tous en lisant le livre de sa vie.

Cependant Clovis en vint aux mains avec Alaric, roi des Goths, dans le champ de Vouglé à trois lieues de la ville de Poitiers [1]. Les Goths ayant pris la fuite selon leur coutume, le roi Clovis, aidé de Dieu, remporta la victoire; il avait pour allié le fils de Sigebert-Claude [2], nommé Chlodéric. Ce Sigebert boitait d'un coup qu'il avait reçu au genou à la bataille de Tolbiac contre les Allemands. Le roi, après avoir mis les Goths en fuite et tué leur roi Alaric, fut tout à coup surpris par derrière par deux soldats qui lui portèrent des coups de lance sur les deux côtés. Mais la bonté de sa cuirasse et la légèreté de son cheval le préservèrent de la mort. Il périt dans cette bataille un grand nombre d'Auvergnats qui étaient venus avec Apollinaire, ainsi que les premiers des sénateurs. Après le combat, Amalaric, fils d'Alaric, s'enfuit en Espagne et gouverna avec sagesse le royaume de son père. Clovis envoya son fils Théodoric en Auvergne par Albi et Rhodez; celui-ci soumit à son père toutes les villes depuis la frontière des Goths jusqu'à celle des Bourguignons. Alaric avait régné vingt-deux ans. Clovis après avoir passé l'hiver dans la ville de Bordeaux et emporté de Toulouse tous les trésors d'Alaric, marcha sur Angoulême. Le Seigneur lui accorda une si grande grâce qu'à sa vue les murs s'écroulèrent d'eux-mêmes. Après en avoir chassé les Goths, il soumit la ville à son pouvoir; ayant ainsi obtenu la victoire, il rentra dans Tours et offrit un grand nombre de présens à la sainte basilique du bienheureux Martin.

[1] En 507; à Vivonne, selon l'abbé Lebeuf.
[2] Roi des Francs-Ripuaires, et qui résidait à Cologne.

Clovis ayant reçu de l'empereur Anastase des lettres de consul [1], fut revêtu, dans la basilique de Saint-Martin, de la tunique de pourpre et de la chlamyde, et posa la couronne sur sa tête. Ensuite, étant monté à cheval, il jeta de sa propre main, avec une extrême bienveillance, de l'or et de l'argent au peuple assemblé sur le chemin qui est entre la porte du vestibule de la basilique de Saint-Martin et l'église de la ville, et, depuis ce jour, il fut appelé consul ou Auguste. Ayant quitté Tours il vint à Paris et y fixa le siége de son empire. Théodoric vint l'y trouver.

A la mort d'Eustoche, évêque de Tours, Licinius fut créé le neuvième évêque de cette ville depuis saint Martin. C'est de son temps qu'eut lieu la guerre dont nous venons de parler, et que le roi Clovis vint à Tours. On rapporte que cet évêque voyagea dans l'Orient, visita les lieux saints, alla même à Jérusalem, et qu'il contempla souvent le théâtre de la passion et de la résurrection de Notre Seigneur, que nous lisons dans l'Évangile.

Le roi Clovis, pendant son séjour à Paris, envoya en secret au fils de Sigebert, lui faisant dire : « Voilà « que ton père est âgé, et il boite de son pied malade; « s'il venait à mourir, son royaume t'appartiendrait de « droit ainsi que notre amitié. » Séduit par cette ambition, Chlodéric forma le projet de tuer son père. Sigebert étant sorti de la ville de Cologne, et ayant

---

[1] Clovis ne fut point nommé consul ; il fut seulement revêtu des honneurs consulaires, honneur fréquemment accordé par la cour de Byzance. Le vrai consulat était toujours écrit dans les Fastes, et servait à désigner l'année. Le nom du roi des Francs ne s'y trouve nulle part. (*Histoire des Français*, par M. de Sismondi, t. 1, p. 228.)

passé le Rhin pour se promener dans la forêt de Buconia[1], s'endormit à midi dans sa tente; son fils envoya contre lui des assassins et le fit tuer, dans l'espoir qu'il posséderait son royaume. Mais, par le jugement de Dieu, il tomba dans la fosse qu'il avait méchamment creusée pour son père. Il envoya au roi Clovis des messagers pour lui annoncer la mort de son père et lui dire : « Mon père est mort, et j'ai en mon pou-
« voir ses trésors et son royaume. Envoie-moi quel-
« ques-uns des tiens, et je leur remettrai volontiers
« ceux des trésors qui te plairont. » Clovis lui répondit : « Je rends grâces à ta bonne volonté, et je te
« prie de montrer tes trésors à mes envoyés, après
« quoi tu les posséderas tous. » Chlodéric montra donc aux envoyés les trésors de son père. Pendant qu'ils les examinaient, le prince dit : « C'est dans ce coffre
« que mon père avait coutume d'amasser ses pièces
« d'or. » Ils lui dirent : « Plongez votre main jus-
« qu'au fond pour trouver tout. » Lui l'ayant fait et s'étant tout-à-fait baissé, un des envoyés leva sa francisque et lui brisa le crâne. Ainsi cet indigne fils subit la mort dont il avait frappé son père. Clovis, apprenant que Sigebert et son fils étaient morts, vint dans cette même ville, et ayant convoqué tout le peuple il lui dit : « Écoutez ce qui est arrivé. Pen-
« dant que je naviguais sur le fleuve de l'Escaut,
« Chlodéric, fils de mon parent, tourmentait son
« père en lui disant que je voulais le tuer. Comme
« Sigebert fuyait à travers la forêt de Buconia, Chlo-
« déric a envoyé contre lui des meurtriers qui l'ont
« mis à mort; lui-même a été assassiné, je ne sais par

[1] Forêt voisine de Cologne.

« qui, au moment où il ouvrait les trésors de son père.
« Je ne suis nullement complice de ces choses. Je ne
« puis répandre le sang de mes parens, car cela est
« défendu; mais, puisque ces choses sont arrivées, je
« vous donne un conseil; s'il vous est agréable, ac-
« ceptez-le. Ayez recours à moi, mettez-vous sous
« ma protection. » Le peuple répondit à ces paroles
par des applaudissemens de main et de bouche, et,
l'ayant élevé sur un bouclier, ils le créèrent leur roi.
Clovis reçut donc le royaume et les trésors de Sigebert
et les ajouta à sa domination. Chaque jour Dieu faisait
tomber ses ennemis sous sa main et augmentait son
royaume, parce qu'il marchait le cœur droit devant le
Seigneur et faisait les choses qui sont agréables à ses
yeux.

Il marcha ensuite contre le roi Chararic[1]. Dans la
guerre contre Syagrius, Clovis l'avait appelé à son secours; mais Chararic se tint loin de lui et ne secourut
aucun parti, attendant l'issue du combat pour faire
alliance avec celui qui remporterait la victoire. Indigné
de cette action, Clovis s'avança contre lui, et, l'ayant
entouré de piéges, le fit prisonnier avec son fils, et
les fit tondre tous deux, enjoignant que Chararic fût
ordonné prêtre et son fils diacre. Comme Chararic
s'affligeait de son abaissement et pleurait, on rapporte
que son fils lui dit : « Ces branches ont été coupées
« d'un arbre vert et vivant, il ne se sèchera point, et en
« poussera rapidement de nouvelles. Plaise à Dieu que
« celui qui a fait ces choses ne tarde pas davantage à
« mourir! » Ces paroles parvinrent aux oreilles de Clovis, qui crut qu'ils le menaçaient de laisser croître

[1] Chef Franc établi à Térouane.

leur chevelure et de le tuer; il ordonna alors qu'on leur tranchât la tête à tous deux. Après leur mort, il s'empara de leur royaume, de leurs trésors et de leurs sujets.

Il y avait alors à Cambrai un roi nommé Ragnachaire, si effréné dans ses débauches qu'à peine épargnait-il ses proches parens eux-mêmes. Il avait un conseiller nommé Farron, qui se souillait de semblables déréglemens. On rapporte que lorsqu'on apportait au roi quelque mets ou quelque don, ou quelque objet que ce soit, il avait coutume de dire que c'était pour lui et son Farron, ce qui excitait chez les Francs une indignation extrême. Il arriva que Clovis ayant fait faire des bracelets et des baudriers de faux or (car c'était seulement du cuivre doré), les donna aux Leudes [1] de Ragnachaire pour les exciter contre lui. Il marcha ensuite contre lui avec son armée. Ragnachaire avait des espions pour reconnaître ce qui se passait. Il leur demanda, quand ils furent de retour, quelle pouvait être la force de cette armée. Ils lui répondirent : « C'est un renfort très-considérable pour « toi et ton Farron. » Mais Clovis étant arrivé lui fit la guerre. Ragnachaire, voyant son armée défaite, se préparait à prendre la fuite lorsqu'il fut arrêté par les soldats, et amené, avec son frère Richaire, les mains

---

[1] Les Leudes ou Fidèles étaient les compagnons des chefs barbares, les hommes qui s'attachaient à leur personne, formaient leur bande, les suivaient à la guerre, leur promettaient fidélité, et en recevaient en échange des présens qui furent d'abord, comme le dit Tacite, des chevaux, des armes, et plus tard des terres; les Leudes devinrent alors des vassaux. (Voir, à ce sujet, les *Essais sur l'Histoire de France*, par M. Guizot, 4ᵉ Essai, chap. 1, au §. *des Bénéfices*, chap. 2, au §. *des Leudes*.)

liées derrière le dos, en présence de Clovis. Celui-ci lui dit : « Pourquoi as-tu fait honte à notre famille en « te laissant enchaîner ? il te valait mieux mourir ; » et ayant levé sa hache, il la lui rabattit sur la tête. S'étant ensuite tourné vers son frère il lui dit : « Si « tu avais porté du secours à ton frère, il n'aurait pas « été enchaîné ; » et il le frappa de même de sa hache. Après leur mort, ceux qui les avaient trahis reconnurent que l'or qu'ils avaient reçu du roi était faux. L'ayant dit au roi, on rapporte qu'il leur répondit : « Celui qui, de sa propre volonté, traîne son maître « à la mort, mérite de recevoir un pareil or ; » ajoutant qu'ils devaient se contenter de ce qu'on leur laissait la vie, s'ils ne voulaient pas expier leur trahison dans les tourmens. A ces paroles, eux voulant obtenir sa faveur, lui assurèrent qu'il leur suffisait qu'il les laissât vivre. Les rois dont nous venons de parler étaient les parens de Clovis. Renomer fut tué par son ordre dans la ville du Mans. Après leur mort, Clovis recueillit leurs royaumes et tous leurs trésors. Ayant tué de même beaucoup d'autres rois, et ses plus proches parens, dans la crainte qu'ils ne lui enlevassent l'empire, il étendit son pouvoir dans toute la Gaule. On rapporte cependant qu'ayant un jour assemblé ses sujets, il parla ainsi de ses parens qu'il avait lui-même fait périr : « Malheur à moi qui suis resté comme un voyageur « parmi des étrangers, n'ayant pas de parens qui puis- « sent me secourir si l'adversité venait ! » Mais ce n'était pas qu'il s'affligeât de leur mort ; il parlait ainsi seulement par ruse, et pour découvrir s'il avait encore quelque parent afin de le faire tuer.

Toutes ces choses s'étant passées ainsi, Clovis mourut à Paris, où il fut enterré dans la basilique des saints apôtres, qu'il avait lui-même fait construire avec la reine Clotilde. Il mourut[1] cinq ans après la bataille de Vouglé. Son règne avait duré trente ans, et sa vie quarante-cinq. On compte cent douze années depuis la mort de saint Martin jusqu'à celle du roi Clovis, arrivée la onzième année du pontificat de Licinius, évêque de Tours. La reine Clotilde, après la mort de son mari, vint à Tours, et là, s'établissant dans la basilique de Saint-Martin, elle y vécut jusqu'à la fin de ses jours, pleine de vertus et de bonté, et visitant rarement Paris.

[1] Le 27 novembre 511.

LIVRE TROISIÈME.

Je demanderai la permission de m'arrêter quelques momens à exposer, par forme de comparaison, en quelle façon les choses ont prospéré aux Chrétiens qui confessaient la bienheureuse Trinité, et tourné à la ruine des hérétiques qui l'avaient divisée. Je ne rapporterai point ici comment Abraham adore la Trinité au pied du chêne, comment Jacob la proclame dans sa bénédiction, comment Moïse la reconnaît dans le buisson ardent, comment le peuple la suit dans la nue et la redoute sur la montagne, ni comment Aaron la porte en son rational, ni comment encore David l'annonce dans ses psaumes, lorsqu'il prie le Seigneur de le renouveler par l'esprit de rectitude, de ne pas le priver de l'esprit saint, et de l'affermir par l'esprit principal[1]. Je reconnais en ces paroles un grand mystère; c'est qu'une voix prophétique proclame esprit principal celui que les hérétiques tiennent pour infé-

---

[1] Voici les versets dont Grégoire de Tours fait cette bizarre application :

« Créez en moi, ô mon Dieu ! un cœur pur, et rétablissez de nouveau un *esprit droit* dans le fond de mes entrailles. »

« Ne me rejetez pas de devant votre face, et ne retirez pas de moi votre *esprit saint*. »

« Rendez-moi la joie qui naît de la grâce de votre salut, et affermissez-moi en me donnant un *esprit de force*. » (Psaum. 50, vers. 10, 11 et 12.)

rieur aux autres. Mais, ainsi que je l'ai déjà dit, je laisserai ces choses de côté pour revenir à notre temps. Arius, coupable inventeur de cette coupable secte, ayant rendu ses entrailles avec ses excrémens, fut envoyé aux flammes de l'enfer; mais Hilaire, bienheureux défenseur de la Trinité indivisible, et, à cause de cela, condamné à l'exil, retrouva sa patrie dans le paradis. Le roi Clovis, qui l'a confessée et qui a, par son secours, réprimé les hérétiques, étendit sa domination sur toute la Gaule; Alaric, qui l'a niée, fut privé de son royaume, de ses sujets, et en même temps, ce qui est bien plus encore, de la vie éternelle. Ce que les fidèles ont perdu par les embûches de leurs ennemis, Dieu le leur a rendu au centuple; mais les hérétiques n'ont rien acquis, et ce qu'ils ont paru posséder leur a été enlevé, comme cela est prouvé par la mort de Godégisile, Gondebaud et Gondemar, qui perdirent à la fois leur pays et leur ame. Nous confessons donc un seul Dieu invisible, immense, incompréhensible, glorieux, toujours le même, éternel; un dans sa Trinité, formée des trois personnes, du Père, du Fils et du Saint-Esprit; triple dans son unité qui résulte de l'égalité de substance, de divinité, de toute-puissance et de perfection, Dieu unique, suprême et tout-puissant, qui régnera sur toute l'éternité des temps.

Après la mort de Clovis, ses quatre fils, Théodoric, Chlodomir, Childebert et Clotaire, prirent possession de son royaume, et se le partagèrent également. Théodoric avait déjà un fils brave et vaillant, nommé Théodebert. Comme ils étaient puissans en courage, et avaient l'appui d'une nombreuse armée, Amalaric, fils d'Alaric, roi d'Espagne, rechercha leur sœur en mariage; ils voulurent bien la lui accorder, et la lui envoyèrent dans le pays d'Espagne avec une grande quantité de magnifiques joyaux.

Licinius, évêque de Tours, étant mort, Denis fut élevé au siége pontifical; et, après le décès du bienheureux Apruncule, les habitans d'Auvergne eurent pour douzième évêque saint Euphrasius. Il mourut quatre ans après Clovis, dans la vingt-cinquième année de son épiscopat. Alors le peuple ayant élu saint Quintien, qui avait été chassé de Rhodez, Alchime et Placidine, femme et sœur d'Apollinaire, vinrent à lui et lui dirent : « Saint homme, qu'il suffise à ta
« vieillesse d'avoir été désigné pour évêque, et per-
« mets, par ta bonté, à ton serviteur Apollinaire de
« monter à ce poste d'honneur. S'il parvient à cette
« élévation, il sera soumis à ton plaisir. Prête à nos
« humbles propositions une oreille de bienveillance,
« et c'est toi qui gouverneras; il accomplira en tout
« tes commandemens. » A quoi il répondit : « Pour-
« quoi l'emporterais-je, moi qui n'ai personne sous
« ma puissance ? Tout ce que je demande, c'est
« que, tandis que je vaquerai à l'oraison, l'église me
« fournisse ma nourriture quotidienne. » Dès qu'elles eurent entendu ces paroles, elles envoyèrent Apollinaire vers le roi. Il lui fit beaucoup de présens, et, en le quittant, obtint l'épiscopat; il en jouit injustement pendant quatre mois, puis sortit de ce monde. Lorsque sa mort fut annoncée à Théodoric, il ordonna d'instituer à sa place saint Quintien, et de lui remettre tous les pouvoirs de l'Église, disant : « Il a été chassé de
« sa ville à cause de la vivacité de son attachement

« pour nous¹ ; » et aussitôt il envoya des messagers convoquer les prêtres et le peuple qui l'élevèrent au siége de l'Église d'Auvergne, et il fut le quatorzième évêque de cette Église. Le reste des choses qui le concernent, tant ses miracles que le temps de sa sortie de ce monde, est écrit dans le livre que nous avons composé sur sa vie.

Après cela les Danois vinrent par mer dans les Gaules avec leur roi Chlochilaïc ; étant descendus à terre², ils ravagèrent un des pays du royaume de Théodoric, réduisirent les habitans en captivité, et ayant chargé sur leurs vaisseaux les captifs et le reste de leur butin, ils se préparaient à s'en retourner dans leur patrie; mais comme leur roi demeurait sur le rivage pour s'embarquer le dernier, lorsque ses vaisseaux prendraient la haute mer, Théodoric, qui avait été averti que des étrangers dévastaient son royaume, envoya en ce lieu son fils Théodebert, avec une vaillante troupe de gens de guerre, et puissamment armés. Le roi fut tué, et Théodebert, après avoir vaincu les ennemis dans un combat naval, fit remettre à terre tout le butin.

Cependant trois frères, Baderic, Hermanfried et Berthaire, tenaient le royaume des Thuringiens³. Hermanfried se rendit, par la force, maître de son frère Berthaire et le tua. Celui-ci laissa orpheline en mou-

¹ On a vu, dans le livre précédent, que Quintien avait été chassé de Rhodez par les Goths ariens, à cause de sa prédilection pour les Francs catholiques.
² En 515.
³ Il s'étendait de l'Elbe au Necker, si l'on peut assigner quelques limites précises à un royaume dans l'état de fluctuation où étaient alors les peuples barbares.

rant sa fille Radegonde, il laissa aussi des fils dont nous parlerons dans la suite. Hermanfried avait une femme méchante et cruelle, nommée Amalaberge, qui semait la guerre civile entre les frères. Un jour son mari, se rendant au banquet, trouva seulement la moitié de la table couverte, et comme il demandait à sa femme ce que cela voulait dire : « Il convient, dit-« elle, que celui qui se contente de la moitié d'un « royaume, ait la moitié de sa table vide. » Excité par ces paroles et d'autres semblables, Hermanfried s'éleva contre son frère, et envoya secrètement des messagers au roi Théodoric, pour l'engager à l'attaquer, disant : « Si tu le mets à mort, nous partagerons « par moitié ce pays. » Celui-ci, réjoui de ce qu'il entendait, marcha vers Hermanfried avec son armée ; ils s'allièrent en se donnant mutuellement leur foi, et partirent pour la guerre. En étant venus aux mains avec Baderic, ils écrasèrent son armée, le firent tomber sous le glaive, et après la victoire, Théodoric retourna dans ses possessions. Mais ensuite Hermanfried, oubliant sa foi, négligea d'accomplir ce qu'il avait promis au roi Théodoric, de sorte qu'il s'éleva entre eux une grande inimitié.

Gondebaud étant mort, son fils Sigismond fut mis en possession de son royaume [1], et édifia avec une soigneuse industrie le monastère de Saint-Maurice [2], où il construisit des bâtimens d'habitation et une basilique. Après avoir perdu sa première femme, fille de Théodoric, roi d'Italie, dont il avait eu un fils

---

[1] En 517.

[2] *Monasterium Agaunense,* dans le diocèse de Sion en Valais, au pied du Saint-Bernard.

nommé Sigeric, il en épousa une autre qui, selon l'ordinaire des belles-mères, commença à prendre son fils très-fort en haine, et à élever des querelles avec lui. Il arriva qu'en un jour de cérémonie, le jeune homme, reconnaissant sur elle des vêtemens de sa mère, lui dit, irrité de colère : « Tu n'étais pas digne de porter « sur tes épaules ces habits que l'on sait avoir appar- « tenu à ma mère ta maîtresse. » Elle alors transportée de fureur, excita son mari par des paroles trompeuses, en lui disant : « Ce méchant aspire à posséder « ton royaume, et quand il t'aura tué, il compte l'é- « tendre jusqu'à l'Italie, afin de posséder à la fois le « royaume de son aïeul Théodoric en Italie et celui- « ci. Il sait bien que, tant que tu vivras, il ne peut ac- « complir ce dessein, et que si tu ne tombes, il ne sau- « rait s'élever. » Poussé par ce discours et d'autres du même genre, et prenant conseil de sa cruelle épouse, Sigismond devint un cruel parricide, car voyant l'après-midi son fils appesanti par le vin, il l'engagea à dormir ; et pendant son sommeil, on lui passa derrière le cou un mouchoir, qu'on lia au-dessous du menton ; deux domestiques le tirèrent à eux chacun de son côté, et ils l'étranglèrent. Aussitôt que cela fut fait, le père, déjà touché de repentir, se jeta sur le cadavre inanimé de son fils, et commença à pleurer amèrement. Sur quoi, à ce qu'on a rapporté, un vieillard lui dit : « Pleure désormais sur toi qui, par de mé- « chans conseils, es devenu un très-barbare parri- « cide ; car pour celui-ci que tu as fait périr innocent, « il n'a pas besoin qu'on le pleure. » Cependant Sigismond s'étant rendu à Saint-Maurice y demeura un grand nombre de jours dans le jeûne et les larmes, à prier pour obtenir son pardon ; il y fonda un chant perpétuel, et retourna à Sion, la vengeance divine le poursuivant pas à pas. Le roi Théodoric épousa sa fille.

La reine Clotilde parla cependant à Clodomir et à ses autres fils, et leur dit : « Que je n'aie pas à me re-
« pentir, mes très-chers enfans, de vous avoir nourris
« avec tendresse ; soyez, je vous prie, indignés de
« mon injure, et mettez l'habileté de vos soins à ven-
« ger la mort de mon père et de ma mère. » Eux, ayant entendu ces paroles, marchèrent vers la Bourgogne, et se dirigèrent contre Sigismond et son frère Gondemar. Vaincu par leur armée, Gondemar tourna le dos ; mais Sigismond, cherchant à se réfugier au monastère de Saint-Maurice, fut pris avec sa femme et ses fils par Clodomir, qui, les ayant conduits dans la ville d'Orléans, les y retint prisonniers. Les rois s'étant éloignés, Gondemar reprit courage, rassembla les Bourguignons, et recouvra son royaume. Clodomir, se disposant à marcher de nouveau contre lui, résolut de faire mourir Sigismond. Le bienheureux Avitus, abbé de Saint-Mesmin, prêtre renommé de ce temps, lui dit : « Si, dans la crainte de Dieu, tu te
« ranges à de meilleurs conseils, et ne souffres pas
« qu'on tue ces gens-là, Dieu sera avec toi, et là où tu
« vas, tu obtiendras la victoire ; mais, si tu les fais
« mourir, tu périras de même, livré entre les mains de
« tes ennemis, et il en sera fait de ta femme et de tes
« fils comme tu feras de la femme et des enfans de
« Sigismond. »

Mais le roi méprisant son avis, lui dit : « Je regarde
« comme la conduite d'un insensé, quand on marche

« contre des ennemis, d'en laisser d'autres chez soi.
« Car ainsi, ayant l'un à dos, les autres en tête, je me
« précipiterais entre deux armées; la victoire sera plus
« complète et plus aisée à obtenir, si je sépare l'un de
« l'autre. Le premier mort, je pourrai beaucoup plus
« aisément me défaire du second. » Et aussitôt il fit
mourir Sigismond avec sa femme et ses fils, en ordonnant qu'on les jetât dans un puits près de Coulmiers, bourg du territoire d'Orléans [1], et marcha en
Bourgogne, appelant à son secours le roi Théodoric.
Celui-ci, ne s'inquiétant pas de venger l'injure de son
beau-père, promit d'y aller, et s'étant rejoints près de
Véseronce [2], lieu situé dans le territoire de la cité de
Vienne, ils livrèrent combat à Gondemar. Gondemar
ayant pris la fuite avec son armée, Clodomir le poursuivit, et comme il se trouvait déjà assez éloigné des
siens, les Bourguignons, imitant le signal qui lui était
ordinaire, l'appelèrent en lui disant : « Viens, viens
« par ici, nous sommes les tiens. » Il les crut, alla à
eux, et tomba ainsi au milieu de ses ennemis qui
lui coupèrent la tête, la fixèrent au bout d'une pique,
et l'élevèrent en l'air. Ce que voyant les Francs, et
reconnaissant que Clodomir avait été tué, ils recueillirent leurs forces, mirent en fuite Gondemar, écrasèrent les Bourguignons et s'emparèrent de leur pays.
Clotaire, sans aucun délai, s'unit en mariage à la femme
de son frère, nommée Gontheuque, et la reine Clotilde,

---

[1] Près de ce bourg se trouvait en effet un puits nommé, dans quelques anciennes chartes, *puits de Saint-Sigismond*, ou par contraction, de *Saint-Simond*. Sigismond fut placé au nombre, non seulement des saints, mais des martyrs, d'après l'usage de ce temps qui honorait du titre de martyrs tous les innocens massacrés sans raison.

[2] Selon d'autres, Voiron en Dauphiné.

les jours de deuil finis, prit et garda avec elle ses fils, dont l'un s'appelait Théodoald, l'autre Gonthaire et le troisième Clodoald. Gondemar recouvra de nouveau son royaume.

Après cela, Théodoric, qui n'avait point oublié le parjure d'Hermanfried, roi de Thuringe, appela à son secours son frère Clotaire, et se prépara à marcher contre Hermanfried [1], promettant au roi Clotaire sa part du butin, si la bonté de Dieu leur accordait la victoire. Ayant donc rassemblé les Francs, il leur dit : « Ressentez, je vous prie, avec colère, et mon injure, « et la mort de vos parens ; rappelez-vous que les « Thuringiens sont venus attaquer violemment nos « parens, et leur ont fait beaucoup de maux ; que « ceux-ci, leur ayant donné des ôtages, voulurent en- « trer en paix avec eux ; mais eux firent périr les ôtages « par différens genres de mort, et, revenant se jeter « sur nos parens, leur enlevèrent tout ce qu'ils pos- « sédaient, suspendirent les enfans aux arbres par le « nerf de la cuisse, firent périr d'une mort cruelle plus « de deux cents jeunes filles, les liant par les bras au « cou des chevaux, qu'on forçait, à coups d'aiguillons « acérés, à s'écarter chacun de son côté, en sorte « qu'elles furent déchirées en pièces ; d'autres furent « étendues sur les ornières des chemins, et clouées « en terre avec des pieux ; puis on faisait passer sur « elles des chariots chargés ; et leurs os ainsi brisés, « ils les laissaient pour servir de pâture aux chiens et « aux oiseaux. Maintenant Hermanfried manque à ce « qu'il m'a promis, et semble tout-à-fait l'oublier. « Nous avons le droit de notre côté ; marchons contre

[1] En 528.

« eux avec l'aide de Dieu. » Eux, ayant entendu ces paroles, indignés de tant de crimes, demandèrent, d'une voix et d'une volonté unanimes, à marcher contre les Thuringiens. Théodoric, prenant avec lui, pour le seconder, son frère Clotaire et son fils Théodebert, partit avec une armée. Cependant les Thuringiens avaient préparé des embûches aux Francs: ils avaient creusé dans le champ où devait se livrer le combat, des fosses dont ils avaient caché l'ouverture au moyen d'un gazon épais, en sorte que la plaine paraissait unie. Lorsqu'on commença donc à combattre, plusieurs des chevaux des Francs tombèrent dans ces fosses, ce qui leur causa beaucoup d'embarras; mais lorsqu'ils se furent aperçus de la fraude, ils commencèrent à y prendre garde. Enfin, les Thuringiens, voyant qu'on faisait parmi eux un grand carnage, et que leur roi Hermanfried avait pris la fuite, tournèrent le dos, et arrivèrent au bord du fleuve de l'Unstrut; et là, il y eut un tel massacre des Thuringiens que le lit de la rivière fut rempli par les cadavres amoncelés, et que les Francs s'en servirent comme de pont pour passer sur l'autre bord. Après cette victoire, ils prirent le pays, et le réduisirent sous leur puissance. Clotaire, en revenant, emmena captive avec lui Radegonde, fille du roi Berthaire, et la prit en mariage; il fit depuis tuer injustement son frère par des scélérats. Elle, se tournant vers Dieu, prit l'habit, et se bâtit un monastère dans la ville de Poitiers. Elle s'y rendit tellement excellente dans l'oraison, les jeûnes, les veilles, les aumônes, qu'elle acquit un grand crédit parmi les peuples.

Tandis que les rois francs étaient en Thuringe,

Théodoric voulut tuer Clotaire, son frère; et ayant disposé en secret des hommes armés, il le manda vers lui, comme pour conférer de quelque chose en particulier; et, ayant fait étendre dans sa maison une toile d'un mur à l'autre, il ordonna à ses hommes armés de se tenir derrière : mais, comme la toile était trop courte, les pieds des hommes armés parurent au-dessous à découvert ; ce qu'ayant vu Clotaire, il entra dans la maison, armé, et avec les siens. Théodoric comprit alors que son projet était connu : il inventa une fable, et l'on parla de choses et d'autres. Mais, ne sachant de quoi s'aviser pour faire passer sa trahison, il donna à Clotaire, dans cette vue, un grand plat d'argent. Clotaire lui ayant dit adieu, et l'ayant remercié de ce présent, retourna dans son logis. Mais Théodoric se plaignit aux siens d'avoir perdu son plat sans aucun motif, et dit à son fils Théodebert : « Va trouver ton oncle, et prie-le de vouloir te céder « le présent que je lui ai fait. » Il y alla, et obtint ce qu'il demandait. Théodoric était très-habile en de telles ruses.

Lorsqu'il fut revenu chez lui, il engagea Hermanfried à venir le trouver, en lui donnant sa foi qu'il ne courrait aucun danger; et il l'enrichit de présens très-honorables. Mais un jour qu'ils causaient sur les murs de la ville de Tolbiac, Hermanfried, poussé par je ne sais qui, tomba du haut du mur, et rendit l'esprit. Nous ignorons par qui il fut jeté en bas ; mais plusieurs assurent qu'on reconnut clairement que cette trahison venait de Théodoric.

Pendant que Théodoric était en Thuringe, le bruit courut en Auvergne qu'il avait été tué. Arcadius, un des sénateurs d'Auvergne, invita Childebert à venir s'emparer de ce pays. Celui-ci se rendit sans retard en Auvergne. Il faisait ces jours-là un brouillard si épais qu'on ne pouvait discerner à la fois plus d'un demi-arpent. Le roi disait : « Je voudrais bien pouvoir re-« connaître par mes yeux cette Limagne d'Auvergne « qu'on dit si riante. » Mais Dieu ne lui accorda pas cette grâce. Les portes de la ville étant fermées, en sorte qu'il ne trouvait aucune issue pour y entrer, Arcadius brisa la serrure de l'une de ces portes, et l'introduisit dans les murs : mais au moment où cela se passait, on apprit que Théodoric était revenu vivant de Thuringe.

Childebert ayant appris cette nouvelle avec certitude, quitta l'Auvergne, et se dirigea vers l'Espagne, à cause de sa sœur Clotilde [1]. La fidélité de celle-ci à la religion catholique l'exposait à beaucoup d'embûches de la part de son mari Amalaric; car plusieurs fois, comme elle se rendait à la sainte église, il avait ordonné qu'on jetât sur elle de l'ordure et d'autres puanteurs ; et l'on dit que sa cruauté contre elle se porta à de telles extrémités, qu'elle envoya à son frère un mouchoir teint de son propre sang; en sorte que, vivement irrité, il se rendit en Espagne. Amalaric, apprenant son arrivée, prépara des vaisseaux pour s'enfuir [2]. Childebert arrivait déjà, lorsqu'au moment de monter sur son vaisseau, Amalaric se rappela une grande quantité de pierres précieuses qu'il avait lais-

---

[1] En 531.

[2] Ce ne fut pas en Espagne, mais en Languedoc près de Narbonne, que Childebert rencontra l'armée d'Amalaric qui venait à sa rencontre; il la battit, et Amalaric s'enfuit à Barcelonne où il fut tué. Le Languedoc ou *Septimanie* appartenait alors aux rois Visigoths.

sées dans son trésor : il retourna à la ville pour les chercher ; mais ensuite l'armée l'empêcha de regagner le port. Voyant qu'il ne pouvait s'échapper, il voulut se réfugier dans l'église des chrétiens ; mais, avant qu'il en eût pu atteindre le seuil sacré, un de ceux qui le poursuivaient poussa contre lui sa lance, et le frappa d'un coup mortel : il tomba sur le lieu même, et rendit l'esprit. Alors Childebert reprit sa sœur avec de grands trésors, et il comptait la ramener ; mais elle mourut en route je ne sais comment, et fut portée à Paris, où on l'ensevelit près de son père Clovis. Childebert choisit dans ces trésors des choses très-précieuses, et les consacra au service de la sainte église ; car il avait apporté soixante calices, quinze patènes, et vingt coffres destinés à enfermer les Évangiles, le tout en or pur, et orné de pierres précieuses ; et il ne souffrit pas que ces choses fussent brisées, mais il les distribua entre les églises et les basiliques des Saints, et les consacra au service divin.

Ensuite de cela, Clotaire et Childebert firent le projet de marcher en Bourgogne ; Théodoric, qu'ils avaient appelé à leur secours, ne voulut pas y aller. Cependant les Francs qui marchaient avec lui lui dirent : « Si tu ne veux pas aller en Bourgogne avec tes « frères, nous te quitterons, et nous les suivrons à ta « place. » Mais lui, pensant que les gens d'Auvergne lui avaient manqué de foi, dit aux Francs : « Suivez-« moi en Auvergne, et je vous conduirai dans un pays « où vous prendrez de l'or et de l'argent autant que « vous en pourrez desirer, d'où vous enleverez des « troupeaux, des esclaves et des vêtemens en abon-« dance : seulement ne suivez pas ceux-ci. » Séduits par ces promesses, ils s'engagèrent à faire ce qu'il voudrait. Il se prépara donc au départ, et promit, à plusieurs reprises, à ses hommes qu'il leur permettrait de ramener dans leur pays tout le butin et tous les prisonniers qu'ils feraient dans l'Auvergne. Cependant Clotaire et Childebert marchèrent en Bourgogne, assiégèrent Autun ; et, ayant mis en fuite Gondemar, occupèrent toute la Bourgogne[1].

Théodoric étant entré en Auvergne avec son armée dévasta et ruina tout le pays. Arcadius, auteur du crime, et dont la lâcheté avait causé la dévastation de cette contrée, se réfugia dans la ville de Bourges, qui faisait alors partie du royaume de Childebert; mais sa mère Placidine, et Alchime, sœur de son père, ayant été prises, furent condamnées à l'exil, et on prit les biens qu'elles avaient dans la ville de Cahors. Le roi Théodoric étant donc arrivé à la cité d'Auvergne[2], établit son camp dans les bourgs environnans. Le bienheureux Quintien était en ces jours-là évêque de la ville. Cependant l'armée parcourait toute cette malheureuse contrée, pillant et ravageant tout. Plusieurs des gens de guerre arrivèrent à la basilique de Saint-Julien, brisèrent les portes, enlevèrent les serrures, pillèrent ce qu'on y avait rassemblé du bien des pauvres, et firent en ces lieux beaucoup de mal. Mais les auteurs de ces crimes, saisis de l'esprit immonde, se déchirèrent de leurs propres dents, poussant de grands cris et disant : « Pourquoi, saint « martyr, nous tourmentes-tu de cette manière ? »

---

[1] De 532 à 534.
[2] Clermont.

C'est ainsi que nous l'avons écrit dans le livre des miracles de saint Julien.

Cependant les ennemis assiégèrent le château de Volorre [1], et tuèrent misérablement devant l'autel de l'église le prêtre Procule, de qui saint Quintien avait eu à se plaindre; et ce fut, je crois, à cause de lui que le château, qui s'était défendu jusqu'à ce jour, fut livré entre les mains de ces impies, car les ennemis ne pouvant l'emporter, se disposaient à retourner chez eux ; ce qu'ayant appris les assiégés furent pleins de joie; mais ils furent trompés par leur sécurité, selon ces paroles de l'apôtre : « Lorsqu'ils diront : nous voici « en paix et en sûreté, ils se trouveront surpris tout « d'un coup par une ruine imprévue [2]; » et comme ils ne se tenaient plus sur leurs gardes, le serviteur de Procule les livra aux ennemis. Au moment où, après avoir dévasté le château, ils emmenaient les habitans captifs, il descendit du ciel une pluie abondante, refusée depuis trente jours.

Le château de Merliac [3] fut ensuite assiégé. Ceux qui l'habitaient se rachetèrent de la captivité par une rançon; ce qui fut un effet de leur lâcheté, car le château était naturellement fortifié. Au lieu de murs, un rocher taillé l'entourait à la hauteur de plus de cent pieds; au milieu se trouvait un étang d'eau très-agréable à boire; il y avait aussi des fontaines abondantes, et par une de ses portes coulait un ruisseau d'eau vive. Ses remparts renfermaient un si grand espace que les habitans cultivaient des terres dans l'intérieur des murs, et en recueillaient beaucoup de

---

[1] Près de Thiers.
[2] Ire Épît. de S. Paul aux Thessalon. chap. 5, v. 3.
[3] Près de la ville de Mauriac.

fruits. Fiers de la protection de leurs remparts, les assiégés étaient sortis pour faire quelque butin, comptant se renfermer de nouveau dans les murs de leur forteresse. Ils furent pris par leurs ennemis au nombre de cinquante, et conduits sous les yeux de leurs parens, les mains liées derrière le dos et le glaive levé sur leur tête. Les assiégés consentirent, pour qu'on ne les mît pas à mort, à donner quatre onces d'or pour la rançon de chacun.

Théodoric ayant quitté l'Auvergne, y laissa pour la garder son parent Sigewald.

Il y avait en ce temps, parmi les hommes chargés d'appeler les Francs à la guerre, un certain Litigius qui tendait de grandes embûches à saint Quintien; et lorsque le saint évêque se prosternait à ses pieds, loin d'accéder à ce qu'il lui demandait, il racontait à sa femme, en s'en raillant, ce qu'avait fait le saint. Mais celle-ci, animée d'un meilleur esprit, lui dit: « De « cette manière, le jour où tu seras abattu tu ne te « relèveras plus. » Il arriva le troisième jour des envoyés du roi qui l'emmenèrent lié avec sa femme et ses enfans, et depuis il ne revint jamais en Auvergne.

Munderic, qui se prétendait parent du roi, enflé d'orgueil, dit : « Pourquoi Théodoric est-il mon roi? « Le gouvernement de ce pays m'appartient comme à « lui; j'irai, j'assemblerai mon peuple et lui ferai prê-« ter serment, afin que Théodoric sache que je suis « roi tout comme lui. » Et étant sorti en public, il commença à séduire le peuple en disant : « Je suis « prince, suivez-moi, et vous vous en trouverez bien. » La multitude du peuple des campagnes le suivit donc, en sorte que, par un effet de l'inconstance humaine, il en réunit un grand nombre qui lui prêtèrent serment de fidélité et l'honorèrent comme un roi. Théodoric l'ayant appris, lui envoya un ordre portant : « Viens à moi, et, s'il t'est dû quelques portions des « terres de notre royaume, elles te seront données. » Théodoric disait cela pour le tromper, afin de le faire venir à lui et de le tuer; mais lui ne voulut pas y aller, et dit : « Reportez à votre roi que je suis roi aussi bien « que lui. » Alors le roi, en colère, ordonna de faire marcher une armée afin de le punir lorsqu'il l'aurait vaincu par la force. Munderic, en ayant été instruit, et n'étant pas en état de se défendre, se réfugia dans les murs du château de Vitry [1] où il travailla à se fortifier, y renfermant tout ce qu'il possédait et tous ceux qu'il avait séduits. L'armée qui marchait contre lui entoura le château et l'assiégea pendant sept jours. Munderic la repoussait à la tête des siens et disait : « Tenons-nous fermes et combattons jusqu'à la mort, « et les ennemis ne nous vaincront pas. » L'ennemi tout à l'entour lançait des traits contre les murs, mais cela ne servait à rien : on le fit savoir au roi, qui envoya un des siens, nommé Arégésile, et lui dit : « Tu « vois que ce perfide réussit dans sa révolte; va, et « engage-le sous serment à sortir sans crainte, et, « lorsqu'il sera sorti, tue-le, et efface son souvenir de « notre royaume. » Celui-ci y étant allé fit ce qu'on lui avait ordonné; mais il convint d'abord d'un signal avec ses gens, et leur dit : « Lorsque je dirai telles et « telles choses, jetez-vous aussitôt sur lui et le tuez. » Arégésile étant donc entré, dit à Munderic: « Jusques

---

[1] Château fort près de Brioude en Auvergne ; ou, selon Valois et dom Bouquet, Vitry-le-Français en Champagne.

« à quand demeureras-tu ici comme un insensé? Tu
« ne peux long-temps résister au roi ; voilà que tes
« provisions finies, vaincu par la faim, tu sortiras, te
« livreras entre les mains de tes ennemis et mourras
« comme un chien. Écoute plutôt mes conseils, et sou-
« mets-toi au roi, afin que tu vives, toi et tes fils. »
Ébranlé par ce discours, Munderic dit : « Si je sors, je
« serai pris par le roi, et il me tuera, moi et mes fils,
« et tous les amis qui sont ici réunis avec moi. » A
quoi Arégésile répondit : « Ne crains rien ; car, si tu
« veux sortir, reçois-en mon serment, il ne te sera
« rien fait, et tu viendras sans danger en présence du
« roi. Tu n'as donc rien à redouter, et tu seras près de
« lui ce que tu étais auparavant. » A quoi Munderic
repartit : « Plût à Dieu que je fusse sûr de n'être pas
« tué ! » Alors Arégésile, les mains posées sur les saints
autels, lui jura qu'il pouvait sortir sans crainte. Après
avoir reçu ce serment, Munderic sortit d'abord du château tenant par la main Arégésile ; les gens d'Arégésile
les regardaient en les voyant venir de loin. Alors Arégésile, selon le signal dont il était convenu, dit : « Que
« regardez-vous donc avec tant d'attention, ô hom-
« mes ! N'avez-vous jamais vu Munderic ? » Et aussitôt
ils se précipitèrent sur lui. Mais lui, comprenant la vérité, dit : « Je vois clairement par ces paroles que tu
« as donné à tes gens le signal de ma mort, mais, je te
« le dis, puisque tu m'as trompé par un parjure, per-
« sonne ne te verra plus en vie ; » et, d'un coup de sa
lance dans le dos, il le transperça. Arégésile tomba et
mourut. Ensuite Munderic, à la tête des siens, tira
l'épée et fit un grand carnage du peuple, et, jusqu'à
ce qu'il rendit l'esprit, il ne s'arrêta point de tuer tout

ce qu'il pouvait atteindre. Lorsqu'il fut mort, on réunit ses biens au fisc du roi.

Cependant Théodoric et Childebert firent alliance, et, s'étant prêté serment de ne point marcher l'un contre l'autre, ils se donnèrent mutuellement des ôtages pour confirmer leurs promesses. Parmi ces ôtages il se trouva beaucoup de fils de sénateurs; mais, de nouvelles discordes s'étant élevées entre les rois, ils furent dévoués aux travaux publics, et tous ceux qui les avaient en garde en firent leurs serviteurs; un bon nombre cependant s'échappèrent par la fuite et retournèrent dans leur pays; quelques-uns demeurèrent en esclavage. Parmi ceux-ci, Attale, neveu du bienheureux Grégoire, évêque de Langres, avait été employé au service public et destiné à garder les chevaux; il servait un barbare qui habitait le territoire de Trèves. Le bienheureux Grégoire envoya des serviteurs à sa recherche, et, lorsqu'on l'eut trouvé, on apporta à cet homme des présens; mais il les refusa en disant : « De la race dont il est, il me faut dix livres « d'or pour sa rançon. » Lorsque les serviteurs furent revenus, Léon, attaché à la cuisine de l'évêque, lui dit : « Si tu veux le permettre, peut-être pourrai-je le « tirer de sa captivité. » Son maître fut joyeux de ces paroles, et Léon se rendit au lieu qu'on lui avait indiqué. Il voulut enlever secrètement le jeune homme, mais il ne put y parvenir. Alors, menant avec lui un autre homme, il lui dit : « Viens avec moi, vends- « moi à ce barbare, et le prix de ma vente sera pour « toi; tout ce que je veux, c'est d'être plus en liberté « de faire ce que j'ai résolu. » Le marché fait, l'homme alla avec lui, et s'en retourna après l'avoir vendu douze pièces d'or. Le maître de Léon, ayant demandé à son serviteur ce qu'il savait faire, celui-ci répondit : « Je « suis très-habile à faire tout ce qui doit se manger à « la table de mes maîtres, et je ne crains pas qu'on en « puisse trouver un autre égal à moi dans cette science. « Je te le dis en vérité; quand tu voudrais donner un « festin au roi, je suis en état de composer des mets « royaux, et personne ne les saurait mieux faire que « moi. » Et le maître lui dit : « Voilà le jour du so- « leil qui approche (car c'est ainsi que les Barbares ont coutume d'appeler le jour du Seigneur), «ce « jour-là mes voisins et mes parens sont invités à ma « maison; je te prie de me faire un repas qui excite « leur admiration et duquel ils disent : Nous n'aurions « pas attendu mieux dans la maison du roi. » Et lui dit : « Que mon maître ordonne qu'on me rassemble « une grande quantité de volailles, et je ferai ce que « tu me commandes. » On prépara ce qu'avait deman- dé Léon. Le jour du Seigneur vint à luire, et il fit un grand repas plein de choses délicieuses. Tous man- gèrent, tous louèrent le festin; les parens ensuite s'en allèrent; le maître remercia son serviteur, et celui-ci eut autorité sur tout ce que possédait son maître. Il avait grand soin de lui plaire, et distribuait à tous ceux qui étaient avec lui leur nourriture et les viandes préparées. Après l'espace d'un an, son maître ayant en lui une entière confiance, il se rendit dans la prai- rie, située proche de la maison, où Attale était à garder les chevaux, et, se couchant à terre loin de lui et le dos tourné de son côté, afin qu'on ne s'aperçût pas qu'ils parlaient ensemble, il dit au jeune homme : « Il « est temps que nous songions à retourner dans notre

« patrie ; je t'avertis donc, lorsque cette nuit tu auras
« ramené les chevaux dans l'enclos, de ne pas te lais-
« ser aller au sommeil, mais, dès que je t'appellerai,
« de venir, et nous nous mettrons en marche. » Le barbare avait invité ce soir-là à un festin beaucoup de ses
parens, au nombre desquels était son gendre qui avait
épousé sa fille. Au milieu de la nuit, comme ils eurent
quitté la table et se furent livrés au repos, Léon porta
un breuvage au gendre de son maître, et lui présenta
à boire ce qu'il avait versé ; l'autre lui parla ainsi :
« Dis-moi donc, toi, l'homme de confiance de mon
« beau-père, quand te viendra l'envie de prendre ses
« chevaux et de t'en retourner dans ton pays ? » ce
qu'il lui disait par jeu et en s'amusant ; et lui, de même
en riant, lui dit avec vérité : « C'est mon projet pour
« cette nuit, s'il plaît à Dieu. » Et l'autre dit : « Il faut
« que mes serviteurs aient soin de me bien garder, afin
« que tu ne m'emportes rien. » Et ils se quittèrent en
riant. Tout le monde étant endormi, Léon appela Attale, et, les chevaux sellés, il lui demanda s'il avait des
armes. Attale répondit : « Non, je n'en ai pas, si ce n'est
« une petite lance. » Léon entra dans la demeure de
son maître et lui prit son bouclier et sa framée. Celui-ci
demanda qui c'était et ce qu'on lui voulait. Léon répondit : « C'est Léon ton serviteur, et je presse Attale
« de se lever en diligence et de conduire les chevaux
« au pâturage, car il est là endormi comme un ivro-
« gne. » L'autre lui dit : « Fais ce qui te plaira ; » et,
en disant cela, il s'endormit.

Léon étant ressorti munit d'armes le jeune homme,
et, par la grâce de Dieu, trouva ouverte la porte d'entrée qu'il avait fermée au commencement de la nuit

avec des clous enfoncés à coups de marteau pour la sûreté des chevaux ; et, rendant grâces au Seigneur, ils prirent d'autres chevaux et s'en allèrent, déguisant aussi leurs vêtemens. Mais lorsqu'ils furent arrivés à la Moselle [1], en la traversant, ils trouvèrent des hommes qui les arrêtèrent ; et, ayant laissé leurs chevaux et leurs vêtemens, ils passèrent l'eau sur des planches et arrivèrent à l'autre rive, et, dans l'obscurité de la nuit, ils entrèrent dans la forêt où ils se cachèrent. La troisième nuit était arrivée depuis qu'ils voyageaient sans avoir goûté la moindre nourriture ; alors, par la permission de Dieu, ils trouvèrent un arbre couvert du fruit vulgairement appelé prunes, et ils les mangèrent. S'étant un peu soutenus par ce moyen, ils continuèrent leur route et entrèrent en Champagne. Comme ils y voyageaient, ils entendirent le trépignement de chevaux qui arrivaient en courant, et dirent : « Couchons-« nous à terre, afin que les gens qui viennent ne nous « aperçoivent pas. » Et voilà que tout à coup ils virent un grand buisson de ronces, et passant auprès ils se jetèrent à terre, leurs épées nues, afin que, s'ils étaient attaqués, ils pussent se défendre avec leur framée, comme contre des voleurs. Lorsque ceux qu'ils avaient entendus arrivèrent auprès de ce buisson d'épines, ils s'arrêtèrent, et l'un des deux, pendant que leurs chevaux lâchaient leur urine, dit : « Malheur à moi, de « ce que ces misérables se sont enfuis sans que je « puisse les retrouver ; mais je le dis, par mon salut, « si nous les trouvons, l'un sera condamné au gibet, « et je ferai hacher l'autre en pièces à coups d'épée. »

---

[1] Il faut probablement lire la Meuse qui coule en effet entre Trèves et Rheims.

C'était leur maître, le barbare, qui parlait ainsi; il venait de la ville de Rheims, où il avait été à leur recherche, et il les aurait trouvés en route si la nuit ne l'en eût empêché. Les chevaux se mirent en route et repartirent. Cette même nuit les deux autres arrivèrent à la ville, et y étant entrés, trouvèrent un homme auquel ils demandèrent la maison du prêtre Paulelle. Il la leur indiqua; et comme ils traversaient la place, on sonna Matines, car c'était le jour du Seigneur. Ils frappèrent à la porte du prêtre et entrèrent. Léon lui dit le nom de son maître. Alors le prêtre lui dit : « Ma vision s'est vérifiée, car j'ai vu cette nuit « deux colombes qui sont venues en volant se poser « sur ma main : l'une des deux était blanche et l'autre « noire [1]. » Ils dirent au prêtre : « Il faut que Dieu « nous pardonne; malgré la solennité du jour, nous « vous prions de nous donner quelque nourriture, « car voilà la quatrième fois que le soleil se lève depuis « que nous n'avons goûté ni pain ni rien de cuit. » Ayant caché les deux jeunes gens, il leur donna du pain trempé dans du vin, et alla à Matines. Il y fut suivi par le barbare qui revenait cherchant ses esclaves; mais, trompé par le prêtre, il s'en retourna, car le prêtre était depuis long-temps lié d'amitié avec le bienheureux Grégoire. Les jeunes gens ayant repris leurs forces en mangeant, demeurèrent deux jours dans la maison du prêtre, puis s'en allèrent; ils arrivèrent ainsi chez saint Grégoire. Le pontife, réjoui en voyant ces jeunes gens, pleura sur le cou de son neveu Attale. Il délivra Léon et toute sa race du joug de la

---

[1] Cette phrase semble indiquer que Léon était nègre; on ne peut douter qu'il n'y eût déjà, sous les Romains, des esclaves noirs dans la Gaule.

servitude, lui donna des terres en propre, dans lesquelles il vécut libre le reste de ses jours avec sa femme et ses enfans.

Sigewald, qui habitait l'Auvergne, y faisait beaucoup de mal, car il envahissait les biens de plusieurs; et ses serviteurs ne s'épargnaient pas le vol, l'homicide, et divers crimes qu'ils commettaient par surprise, et personne n'osait murmurer contre eux. Il arriva que, par une audace téméraire, il s'empara du domaine de Bolgiac, que le béni Tétradius, évêque, avait laissé à la basilique de Saint-Julien. Aussitôt qu'il fut entré dans la maison, il perdit la raison, et se mit au lit. Alors, par le conseil du prêtre, sa femme le plaça dans un chariot, pour le transporter dans une autre demeure, où il reprit la santé; et, arrivant à lui, elle lui raconta ce qui s'était passé; ce qu'ayant entendu, il fit un vœu au saint martyr de rendre le double de ce qu'il avait pris. J'ai rapporté cet événement dans le livre des miracles de saint Julien.

Denis, évêque de Tours, étant mort, Ommatius gouverna l'église pendant trois années: il avait été nommé par l'ordre du roi Clodomir, dont nous avons parlé ci-dessus. Lorsqu'il passa de cette vie à l'autre, Léon administra pendant sept mois. C'était un homme très-adroit, et habile dans la fabrique des ouvrages de charpente. Après sa mort, les évêques Théodore et Procule, venus de Bourgogne, et nommés par la reine Clotilde, gouvernèrent trois ans l'église de Tours. Eux morts, ils furent remplacés par Francille, sénateur. La troisième année de son épiscopat, tandis que les peuples célébraient la brillante nuit de Noël, le pontife, avant de descendre pour dire Vigile, demanda à boire : un serviteur vint, et lui apporta aussitôt la boisson. Dès qu'il eut bu, il rendit l'esprit ; d'où l'on a soupçonné qu'il avait été tué par le poison. Après sa mort, Injuriosus, citoyen de la ville, fut élevé à la chaire pontificale : ce fut le quinzième évêque après saint Martin.

Tandis que la reine Clotilde habitait Paris, Childebert, voyant que sa mère avait porté toute son affection sur les fils de Clodomir, dont nous avons parlé plus haut, conçut de l'envie ; et, craignant que, par la faveur de la reine, ils n'eussent part au royaume, il envoya secrètement vers son frère le roi Clotaire, et lui fit dire [1] : « Notre mère garde avec elle les fils « de notre frère, et veut leur donner le royaume ; il « faut que tu viennes promptement à Paris, et que, « réunis tous deux en conseil, nous déterminions ce « que nous devons faire d'eux, savoir si on leur cou- « pera les cheveux, comme au reste du peuple, ou « si, les ayant tués, nous partagerons également entre « nous le royaume de notre frère. » Fort réjoui de ces paroles, Clotaire vint à Paris. Childebert avait déjà répandu dans le peuple que les deux rois étaient d'accord d'élever ces enfans au trône : ils envoyèrent donc, au nom de tous deux, à la reine qui demeurait dans la même ville, et lui dirent : « Envoie-nous « les enfans, que nous les élevions au trône. » Elle, remplie de joie, et ne sachant pas leur artifice, après avoir fait boire et manger les enfans, les envoya, en disant : « Je croirai n'avoir pas perdu mon fils, si « je vous vois succéder à son royaume. » Les enfans,

[1] Vers l'an 533.

étant allés, furent pris aussitôt, et séparés de leurs serviteurs et de leurs gouverneurs ; et on les enferma à part, d'un côté les serviteurs, et de l'autre les enfans. Alors Childebert et Clotaire envoyèrent à la reine Arcadius, dont nous avons déjà parlé, portant des ciseaux et une épée nue. Quand il fut arrivé près de la reine, il les lui montra, disant : « Tes fils nos « seigneurs, ô très-glorieuse reine, attendent que tu « leur fasses savoir ta volonté sur la manière dont il « faut traiter ces enfans ; ordonne qu'ils vivent les « cheveux coupés, ou qu'ils soient égorgés. » Consternée à ce message, et en même temps émue d'une grande colère, en voyant cette épée nue et ces ciseaux, elle se laissa transporter par son indignation, et, ne sachant, dans sa douleur, ce qu'elle disait, elle répondit imprudemment : « Si on ne les élève pas sur « le trône, j'aime mieux les voir morts que tondus. » Mais Arcadius, s'inquiétant peu de sa douleur, et ne cherchant pas à pénétrer ce qu'elle penserait ensuite plus réellement, revint en diligence près de ceux qui l'avaient envoyé, et leur dit : « Vous pouvez continuer « avec l'approbation de la reine ce que vous avez « commencé, car elle veut que vous accomplissiez « votre projet. » Aussitôt Clotaire, prenant par le bras l'aîné des enfans, le jeta à terre, et, lui enfonçant son couteau dans l'aisselle, le tua cruellement. A ses cris, son frère se prosterna aux pieds de Childebert, et, lui saisissant les genoux, lui disait avec larmes : « Secours-moi, mon très-bon père, afin que « je ne meure pas comme mon frère. » Alors Childebert, le visage couvert de larmes, lui dit : « Je « te prie, mon très-cher frère, aie la générosité de

« m'accorder sa vie ; et, si tu veux ne pas le tuer,
« je te donnerai, pour le racheter, ce que tu vou-
« dras. » Mais Clotaire, après l'avoir accablé d'injures, lui dit : « Repousse-le loin de toi, ou tu mour-
« ras certainement à sa place ; c'est toi qui m'as ex-
« cité à cette affaire, et tu es si prompt à reprendre
« ta foi ! » Childebert, à ces paroles, repoussa l'enfant, et le jeta à Clotaire, qui, le recevant, lui enfonça son couteau dans le côté, et le tua, comme il
avait fait à son frère. Ils tuèrent ensuite les serviteurs
et les gouverneurs ; et après qu'ils furent morts,
Clotaire, montant à cheval, s'en alla, sans se troubler
aucunement du meurtre de ses neveux, et se rendit,
avec Childebert, dans les faubourgs. La reine, ayant
fait poser ces petits corps sur un brancard, les conduisit, avec beaucoup de chants pieux et une immense douleur, à l'église de Saint-Pierre, où on les
enterra tous deux de la même manière. L'un des deux
avait dix ans, et l'autre sept.

Ils ne purent prendre le troisième, Clodoald, qui
fut sauvé par le secours de braves guerriers ; dédaignant un royaume terrestre, il se consacra à Dieu, et
s'étant coupé les cheveux de sa propre main, il fut
fait clerc. Il persista dans les bonnes œuvres, et mourut prêtre.

Les deux rois partagèrent entre eux également le
royaume de Clodomir. La reine Clotilde déploya tant
et de si grandes vertus qu'elle se fit honorer de tous.
On la vit toujours assidue à l'aumône, traverser les
nuits de ses veilles, et demeurer pure par sa chasteté
et sa fidélité à toutes les choses honnêtes ; elle pour-
vut les domaines des églises, les monastères et tous

les lieux saints de ce qui leur était nécessaire, distribuant ses largesses avec générosité, en sorte que dans le temps, on ne la considérait pas comme une reine, mais comme une servante spéciale du Seigneur, dévouée à son assidu service. Ni la royauté de ses fils, ni l'ambition du siècle, ni le pouvoir, ne l'entraînèrent à sa ruine, mais son humilité la conduisit à la grâce.

Le bienheureux Grégoire, prêtre renommé du Seigneur, était alors, dans la ville de Langres, illustre par ses vertus et ses miracles. Puisque nous parlons de ce pontife, il sera, je pense, agréable que nous donnions ici la description de Dijon, où il vivait habituellement. C'est un château bâti de murs très-solides, au milieu d'une plaine très-riante, dont les terres sont fertiles et si fécondes qu'en même temps que la charrue sillonne les champs, on y jette la semence et qu'il en sort de très-riches moissons; au midi est la rivière d'Ouche, abondante en poissons; il vient du nord une autre petite rivière qui entre par une porte, passe sous un pont, ressort par une autre porte et entoure les remparts de son onde paisible. Elle fait, devant la porte, tourner plusieurs moulins avec une singulière rapidité. Dijon a quatre portes, situées vers les quatre points du monde. Toute cette bâtisse est ornée en totalité de trente-trois tours; les murs sont, jusqu'à la hauteur de vingt pieds, construits en pierres carrées, et ensuite en pierres plus petites. Ils ont en tout trente pieds de haut et quinze pieds d'épaisseur. J'ignore pourquoi ce lieu n'a pas le nom de ville : il a dans son territoire des sources abondantes; du côté de l'occident sont des montagnes très-fertiles, couvertes de vignes, qui fournissent aux habitans un si noble Falerne qu'ils dédaignent le vin de Châlons. Les anciens disent que ce château fut bâti par l'empereur Aurélien.

Théodoric avait fiancé son fils Théodebert à Wisigarde, fille d'un roi [1].

Après la mort de Clovis, les Goths avaient envahi une partie de ses conquêtes. Théodoric envoya donc Théodebert, et Clotaire envoya Gonthaire, l'aîné de ses fils, pour les recouvrer. Mais Gonthaire, arrivé à Rhodez, s'en retourna, je ne sais pourquoi. Théodebert, poursuivant sa route jusqu'à la ville de Béziers, prit le château de Dion, et en enleva du butin. Il envoya ensuite vers un autre château, nommé Cabrières, des messagers chargés de dire de sa part que, si on ne se soumettait pas, il brûlerait le château et emmenerait les habitans en captivité.

Il se trouvait en ce lieu une matrone, nommée Deutérie, dont le mari était venu habiter auprès de Béziers. Elle envoya au roi des messagers qui lui dirent : « Personne, ô très-pieux seigneur! ne peut « te résister, nous te reconnaissons pour notre maître ; « viens, et qu'il en soit fait ainsi qu'il te paraîtra agréa- « ble. » Théodebert vint au château, et y fut reçu pacifiquement, et voyant que les gens se soumettaient à lui, il ne fit aucun mal. Deutérie vint à sa rencontre, et la voyant belle, épris d'amour pour elle, il la fit entrer dans son lit.

En ces jours-là, Théodoric fit périr par le glaive son parent Sigewald, et envoya secrètement vers Théodebert, pour qu'il fît mourir Giwald, fils de Sigewald,

---

[1] De Waccon, roi des Lombards.

qu'il avait avec lui; mais Théodebert, comme il l'avait tenu sur les fonts de baptême, ne voulut pas le faire périr. Il lui donna même à lire les lettres envoyées par son père : « Fuis, lui dit-il, car j'ai reçu de mon père « l'ordre de te tuer ; lorsqu'il sera mort et que tu ap- « prendras que je règne, tu reviendras à moi sans « crainte. » Ce qu'ayant entendu, Giwald lui rendit grâces, lui dit adieu et s'en alla.

Théodebert faisait alors le siége de la villes d'Arles, dont les Goths s'étaient emparés. Giwald s'enfuit dans cette ville; mais, ne s'y croyant pas fort en sûreté, il se rendit en Italie et y demeura. Tandis que ces choses se passaient, on vint annoncer à Théodebert que son père était dangereusement malade, que, s'il ne se hâtait pour le trouver encore en vie, il serait dépouillé par ses oncles, et qu'il ne fallait pas qu'il poussât plus avant. A ces nouvelles, Théodebert quitta tout, et partit pour aller vers son père, laissant en Auvergne Deutérie et sa fille. Théodoric mourut quelques jours après l'arrivée de son fils, dans la vingt-troisième année de son règne [1]; Childebert et Clotaire s'élevèrent contre Théodebert, et voulurent lui enlever son royaume, mais il les apaisa par des présens, et défendu par ses Leudes, il fut établi sur le trône. Il envoya ensuite en Auvergne pour en faire venir Deutérie, et s'unit à elle en mariage.

Childebert, voyant qu'il ne pouvait le vaincre, lui envoya une ambassade pour l'engager à venir le trouver, lui disant : « Je n'ai pas de fils, je desire te prendre pour fils. » Et Théodebert étant venu, il l'enrichit de tant de présens que cela fit l'admiration de tout le

[1] En 534.

monde, car il lui donna trois paires de chacune des choses utiles, tant armes que vêtemens et joyaux qui conviennent aux rois. Il en agit de même pour les chevaux et les colliers. Giwald, apprenant que Théodebert était entré en possession du royaume de son père, revint d'Italie le trouver; celui-ci se réjouissant et l'embrassant, lui donna la troisième partie des présens de son oncle, et ordonna qu'on lui rendît, des biens de son père Sigewald, tout ce qui en était entré dans le fisc.

Affermi dans son royaume, Théodebert se rendit grand et remarquable en toutes sortes de vertus, car il gouvernait ses États avec justice, respectait les prêtres, enrichissait les églises, secourait les pauvres, et plein de compassion et de bonté, mit beaucoup de gens à leur aise, par un grand nombre de bienfaits. Il remit généreusement aux églises d'Auvergne tous les tributs dont elles étaient redevables à son fisc.

Deutérie voyant sa fille devenue adulte, et craignant qu'elle n'excitât les desirs du roi, et qu'il ne la prît pour lui, la mit dans un chariot attelé de bœufs indomptés, qui la précipitèrent du haut d'un pont, en sorte qu'elle périt dans un fleuve. Cela se passa près de la ville de Verdun.

Il y avait déjà sept ans que Théodebert avait été fiancé à Wisigarde, et à cause de Deutérie il n'avait pas voulu la prendre pour femme; mais les Francs le blâmaient unanimement de ce qu'il avait abandonné son épouse. Alors irrité de cette action, il quitta Deutérie dont il avait un fils enfant, nommé Théodebald, et épousa Wisigarde. Il ne la conserva pas long-temps, elle mourut, et il en épousa une autre, mais ne reprit jamais Deutérie.

Cependant Childebert et Théodebert mirent sur pied une armée, et se disposèrent à marcher contre Clotaire; celui-ci l'ayant appris, et jugeant qu'il n'était pas de force à se défendre contre eux, s'enfuit dans une forêt et y fit de grands abattis, plaçant toutes ses espérances en la miséricorde de Dieu. Mais la reine Clotilde ayant appris ces choses se rendit au tombeau du bienheureux Martin, s'y prosterna en oraison et passa toute la nuit à prier qu'il ne s'élevât pas une guerre civile entre ses fils. Ceux-ci, arrivant avec leur armée, assiégèrent Clotaire et pensaient le tuer le jour suivant; mais le matin arrivé, une tempête s'éleva dans le lieu où ils étaient rassemblés, emporta les tentes, mit en désordre et bouleversa tout. A la foudre et au bruit du tonnerre se mêlaient des pierres qui tombaient sur eux. Ils se précipitaient le visage contre la terre couverte de grêle, et étaient grièvement blessés par la chute des pierres. Il ne leur restait rien pour s'en défendre que leur bouclier, et ce qu'ils craignaient de plus, c'était d'être réduits en cendres par le feu du ciel. Les chevaux furent aussi dispersés, et à peine les put-on retrouver à la distance de vingt stades; il y en eut même beaucoup qu'on ne retrouva pas. Prosternés, comme nous l'avons dit, la face contre terre, et blessés par les pierres, ils exprimaient leur repentir, et demandaient pardon à Dieu d'avoir entrepris la guerre contre leur propre sang; mais il ne tomba pas une seule goutte de pluie sur Clotaire, il n'entendit pas le moindre bruit de tonnerre, et au lieu où il était, il ne se fit pas sentir la moindre haleine de vent. Les autres, lui ayant envoyé des messagers, lui demandèrent de vivre en paix et en concorde, et l'ayant obtenu, ils s'en retournèrent chez eux. Il n'est permis à personne de douter que ce soit un miracle du bienheureux saint Martin, obtenu par l'intercession de la reine.

Ensuite le roi Childebert alla en Espagne, et, y étant entré avec Clotaire, ils entourèrent et assiégèrent avec leur armée la ville de Saragosse [1]. Mais les habitans se tournèrent vers Dieu avec une grande humilité, et, revêtus de cilices, s'abstenant de manger et de boire, se mirent à faire le tour des murs en chantant les psaumes et portant la tunique du bienheureux Vincent martyr. Les femmes les suivaient en pleurant, enveloppées de manteaux noirs, les cheveux épars et couverts de cendres, si bien qu'on eût dit qu'elles assistaient aux funérailles de leurs maris; et toute la ville avait tellement mis en Dieu toutes ses espérances, qu'elle paraissait célébrer un jeûne semblable à celui de Ninive, et les habitans ne croyaient pas qu'ils pussent avoir autre chose à faire que de fléchir par leurs prières la miséricorde divine. Les assiégeans, qui voyaient les assiégés tourner sans cesse en dedans des murs, ne sachant ce qu'ils faisaient, crurent qu'ils exerçaient quelque maléfice, et, ayant pris un paysan du lieu, ils lui demandèrent ce qu'on faisait. Il leur répondit : « Ils portent la tunique du bienheureux Vin-
« cent, et le prient de demander à Dieu d'avoir pitié
« d'eux. » Les assiégeans en ressentirent de la crainte et s'éloignèrent de la ville. Cependant ils conquirent la plus grande partie de l'Espagne et s'en retournèrent dans les Gaules avec une grande quantité de dépouilles.

[1] En 542.

Après Amalaric, Théodat fut nommé roi en Espagne. Celui-ci ayant été tué, on éleva à la royauté Theudégisile. Il était un jour à souper, faisant festin avec ses amis et fort gai, quand tout à coup, la lumière ayant été éteinte, il fut frappé par ses ennemis à coups d'épée, et mourut. Après lui, la royauté passa à Agila, car les Goths avaient pris cette détestable habitude, lorsqu'un de leurs rois ne leur plaisait pas, de l'assaillir à main armée et d'élire roi à sa place celui qui leur convenait.

Théodoric, roi d'Italie, qui avait eu en mariage une sœur du roi Clovis, était mort laissant sa femme avec une fille encore enfant. Celle-ci, devenue adulte, repoussant, par légèreté d'esprit, les conseils de sa mère qui l'avait voulu pourvoir d'un fils de roi, prit son serviteur, nommé Traguilan, et s'enfuit avec lui dans une ville où elle espérait pouvoir se défendre. Sa mère, vivement irritée contre elle, lui demanda de ne pas déshonorer sa race, jusqu'alors si noble, mais de renvoyer son serviteur et de prendre un homme comme elle de race royale et que sa mère lui avait choisi. Mais elle n'y voulut en aucune façon consentir. Alors sa mère, en colère, fit marcher contre elle une troupe de gens armés, qui allèrent les attaquer. Traguilan périt par le glaive, et la fille fut ramenée avec des coups à la maison de sa mère. Elles vivaient toutes deux dans la secte arienne où il est d'usage, lorsqu'on se présente à l'autel, que les rois aient un calice à part pour communier, et le peuple un autre. La fille donc mit du poison dans le calice où sa mère devait communier; dès qu'elle l'eut pris, elle mourut aussitôt, et il est impossible de douter que cette mort n'ait été l'œuvre du diable¹. Comment ces misérables hérétiques pourraient-ils le nier, quand l'ennemi trouve place parmi eux jusque dans l'Eucharistie? Nous qui confessons une seule Trinité égale en rang et en toute puissance, quand, au nom du Père, du Fils et de l'Esprit saint, Dieu véritable et incorruptible, nous avalerions le poison mortel, il ne nous ferait point de mal.

Les Italiens, indignés contre cette femme, appelèrent Théodat, roi de Toscane, et le firent leur roi. Lorsqu'il eut appris comment, à cause d'un serviteur qu'elle avait pris, cette impudique s'était rendue coupable d'un parricide envers sa mère, il fit chauffer un bain avec excès, et ordonna qu'elle y fût enfermée avec une servante. Aussitôt qu'elle fut entrée dans cette vapeur brûlante, elle tomba sur le pavé morte et consumée.

Les rois Childebert et Clotaire, ses cousins germains, ainsi que Théodebert, ayant appris par quel supplice honteux on l'avait fait périr, envoyèrent une ambassade à Théodat pour lui reprocher sa mort, et lui dire: « Si tu ne composes pas avec nous pour ce « que tu as fait, nous prendrons ton royaume et te con- « damnerons à la même peine. » Effrayé, il leur envoya cinquante mille pièces d'or. Childebert, comme il était toujours mal disposé et plein de mauvaise vo-

---

¹ Ce récit de Grégoire de Tours est complétement faux; Audoflède, sœur de Clovis et femme de Théodoric, était morte avant son mari. Théodoric ne laissa qu'une fille, Amalasonthe, veuve elle-même à l'époque de sa mort, et qui gouverna sagement le royaume des Ostrogoths, au nom de son jeune fils Athalaric. L'ayant perdu en 534, elle associa à l'empire son cousin Théodat ou Theudès qui, voulant régner seul, la fit étrangler dans une île du lac de Bolsène. Quelque bruit confus avait probablement fourni à Grégoire de Tours cette occasion d'imputer à des Ariens un crime de plus.

lonté envers Clotaire, s'étant uni à son neveu Théodebert, ils partagèrent l'or entre eux et n'en voulurent rien donner au roi Clotaire; mais lui, étant tombé sur les trésors de Clodomir, en enleva beaucoup plus qu'ils ne lui en avaient dérobé.

Théodebert marcha en Italie [1], et y fit beaucoup de conquêtes; mais, comme ces lieux sont, dit-on, malsains, son armée fut tourmentée de diverses sortes de fièvre, beaucoup des siens y moururent; ce que voyant, Théodebert revint, rapportant, lui et les siens, beaucoup de butin [2]. On dit cependant qu'il alla jusqu'à la ville de Pavie, dans laquelle il envoya ensuite Buccelin qui, s'étant emparé de la basse Italie, et l'ayant réduite sous la puissance desdits rois, marcha vers la haute Italie, où il combattit dans un grand nombre d'occasions contre Bélisaire, et obtint la victoire. Ce que voyant l'empereur, irrité de ce que Bélisaire était vaincu si souvent, il mit à sa place Narsès; et, comme pour rabaisser Bélisaire au dessous de ce qu'il avait été, il le fit comte des écuries. Buccelin livra un grand combat à Narsès, et, ayant pris toute l'Italie, s'étendit jusqu'à la mer. Narsès en ayant instruit l'empereur, celui-ci prit des hommes à sa solde et envoya du secours à Narsès, qui fut ensuite vaincu

---

[1] En 539.

[2] Théodebert était entré en Italie comme allié des deux peuples qui se la disputaient alors, les Ostrogoths et les Grecs; il avait promis ses secours à l'un et à l'autre, et leur fit la guerre à tous deux, uniquement occupé de faire, pour son propre compte, des conquêtes et du butin. Cependant le résultat de cette expédition fut la cession, au roi Franc, des provinces que possédaient encore les Ostrogoths, et que réclamaient toujours les empereurs de Constantinople, dans le midi de la Gaule. Vitigès, roi des Ostrogoths, en fit l'abandon à Théodebert en 539, et Justinien le confirma en 540, en renonçant formellement à tous ses droits.

dans un combat, et se retira. Après cela Buccelin occupa la Sicile, et y leva des tributs qu'il envoya aux rois. Il fut très-heureux dans toutes ses entreprises [1].

Astériole et Secondin avaient alors un grand crédit auprès du roi. Tous deux étaient savans et profondément versés dans les lettres, mais Secondin avait été plusieurs fois envoyé par le roi vers l'empereur, et il en avait pris un orgueil qu'il montrait souvent hors de propos. Cela fit qu'il s'éleva entre lui et Astériole un cruel différend qui alla à ce point que, laissant de côté les argumentations verbales, ils se déchirèrent à belles mains. Le roi ayant pacifié les choses, Secondin n'en conserva pas moins une grande colère d'avoir été battu, de sorte qu'il s'éleva entre eux une nouvelle querelle, et le roi, prenant le parti de Secondin, soumit Asté-

---

[1] Les événemens sont défigurés et les temps confondus dans ce récit. 1°. Ce ne fut point sous le règne de Théodebert, mais en 553, sous celui de son fils Théodebald, qu'eut lieu la grande expédition dont parle ici Grégoire de Tours, et dans laquelle les bandes barbares, sous la conduite de Buccelin et de Leutharis, pénétrèrent jusqu'à l'extrémité de l'Italie. En 540, Théodebert se retirant d'Italie y avait, à la vérité, laissé ou renvoyé le duc Buccelin à la tête d'une armée; mais rien n'indique qu'à cette époque les Francs aient dépassé les contrées septentrionales. 2°. Tout porte à croire que Buccelin, duc des Allemands placés sous la domination des rois d'Austrasie, entreprit la seconde expédition, non par ordre du roi Théodebald, mais pour son propre compte et à la tête d'une multitude de barbares qu'attirait en Italie le désir du pillage, comme aux premiers temps de leurs invasions dans l'Empire. 3°. Enfin Buccelin ne fut point toujours vainqueur des Grecs et de Narsès; il succomba au contraire près de Capoue, comme le dit ailleurs Grégoire lui-même, et fut tué dans la bataille. Plusieurs autres chefs Francs, Allemands, Thuringiens, se ruèrent, vers la même époque, sur l'Italie, appelés tantôt par les Ostrogoths, tantôt par les Grecs, et ne servant ni l'un ni l'autre parti. La guerre et le climat dévorèrent ces bandes errantes qui ne formèrent aucun établissement; et s'il fallait en croire Agathias, il ne resta de celle de Buccelin que cinq hommes qui parvinrent seuls à retourner dans leur pays.

riole à sa puissance. Celui-ci fut grandement abaissé et dépouillé de ses dignités. Il y fut rétabli cependant par la reine Wisigarde. Après la mort de la reine, Secondin s'éleva de nouveau contre lui, et le tua. Il laissa en mourant un fils qui, grandissant et parvenu à l'âge d'homme, commença à vouloir venger l'injure de son père. Alors Secondin, saisi de frayeur, se mit à fuir devant lui de place en place, et voyant qu'il ne pouvait éviter sa poursuite, on dit que, pour ne pas tomber entre les mains de son ennemi, il se donna la mort au moyen du poison.

Desiré, évêque de Verdun, à qui Théodoric avait fait souffrir un grand nombre d'injures, ayant, après beaucoup de calamités, de dommages et de pertes, recouvré, par la volonté de Dieu, sa liberté et son évêché, habitait, ainsi que nous l'avons dit, la ville de Verdun. Voyant les habitans pauvres et dépouillés, il s'affligeait sur eux; mais, comme il avait été privé de ses biens par Théodoric et n'avait pas de quoi les soulager, connaissant la bonté et la miséricorde du roi Théodebert envers tous, il lui envoya un message, et lui fit dire: « La renommée de ta bonté est répandue « par toute la terre, et ta bienfaisance est telle que « tu donnes même à ceux qui ne te demandent rien; « je te prie, si tu as quelque argent, que ta pitié veuille « nous le prêter, afin que nous puissions soulager nos « concitoyens; les commerçans de notre cité répon- « dront pour elle, ainsi que cela se fait dans les autres « cités, et nous te rendrons ton argent avec un légi- « time intérêt. » Alors, ému de compassion, Théodebert lui envoya sept mille pièces d'or. L'évêque, les ayant prises, les partagea à ses concitoyens. Les commerçans devinrent riches par ce moyen et le sont encore aujourd'hui ; et, lorsque l'évêque rapporta au roi l'argent qu'il lui devait, le roi lui répondit : « Je « n'ai pas besoin de le reprendre ; il me suffit que, « par tes soins et par mes largesses, les pauvres qu'ac- « cablait la misère aient été soulagés ; » et, n'exigeant rien d'eux, il fit, ainsi qu'on l'a dit, la fortune des citoyens.

Cet évêque étant mort dans ladite ville, on mit à sa place un certain Agéric, citoyen de Verdun. Cependant Syagrius, fils de Desiré, se rappelant les injures de son père, et comment, accusé par Siribald auprès du roi Théodoric, il avait été non seulement dépouillé, mais encore mis à la torture, attaqua Siribald avec une troupe armée, et le tua de la manière suivante. Vers le matin, par un brouillard épais, et lorsqu'à peine les ténèbres permettaient de distinguer quelque chose, il se rendit à une maison de campagne de Siribald, nommée Florey, et située dans le territoire de Dijon. Un des amis de Siribald étant sorti de sa maison, ils crurent que c'était Siribald lui-même, et le tuèrent ; et comme ils triomphaient croyant avoir remporté la victoire sur leur ennemi, un des gens de la maison leur apprit qu'ils n'avaient pas tué son maître, mais un homme de sa dépendance : alors il revinrent en le cherchant ; et ayant trouvé le cabinet dans lequel il avait coutume de dormir, ils l'attaquèrent. Ils combattirent très-long-temps à cette porte sans pouvoir vaincre : alors ils démolirent un des côtés du mur ; ils entrèrent et le mirent à mort par le glaive. Il fut tué après la mort de Théodoric.

Le roi Théodebert commença à tomber malade. Les

médecins employèrent auprès de lui tout leur art; mais rien n'y servit, car Dieu avait résolu de l'appeler à lui. Ainsi donc, après avoir été malade long-temps, succombant à son mal, il rendit l'esprit. Les Francs avaient une grande haine contre Parthénius, parce que sous ledit roi il leur avait imposé des tributs, et ils commencèrent à le poursuivre. Se voyant en péril, il s'enfuit de la ville, et supplia deux évêques de le ramener à Trèves, et de réprimer par leurs exhortations la sédition d'un peuple furieux. Ils y allèrent, et la nuit, pendant qu'il était dans son lit, tout à coup en dormant il commença à crier à haute voix, disant : « Hélas! hélas! secourez-moi, vous qui êtes ici, venez « à l'aide d'un homme qui périt. » A ces cris, ceux qui étaient dans la chambre s'étant éveillés, lui demandèrent ce que c'était, et il répondit : « Ausanius, « mon ami, et Papianilla, ma femme, que j'ai tués « autrefois, m'appelaient en jugement, en disant : « Viens répondre, car nous t'accusons devant Dieu. » En effet, pressé par la jalousie, il avait, quelques années auparavant, tué injustement sa femme et son ami. Les évêques, étant arrivés à la ville, et voyant qu'ils ne pouvaient résister à la violente sédition du peuple, voulurent le cacher dans l'église. Ils le mirent dans un coffre et étendirent sur lui des vêtemens à l'usage de l'église. Le peuple étant entré, le chercha dans tous les coins; il se retirait irrité, lorsqu'un de la troupe conçut un soupçon, et dit : « Voilà un coffre « dans lequel nous n'avons pas cherché notre ennemi. » Les gardiens leur dirent qu'il n'y avait rien dans ce coffre que des ornemens ecclésiastiques; mais ils demandèrent les clefs, disant : « Si vous ne l'ouvrez pas

« sur-le-champ, nous le brisons. » Le coffre ayant donc été ouvert, et les linges écartés, ils y trouvèrent Parthénius et l'en tirèrent, s'applaudissant de leur découverte et disant : « Dieu a livré notre ennemi « entre nos mains. » Alors ils lui coupèrent les poings, lui crachèrent au visage; et lui ayant lié les bras derrière le dos, ils le lapidèrent contre une colonne. Il avait été très-vorace; et, pour pouvoir plus promptement recommencer à manger, il prenait de l'aloès qui le faisait digérer très-vite : il laissait échapper en public le bruit de ses entrailles sans aucun respect pour ceux qui étaient présens. Sa vie se termina de cette manière.

Il y eut cette année un hiver très-rigoureux et plus âpre qu'à l'ordinaire; tellement que les torrens enchaînés par la gelée servaient de route aussi bien que la terre. Comme il y avait beaucoup de neige, les oiseaux, accablés de la rigueur du froid ou de la faim, se laissaient prendre à la main et sans qu'on eût besoin de leur tendre des piéges. On compte trente-sept ans de la mort de Clovis jusqu'à celle de Théodebert. Théodebert étant mort la quatorzième année de son règne [1], Théodebald son fils régna à sa place.

[1] En 547.

LIVRE QUATRIÈME.

La reine Clotilde, pleine de jours et riche en bonnes œuvres, mourut à Tours, du temps de l'évêque Injuriosus [1]; elle fut transportée à Paris, suivie d'un chœur nombreux qui chantait des cantiques sacrés, et ensevelie par ses fils, les rois Childebert et Clotaire, dans le sanctuaire de la basilique de saint Pierre, à côté du roi Clovis. Elle avait construit cette basilique où est ensevelie aussi la bienheureuse Geneviève.

Le roi Clotaire avait ordonné tout récemment que toutes les églises de son royaume paieraient au fisc le tiers de leurs revenus. Tous les évêques ayant, bien contre leur gré, consenti et souscrit ce décret, le bienheureux Injuriosus, s'en indignant, refusa courageusement de le souscrire, et il disait : « Si tu veux « ravir les biens de Dieu, le Seigneur te ravira promp- « tement ton royaume; car il est injuste que tu rem- « plisses tes greniers de la récolte des pauvres que tu « devrais nourrir de tes propres greniers; » et irrité contre le roi, il se retira sans même lui dire adieu. Alors le roi, troublé et craignant la puissance de saint Martin, fit courir après lui avec des présens, lui demandant pardon, condamnant ce qu'il avait fait, et le suppliant d'invoquer en sa faveur la puissance du saint évêque Martin.

[1] Vers 545.

Le roi Clotaire eut sept fils de ses diverses femmes, savoir : d'Ingunde il eut Gonthaire, Childéric, Charibert, Gontran, Sigebert, et une fille, nommé Clotsinde ; d'Aregunde, sœur d'Ingunde, il eut Chilpéric ; et de Chunsène, il eut Chramne. Je dirai pourquoi il avait pris la sœur de sa femme. Comme il était déjà marié à Ingunde, et l'aimait d'unique amour, il reçut d'elle une prière, en ces termes : « Mon Seigneur a « fait de sa servante ce qui lui a plu, et il m'a appelée « à son lit : maintenant, pour compléter le bienfait, « que mon seigneur roi écoute ce que lui demande « sa servante. Je vous prie de daigner procurer un « mari puissant et riche à ma sœur, votre servante ; « de telle sorte que rien ne m'humilie, et qu'au con- « traire, élevée par une nouvelle faveur, je puisse vous « servir encore plus fidèlement. » A ces paroles, le roi, qui était trop adonné à la luxure, s'enflamma d'a- mour pour Aregunde, alla à la maison de campagne où elle habitait, et se l'unit en mariage. L'ayant ainsi prise, il retourna vers Ingunde, et lui dit : « J'ai songé « à t'accorder la grâce que ta douceur m'a demandée, « et cherchant un homme riche et sage que je pusse « unir à ta sœur, je n'ai rien trouvé de mieux que « moi-même. Ainsi sache que je l'ai prise pour femme, « ce qui, j'espère, ne te déplaira pas. » Alors elle lui dit : « Que ce qui paraît bon à mon seigneur soit ainsi « fait ; seulement que ta servante vive toujours avec la « faveur du Roi. »

Gonthaire, Chramne et Childéric moururent du vivant de leur père. Nous raconterons dans la suite la mort de Chramne. Alboin, roi des Lombards, reçut pour femme Clotsinde, fille du roi Clotaire. L'évêque

Injuriosus mourut dans la dix-septième année de son épiscopat. Il eut pour successeur Baudin, qui avait été domestique du roi Clotaire. Ce fut le seizième évêque depuis la mort de saint Martin.

Conan, comte des Bretons, tua ses trois frères. Voulant aussi tuer Mâlo, il le fit prendre et charger de chaînes, et le retenait dans une prison. Mais celui-ci fut arraché à la mort par Félix, évêque de Nantes. Il jura à son frère qu'il lui serait fidèle; mais je ne sais à quelle occasion il voulut rompre son serment, et Conan, en étant informé, recommença à le poursuivre. Mâlo, voyant qu'il ne pouvait échapper, s'enfuit chez un autre comte de ce pays, nommé Chonomor. Celui-ci apprenant que les gens qui le poursuivaient s'approchaient, le fit cacher sous terre dans un petit réduit, et il fit construire au-dessus un tombeau selon l'usage, lui réservant une ouverture, afin qu'il pût respirer. Il dit ensuite aux hommes, lorsqu'ils furent arrivés : « Voici, Mâlo est mort et enseveli. » Sur ce les hommes, se réjouissant, se mirent à boire sur le tombeau, et allèrent annoncer à Conan que son frère était mort; à cette nouvelle, Conan s'empara de tout le royaume. Les Bretons, depuis la mort du roi Clovis, ont toujours été sous la puissance des rois des Francs, et ils avaient des comtes, non des rois [1]. Mais Mâlo, sortant de dessous terre, se rendit dans la cité de Vannes, où il fut tonsuré et ordonné évêque. Conan étant mort, il apostasia, et ayant laissé croître ses cheveux, il prit, avec le royaume de son frère, la

---

[1] La Bretagne n'était point soumise aux rois Francs; seulement quelques-uns des ducs ou comtes qui y régnaient leur payaient des tributs, et leur reconnaissaient une sorte de souveraineté.

femme qu'il avait abandonnée en se faisant clerc. Il fut excommunié par les évêques, et nous dirons plus tard quelle fut sa mort.

L'évêque Baudin mourut dans la seizième année de son épiscopat. L'abbé Gonthaire fut mis à sa place; ce fut le dix-septième depuis saint Martin.

Lorsque le bienheureux Quintien fut sorti de ce monde, ainsi que nous l'avons dit, saint Gal, avec l'appui du roi, lui succéda dans son siége. A cette époque, la peste ravageait diverses contrées, surtout la province d'Arles, et saint Gal tremblait bien moins pour lui que pour son peuple. Comme nuit et jour il suppliait le Seigneur de lui épargner, durant sa vie, la vue d'une telle misère de son troupeau, un ange du Seigneur, dont la chevelure, ainsi que le vêtement, était blanche comme la neige, lui apparut en songe et lui dit : « Évêque, tu fais bien de prier ainsi le « Seigneur pour ton peuple; ta prière a été entendue, « et voici : tu seras, ainsi que ton peuple, à l'abri de « ce fléau, et personne dans cette contrée n'en mourra « de ton vivant; mais, après huit ans, tremble. » Il était clair par-là qu'au bout de ce terme l'évêque sortirait de ce monde. S'étant éveillé, il rendit grâces à Dieu de ce qu'il avait daigné le rassurer par ce messager céleste, et institua les actions de grâces qu'à la mi-carême les fidèles vont rendre à pied et en psalmodiant à la basilique de saint Julien martyr, voyage d'environ trois cent soixante stades. On vit à la même époque les murs des maisons et des églises de son diocèse, soudainement marqués d'un signe auquel les paysans donnèrent le nom de *Thau*. Et en effet, tandis que ce fléau dévastait d'autres pays, par l'intercession des prières de saint Gal, il n'approcha pas de la cité d'Auvergne. Ce n'est pas, je pense, une petite grâce pour un pasteur que d'avoir mérité que la protection du Seigneur mît ainsi ses brebis à couvert. Saint Gal étant mort fut transporté dans l'église; aussitôt le prêtre Caton reçut les complimens des clercs sur son élévation à l'épiscopat; et comme s'il eût déjà été évêque, il s'empara de tous les biens de l'Église, changea les administrations, et régla toutes choses de sa propre autorité.

Les évêques qui étaient venus pour ensevelir saint Gal, après la cérémonie, dirent au prêtre Caton : « Nous voyons que la plus grande partie du peuple « t'a choisi; viens, concerte-toi avec nous, nous te « bénirons et te consacrerons pour l'épiscopat. Le roi « est enfant; si on t'impute quelque tort, nous pren- « drons ta défense; nous traiterons avec les grands du « roi Théodebald pour qu'on ne te fasse aucune in- « jure; et quand même tu essuyerais quelque perte, « compte sur nous, nous te servirons de caution, et « t'indemniserons sur nos propres biens. » Mais Caton enflé d'une vaine gloire, leur dit : « Vous avez su par « la renommée que, dès mon jeune âge, j'ai toujours « vécu religieusement, jeûnant, me plaisant aux au- « mônes, me livrant à des veilles continuelles, et pas- « sant bien souvent les nuits à chanter les louanges « du Seigneur. Le Seigneur mon Dieu, que j'ai servi « si assidûment, ne souffrira pas que l'ordination ré- « gulière me manque. J'ai acquis, selon l'institution « canonique, les divers ordres de cléricature; j'ai été « lecteur pendant dix ans, j'ai servi cinq ans comme « sous-diacre, quinze ans comme diacre, et je suis

« prêtre depuis vingt ans. Que me reste-t-il donc à faire
« sinon à recevoir l'épiscopat, récompense de fidèles et
« bons services? Retournez dans vos cités, et occupez-
« vous de ce qui vous touche; quant à moi, j'acquerrai
« la dignité épiscopale selon les règles canoniques. »
A ces mots, les évêques se retirèrent, détestant le
vain orgueil de cet homme.

Élu donc évêque avec le consentement des clercs,
Caton, avant d'avoir été ordonné, exerça toute l'autorité, et menaça de diverses manières l'archidiacre
Cautin, lui disant : « Je te chasserai, je t'humilierai,
« je te ferai souffrir mille morts. » Celui-ci lui répondit : « Mon pieux seigneur, je desire obtenir ta fa-
« veur, et si j'y parviens, je te rendrai un service;
« sans fatigue de ta part, sans fraude de la mienne,
« j'irai trouver le roi, et j'obtiendrai pour toi l'épis-
« copat, ne demandant que tes bonnes grâces pour
« récompense. » Mais Caton, soupçonnant qu'il voulait le tromper, repoussa avec dédain sa proposition.
Alors Cautin se voyant abaissé et en butte à la calomnie, feignit une maladie, et sortant de la ville pendant la nuit, il alla trouver le roi Théodebald, à qui
il annonça la mort de saint Gal. Sur cette nouvelle le
roi et ceux qui étaient auprès de lui convoquèrent à
Metz les évêques, et l'archidiacre Cautin fut ordonné
évêque d'Auvergne. Il était déjà évêque quand arrivèrent les clercs, messagers du prêtre Caton. Le roi
les mit au pouvoir de Cautin, ainsi que tous les biens
de l'Église; on désigna les évêques et les serviteurs
qui devaient l'accompagner, et il prit le chemin de
l'Auvergne. Il fut reçu avec plaisir par les clercs et les
citoyens, et devint leur évêque. Mais bientôt s'élevè-

rent de grands débats entre lui et le prêtre Caton, car jamais on ne put décider celui-ci à être soumis à son évêque. Il se fit une scission parmi les clercs; les uns obéissaient à l'évêque Cautin, les autres au prêtre Caton; et ce fut pour tous la source de grands dommages. Cautin voyant qu'il était absolument impossible de dompter la résistance de son adversaire, lui retira tous les biens ecclésiastiques, tant à lui qu'à ses amis et à tous ceux de sa faction, et les laissa dépourvus de tout. Cependant il rendait, à tous ceux qui consentaient à rentrer sous son autorité, ce qu'ils avaient perdu.

Agila régnait en Espagne, et accablait son peuple d'un joug pesant. L'armée de l'empereur entra en Espagne, et prit quelques villes. Agila ayant été tué, Athanagild parvint au trône, combattit souvent contre cette armée, la vainquit plusieurs fois, et remit sous sa puissance une partie des cités dont elle s'était emparée injustement.

Théodebald, devenu adulte, prit pour femme Vultrade. On dit que ce Théodebald était d'un esprit méchant; en sorte qu'irrité contre un homme qu'il soupçonnait de lui avoir pris plusieurs choses, il feignit un apologue, et lui dit : « Un serpent trouva une bou-
« teille pleine de vin, et, étant entré par le goulot,
« but avidement ce qui était dedans; de sorte qu'enflé
« de vin, il ne pouvait plus sortir par où il était entré.
« Alors le maître du vin étant arrivé tandis qu'il
« cherchait à sortir, et ne pouvait en venir à bout,
« dit au serpent : rends d'abord ce que tu as pris, et
« alors tu pourras sortir librement. » Cette fable disposa celui à qui il la disait à beaucoup de crainte

et de haine. Sous ce roi, Buccelin, qui avait soumis toute l'Italie à la puissance des Francs, fut tué par Narsès. L'Italie fut reprise pour l'empereur, et personne, depuis, ne l'a reconquise. En ce temps, nous vîmes l'arbre que nous appelons sureau porter des raisins, sans aucune accointance avec la vigne; et les fleurs de cet arbre, qui, comme on sait, produisent une graine noire, donnèrent une graine propre à la vendange; et l'on vit entrer dans l'orbite de la lune une étoile qui s'avançait à sa rencontre. Je crois que ces signes annonçaient la mort du roi. Celui-ci, en effet, devenu très-infirme, ne pouvait remuer de la ceinture en bas : il mourut peu de temps après, la septième année de son règne [1]. Le roi Clotaire prit son royaume, et fit entrer dans son lit sa femme Vultrade; mais, réprimandé par les prêtres, il la quitta, la donna au duc Garivald, et envoya en Auvergne son fils Chramne.

Cette année, les Saxons s'étant révoltés, le roi Clotaire fit marcher contre eux une armée, et en extermina la plus grande partie; il ravagea et dévasta aussi toute la Thuringe, parce qu'elle avait prêté secours aux Saxons.

Gonthaire, évêque de Tours, étant mort, le prêtre Caton fut, à ce qu'on croit, par les suggestions de l'évêque Cautin, demandé pour gouverner cette église; en sorte que les clercs, s'étant réunis, partirent en grand appareil pour l'Auvergne, avec Leubaste, abbé et chapelain de l'oratoire du martyr. Lorsqu'ils eurent fait connaître à Caton la volonté du roi, il demanda quelques jours pour répondre; mais

[1] En 553.

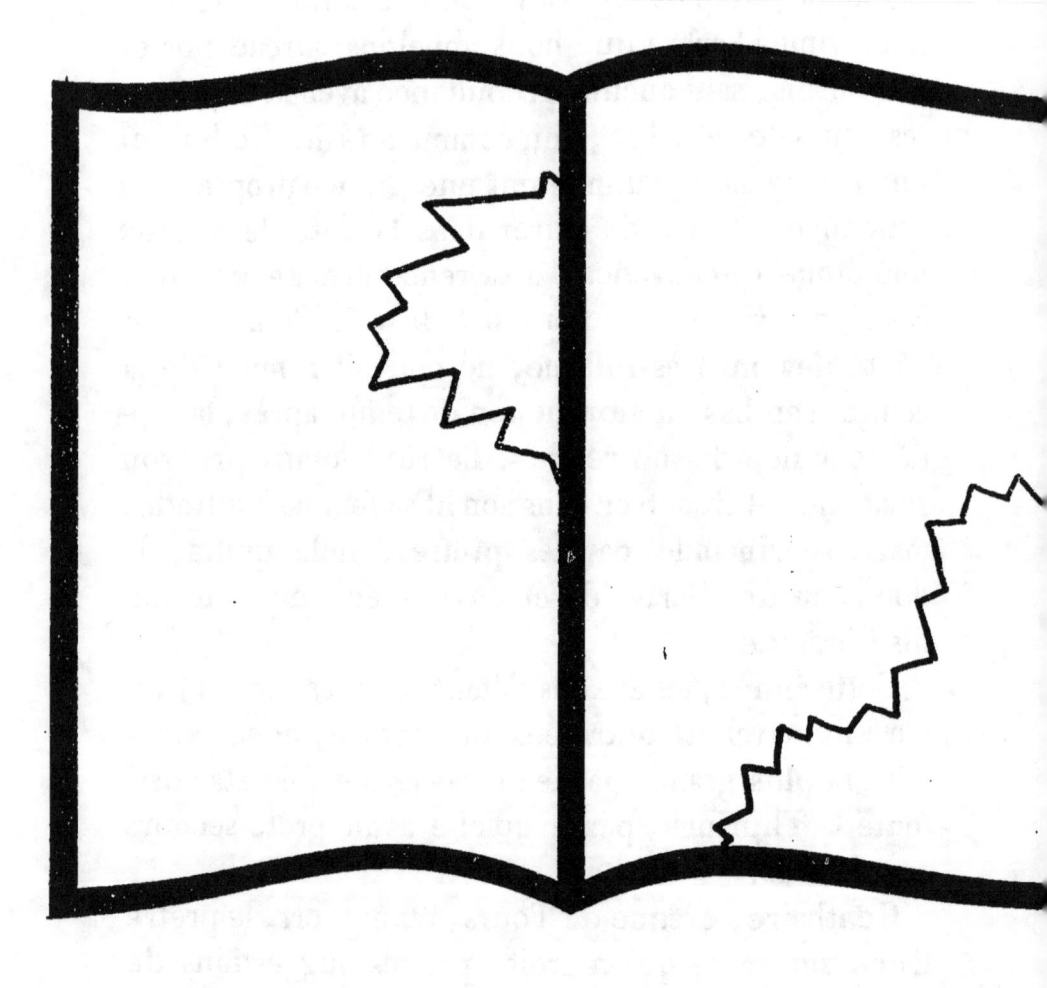

eux, desirant s'en retourner, lui dirent : « Apprends-« nous ta volonté, afin que nous sachions ce que nous « devons faire, ou bien nous nous en retournerons « chez nous; car nous ne sommes pas venus à toi de « notre volonté, mais par l'ordre du roi. » Mais lui, amoureux d'une vaine gloire, assembla la foule des pauvres, et leur ordonna de s'écrier en ces mots : « Pourquoi nous abandonnes-tu, bon père, nous, tes « enfans, que tu as nourris jusqu'à présent? Qui nous « donnera à boire et à manger si tu t'en vas? Nous « t'en prions, ne nous quitte pas, toi qui avais cou-« tume de nous sustenter. » Alors, se tournant vers le clergé de Tours, il dit : « Vous voyez, mes très-chers « frères, combien je suis aimé de cette multitude de « pauvres; je ne puis les quitter pour aller avec vous. » Les clercs, ayant reçu sa réponse, retournèrent à Tours. Caton s'était lié d'amitié avec Chramne, et en avait obtenu la promesse, si le roi Clotaire mourait en ce temps, qu'il chasserait aussitôt Cautin de l'épis-copat, et mettrait Caton à la tête de son église. Mais celui qui avait eu en mépris la cathédrale de Saint-Martin n'obtint pas celle qu'il voulait. Ainsi s'ac-complit en lui ce qu'avait chanté David : « Ayant re-« jeté la bénédiction, elle sera éloignée de lui [1]. » Ca-ton s'était exhaussé sur le cothurne de la vanité, et ne croyait pas que personne pût le surpasser en sainteté. Quelquefois il faisait venir pour de l'argent des femmes dans l'église, et leur ordonnait de crier comme si elles eussent été emportées par la vivacité de leur con-viction, le reconnaissant pour un grand saint, et très-cher à Dieu, et déclarant l'évêque Cautin coupable

---

[1] Psaum. 108, v. 18.

de toutes sortes de crimes, et indigne du sacerdoce.

Cautin, entré en possession de l'épiscopat, se comporta de telle sorte qu'il devint exécrable à tous ; s'adonnant au vin sans mesure, il en avalait quelquefois une telle quantité qu'à peine suffisait-il de quatre hommes pour l'emporter de table ; d'où il arriva par la suite qu'il devint épileptique, ce qui se manifesta souvent aux yeux du peuple. Il était aussi dominé par une telle avarice qu'il croyait perdre du sien lorsqu'il ne parvenait pas à rogner quelque chose sur les propriétés qui touchaient aux siennes : aux plus puissans, il les enlevait par des rixes et des querelles ; aux moindres, il les prenait par violence, et, comme dit notre Sollius[1], n'en donnait pas le prix par dédain, et n'en prenait point d'acte de vente, faute d'espoir qu'on pût le regarder comme légitime.

Il y avait en ce temps un prêtre nommé Anastase, de naissance libre, et à qui la reine Clotilde, de glorieuse mémoire, avait donné, par une charte, quelque propriété. L'évêque l'avait fait venir plusieurs fois, et l'avait prié humblement et avec instances de lui donner la charte de ladite reine, et de lui abandonner sa propriété ; et, comme le prêtre refusait d'accomplir sa volonté, l'évêque tantôt tâchait de le persuader par des caresses, tantôt l'effrayait par des menaces. A la fin, il le fit amener, malgré lui, à la ville, et là le retint avec impudence, ordonnant, s'il ne livrait pas son contrat, qu'on l'accablât d'outrages et qu'on le fît mourir de faim ; mais lui, résistant avec courage, refusa toujours de donner l'acte, disant qu'il valait mieux, pour lui

---

[1] Sidoine Apollinaire, appelé aussi Caius Sollius.

mourir de faim en quelques jours, que de laisser ses enfans dans la misère. Alors il fut livré à des gardes, avec ordre, s'il ne donnait pas cette charte, qu'on le laissât mourir de faim. Il y avait dans l'église de Saint-Cassius, martyr, un souterrain antique et caché, où se trouvait un grand tombeau de marbre de Paros, dans lequel paraissait avoir été déposé autrefois le corps d'un homme. Le prêtre fut enfermé vivant dans ce tombeau; on couvrit le sarcophage, on le chargea d'une pierre, et on mit des gardes devant la porte du souterrain; mais les gardes, se fiant à la pierre qui fermait le tombeau, comme c'était l'hiver, firent du feu, et, appesantis par les vapeurs du vin chaud, ils s'endormirent. Le prêtre, nouveau Jonas, implorait, du fond de ce tombeau, comme du sein de l'enfer, la miséricorde de Dieu. Le sarcophage, comme nous l'avons dit, était grand, et, s'il ne pouvait pas s'y tourner entièrement, cependant il étendait les mains librement de tous côtés. Les os des morts, qu'on avait coutume de porter en ce lieu, exhalaient, comme il l'a souvent raconté, une puanteur mortelle, qui non seulement soulevait ses sens, mais le bouleversait jusqu'au fond des entrailles. Il fermait avec son manteau l'entrée de ses narines, et aussi long-temps qu'il pouvait retenir son haleine, il ne sentait pas la mauvaise odeur; mais lorsque, se croyant prêt à étouffer, il écartait un peu son manteau de son visage, cette puanteur empestée lui entrait non seulement par le nez, par la bouche, mais aussi, pour ainsi dire, par les oreilles. Qu'ajouterai-je de plus? Dieu enfin, je crois, eut pitié de lui; et en étendant sa main droite sur le bord du sarcophage, il rencontra un levier qui, demeuré sur le bord du sépulcre, en soulevait la couverture. Alors, le remuant un peu, il s'aperçut qu'avec l'aide de Dieu, il ébranlait la pierre. Lorsqu'il l'eut assez écartée pour pouvoir passer la tête, il fit bientôt une ouverture assez large pour donner passage à tout son corps. Cependant les ténèbres de la nuit commençant à couvrir le jour, mais sans être encore entièrement répandues, il chercha l'autre porte du souterrain. Elle était étroitement fermée par des serrures et des clefs très-fortes; mais comme elle n'était pas si bien jointe qu'il ne pût voir à travers les planches, il approcha sa tête de cette ouverture, et vit un homme qui passait : il l'appela, quoique à voix basse. Celui-ci l'entendit; et comme il tenait une hache, il coupa les barres de bois auxquelles tenaient les serrures, et ouvrit au prêtre. La nuit étant survenue, le prêtre retourna à sa maison, priant cet homme de ne parler de lui à personne. Étant donc rentré dans sa maison, et ayant pris les chartes qu'il tenait, comme je l'ai dit, de la reine, il s'adressa au roi Clotaire, et lui apprit comment son évêque l'avait condamné à être enseveli vivant. Tout le monde fut saisi d'un grand étonnement, et l'on disait que Néron ni Hérode n'avaient jamais commis un forfait pareil à celui d'enfermer dans le tombeau un homme vivant. L'évêque Cautin vint trouver le roi Clotaire; mais, accusé par le prêtre, il s'en retourna vaincu et humilié. Le prêtre ayant reçu du roi la confirmation de sa propriété, fit enceindre ses biens comme il lui plut, les conserva, et les laissa à ses enfans. Cautin n'avait en soi rien de saint, ni qui méritât l'estime; car il était entièrement dépourvu de toute connaissance des lettres, tant ecclésiastiques que mondaines. Il était cher aux Juifs, et s'adonnait beaucoup à eux, non pour leur salut, comme ce devrait être le soin d'un pasteur, mais pour leur acheter différentes choses; et, comme ils le caressaient et se montraient hautement ses flatteurs, ils lui vendaient leurs marchandises à un prix fort au-dessus de ce qu'elles valaient.

En ces jours-là, Chramne résidait en Auvergne et y faisait beaucoup de choses contre la raison, ce qui précipita sa sortie de ce monde, car il était fort maudit par le peuple; il n'aimait aucun de ceux qui pouvaient lui donner des conseils bons et utiles. Mais il rassemblait autour de lui des hommes de bas lieu, jeunes, sans mœurs, et il se plaisait tellement avec eux qu'écoutant leurs conseils, il faisait enlever des filles de sénateurs à la vue de leurs pères. Il dépouilla injurieusement Firmin du titre de comte de la ville et mit à sa place Salluste fils d'Évode; Firmin se réfugia dans l'église avec sa belle-mère. C'étaient alors les jours du carême, et l'évêque Cautin se disposait à se rendre dans la paroisse de Brioude en chantant les psaumes, selon que l'avait institué saint Gal, ainsi que nous l'avons dit ailleurs. L'évêque sortit donc de la ville avec beaucoup de larmes, craignant qu'il ne lui arrivât quelque malheur en chemin, car il avait appris les menaces du roi Chramne. Pendant qu'il était en route, le roi envoya Imnachaire et Scaphtaire les premiers auprès de lui, et leur dit : « Allez et « tirez par force de l'église Firmin et Césaire sa belle- « mère. » L'évêque étant donc parti, comme je l'ai dit, en chantant des psaumes, les envoyés de Chramne entrèrent dans l'église et tâchèrent de persuader Firmin et Césaire par beaucoup de paroles trompeuses, et, après avoir long-temps parlé de choses et d'autres en se promenant dans l'église, comme les fugitifs étaient fort occupés de leur entretien, ils les firent approcher des portes de l'édifice sacré qu'on avait ouvertes. Alors Imnachaire ayant saisi dans ses bras Firmin, et Scaphtaire Césaire, ils les poussèrent hors de l'église, où un des serviteurs qu'on avait apostés s'en empara, et sur-le-champ ils les conduisirent en exil; mais le lendemain, leurs gardes s'étant laissés vaincre par le sommeil, ils s'aperçurent qu'ils pouvaient s'en aller, s'enfuirent à la basilique du bienheureux Julien, et se délivrèrent ainsi de l'exil; leurs biens furent remis au fisc.

Cependant l'évêque Cautin qui craignait, comme je l'ai dit, qu'on ne voulût lui faire du mal, poursuivait son chemin ayant près de lui un cheval sellé; il vit derrière lui venir de son côté des hommes à cheval, et dit : « Malheur à moi ! voilà les gens que « Chramne envoie pour me prendre ; » et montant à cheval, il laissa là son psaume, et pressant sa monture des deux talons, s'enfuit seul et à demi-mort jusqu'au portique de la basilique de Saint-Julien; mais, en rapportant ces choses, nous devons nous rappeler ce que dit Salluste des censures auxquelles sont exposés les historiens. « Il est difficile d'écrire ce qui s'est passé, « car il faut d'abord que les paroles soient à l'unisson « des faits, et ensuite plusieurs attribuent à l'envie et « à la malveillance l'animadversion que vous expri- « mez contre les crimes. » Mais poursuivons ce que nous avons commencé.

Clotaire, après la mort de Théodebald, s'étant mis

en possession du royaume de France, apprit, comme il parcourait ses États, que les Saxons, enflammés de nouveau de leur ancienne fureur, s'étaient révoltés et refusaient de payer le tribut qu'ils avaient coutume de donner tous les ans. Irrité de cette nouvelle, il marcha vers eux, et, lorsqu'il fut arrivé près de leur frontière, les Saxons envoyèrent vers lui pour lui dire : « Nous « ne te méprisons point, et ne refusons pas de te « payer ce que nous avions coutume de payer à tes « frères et à tes neveux ; nous te donnerons même « davantage si tu le demandes ; mais nous te prions « de demeurer en paix avec nous, et n'en viens pas « aux mains avec notre peuple. » Clotaire ayant entendu ces paroles dit aux siens : « Ces hommes parlent « bien ; ne marchons pas sur eux de peur de pécher « contre Dieu. » Mais ils lui dirent : « Nous savons « que ce sont des menteurs et qu'ils n'ont jamais ac- « compli leur promesse ; marchons sur eux. »

Alors les Saxons revinrent de nouveau, offrant la moitié de ce qu'ils possédaient et demandant la paix, et le roi Clotaire dit aux siens : « Désistez-vous, je « vous prie, de l'envie d'attaquer ces hommes, afin « que nous n'attirions pas sur nous la colère de Dieu. » Mais ils n'y voulurent pas consentir. Les Saxons revinrent encore offrant leurs vêtemens, leurs troupeaux et tout ce qu'ils possédaient, et disant : « Pre- « nez tout cela et aussi la moitié de nos terres, pourvu « seulement que nos femmes et nos petits enfans de- « meurent libres et qu'il n'y ait pas de guerre entre « nous. » Mais les Francs ne voulurent point encore consentir à cela. Le roi Clotaire leur dit : « Renoncez, « je vous prie, renoncez à votre projet, car le

« droit n'est pas de notre côté; ne vous obstinez
« pas à un combat où vous serez vaincus; mais si
« vous voulez y aller de votre propre volonté, je ne
« vous suivrai pas. » Alors irrités de colère contre
le roi Clotaire, ils se jetèrent sur lui, déchirèrent sa
tente, l'accablèrent d'injures furieuses, et l'entraînant
par force, voulurent le tuer, s'il ne consentait pas à
aller avec eux. Clotaire, voyant cela, marcha avec eux
malgré lui. Ils livrèrent donc le combat, et leurs ennemis firent parmi eux un grand carnage, et il périt
tant de gens dans l'une et l'autre armée qu'on ne
peut ni l'estimer, ni le compter avec exactitude.
Clotaire très-consterné demanda la paix, disant aux
Saxons que ce n'était pas par sa volonté qu'il avait marché contre eux; l'ayant obtenue, il retourna chez lui.

Les gens de Tours, apprenant que le roi était revenu du massacre fait par les Saxons, se réunirent
en faveur du prêtre Euphronius, et étant allés trouver
le roi, ils lui présentèrent l'acte de sa nomination pour
qu'il l'approuvât. Le roi répondit : « J'avais ordonné
« qu'on instituât le prêtre Caton, pourquoi a-t-on
« méprisé mes ordres? » Ils répondirent : « Nous avons
« été le chercher, mais il n'a pas voulu venir. » Comme
ils disaient cela, Caton arriva tout-à-coup pour prier
le roi de renvoyer Cautin et de le nommer évêque d'Auvergne ; mais le roi s'étant moqué de sa demande, il
demanda alors qu'on le nommât au siége de Tours
qu'il avait méprisé. Le roi lui dit : « J'avais d'abord
« ordonné que tu fusses sacré évêque par les gens de
« Tours; mais, à ce que j'apprends, tu as eu cette église
« en mépris; ainsi tu n'en obtiendras pas le gouver-
« nement. » Et de cette sorte il s'en alla confus, et le

roi s'étant informé de saint Euphronius, ils lui dirent qu'il était neveu du bienheureux Grégoire dont nous avons parlé. Le roi répondit : « C'est une race relevée « et des premières ; que la volonté de Dieu et de saint « Martin soit faite, et son élection confirmée. » Il donna cette confirmation et saint Euphronius fut sacré évêque, le dix-huitième après saint Martin.

Chramne, comme nous l'avons dit, faisait en Auvergne beaucoup de maux de diverses sortes et était toujours animé de haine contre l'évêque Cautin ; il arriva que dans ce temps il fut dangereusement malade et qu'une grande fièvre lui fit tomber tous les cheveux. Il avait avec lui un citoyen d'Auvergne, nommé Ascovinde, homme d'un grand mérite, et éminent en toutes sortes de vertus, qui faisait tous ses efforts pour s'opposer à sa mauvaise conduite, mais ne pouvait y parvenir. Il avait aussi un Poitevin, appelé Léon, qui l'excitait vivement à toutes les mauvaises actions. Celui-ci, conformément à la signification de son nom, était adonné à toutes sortes de passions avec la cruauté d'un lion. On prétend qu'il disait quelquefois que Martin et Martial, confesseurs de Dieu, ne laissaient au fisc rien qui vaille. Frappé soudainement par un miracle des saints confesseurs, il devint sourd et muet et mourut insensé, car inutilement ce pauvre misérable se rendit à l'église de saint Martin de Tours, y célébra des veilles et y offrit des présens ; le saint ne le regarda pas avec sa bonté accoutumée et il s'en retourna aussi malade qu'il était venu.

Chramne cependant ayant quitté l'Auvergne, vint dans la cité de Poitiers ; tandis qu'il y vivait avec beaucoup de magnificence, séduit par de mauvais conseils, il forma le projet de se mettre du parti de Childebert, son oncle, afin de tendre des embûches à son père; et son oncle eut la perfidie de lui promettre des secours, tandis que, selon la religion, il aurait dû l'engager à ne se pas déclarer ennemi de son père. S'étant donc entendus par des messagers secrets, ils conpirèrent ensemble contre Clotaire, et Childebert ne se rappela pas que toutes les fois qu'il s'était élevé contre son frère, cela lui avait toujours tourné à confusion. Chramne, étant donc entré dans cette criminelle combinaison, revint à Limoges, et au lieu qu'auparavant il avait voyagé sur les possessions de son père, là il se trouva dans ses propres domaines. Le peuple de Clermont se tenait alors renfermé dans ses murs, et beaucoup mouraient de diverses et dangereuses maladies. Le roi Clotaire envoya vers Chramne deux de ses fils, Charibert et Gontran; en arrivant en Auvergne, ils apprirent qu'il était dans le Limousin, et continuant leur marche jusques à la montagne appelée *Noire*, ils l'y trouvèrent. Ils y établirent leurs tentes et assirent leur camp près de lui, faisant passer vers lui des envoyés, pour lui dire qu'il devait rendre les possessions de son père qu'il avait envahies à tort, sans quoi on se préparerait au combat. Lui, feignant de reconnaître l'autorité de son père, dit : « Je ne « puis me dessaisir de tout ce que j'ai pris; mais je « désire le garder en ma puissance, du consentement « de mon père. » Ils le pressèrent de décider la chose entr'eux par un combat, et les deux armées étant venues sur le champ de bataille et s'étant mises en mouvement avec un grand appareil, il s'éleva sur-le-champ, pour les empêcher de combattre, une tempête accom-

pagnée de violens éclairs et de beaucoup de tonnerre ; et lorsque chacun fut revenu dans son camp, Chramne trompa ses frères, en leur faisant annoncer par des étrangers la mort de leur père; car Clotaire était alors, comme nous l'avons dit, à faire la guerre contre les Saxons. Effrayés de cette nouvelle, Charibert et Gontran reprirent en toute diligence le chemin de la Bourgogne. Chramne les suivit avec son armée et marcha jusqu'à la ville de Châlons qu'il assiégea et prit; puis il poussa jusqu'au château de Dijon ; il y arriva un dimanche, et je vais raconter ce qui s'y passa. Saint Tétrique, évêque, dont nous avons déjà parlé dans un autre ouvrage, était alors à Dijon. Les prêtres ayant posé sur l'autel trois livres, savoir : les Prophéties, les Apôtres et les Évangiles, prièrent Dieu de faire connaître ce qui arriverait à Chramne, et de déclarer, par sa divine puissance, s'il aurait un heureux succès et s'il pouvait espérer de régner. Il était convenu que chacun lirait à l'office ce qu'il trouverait à l'ouverture du livre. Ayant donc ouvert le premier livre des Prophètes, on y trouva ceci : « J'arracherai ma vigne et elle sera
« dans la désolation, parce qu'elle devait produire
« des raisins, et n'a produit que des fruits sauva-
« ges [1]. » On ouvrit le livre des Apôtres, et on y trouva ceci : « Car vous savez très-bien, mes frères, que le
« jour du Seigneur doit venir comme un voleur de
« nuit ; car lorsqu'ils diront : nous voici en paix et
« en sûreté, ils seront surpris tout d'un coup d'une
« ruine imprévue, comme l'est une femme grosse des
« douleurs de l'enfantement, sans qu'il leur reste au-

---

[1] Isaïe, chap. 5, vers. 4, 5.

« cun moyen de se sauver ¹. » Dieu dit aussi par l'organe de l'Évangile : « Quiconque entend ces paroles
« que je dis et ne les pratique point, il est sembla-
« ble à un homme insensé qui a bâti sa maison sur le
« sable ; et lorsque la pluie est tombée, que les fleuves
« se sont débordés, que les vents ont soufflé et sont
« venus fondre sur cette maison, elle a été renversée,
« et la ruine en a été grande ². »

Chramne fut reçu dans la basilique par le susdit évêque, il y mangea le pain, puis se rendit près de Childebert. Cependant on ne lui permit pas d'entrer dans les murs de Dijon. Pendant ce temps le roi Clotaire combattait vaillamment contre les Saxons, car les Saxons, excités, à ce qu'on dit, par Childebert, et irrités, depuis l'année précédente, contre les Francs, étaient sortis de leur pays et venus en France où ils arrivèrent jusqu'à la ville de Dentz ³, pillant et causant beaucoup de très-grands maux.

Dans ce temps, Chramne, après avoir épousé la fille de Wiliachaire, vint à Paris et s'unit de foi et d'amitié avec le roi Childebert, jurant à son père une inimitié implacable. Pendant que Clotaire combattait contre les Saxons, le roi Childebert entra dans la Champagne Rhémoise et arriva jusqu'à la ville de Rheims, dévastant tout par le pillage et l'incendie. On lui avait dit que son frère avait été tué par les Saxons, et pensant se rendre maître de tout son royaume, il envahit tous les lieux où il put arriver.

Le duc Austrapius, craignant la poursuite de

---

¹ Ire Épit. de S. Paul aux Thessaloniciens, chap. 5, vers. 2, 3.
² Évang. sel. S. Math. chap. 7, v. 26, 27.
³ Près de Cologne.

Chramne, s'enfuit dans la basilique de Saint-Martin ; et le secours divin ne lui manqua pas dans ses tribulations. Chramne, dans l'intention de l'avoir de force, avait défendu que personne osât lui porter des alimens, et ordonné qu'on le gardât si soigneusement qu'il ne pût même obtenir de l'eau à boire, afin que, poussé par la famine, il consentît à sortir de lui-même de la sainte basilique, et qu'on pût le faire périr. Comme il était à demi-mort, quelqu'un entra, lui portant à boire un petit verre d'eau ; mais, au moment où il venait de le prendre, le juge du lieu s'élança rapidement sur lui, et le lui ayant arraché de la main, répandit l'eau à terre ; mais, avec la même rapidité, s'ensuivirent aussitôt la vengeance de Dieu et les signes de la puissance du saint évêque : car le juge qui avait fait cette action, saisi de la fièvre le jour même, expira au milieu de la nuit, et ne vit pas, le lendemain, l'heure à laquelle, dans la basilique du saint, il avait arraché la boisson des mains du fugitif. Après ce miracle, tout le monde s'empressa de porter abondamment à Austrapius ce qui lui était nécessaire ; et, lorsque le roi Clotaire fut revenu dans son royaume, il fut en grand crédit auprès de lui. Quelque temps après, étant entré dans les ordres au château de Selle, situé dans le diocèse de Poitiers, il fut sacré évêque, afin que lorsque Pientius, qui gouvernait alors l'église de Poitou, viendrait à mourir, il pût occuper sa place : mais le roi Charibert en ordonna autrement ; car, lorsque l'évêque Pientius eut passé de ce monde dans l'autre, Pascentius, alors abbé de l'église de Saint-Hilaire, lui succéda par ordre du roi Charibert, bien qu'Austrapius réclamât la possession de ce siége. Ses paroles hautaines ne lui servirent pas de grand'chose ; et lorsqu'il fut retourné à son château, les Taifales [1], qu'il avait souvent opprimés, s'étant soulevés contre lui, il mourut cruellement, frappé d'un coup de lance. Dans le soulèvement des Taifales, l'église de Poitou recouvra les terres de son diocèse.

Du temps du roi Clotaire, l'évêque Médard, saint de Dieu, ayant fini le cours de ses bonnes œuvres, plein de jours et éminent en sainteté, ferma aussi les yeux à la lumière. Le roi Clotaire le fit ensevelir avec de grands honneurs dans la ville de Soissons, et commença à bâtir sur son tombeau une église, que finit et arrangea ensuite son fils Sigebert. Nous avons vu, déposés près de ce bienheureux sépulcre, les fers et les chaînes brisés de captifs délivrés par lui, qu'on y a conservés jusqu'à ce jour, en témoignage de la puissance du saint. Mais revenons à des temps antérieurs.

Le roi Childebert tomba malade, et, après avoir long-temps demeuré au lit dans la ville de Paris, il mourut [2], et fut enterré dans l'église de Saint-Vincent qu'il avait lui-même bâtie. Le roi Clotaire s'empara de son royaume et de ses trésors, et envoya en exil Ultrogothe et ses deux filles. Chramne se rendit aussi auprès de son père ; mais ensuite il lui manqua de foi, et voyant qu'il ne pouvait manquer d'en être puni, il se rendit en Bretagne. Là, il se cacha, avec sa femme

[1] Tribu de la nation des Goths, qui se dispersa, comme tant d'autres, sur le territoire de l'Empire, au moment de la grande invasion, et dont une bande s'établit dans le Poitou où elle donna son nom à un bourg dit *Teifalia*, dont on prétend retrouver encore la trace dans le village de *Tifauge*, sur la Sèvre.
[2] En 558.

et ses enfans, chez Chonobre, comte de Bretagne. Wiliachaire, son beau-père, s'enfuit dans l'église Saint-Martin ; et alors, en punition des péchés du peuple et des moqueries qu'il faisait de cette sainte basilique, elle fut brûlée par Wiliachaire et sa femme ; ce que nous ne pouvons raconter ici sans de profonds soupirs. La ville de Tours avait déjà été consumée quelques années auparavant, et toutes ses églises étaient demeurées dévastées. Par l'ordre de Clotaire, la basilique du bienheureux saint Martin fut recouverte en étain, et rétablie dans tout son ancien éclat. Il parut alors deux armées de sauterelles qui, passant, dit-on, par l'Auvergne et le Limousin, arrivèrent dans la plaine de Romagnac, et s'y étant livré un grand combat, s'acharnèrent les unes contre les autres. Le roi Clotaire, irrité de colère contre Chramne, marcha en Bretagne avec une armée, et Chramne ne craignit pas de marcher, de son côté, contre son père. Tandis que les deux armées étaient mêlées sur le champ de bataille, et Chramne avec les Bretons, commandant les troupes contre son père, la nuit arriva, et fit cesser le combat. Cette même nuit, Chonobre, comte des Bretons, dit à Chramne : « Sortir du camp « contre ton père, c'est, selon moi, une chose qui ne « t'est pas permise ; laisse-moi tomber cette nuit sur « lui, et le défaire avec toute son armée. » Chramne, aveuglé, je pense, par la puissance divine, ne le permit pas, et, le matin arrivé, les deux armées se mirent en mouvement, et s'avancèrent l'une contre l'autre. Le roi Clotaire allait, comme un nouveau David, prêt à combattre contre son fils Absalon, pleurant et disant : « Jette les yeux sur nous, ô Dieu, du

« haut du ciel, et juge ma cause, car je souffre in-
« justement de la part de mon fils; regarde et juge
« avec justice, et prononce ici l'arrêt que tu pronon-
« ças autrefois entre Absalon et son père David. »
Les deux armées en étant donc venues aux mains,
le comte des Bretons tourna le dos, et fut tué. Après
quoi, Chramne commença à fuir vers les vaisseaux
qu'il avait préparés sur la mer; mais, tandis qu'il
s'occupait à sauver sa femme et ses filles, il fut atteint
par l'armée de son père, pris et lié; et lorsqu'on eut
annoncé la chose à Clotaire, il ordonna qu'il fût
brûlé avec sa femme et ses filles : on les enferma
donc dans la cabane d'un pauvre homme, où Chramne,
étendu sur un banc, fut étranglé avec un mouchoir,
et ensuite on mit le feu à la cabane, et il périt avec
sa femme et ses filles.

Le roi Clotaire vint à Tours dans la cinquante-
unième année de son règne, apportant beaucoup de
présens au tombeau du bienheureux Martin; et lorsqu'il fut arrivé au tombeau de cet évêque, il se mit à
repasser dans son esprit toutes les négligences qu'il
pouvait avoir commises, et à prier avec de grands
gémissemens le bienheureux confesseur d'implorer
sur ses fautes la miséricorde de Dieu, et d'obtenir
par son intercession qu'il fût lavé de ce qu'il avait
fait de contraire à la sagesse; ensuite, s'en étant
allé, comme il était, durant la cinquante-unième
année de son règne, dans la forêt de Cuisé, occupé
à la chasse, il fut saisi de la fièvre, et se rendit à
Compiègne. Là, cruellement tourmenté de la fièvre,
il disait : « Hélas! qui pensez-vous que soit ce roi du
« ciel qui fait mourir ainsi de si puissans rois? » Et il

rendit l'esprit dans cette tristesse [1]. Ses quatre fils le portèrent à Soissons avec de grands honneurs, et l'ensevelirent dans la basilique du bienheureux Médard. Il mourut, l'année révolue, au jour même où Chramne avait été tué.

Chilpéric, après les funérailles de son père, s'empara des trésors rassemblés à Braine, et, s'adressant aux plus importans parmi les Francs, il les plia, par des présens, à reconnaître son pouvoir. Aussitôt il se rendit à Paris, siége du roi Childebert, et s'en empara; mais il ne put le posséder long-temps, car ses frères se réunirent pour l'en chasser, et partagèrent ensuite régulièrement entre eux quatre, savoir, Charibert, Gontran, Chilpéric et Sigebert. Le sort donna à Charibert le royaume de Childebert, et pour résidence Paris; à Gontran, le royaume de Clodomir, dont le siége était Orléans; Chilpéric eut le royaume de son père Clotaire, et Soissons fut sa ville principale; à Sigebert tomba le royaume de Théodoric, et Rheims pour sa résidence.

Après la mort du roi Clotaire, les Huns vinrent dans les Gaules. Sigebert conduisit contre eux une armée, et, leur ayant livré combat [2], les vainquit et les mit en fuite; mais ensuite leur roi lui fit demander son amitié par ses envoyés. Tandis que Sigebert les avait sur les bras, Chilpéric s'empara de Rheims et des autres villes qui lui appartenaient; et ce qu'il y eut de pis, c'est qu'il en résulta entre eux une guerre civile; car Sigebert, revenant vainqueur des Huns, occupa la ville de Soissons, et y ayant trouvé Théo-

[1] En 561.
[2] En 562.

debert, fils du roi Chilpéric, il le prit et l'envoya en exil; puis, il marcha contre Chilpéric, lui livra un combat, le vainquit, le mit en fuite, et rentra en possession de ses villes. Il ordonna que, pendant une année entière, Théodebert, fils de Chilpéric, demeurât enfermé à Ponthion [1]; mais ensuite, comme il était clément, il le renvoya à son frère, sain et sauf, et chargé de présens, en lui faisant prêter serment de ne pas agir désormais contre lui ; à quoi Théodebert manqua ensuite avec grand péché.

Le roi Gontran qui avait eu ainsi que ses frères une partie du royaume, ôta à Agricola la dignité de patrice et la donna à Celse, homme de haute taille, large des épaules, robuste de poignet, superbe dans ses paroles, prompt à la réplique et versé dans les lois. Il fut par la suite saisi d'une telle avidité de s'enrichir qu'il s'empara souvent des propriétés des églises et les réunit à ses domaines. On rapporte qu'entendant un jour lire dans l'église cette leçon du prophète Isaïe, dans laquelle il dit : « Malheur à vous qui joi-
« gnez des maisons à des maisons, et qui ajoutez
« terres à terres jusqu'à ce qu'enfin le lieu vous man-
« que [2] ! » il s'écria : « Il est bien insolent de dire ici :
« malheur à moi et à mon fils. » Mais il laissa un fils qui, mort sans enfans, légua la plus grande partie de ses biens aux églises que son père avait dépouillées.

Le bon roi Gontran fit d'abord entrer dans son lit, comme concubine, Vénérande, une de ses servantes, dont il eut un fils nommé Gondebaud. Il prit ensuite en mariage Marcatrude, fille de Magnaire,

---

[1] Domaine royal dans le Perthois, non loin de Vitry.
[2] Isaïe, chap. 5, v. 8.

et envoya son fils Gondebaud à Orléans. Marcatrude, ayant eu un fils, devint jalouse de Gondebaud et attenta à sa vie. On dit qu'elle le fit mourir en mettant du poison dans sa boisson. Lui mort, Marcatrude, par le jugement de Dieu, perdit son fils, et encourut la haine du roi qui la renvoya; elle mourut peu de temps après. Après quoi le roi épousa Austrechilde, surnommée Bobyla; il en eut deux fils, dont le plus âgé se nommait Clotaire et le plus jeune Clodomir.

Le roi Charibert prit pour femme Ingoberge, de qui il eut une fille, qui fut ensuite mariée et conduite dans le pays de Kent [1]. Ingoberge avait à son service deux jeunes filles d'un pauvre homme, dont la première s'appelait Marcovèfe, et portait l'habit religieux, l'autre s'appelait Méroflède. Le roi était très-épris d'amour pour elles. Elles étaient, comme nous l'avons dit, filles d'un ouvrier en laine. Ingoberge, jalouse de ce que le roi les aimait, donna secrètement à leur père de l'ouvrage à faire, afin que lorsque le roi le saurait, il prît les filles en haine. Pendant qu'il travaillait, elle fit appeler le roi, qui vint croyant qu'elle voulait lui montrer quelque chose de nouveau, et vit de loin cet homme qui racommodait les laines du palais. A cette vue, irrité de colère, il quitta Ingoberge et épousa Méroflède. Il eut aussi une autre jeune fille nommée Teutéchilde, née d'un berger, c'est-à-dire d'un pasteur de troupeaux. On dit qu'elle lui donna un fils qui, en sortant du sein de sa mère, fut aussitôt porté au tombeau.

---

[1] Berthe ou Eldeberge, qui épousa Ethelbert, roi de Kent, et contribua puissamment à la conversion de son mari et des Anglo-Saxons au christianisme.

Du temps de ce roi, Léonce ayant rassemblé à Saintes les évêques de sa province, destitua Emeri, évêque de cette ville, soutenant qu'il n'avait pas été élevé canoniquement à cette dignité ; car le roi Clotaire avait ordonné qu'il fût sacré sans le concours du métropolitain qui était alors absent. Emeri ayant été renvoyé, ils nommèrent Héraclius, alors prêtre de la ville de Bordeaux, et envoyèrent au roi Charibert, par le prêtre Nuncupatus, l'acte de sa nomination, signé de leur main, pour que Charibert y donnât son approbation. Nuncupatus vint à Tours, et exposa au bienheureux Euphronius ce qui s'était fait, le priant de vouloir bien souscrire cet acte, ce que l'homme de Dieu refusa hautement. Le prêtre étant donc entré dans Paris se rendit en présence du roi et lui parla ainsi : « Salut, roi très-glorieux ; le siége apostolique « envoie à ton Eminence un très-ample salut. » A quoi le roi répondit : « Quoi donc, viens-tu de la « ville de Rome pour nous apporter ainsi les salu- « tations du Pape ? — Ton père Léonce, dit le prêtre, « et ses évêques provinciaux t'envoient saluer et « te font connaître qu'Emule (car c'est ainsi qu'ils « avaient eu coutume d'appeler Emeri dans son en- « fance) a été rejeté de l'épiscopat, pour avoir « brigué le siége de la ville de Saintes, sans deman- « der la sanction canonique, en sorte qu'ils t'ont en- « voyé un acte de nomination pour en mettre un « autre à sa place, afin que les transgresseurs des ca- « nons étant justement condamnés, ta puissance se « prolonge jusque dans les âges les plus éloignés. » Comme il disait ces paroles, le roi irrité ordonna qu'on l'arrachât de sa présence, et que l'ayant mis sur un chariot rempli d'épines, on le conduisît en exil, et il dit : « Crois-tu donc qu'il n'y ait pas au-« dessus de vous quelqu'un des fils du roi Clotaire « pour maintenir ce qu'a fait son père, qu'on ose « ainsi rejeter, sans nous en demander notre avis, « l'évêque nommé par sa volonté? » Et aussitôt ayant envoyé des religieux, il rétablit l'évêque dans son siége, et fit aussi partir quelques-uns de ses camériers, qui obligèrent l'évêque Léonce à payer mille pièces d'or, et imposèrent aux autres évêques une amende proportionnée à leurs facultés, et ainsi fut vengée l'injure du prince. Après cela il prit en mariage Marcovèfe, sœur de Méroflède, pour laquelle cause l'évêque de Saint-Germain les excommunia tous deux ; mais comme le roi ne voulait pas la renvoyer, elle mourut frappée du jugement de Dieu. Le roi Charibert lui-même mourut peu de temps après elle [1], et après sa mort Teutéchilde, l'une de ses femmes, envoya des messagers au roi Gontran, et s'offrit à lui en mariage. Le roi répondit : « Qu'elle « vienne à moi sans retard avec ses trésors, je la « prendrai pour femme et la rendrai grande aux « yeux du peuple, afin qu'elle jouisse avec moi de « plus d'honneurs qu'elle n'en a eus avec mon frère « qui vient de mourir. » Elle, joyeuse de cette réponse, rassembla tout ce qu'elle possédait et vint vers lui. Ce que voyant le roi, il dit : « Il est plus « juste que ces trésors soient en mon pouvoir qu'au « pouvoir de celle-ci que mon frère a fait hon-« teusement entrer dans son lit. » Alors lui enlevant

---

[1] En 567.

une grande partie de ce qu'elle avait, et ne lui en laissant qu'une petite portion, il l'envoya au monastère d'Arles. Là, elle ne se soumettait qu'avec beaucoup de chagrin aux jeûnes et aux veilles ; elle s'adressa donc par des messagers secrets à un certain Goth, lui promettant que, s'il voulait la conduire en Espagne et l'épouser, elle quitterait le monastère avec ses trésors et le suivrait de très-bon cœur. Lui le promit sans hésiter : elle avait donc rassemblé ses effets, et les avait mis en paquet, se préparant à quitter le couvent ; mais l'abbesse par sa vigilance prévint ce projet, et l'ayant prise en fraude la fit cruellement fustiger, puis renfermer, et elle demeura ainsi jusqu'à sa mort dans des souffrances non petites.

Le roi Sigebert, qui voyait ses frères s'allier à des épouses indignes d'eux, et prendre pour femmes, à leur grand déshonneur, jusques à leurs servantes, envoya des ambassadeurs en Espagne chargés de beaucoup de présens pour demander en mariage Brunehault, fille du roi Athanagild [6]. C'était une jeune fille de manières élégantes, belle de figure, honnête et décente dans ses mœurs, de bon conseil et d'agréable conversation. Son père consentit à l'accorder, et l'envoya au roi avec de grands trésors ; et celui-ci ayant rassemblé les seigneurs et fait préparer des fauteuils, la prit pour femme avec une joie et des réjouissances infinies. Elle était soumise à la loi arienne ; mais les prédications des prêtres et les exhortations du roi lui-même la convertirent ; elle crut et confessa la Trinité une et bienheureuse, reçut l'onction du saint chrême,

[1] En 566.

et par la vertu du Christ, persévéra dans la foi catholique.

Le roi Chilpéric, qui avait déjà plusieurs femmes, voyant ce mariage, demanda Galsuinthe, sœur de Brunehault, promettant, par ses envoyés, que s'il pouvait obtenir une femme égale à lui et de race royale, il délaisserait toutes les autres. Le père reçut ses promesses, et lui envoya sa fille, comme il avait envoyé l'autre, avec de grandes richesses. Galsuinthe était plus âgée que Brunehault : lorsqu'elle arriva vers le roi Chilpéric, il la reçut avec grand honneur, et la prit en mariage. Il l'aimait d'un très-grand amour, et avait reçu d'elle de très-grands trésors; mais il s'éleva entre eux beaucoup de bruit pour l'amour de Frédégonde qu'il avait eue auparavant comme maîtresse. Galsuinthe avait été convertie à la foi catholique, et avait reçu le saint chrême. Elle se plaignait de recevoir du roi des outrages continuels, et disait qu'elle vivait près de lui sans honneur. Elle demanda donc qu'il lui permît de retourner dans son pays, lui laissant tous les trésors qu'elle lui avait apportés. Celui-ci, dissimulant avec adresse, l'apaisa par des paroles de douceur; mais enfin il ordonna à un domestique de l'étrangler, et on la trouva morte dans son lit. Après sa mort, Dieu produisit par elle un grand miracle, car une lampe qui brûlait devant son sépulcre, suspendue à une corde, tomba sur le pavé, la corde s'étant rompue sans que personne y touchât; en même temps la dureté du pavé disparaissant à ce contact, la lampe s'enfonça tellement dans cette matière amollie, qu'elle y fut à moitié ensevelie sans se briser aucunement, ce qu'on ne put voir sans y reconnaître un grand miracle.

Le roi pleura sa mort, puis épousa Frédégonde quelques jours après. Alors ses frères, ayant entendu dire que c'était par son ordre que sa femme avait été tuée, le chassèrent de son royaume. Chilpéric avait trois fils d'Audovère sa première femme, savoir, Théodebert, dont nous avons parlé, Mérovée et Clovis. Mais poursuivons les récits commencés.

Les Huns s'efforçaient de rentrer de nouveau dans les Gaules. Sigebert marcha contre eux à la tête d'une armée et accompagné d'une grande multitude d'hommes vaillans; mais, au moment du combat, les Huns, habiles dans l'art de la magie, firent paraître à leurs yeux divers fantômes et les vainquirent entièrement. L'armée de Sigebert ayant été mise en fuite, lui-même fut retenu prisonnier par les Huns; mais, comme il était agréable d'esprit et plein d'adresse, il vainquit par les présens ceux qu'il n'avait pu vaincre par la force des combats, et ses libéralités engagèrent le roi des Huns à convenir avec lui que, durant le reste de leur vie, ils ne se feraient plus la guerre; ce qu'on a pensé avec juste raison devoir tourner à la louange de Sigebert plutôt qu'à sa honte. Le roi des Huns fit aussi beaucoup de présens au roi Sigebert; on l'appelait le *Chagan*, ce qui est le nom de tous les rois de cette nation [1].

Le roi Sigebert, désirant s'emparer de la ville d'Arles, ordonna aux habitans de l'Auvergne de se mettre

---

[1] Ces prétendus Huns étaient les Avares, peuple venu du plateau du Thibet, et qui, après avoir erré long-temps en Germanie, fonda enfin, dans la Valachie, la Moldavie et la Hongrie, un royaume qui subsista 230 ans. Ce fut dans la Thuringe, entre l'Elbe et la Saal, que Sigebert leur fit la guerre.

en marche [1]. Ils avaient alors pour comte Firmin qui se mit à leur tête. D'une autre part vint Audovaire, aussi à la tête d'une armée; ils entrèrent dans la ville d'Arles, et firent prêter serment au roi Sigebert. Le roi Gontran l'ayant appris, envoya le patrice Celse à la tête d'une armée; arrivé à Avignon, il prit cette ville; marcha ensuite vers Arles, et l'ayant environnée, commença à attaquer l'armée du roi Sigebert qui y était enfermée. Alors l'évêque Sabaude leur dit : « Sortez des murs et livrez le combat; car, enfermés « dans ces murs, vous ne pourriez vous défendre « non plus que le territoire de cette ville. Si, par la « grâce de Dieu, vous êtes vainqueurs, nous vous gar- « derons la foi que nous vous avons promise; si au « contraire ce sont eux qui l'emportent, voici que « vous trouverez les portes ouvertes, entrez-y alors « pour ne pas périr. »

Trompés par cet artifice, ils sortirent des murs et se mirent en bataille; mais lorsque vaincus par l'armée de Celse, et commençant à fuir, ils revinrent à la ville, ils en trouvèrent les portes fermées; l'armée ennemie les poursuivant à coups de traits par derrière, et les gens de la ville les accablant de pierres, ils se dirigèrent vers le fleuve du Rhône, et se mirent sur leurs boucliers pour gagner l'autre rive; mais emportés par la violence du fleuve un grand nombre se noyèrent, et le Rhône fut alors, pour les habitans d'Auvergne, ce que nous lisons que fut autrefois le Simoïs pour les Troyens [2].

[1] En 566.
[2] Grégoire de Tours entendait peu la géographie de Virgile; c'est sur la mer Méditerranée et non sur le Simoïs que se passe la célèbre tempête qu'il rappelle ici.

Correpta sub undis
Scuta virûm galeasque et fortia corpora volvit;
Apparent rari nantes in gurgite vasto [1].

Un petit nombre, comme nous l'avons dit, put à peine, en nageant et à l'aide des boucliers, gagner l'autre bord. Dépouillés de tout ce qu'ils possédaient, privés de leurs chevaux, ils retournèrent dans leur pays, non sans de grands travaux; on donna cependant à Firmin et à Audovaire la liberté de s'en retourner. Plusieurs des Auvergnats périrent non seulement emportés par le torrent, mais aussi par les coups du glaive. De cette manière, Gontran rentra en possession de cette ville, et avec sa bonté accoutumée rendit Avignon à son frère.

Il parut alors dans les Gaules un grand prodige au fort de l'Ecluse, situé sur une montagne au bord du Rhône [2]. Cette montagne fit entendre pendant près de soixante jours je ne sais quel mugissement, et enfin elle se sépara d'une autre dont elle était proche, et se précipita dans le fleuve avec les hommes, les églises, les richesses et les maisons qu'elle

---

[1] « Il roule dans ses eaux les boucliers, les casques et les robustes « corps des guerriers; un petit nombre paraît çà et là, nageant sur ce « gouffre immense. »

[2] *Tauredunum*. Il est assez difficile de déterminer la position de ce lieu; quelques savans ont pensé qu'il s'agissait de Tournon en Vivarais; mais la description que donne Grégoire de Tours et les circonstances de l'inondation ne sauraient s'y appliquer. Selon d'autres, le fort de *Tauredunum* était situé dans le Valais, et un passage de la Chronique de Marius d'Avenches semble venir à l'appui de cette opinion. Mais il est plus probable qu'il s'agit ici du fort l'Écluse, entre Seissel et Genève, lieu où le Rhône coule en effet dans une gorge fort resserrée, et qui offre des traces d'un déchirement des montagnes. Dans cette hypothèse, le grand amas d'eau qui, selon Grégoire de Tours, eut lieu à Genève, située au-dessus du fort l'Écluse, ne serait pas impossible à concevoir.

portait. Les eaux du fleuve sortirent de leur lit et retournèrent en arrière, car cet endroit était des deux côtés serré par des montagnes, entre lesquelles le torrent coulait par un lit étroit. Le fleuve inonda donc la partie supérieure de son cours, et engloutit, renversa tout ce qui s'y trouvait; ensuite de quoi les eaux amoncelées se précipitant de nouveau, surprirent inopinément, comme elles l'avaient fait plus haut, les habitans du pays situé plus bas le long de la rivière, les noyèrent, renversèrent leurs maisons, emportèrent les chevaux et tout ce qui se trouvait sur la rive, bouleversant et ravageant tout par une inondation violente et subite jusqu'à la ville de Genève. On dit qu'il s'assembla dans cette ville un tel amas d'eau, qu'elle passa par-dessus les murs; cela n'est pas difficile à croire, parce que, comme nous l'avons dit, le Rhône en ces endroits coule dans un défilé entre des montagnes, et lorsqu'il est arrêté, ne trouve pas sur les côtés de passage par où il puisse s'écouler. Il emporta aussi les débris de la montagne renversée, et la fit tout-à-fait disparaître. Après cela trente moines de l'endroit où était tombé le château vinrent, et fouillant la terre sur la partie de la montagne demeurée debout, y trouvèrent du fer ou de l'airain. Pendant qu'ils y étaient occupés, ils entendirent la montagne recommencer à mugir comme auparavant; mais y étant demeurés retenus par une âpre cupidité, la portion qui n'était pas encore tombée se renversa sur eux, les ensevelit et les fit périr, et on ne les a plus retrouvés depuis. Cette région fut ainsi effrayée par de grands prodiges avant la mortalité qui se déclara en Auvergne, car plusieurs fois il parut autour du soleil trois ou quatre clartés très-grandes et très-brillantes que les paysans appelaient des soleils, et ils disaient : « voilà dans le ciel trois ou quatre soleils. » Et une fois, au commencement du mois d'octobre, le soleil parut tellement obscurci qu'on n'en voyait pas reluire la quatrième partie, mais qu'il paraissait sombre, décoloré et semblable à un sac; et une de ces étoiles que l'on appelle comètes, portant un rayon semblable à un glaive, se montra au-dessus du pays pendant une année entière. On vit le ciel ardent, et il apparut beaucoup d'autres signes. Dans une église d'Auvergne, au moment où l'on célébrait, dans une certaine fête, la vigile du matin, un oiseau de ceux que nous appelons alouettes entra et éteignit avec ses ailes toutes les lumières qui brillaient dans l'église. On eût dit qu'un homme, les tenant à sa main, les avait toutes à la fois plongées dans l'eau. Puis passant sous le voile du sanctuaire, l'oiseau voulut éteindre la lampe, mais les portiers l'en empêchèrent, et le tuèrent. Un autre oiseau en fit autant aux lampes qui brûlaient dans la basilique de saint André, et la peste survenant, il y eut dans tout le pays une telle mortalité sur le peuple, qu'il est impossible de compter les multitudes qui périrent. Comme les cercueils et les planches manquaient, on en enterrait dix et plus dans une même fosse; on compta, un dimanche, dans une basilique de saint Pierre, trois cents corps morts. La mort était subite; il naissait dans l'aîne ou dans l'aisselle une plaie semblable à la morsure d'un serpent, et ce venin agissait tellement sur les hommes qu'ils rendaient l'esprit le lendemain ou le troisième jour; et la force du venin leur ôtait entièrement le sens.

Ainsi mourut le prêtre Caton; car tandis que beaucoup fuyaient la contagion, il demeura constamment dans le pays, ensevelissant les morts, et faisant courageusement les prières. Ce fut un prêtre d'une grande humanité et très-ami des pauvres, et s'il a eu quelque orgueil, je crois que cette vertu l'a suffisamment racheté. L'évêque Cautin qui courait de lieux en lieux par crainte de la peste, étant revenu à la ville, la prit, et mourut la veille du dimanche de la Passion. Tétradius, son cousin-germain, mourut à la même heure. Lyon, Bourges, Châlons et Dijon, furent extrêmement dépeuplés par cette maladie.

Il y avait alors à Randan, monastère de la cité d'Auvergne, un prêtre d'une éminente vertu, nommé Julien, homme d'une grande abstinence, qui n'usait ni de vin, ni d'aucun ragoût, portant en tout temps un cilice sous sa tunique, le premier aux veilles et assidu à l'oraison, qui, sans peine, guérissait les possédés, rendait la vue aux aveugles, et chassait les autres maladies par l'invocation du saint nom de Dieu et le signe de la sainte croix. A force de demeurer debout, il avait les pieds malades d'une humeur; et, comme on lui demandait pourquoi il demeurait ainsi debout, plus que ne le permettait la force de son corps, il avait coutume de dire par un jeu d'esprit: « Mes jambes me font besoin, et tant que la vie ac-« compagnera mon corps, par la bonté de Dieu, *leur* « *support* ne me manquera pas. » Nous l'avons vu une fois dans la basilique de saint Julien, martyr, guérir un possédé seulement par ses paroles; il guérissait aussi souvent, par l'oraison, des fièvres quartes et autres. Lors de cette contagion, plein de jours et de vertus, il passa de ce monde au repos éternel.

Alors aussi passa de cette vie à l'autre l'abbé de ce même monastère, et il fut remplacé par Sunniulphe, homme vivant tout entier de simplicité et de charité, qui souvent lavait lui-même les pieds des étrangers, et les essuyait de ses mains. Il conduisait le troupeau qui lui était confié, non par la crainte, mais par des exhortations suppliantes. Il avait coutume de raconter que, dans une vision, il avait été conduit auprès d'un fleuve de feu, dans lequel venaient tomber une foule de gens qui couraient sur ses bords comme un essaim d'abeilles : les uns y étaient jusqu'à la ceinture, les autres jusqu'aux aisselles, plusieurs jusqu'au menton, et ils criaient avec beaucoup de gémissemens, à cause de la violence de la brûlure. Sur le fleuve, était placé un pont si étroit, qu'à peine pouvait-il contenir la largeur du pied d'un homme. Sur l'autre rivage, paraissait une grande maison toute blanche par dehors; et lorsqu'il demanda à ceux qui étaient avec lui ce que cela voulait dire, ils lui répondirent : « Celui qui sera « trouvé lâche et mou à contenir le troupeau confié à « ses soins, sera précipité du haut de ce pont; celui « qui s'y appliquera avec exactitude passera sans « danger, et arrivera, plein de joie, dans la maison « que tu vois sur l'autre bord. » Entendant ces paroles, il se réveilla, et se montra depuis plus sévère envers ses moines.

Je raconterai aussi ce qui se passa en ce temps dans le même monastère; mais je ne veux pas nommer le moine que cela concerne, parce qu'il est encore vivant, de peur que, si ces écrits lui parvenaient, il ne diminuât son mérite, en tombant dans une vaine gloire. Un jeune homme, étant arrivé au monastère, se présenta à l'abbé pour se dévouer au service de Dieu. L'abbé s'y opposa par beaucoup de raisonnemens, lui disant que le service de cet endroit était dur, et qu'il ne pourrait jamais accomplir tout ce qui lui serait ordonné. Il promit, avec l'aide de Dieu, de tout accomplir, en sorte que l'abbé le reçut peu de jours après. Lorsqu'il s'était déjà fait remarquer de tous par son humilité et sa sainteté, il arriva que les moines, sortant les grains de leur grenier, en mirent sécher au soleil près de cent cinquante boisseaux qu'ils lui ordonnèrent de garder ; et tandis que les autres s'occupaient ailleurs, il demeurait à la garde du grain. Tout à coup le ciel se couvrit de nuages, et voilà qu'une forte pluie accompagnée du bruit des vents, s'approchait rapidement du monceau de grains ; ce que voyant le moine, il ne savait que déterminer ni que faire, pensant que, s'il appelait les autres, il y avait tant de grains qu'ils ne suffiraient pas à les rentrer à eux tous dans le grenier. Renonçant donc à tout autre soin, il se mit en oraison, priant Dieu qu'il ne descendît pas une goutte de cette pluie sur le froment ; et tandis qu'il priait prosterné à terre, les nuages s'ouvrirent, et la pluie tomba en abondance autour du monceau, sans mouiller, s'il est permis de le dire, un seul grain de froment. Les autres moines et l'abbé s'étant réunis pour venir promptement ramasser le grain, furent témoins de ce miracle, et, cherchant le gardien, l'aperçurent de loin, prosterné sur le sable, à prier ; ce que voyant l'abbé, il se prosterna derrière lui, et, la pluie passée, l'oraison finie, il l'appela, et lui dit de se lever; puis, l'ayant fait prendre, voulut qu'il fût battu de verges, disant : « Il te convient, mon fils, de croître humble-« ment en crainte et service de Dieu, non de te glo-« rifier par des prodiges et des miracles, » et ordonna que, renfermé sept jours dans sa cellule, il y jeûnât comme un coupable, afin d'empêcher que ceci n'engendrât en lui une vaine gloire, ou quelqu'autre obstacle à la vertu. Maintenant le même moine, ainsi que nous le savons par des hommes dignes de foi, s'adonne à une telle abstinence que, dans les jours du carême, il n'avale ni pain ni aucun aliment, si ce n'est, le troisième jour, une coupe pleine de tisane. Que Dieu veuille l'avoir en sa sainte garde jusqu'à la fin de ses jours!

Cautin, évêque d'Auvergne, étant mort, comme nous l'avons dit, plusieurs s'efforçaient d'obtenir l'épiscopat, offrant beaucoup, promettant davantage. Le prêtre Euphrasius, fils du sénateur Ennodius, ayant reçu des Juifs beaucoup de meubles précieux, les envoya au roi par son beau-père Bérégésile, afin d'obtenir par ce présent ce qu'il ne pouvait obtenir par son mérite. Il était agréable en conversation, mais point chaste dans ses œuvres; il enivrait souvent les barbares, et rassasiait rarement les nécessiteux; et je crois que ce qui l'empêcha d'obtenir la dignité qu'il desirait, c'est qu'il y voulut arriver, non par la voie de Dieu, mais par celle des hommes. Et en ceci ne put être changé ce que Dieu avait prononcé par la bouche de saint Quintien, qu'il ne sortirait pas de la race d'Hortensius un homme qui gouvernât l'église de Dieu. L'archidiacre Avitus, ayant assemblé le clergé dans la cathédrale d'Auvergne, ne promit rien ; mais cependant il fut nommé, et se rendit près du roi. Firmin, comte de la cité, voulut lui faire obstacle ; mais il n'y alla pas lui-même. Les amis qu'il avait chargés de cette affaire demandaient au roi de laisser passer au moins un dimanche sans faire consacrer Avitus ; ils offraient, pour cet ordre, de donner au roi mille pièces d'or ; mais le roi n'y voulut pas consentir : il se trouva donc que le bienheureux Avitus, alors archidiacre, comme nous l'avons dit, de la cité d'Auvergne, élu par le peuple et le clergé dans l'assemblée générale des citoyens, parvint au siége épiscopal ; et le roi se plut à lui faire tant d'honneur que, passant par-dessus la rigueur des canons, il ordonna qu'il fût consacré en sa présence, afin, disait-il, que j'obtienne de sa main des eulogies [1] ; et, par sa grâce, il le fit consacrer dans la ville de Metz. Parvenu à l'épiscopat, Avitus se rendit grandement recommandable, dispensant la justice au peuple, ses richesses aux pauvres, ses consolations aux veuves, et tous les plus grands secours aux orphelins. L'étranger qui venait vers lui en était tellement chéri qu'il croyait retrouver en lui et père et patrie. Il florissait ainsi dans de grandes vertus, conservant de tout son cœur les choses agréables à Dieu,

---

[1] Le mot *Eulogia* avait, à cette époque, plusieurs significations différentes ; il désignait : 1° le sacrement de l'Eucharistie ; 2° le pain béni ; 3° les pains bénis que les évêques et les prêtres envoyaient ou recevaient en présent ; 4° des présens quelconques, surtout ceux que les ecclésiastiques faisaient aux laïques, en signe de respect ou d'amitié, et qui consistaient le plus souvent en choses bénites ; c'est en ce sens qu'il est pris dans le passage dont il s'agit ; 5° enfin des présens, rétributions ou prestations de diverse nature, extorqués par la force.

éteignant chez tous l'infâme luxure, et leur inspirant la complète chasteté que Dieu commande.

Sacerdos, évêque de Lyon, étant mort à Paris, après le synode de cette ville qui expulsa Saffaracus, saint Nicet[1], comme nous l'avons dit dans sa vie, fut élevé à cet évêché. C'était un homme éminent en toute sainteté et d'une vie chaste. Il exerça autant qu'il lui fut possible, à l'égard de tous, cette charité que l'apôtre ordonne d'observer, si on le peut, envers tous; en sorte qu'on pouvait découvrir dans son cœur Dieu même qui est la pure charité. Lorsque quelqu'un l'avait irrité par sa mauvaise conduite, sitôt qu'il était corrigé, il le recevait comme si on ne l'eût jamais offensé. Il châtiait les coupables, se montrait clément à la pénitence, aumônier et assidu au travail. Il s'appliquait avec activité à ériger des églises, réparer les maisons, ensemencer les champs et cultiver les vignes. Cependant ces choses ne le détournaient pas de l'oraison. Après vingt-deux ans de ministère pontifical il alla trouver Dieu, qui maintenant accorde de grands miracles à ceux qui viennent prier sur son tombeau, car l'huile de la lampe qu'on allume chaque jour sur son sépulcre a rendu la lumière aux yeux des aveugles, chasse les démons des corps des possédés, redonne la santé aux membres estropiés et exerce de nos jours une grande puissance sur toutes sortes de maladies. L'évêque Priscus qui lui succéda, commença, ainsi que sa femme Suzanne, à persécuter et à faire périr beaucoup de ceux qui avaient servi l'homme de Dieu; non qu'ils fussent convaincus d'aucune faute, qu'on eût prouvé contre eux le moindre crime,

[1] Ou Saint Nizier.

ni qu'on leur reprochât aucun vol, mais irrité seulement, tant la haine le transportait, de ce qu'ils lui étaient fidèles ; sa femme et lui déclamaient avec beaucoup de blasphèmes contre le saint de Dieu, et tandis que les évêques précédens avaient observé depuis long-temps cette règle qu'aucune femme n'entrât dans la maison épiscopale, celle-ci entrait avec ses servantes jusque dans les cellules où reposaient les hommes consacrés à Dieu. Mais la majesté divine, irritée de cette conduite, exerça bientôt sa vengeance sur la famille de l'évêque, car le démon se saisit de sa femme et la forçait de parcourir toute la ville hors de sens et les cheveux épars, confessant pour ami du Christ le saint de Dieu qu'elle reniait en santé, et lui demandant à grands cris de l'épargner. L'évêque fut pris de la fièvre quarte et d'un grand tremblement, et lorsque la fièvre l'eut quitté, il demeura tremblant et comme stupide. Son fils et toute sa famille étaient de même pâles et comme atteints de stupidité, afin que personne ne pût douter qu'ils avaient été frappés par la puissance du saint; car l'évêque Priscus et sa famille ne cessaient de déblatérer contre le saint de Dieu, tenant pour ami quiconque vomissait des injures sur son compte. Il avait ordonné dans les premiers temps de son épiscopat qu'on élevât les bâtimens de la maison épiscopale; un diacre que souvent, dans le temps de sa vie mortelle, le saint de Dieu, pour crime d'adultère, avait non seulement éloigné de la communion, mais même fait frapper de coups, sans pouvoir parvenir à l'amender, étant monté sur le toit de la maison au moment où l'on commençait à le découvrir, dit : « Je te rends graces, ô Jésus-

« Christ, de ce que tu m'as permis de pouvoir fouler ce « toit après la mort du très-détestable Nicet. » Au moment où ces paroles sortaient de sa bouche, comme il se tenait debout, la force manqua à ses pieds, il tomba sur la terre, fut écrasé et mourut.

Tandis que l'évêque et sa femme agissaient ainsi en beaucoup de choses contre la raison, un saint apparut à quelqu'un pendant son sommeil et lui dit : « Va et dis à Priscus qu'il amende sa mauvaise con- « duite et que ses œuvres deviennent meilleures ; dis « aussi au prêtre Martin : parce que tu consens à ces « œuvres, tu seras châtié, et si tu ne veux te corriger « de ta perversité, tu mourras. » Celui-ci s'éveillant alla parler à un diacre et lui dit : « Va, je t'en prie, toi « qui es ami dans la maison de l'évêque, et dis ces « choses soit à l'évêque, soit au prêtre Martin. » Le diacre promit de le dire; mais, changeant de pensée, il n'en voulut pas parler. La nuit, comme il était endormi, le saint lui apparut disant : « Pourquoi n'as- « tu pas été dire ce que t'avait dit l'abbé ? » Et il commença à lui frapper le cou à poings fermés. Le matin arrivé, celui-ci, la gorge enflée et sentant de grandes douleurs, s'en alla vers ces hommes et leur dit tout ce qu'il avait entendu, mais eux s'en inquiétant fort peu dirent que c'était une illusion du sommeil. Le prêtre Martin alors malade de la fièvre, entra en convalescence; mais comme il continuait à parler en homme à la dévotion de l'évêque, et s'unissait à ses mauvaises actions et aux blasphèmes qu'il vomissait contre le saint, il retomba dans sa fièvre et rendit l'esprit.

Peu de temps après saint Nicet, mourut plein de jours saint Friard, homme éminent en sainteté, grand dans sa conduite, noble dans ses mœurs, et dont nous avons rapporté les miracles au livre que nous avons écrit de sa vie. L'évêque Félix arrivant au moment de sa mort, toute sa cellule trembla, en sorte, je n'en doute pas, que ce tremblement, au moment où il passait de ce monde en l'autre, fut une annonce de l'événement. Après l'avoir lavé et enveloppé d'honorables vêtemens, l'évêque le fit porter à la sépulture.

Pour revenir à notre histoire, le roi Athanagild étant mort en Espagne, Liuva et son frère Leuvigild montèrent sur le trône [1]. Après la mort de Liuva, son frère Leuvigild posséda le royaume tout entier, et ayant perdu sa femme, il épousa Gonsuinthe, mère de la reine Brunehault. Il avait de sa première femme deux fils, dont l'un épousa la fille de Sigebert, et l'autre la fille de Chilpéric. Il partagea son royaume également entre eux, et fit périr, sans en laisser un seul [2], tous ceux qui avaient la coutume de tuer les rois.

L'empereur Justinien étant mort dans la ville de Constantinople [3], Justin fit une brigue pour parvenir à l'empire. C'était un homme adonné à une grande avarice, contempteur des pauvres, qui dépouillait les sénateurs, et se livrait à une telle cupidité qu'il fit faire des coffres de fer, dans lesquels il entassait des pièces d'or. On dit aussi qu'il tomba dans l'hérésie de Pélage. Après peu de temps, devenu insensé, il appela à lui, pour défendre ses provinces, Tibère-César, homme juste, aumônier, équitable, éclairé et

---

[1] En 567.
[2] *Non relinquens ex eis mingentem ad parietem.*
[3] En 565.

gagneur de batailles, et, ce qui surpasse toutes ces vertus, très-véritable chrétien.

Le roi Sigebert envoya à l'empereur Justin, le Franc Warinaire et Firmin l'Auvergnat pour lui demander la paix. Ils allèrent sur des vaisseaux, et arrivant à Constantinople, après s'être entretenus avec l'empereur, obtinrent ce qu'ils demandaient. L'année suivante, ils revinrent dans la Gaule. Ensuite la ville d'Antioche en Égypte, et Apamée en Syrie, ville considérable, furent prises par les Perses et leurs peuples emmenés en captivité. La basilique de saint Julien martyr à Antioche, fut brûlée par un terrible incendie. Les Persarméniens vinrent, avec une grande quantité de tissus de soie, trouver l'empereur Justin, pour lui demander son amitié, racontant que l'empereur des Perses était irrité contre eux, car il était venu dans leur pays des envoyés de sa part, disant : « L'empe-
« reur est inquiet de savoir si vous gardez fidèlement
« l'alliance que vous avez faite avec lui. » Eux ayant répondu qu'ils observaient sans y manquer tout ce qu'ils avaient promis, les envoyés dirent : « La fidé-
« lité de votre amitié paraîtra en ceci que vous ado-
« rerez comme lui le feu qui est l'objet de son culte. »
Le peuple ayant répondu que jamais il n'en ferait rien, l'évêque qui était présent dit : « Quelle divinité
« y a-t-il dans le feu pour qu'on nous demande de
« l'adorer? Le feu que Dieu a créé pour l'usage de
« l'homme, qui s'enflamme quand on lui donne des
« alimens, que l'eau éteint, qui brûle quand on l'ap-
« proche, et s'amortit si on le néglige. » Comme l'évêque poursuivait ce discours et d'autres semblables, les envoyés, transportés de fureur, l'accablèrent d'in-

jures, et le frappèrent avec des bâtons. Le peuple, voyant son évêque couvert de sang, se jeta sur les envoyés, les saisit, les tua et, comme nous l'avons dit, envoya demander à l'empereur Justin son amitié.

Palladius, fils de Brittien, autrefois comte, et de Césarie, avait été promu par Sigebert aux fonctions de comte de Javoulz, ville du Velay; mais la discorde s'étant élevée entre lui et l'évêque Parthénius, excitait de grands combats parmi le peuple, car il accablait l'évêque d'outrages, d'affronts de toute sorte, et d'injures criminelles, envahissant les biens de l'Église, et dépouillant ceux qui lui appartenaient. D'où il arriva que la division s'accroissant entre eux, ils se rendirent devant le susdit prince. Comme ils s'accusaient à l'envi de diverses choses, Palladius s'écria que l'évêque était un homme mou et efféminé, disant : « Où sont tes maris avec lesquels tu vis dans la honte « et l'infamie ? » Mais la vengeance divine vint promptement effacer les paroles proférées contre l'évêque, car, l'année suivante, Palladius, dépouillé des fonctions de comte, revint en Auvergne, et Romain brigua sa place. Il arriva qu'un jour ils se rencontrèrent à Clermont, et comme ils se disputaient cette place de comte, il vint aux oreilles de Palladius que le roi Sigebert devait le faire mourir, ce qui se trouva faux et inventé par Romain. Mais Palladius, consterné de frayeur, tomba dans de telles angoisses qu'il menaçait de se détruire de sa propre main, et comme sa mère et son beau-père Firmin veillaient attentivement à ce qu'il n'exécutât point ce qu'il avait résolu dans l'amertume de son cœur, s'étant dérobé quelques momens à la présence de sa mère, il entra dans sa chambre à coucher, et profitant de cet instant de solitude, tira son épée, mit ses deux pieds sur la poignée, en dressa la pointe contre sa poitrine, et s'étant appuyé dessus, le fer entra dans une des mammelles et ressortit par l'épaule. L'ayant redressé de nouveau, il se perça de même du côté opposé, et tomba mort. Forfait étonnant, et qui ne peut avoir été accompli que par l'œuvre du diable; car la première blessure pouvait le tuer, si le diable ne lui eût prêté secours pour commettre cette action détestable. Sa mère, accourant à moitié morte, se jeta sur le corps du fils qu'elle venait de perdre, et toute la maison poussa des cris de douleur. Il fut porté à la sépulture au monastère de Cournon, mais il ne fut point placé près des corps des chrétiens, et on n'obtint pas qu'il y eût des messes célébrées pour lui. Il est bien reconnu que l'injure qu'il avait faite à l'évêque a été la seule cause de son malheur.

Alboin, roi des Lombards, qui avait épousé Clotsinde, fille du roi Clotaire, ayant quitté son pays, partit pour l'Italie avec toute la nation des Lombards[1]. L'armée se mit en marche accompagnée des femmes et des enfans, résolue à s'établir en Italie. Entrés dans ce pays, ils le parcoururent en tous les sens pendant sept ans, dépouillèrent les églises, tuèrent les prêtres et réduisirent toute la contrée sous leur domination. Clotsinde, femme d'Alboin, étant morte, il épousa une autre femme[2], dont il avait peu de temps auparavant tué le père; en sorte que cette femme, qui à cause de cela avait toujours haï son

---

[1] En 568.
[2] Rosamonde, fille de Cunimond, roi des Gépides.

mari, attendait l'occasion de pouvoir venger son père. Il arriva donc qu'éprise d'un desir d'amour pour un de ses domestiques, elle fit périr son mari par le poison, et, lorsqu'il fut mort, s'en alla avec le domestique. Mais on les prit et on les fit mourir tous deux[1]. Les Lombards nommèrent alors un autre roi pour les gouverner.

Ennius, surnommé Mummole, fut élevé par le roi Gontran au rang de patrice. Je crois qu'il sera bon de rapporter quelque chose de plus sur l'origine de sa fortune militaire. Il était né de Pœonius et habitait la ville d'Auxerre. Pæonius gouvernait cette ville en qualité de comte. Comme il avait envoyé son fils vers le roi avec des présens, pour obtenir d'être continué dans ses fonctions, celui-ci, au moyen des richesses de son père, brigua le comté pour lui-même, supplanta son père qui l'avait envoyé pour le servir, et, parvenant ensuite par degrés, il s'éleva à la plus haute dignité. Les Lombards ayant fait une irruption dans les Gaules, le patrice Aimé, récemment nommé à la place de Celse, marcha contre eux, et leur ayant livré bataille, prit la fuite et fut tué. Les Lombards firent en cette occasion un tel carnage des Bourguignons qu'il a été impossible de calculer le nombre des morts. Ils retournèrent en Italie chargés de butin. Après leur départ, Ennius, dit Mummole, appelé par le roi, fut élevé à la dignité suprême du patriciat.

[1] Grégoire de Tours a défiguré ici la fin de l'histoire de Rosamonde, trop connue pour qu'il soit nécessaire de la rapporter en détail. Elle empoisonna elle-même, à Ravenne où elle s'était réfugiée, Helmichis son amant et son complice dans l'assassinat d'Alboin. Helmichis, se sentant près de mourir, reconnut la main de Rosamonde et la contraignit, l'épée sur la gorge, de boire le reste du poison.

Les Lombards se précipitèrent de nouveau sur les Gaules, et vinrent jusqu'à Mouches-Calmes, près de la ville d'Embrun. Mummole se mit en marche à la tête d'une armée, arriva avec ses Bourguignons, environna les Lombards, et faisant des abattis dans la forêt, passa au travers, tomba sur eux par des chemins détournés, en tua beaucoup et en prit plusieurs qu'il envoya au roi, qui ordonna de les retenir prisonniers en divers lieux. Peu se sauvèrent par la fuite pour aller porter cette nouvelle dans leur pays.

Deux frères, Salone et Sagittaire, tous deux évêques, se montrèrent dans ce combat, armés non pas de la croix céleste, mais de la cuirasse et du casque séculiers ; et ce qu'il y a de pis, ils tuèrent, dit-on, beaucoup des ennemis de leur propre main. Ce fut ici la première fois que Mummole vainquit dans les combats. Ensuite les Saxons, qui étaient venus en Italie avec les Lombards, firent une nouvelle irruption dans les Gaules et campèrent sur le territoire de Riez dans le domaine d'Establon, parcourant les métairies appartenant aux villes voisines, enlevant du butin, emmenant des captifs et ravageant tout. Mummole l'ayant appris se mit en marche avec son armée, tomba sur eux et en tua plusieurs milliers, sans cesser le carnage jusqu'au soir, où la nuit l'obligea de l'interrompre ; car il les avait surpris à l'improviste au moment où ils ne se doutaient nullement de ce qui allait leur arriver. Le matin venu, les Saxons rangèrent leur armée et se préparèrent au combat ; mais des messagers passèrent de l'un à l'autre camp et conclurent la paix. Ils firent des présens à Mummole et s'en allèrent laissant tout le butin et les captifs qu'ils avaient faits dans le pays; mais ils jurèrent, avant de s'éloigner, qu'ils reviendraient se mettre sous l'obéissance des rois et porter secours aux Francs. Étant donc retournés en Italie, ils prirent avec eux leurs femmes, leurs petits enfans et tout leur mobilier pour revenir dans les Gaules, et recueillis par le roi Sigebert, s'établirent dans le lieu d'où ils étaient sortis. Ils se partagèrent en deux troupes appelées coins. L'une des deux vint par la ville de Nice, l'autre par Embrun, tenant la même route que l'année précédente. Ils se réunirent sur le territoire d'Avignon; c'était alors le temps de la moisson et la plus grande partie des fruits de la terre était dehors, et les habitans n'en avaient encore rien serré dans leurs demeures. Les Saxons donc venaient dans les aires, se partageaient les épis, les mettaient en gerbes, les battaient et mangeaient le grain sans en rien laisser à ceux qui l'avaient cultivé; mais lorsqu'après avoir consommé la récolte, ils approchèrent des bords du Rhône pour passer le torrent, et se rendre dans le royaume du roi Sigebert, Mummole se présenta à leur rencontre, disant: « Vous ne passerez pas ce torrent. Voilà que vous « avez dépeuplé les pays du roi mon maître, re- « cueilli les épis, ravagé les troupeaux, livré les « maisons aux flammes, abattu les oliviers et les « vignes; vous ne remonterez pas sur ce rivage que « vous n'ayez d'abord satisfait ceux que vous avez « laissés dans la misère. Et si vous ne le faites, vous « n'échapperez pas de mes mains sans avoir senti le « le poids de mon épée sur vous, sur vos femmes et « sur vos enfans, pour venger l'injure du roi mon

« maître. » Saisis d'une grande frayeur, ils donnèrent pour se racheter beaucoup de milliers de pièces d'or, et alors il leur fut permis de passer, et ils arrivèrent en Auvergne. C'était alors le printemps; ils y portèrent des pièces d'airain gravées, qu'ils donnaient pour de l'or, et ceux qui les voyaient ne pouvaient douter que ce ne fût de l'or essayé et éprouvé, tant elles étaient bien colorées par je ne sais quel art. En sorte que beaucoup de gens trompés par cette fraude, donnant de l'or et recevant du cuivre, tombèrent dans la pauvreté. Les Saxons s'étant rendus près du roi Sigebert furent établis dans le lieu d'où ils étaient d'abord sortis.

Sous le règne du roi Sigebert, Jovin ayant été dépouillé de la dignité de gouverneur de la Provence, Albin fut mis à sa place, ce qui excita entre eux une grande inimitié. Il était arrivé au port de Marseille des vaisseaux venus de par-delà les mers. Les gens de l'archidiacre Vigile dérobèrent, à l'insu de leur maître, soixante-dix vases, vulgairement nommés tonneaux, remplis d'huile et de graisse : le négociant s'apercevant qu'on lui avait dérobé par le vol ce qui lui appartenait, commença à rechercher soigneusement en quel lieu avait été caché le larcin. Comme il s'informait, quelqu'un lui dit que cela avait été fait par les gens de l'archidiacre Vigile. Le bruit en parvint à l'archidiacre qui, s'étant enquis et trouvant la chose vraie, ne voulut pas l'avouer, mais commença à justifier ses gens, en disant : « Il n'y a personne « dans ma maison qui osât commettre une telle chose. » L'archidiacre, dis-je, niant donc de cette manière, le négociant eut recours à Albin, intenta une poursuite, exposa son affaire, et accusa l'archidiacre de complicité dans ce crime de fraude. Le jour de la naissance du Seigneur, l'évêque s'étant rendu dans la cathédrale, l'archidiacre, présent et vêtu de l'aube, invitait, selon l'usage, l'évêque à s'approcher de l'autel, afin de célébrer en temps opportun la solennité de ce saint jour ; aussitôt Albin, se levant de son siége, saisit et entraîna l'archidiacre, le frappa des pieds et des poings, et le fit conduire dans les prisons. Jamais ni l'évêque, ni les citoyens, ni les hommes des premières familles, ni les clameurs du peuple qui s'écriait tout d'une voix, ne purent obtenir qu'en donnant caution, l'archidiacre demeurât pour célébrer avec les autres la sainteté de ce jour, et qu'on remît ensuite à entendre son accusation. Le respect de ces saintes solennités n'empêcha pas que, dans un si grand jour, on n'osât arracher des autels un ministre du Seigneur : que dirai-je de plus ? L'archidiacre fut condamné à une amende de quatre mille sous d'or ; mais l'affaire ayant été portée devant le roi Sigebert, Albin, à la poursuite de Jovin, fut obligé de payer, par composition à l'archidiacre, le quadruple de la somme.

Après ce temps, trois chefs lombards, Amon, Zaban et Rhodan, firent une irruption dans la Gaule. Amon prit la route d'Embrun jusqu'à Macheville, dans le territoire d'Avignon, domaine que Mummole tenait d'un présent du roi, et y fixa ses tentes. Zaban descendit par la ville de Die jusques à Valence et y plaça son camp ; et Rhodan, arrivé à Grenoble, y déploya ses pavillons. Amon ravagea aussi toute la province d'Arles et les villes situées dans ses environs ; il vint jusqu'au champ de la Crau, qui tient à la ville de Marseille, et en enleva des troupeaux et des hommes : il se disposait aussi à mettre le siége devant la ville d'Aix, mais il s'en éloigna pour le prix de vingt-deux livres d'argent. Rhodan et Zaban en firent autant dans les lieux où ils arrivèrent.

Ces nouvelles ayant été apportées à Mummole, il se mit en marche avec une armée et alla contre Rhodan qui dévastait la cité de Grenoble. Comme l'armée de Mummole était occupée à traverser avec beaucoup de peine l'Isère, il arriva que, par un ordre exprès de Dieu, un animal entra dans le fleuve et en indiqua le gué, en sorte que les gens de Mummole arrivèrent à l'autre rive; ce que voyant les Lombards, ils tirèrent l'épée et vinrent sans délai à leur rencontre. Les deux armées se livrèrent un combat; les Lombards furent battus, et Rhodan, blessé d'un coup de lance, s'enfuit sur le haut des montagnes, d'où, avec cinq cents hommes qui lui restaient, il se jeta dans les forêts, et, à travers des chemins détournés, alla retrouver Zaban qui faisait alors le siége de la ville de Valence ; il lui raconta ce qui venait de se passer ; alors tous deux de concert, mettant tout au pillage, retournèrent à la ville d'Embrun : là, Mummole vint se présenter à eux avec une armée innombrable ; on livra la bataille; les troupes lombardes furent défaites et mises en pièces, et les chefs n'en ramenèrent en Italie qu'un petit nombre. Ils arrivèrent à la ville de Suze, et furent mal reçus par les habitans du lieu, d'autant plus que Sizinius, maître des milices pour l'empereur, résidait dans cette ville.

Un esclave, feignant de venir de la part de Mummole, apporta devant Zaban des lettres à Sizinius, le saluant au nom de Mummole et disant : « Lui-même est proche d'ici ; » ce que Zaban ayant entendu, il prit sa course, et, traversant la ville, s'en éloigna rapidement. Cette nouvelle étant parvenue aux oreilles d'Amon, il rassembla tout son butin; mais, comme les neiges lui faisaient obstacle, il put à grand' peine, laissant son butin, se sauver avec un petit nombre d'hommes. La valeur de Mummole les avait saisis de crainte.

Mummole livra beaucoup de combats, dans lesquels il demeura vainqueur. Après la mort de Charibert, Chilpéric ayant envahi la Touraine et le Poitou, qui par traité appartenaient au roi Sigebert, ce roi, d'accord avec son frère Gontran, choisit Mummole pour remettre ces villes sous leur puissance. Arrivé dans le pays de Tours, il en chassa Clovis, fils de Chilpéric, exigea du peuple serment de fidélité au roi Sigebert, et se rendit en Poitou; mais Bazile et Sigaire, citoyens de Poitiers, ayant rassemblé le peuple, voulurent résister; alors il les entoura de divers côtés, les accabla, les tua, et, arrivant à Poitiers, en exigea le serment. En voici quant à présent assez sur Mummole; nous rapporterons ensuite le reste en divers lieux.

Ayant à raconter la mort d'Andarchius, il convient de faire connaître d'abord sa naissance et sa patrie. Il était, à ce qu'on assure, serviteur du sénateur Félix. Envoyé avec son maître pour le servir, il fut, ainsi que lui, appliqué à l'étude des lettres, et se rendit remarquable par son instruction; car il était parfaitement instruit dans les œuvres de Virgile, les lois du Code Théodosien et l'art du calcul. Orgueilleux donc de sa science, il commença à dédaigner le service de ses maîtres, et se mit sous la protection du duc Loup, lorsque celui-ci vint à Marseille par l'ordre du roi Sigebert. En partant de Marseille, il commanda à Andarchius de venir avec lui, le mit avec soin dans les bonnes graces du roi Sigebert, et le fit passer à son service. Le roi l'envoya en divers lieux où il eut occasion de faire la guerre; il vint ainsi en Auvergne, comme un homme élevé en dignité : là, il se lia d'amitié avec Ursus, citoyen de la ville. Comme il était d'un esprit audacieux, desirant épouser sa fille, il cacha, dit-on, sa cuirasse dans les tablettes où l'on avait coutume de serrer les papiers, et dit à la femme d'Ursus : « Je te recommande « tout cet or que j'ai caché dans ces tablettes ; il y a « plus de seize mille pièces qui t'appartiendront, si « tu me donnes ta fille en mariage. »

......Quid non mortalia pectora cogis
Auri sacra fames?

Cette femme crédule y ayant ajouté foi lui promit, en l'absence de son mari, de lui donner sa fille, et lui, après être allé trouver le roi, montra au juge du lieu un ordre par lequel il lui était enjoint de le marier à la jeune fille, disant : « J'ai donné des arrhes pour « l'épouser. » Le père la refusa, disant : « Je ne sais « pas d'où tu es, et je n'ai rien reçu de toi. » Le différend s'étant échauffé, Andarchius fit appeler Ursus en présence du roi, et, lorsqu'il fut arrivé à Braine, il prit un autre homme également nommé Ursus, et, l'ayant amené en secret auprès de l'autel, lui fit jurer et dire : « Par ce saint lieu et par les reliques de ces « saints martyrs, si je ne te donne pas ma fille en ma- « riage, je te paierai sans délai seize mille sols d'or. » Il avait placé dans la sacristie des témoins cachés qui entendaient ces paroles, mais ne voyaient nullement celui qui les prononçait. Ensuite Andarchius, ayant apaisé Ursus par de bonnes paroles, fit si bien que celui-ci revint dans son pays sans avoir paru devant le roi. Après son départ, Andarchius produisit devant le roi l'écrit dans lequel était contenu le serment qu'il avait fait prêter, disant : « Ursus a écrit en ma « faveur telle et telle chose ; je supplie donc votre « Gloire de donner l'ordre qu'il m'accorde sa fille en « mariage ; autrement j'ai droit de me mettre en pos- « session de ses biens, jusqu'à ce que, payé de seize « mille sols d'or, je me désiste de cette affaire. » Il revint donc en Auvergne muni des ordres du roi, et les montra au juge. Ursus se retira dans le territoire du Velay ; ses biens furent consignés entre les mains d'Andarchius, qui se rendit aussi dans le Velay. Étant arrivé à une des maisons d'Ursus, il ordonna qu'on lui préparât à souper et qu'on lui fît chauffer de l'eau pour se laver ; mais, comme les serviteurs n'obéissaient point à ce nouveau maître, il frappa les uns avec des bâtons, les autres à coups de verges ; quelques-uns furent frappés à la tête au point que le sang en jaillit. Toute la maison mise ainsi en désarroi, on prépara le souper. Andarchius se lava dans l'eau chaude, s'enivra de vin et se coucha sur un lit ; il n'avait avec lui que sept domestiques. Tandis qu'ils dormaient profondément, non moins appesantis par le sommeil que par le vin, Ursus assembla ses gens, ferma la porte de la maison, qui était construite en planches, et, prenant les clefs, défit les meules de grain qui se trouvaient à côté, et ayant amassé autour et au-dessus de la maison les monceaux d'épis alors en gerbes, jusqu'à ce qu'elle en fût entièrement couverte, il mit le feu à plusieurs endroits. Les débris de la maison enflammée commençant à tomber sur ces malheureux, ils s'éveillèrent et appelèrent avec des cris; mais il n'y avait là personne pour les écouter. La flamme les consuma donc avec toute la maison. Ensuite Ursus, saisi de crainte, se réfugia dans la basilique de Saint-Julien; mais, ayant fait des présens au roi, il rentra en possession de tous ses biens.

Clovis, fils de Chilpéric, chassé de Tours, se rendit à Bordeaux; et tandis qu'il habitait cette ville, sans que personne songeât à l'inquiéter, un certain Sigulph, du parti de Sigebert, s'éleva contre lui, et l'ayant mis en fuite, il alla après lui, le pourchassant avec des cors et des trompettes, comme un cerf aux abois : à peine put-il trouver un passage pour retourner vers son père; cependant, ayant passé par Angers, il parvint jusqu'à lui. Comme il s'était alors élevé un différend entre les rois Gontran et Sigebert, le roi Gontran rassembla à Paris tous les évêques de son royaume, pour qu'ils décidassent auquel des deux appartenait le droit; mais la discorde civile s'étant envenimée, les rois firent le péché de négliger leurs avis. Le roi Chilpéric, irrité parce que Théodebert, son fils aîné, gagné autrefois par Sigebert, lui avait prêté serment de fidélité, s'empara des villes de celui-ci, savoir, Tours, Poitiers et les autres villes en deçà de la Loire. Arrivant à Poitiers, il livra combat au duc Gondebaud. L'armée de Gondebaud ayant pris la fuite, il se fit un grand carnage de ce peuple. Chilpéric brûla aussi la plus grande partie du pays de Tours; et si les habitans ne s'étaient soumis pour le moment, il aurait entièrement ravagé leurs terres. S'avançant ensuite avec son armée, il envahit, dévasta, désola Limoges, Cahors et toutes ces provinces, brûla les églises, interrompit le service de Dieu, tua les clercs, détruisit les monastères d'hommes, insulta ceux de filles, et ravagea tout. Il y eut en ce temps dans l'Église un plus grand gémissement qu'au temps de la persécution de Dioclétien.

Et nous nous émerveillons de ce que tant de maux se sont précipités sur eux! mais jetons les yeux sur ce qu'ont fait leurs pères, et voyons ce qu'ils font. Ceux-là, sur les prédications des prêtres, avaient quitté les temples pour les églises; ceux-ci, chaque jour, livrent les églises au pillage: ceux-là écoutaient, révéraient de tout leur cœur les prêtres du Seigneur; ceux-ci non seulement ne les écoutent pas, mais ils les persécutent: ceux-là enrichissaient les églises et les monastères; ceux-ci les bouleversent et les détruisent. Que dirai-je ici du monastère de la Latte, qui possédait des reliques de saint Martin? Une troupe d'ennemis étant arrivée, et se disposant à passer la rivière proche du monastère, afin de le dépouiller, les moines les appelèrent, et leur dirent : « Gardez-« vous, ô Barbares, gardez-vous de passer le fleuve, « car ce monastère appartient au bienheureux Martin. » Plusieurs d'entre eux, entendant ces paroles, furent émus de la crainte de Dieu, et se retirèrent; mais une vingtaine qui ne craignaient point Dieu et n'honoraient pas le saint confesseur, montèrent sur un bateau qui les passa à l'autre bord, et, poussés par l'ennemi des hommes, ils battirent les moines, mirent le monastère sens dessus dessous, et emportèrent tout ce qu'il contenait : ils en firent des paquets qu'ils mirent sur leur bateau; mais lorsqu'ils furent entrés dans la rivière, le bateau agité les emporta çà et là. Comme ils n'avaient pas le secours des rames, ils s'efforcèrent de revenir au bord, en appuyant le bois de leurs lances au fond de la rivière; mais le bateau s'ouvrit sous leurs pieds, et chacun se tenant la poitrine appuyée contre le fer de sa lance, ils furent tous transpercés par leurs propres armes. Un seul qui les avait réprimandés pour les empêcher de commettre cette action, demeura sans blessure; en sorte que si quelqu'un voulait regarder cet événement comme un effet du hasard, il suffira de remarquer qu'entre plusieurs, le seul qui fût innocent, échappa au malheur. Ceux-ci morts, les moines les tirèrent du fleuve, ainsi que leurs effets, ensevelirent les corps, et rapportèrent dans la maison ce qui leur appartenait.

Tandis que cela se passait, Sigebert fit marcher les nations qui habitent au-delà du Rhin, et, se préparant à la guerre civile, forma le projet de s'avancer contre son frère Chilpéric [1]. Chilpéric l'ayant appris, des envoyés de sa part se rendirent près de son frère Gontran. Ils firent alliance, se promettant mutuellement qu'aucun des deux ne laisserait périr son frère. Mais le roi Sigebert étant arrivé à la tête de ses troupes, tandis que Chilpéric l'attendait d'autre part avec son

[1] En 574.

armée, Sigebert, qui ne trouvait pas d'endroit pour passer la Seine et aller à la rencontre de son frère, envoya un message à son frère Gontran pour lui dire : « Si, pour ton malheur, tu ne me laisses pas passer « ce fleuve, je marcherai sur toi avec toute mon ar- « mée. » Craignant qu'il ne le fît ainsi, il entra en alliance avec lui, et le laissa passer. Chilpéric, apprenant que Gontran l'avait abandonné, et s'était rangé du parti de Sigebert, leva son camp, et se retira jusqu'au bourg d'Alluye, dans le territoire de Chartres. Sigebert le suivit et lui demanda de se préparer à la bataille; mais Chilpéric, craignant que, par la ruine de ces deux armées, les deux royaumes ne vinssent à périr, demanda la paix, et rendit à Sigebert les villes dont Théodebert s'était injustement emparé, priant qu'en aucun cas les habitans ne fussent traités comme coupables, puisqu'il les avait injustement contraints par le fer et par le feu. Les bourgs situés aux environs de Paris furent entièrement consumés par la flamme : l'ennemi détruisit les maisons comme tout le reste, et emmena même les habitans en captivité. Le roi conjurait qu'on n'en fît rien ; mais il ne pouvait contenir la fureur des peuples venus de l'autre bord du Rhin. Il supportait donc tout avec patience, jusqu'à ce qu'il pût revenir dans son pays. Quelques-uns de ces payens se soulevèrent contre lui, lui reprochant de s'être soustrait au combat ; mais lui, plein d'intrépidité, monta à cheval, se présenta devant eux, les apaisa par des paroles de douceur, et ensuite en fit lapider un grand nombre. On ne saurait douter que ce ne soit par les mérites de saint Martin que la paix se fit sans combat. Le même jour où se fit cette paix, trois paralytiques furent envoyés dans sa sainte basilique, ce que, Dieu aidant, nous raconterons dans les livres suivans.

Mon ame s'afflige d'avoir à raconter ces guerres civiles. L'année suivante Chilpéric fit de nouveau partir des envoyés pour aller vers son frère Gontran, et lui dire : «Que mon frère vienne me trouver; voyons-
« nous, et quand nous aurons fait la paix poursuivons
« ensemble Sigebert notre ennemi. » Cela se fit ainsi, ils se virent, se firent d'honorables présens, et Chilpéric, à la tête de son armée, arriva jusqu'à Rheims brûlant et ravageant tout. Sigebert, l'ayant appris, rassembla de nouveau ces peuples dont nous avons déjà parlé, vint à Paris, et se disposant à marcher contre son frère, envoya des messagers dans le pays de Châteaudun et celui de Tours, pour ordonner aux gens de ce pays de marcher contre Théodebert. Ceux-ci reculant à lui obéir, le roi leur envoya pour chefs Godégésile et Gontran qui, levant une armée, marchèrent contre Théodebert. Celui-ci, abandonné des siens, demeura avec peu de monde. Cependant il n'hésita pas à livrer le combat. Il fut vaincu et tué sur le champ de bataille, et, chose douloureuse à raconter, son corps inanimé fut dépouillé par les ennemis. Mais un certain Arnulph le retira d'entre les morts, le lava, et l'enveloppant de vêtemens honorables, l'ensevelit dans la cité d'Angoulême. Chilpéric apprenant que Gontran et Sigebert avaient de nouveau fait la paix, se fortifia dans les murs de Tournai avec sa femme et ses fils.

On vit cette année une lueur brillante parcourir le ciel, comme on l'avait vu avant la mort de Clotaire.

Sigebert ayant occupé les villes situées au-delà de Paris, alla jusqu'à la ville de Rouen, voulant céder cette ville aux étrangers, ce que les siens l'empêchèrent de faire. L'ayant donc quittée, il retourna à Paris où Brunehault le vint trouver avec ses fils; alors ceux des Francs qui avaient suivi jadis Childebert l'ancien, envoyèrent vers Sigebert pour qu'il vînt vers eux, afin qu'abandonnant Chilpéric, ils le reconnussent pour roi. Celui-ci entendant cette nouvelle, envoya des gens pour assiéger son frère à Tournai, formant le projet d'y marcher lui-même en personne. L'évêque Saint-Germain lui dit : « Si tu y vas dans l'intention « de ne pas tuer ton frère, tu reviendras vivant et « vainqueur ; mais si tu as d'autres pensées, tu « mourras. » C'est ainsi que Dieu a dit par la bouche de Salomon : « Tu tomberas dans la fosse que tu « auras creusée pour ton frère. » Celui-ci, à son grand péché, méprisa les paroles du saint, et arrivant à un village du nom de Vitry, il rassembla toute l'armée, qui, le plaçant sur un bouclier, le proclama roi. Alors deux serviteurs de la reine Frédégonde, qu'elle avait ensorcelés par des maléfices, s'approchèrent de lui sous quelque prétexte, armés de forts couteaux, vulgairement appelés *scramasax*, et dont la lame était empoisonnée, et le frappèrent chacun dans un des flancs. Il poussa un cri et tomba, et peu de temps après rendit l'esprit [1]. Charégisile son chambellan périt aussi dans cette occasion, et Sigila, venu du pays des Goths, y fut aussi extrêmement blessé; le roi Chilpéric l'ayant pris ensuite, lui fit brûler toutes les jointures en lui appliquant des fers rougis, et tous

[1] En 575.

ses membres ayant été séparés les uns des autres, il finit sa vie dans les tourmens. Charégisile avait été aussi léger dans ses actions que chargé de cupidité. Sorti de bas lieu, il prit par ses flatteries beaucoup de crédit auprès du roi. Il envahissait les biens des autres, violait les testamens, et il mourut de cette manière, afin que celui qui avait souvent détruit les dernières volontés des morts n'obtînt pas, au moment où la mort vint tomber sur lui, le pouvoir de dicter lui-même ses volontés.

Chilpéric, entre la mort et la vie, attendait, immobile et en suspens, ce qui allait arriver de lui, lorsque des messagers vinrent lui annoncer la mort de son frère ; alors il sortit de Tournai avec sa femme et ses fils, et fit ensevelir Sigebert dans le bourg de Lambres ; transporté ensuite à Soissons dans la basilique de Saint-Médard qu'il avait bâtie, Sigebert y fut enterré près de son père Clotaire. Il mourut la quatorzième année de son règne, âgé de quarante ans. Depuis la mort de Théodebert Ier jusqu'à celle de Sigebert, on compte vingt-neuf ans, et dix-huit entre la mort de Sigebert et celle de son neveu Théodebert. Sigebert mort, son fils Childebert régna à sa place.

On compte deux mille deux cent quarante ans depuis le commencement du monde jusqu'au déluge ; neuf cent quarante-deux depuis le déluge jusqu'à Abraham ; quatre cent soixante-deux jusqu'à l'époque où les enfans d'Israël sortirent d'Egypte ; quatre cent quatre-vingts depuis la sortie d'Egypte jusqu'à l'édification du temple de Salomon ; trois cent quatre-vingts depuis l'édification du temple jusqu'à sa destruction et la transmigration à Babylone ; six cent soixante-huit de la transmigration jusqu'à la passion de notre Seigneur ; quatre cent douze de la passion de notre Seigneur à la mort de saint Martin ; cent douze de la mort de saint Martin à la mort du roi Clovis ; trente-sept de la mort du roi Clovis jusqu'à la mort de Théodebert ; vingt-neuf de la mort de Théodebert jusqu'à celle de Sigebert, ce qui fait ensemble cinq mille sept cent soixante-quatorze ans.

LIVRE CINQUIÈME.

Il me pèse d'avoir à raconter les vicissitudes des guerres civiles qui écrasent la nation et le royaume des Francs, et, chose cruelle, nous ont déjà fait voir ces temps marqués par le Seigneur comme le commencement des calamités; « Le frère livrera le frère à « la mort, et le père le fils; les enfans se soulèveront « contre leur père et leur mère, et les feront mourir[1]. » Ils auraient dû cependant se laisser effrayer par les exemples des rois anciens qui, une fois divisés, succombaient aussitôt sous leurs ennemis. Combien de fois la ville des villes elle-même, la capitale du monde entier, n'a-t-elle pas été vue, en s'engageant dans la guerre civile, tomber du coup, et, la guerre cessée, se relever comme de terre? Plût à Dieu et à vous, ô rois! que vous voulussiez exercer vos forces dans des combats semblables à ceux que livrèrent vos pères à la sueur de leurs fronts, afin que les nations, frappées de terreur à la vue de votre union, fussent subjuguées par votre valeur. Rappelez-vous ce qu'a fait Clovis, celui qui marche en tête de toutes vos victoires, ce qu'il a mis à mort de rois ennemis, anéanti de nations contraires, subjugué de pays et de peuples; par quoi il vous a laissé le royaume dans toute sa force et son intégrité; et lorsqu'il fit ces choses il ne possédait ni

---

[1] Év. sel. S. Math. chap. 10, v. 21.

or ni argent, comme vous en avez maintenant dans vos trésors. Que faites-vous? que demandez-vous? quelles choses n'avez-vous pas en abondance? Dans vos maisons les délices surpassent vos desirs; vos celliers regorgent de vin, de blé, d'huile; l'or et l'argent s'accumulent dans vos trésors. Mais une seule chose vous manque, la grâce de Dieu, parce que vous ne conservez pas entre vous la paix. Pourquoi l'un prend-il le bien de l'autre? Pourquoi chacun convoite-t-il ce qui n'est pas à lui? Prenez garde, je vous en prie, à ce que dit l'apôtre : « Si vous vous mordez « et vous dévorez les uns les autres, prenez garde « que vous ne vous consumiez les uns les autres[1]. » Examinez avec soin les écrits des anciens, et voyez ce qu'ont engendré les guerres civiles; recherchez ce qu'a écrit Orose sur les Carthaginois, lorsque racontant qu'après sept cents années leur ville et leur empire furent détruits, il ajoute : « Qui les a conservés « si long-temps? la concorde; qui les a détruits après « un si long temps? la discorde. » Gardez-vous de la discorde, gardez-vous des guerres civiles qui vous tourmentent vous et vos peuples. Que pouvez-vous espérer, si ce n'est qu'après la destruction de vos armées, demeurés sans appui, vous ne tombiez bientôt accablés par les nations ennemies? Si la guerre civile te plaît, ô roi! exerce-toi à ces combats que l'apôtre avertit l'homme de livrer en lui-même; que l'esprit ambitionne de surmonter la chair, et que les vices soient vaincus par les vertus : libre alors, sers ton maître qui est le Christ; au lieu qu'enchaîné tu servais celui qui est la source de tout mal.

[1] Épît. de S. Paul. aux Galates, chap. 5, v. 15.

Le roi Sigebert ayant été tué auprès de Vitry [1], la reine Brunehault se trouvait à Paris avec ses fils; et comme on lui eut apporté la nouvelle de ce qui était arrivé, et que, troublée par la douleur et le deuil, elle ne savait ce qu'elle avait à faire, le duc Gondebaud enleva secrètement son fils Childebert encore petit enfant, et, le dérobant à une mort certaine, rassembla les peuples sur lesquels avait régné son père, et l'établit pour roi à peine âgé d'un lustre. Il commença à régner le jour de la naissance du Seigneur. La première année de son règne, le roi Chilpéric vint à Paris, et, s'étant saisi de Brunehault, l'envoya en exil dans la ville de Rouen, et s'empara de ses trésors qu'elle avait apportés à Paris. Il ordonna que ses filles fussent retenues prisonnières dans la ville de Meaux. Alors Roccolène vint à Tours avec les gens du Maine, pilla et commit beaucoup de crimes. Nous raconterons ensuite comment il périt, frappé par saint Martin, en punition de tout le mal qu'il avait fait.

Chilpéric fit marcher vers Poitiers son fils Mérovée, à la tête d'une armée; mais celui-ci, négligeant les ordres de son père, vint à Tours et y passa les saints jours de Pâques. Son armée ravagea cruellement tout le pays, et lui, feignant de vouloir aller trouver sa mère, se rendit à Rouen, y rejoignit la reine Brunehault et la prit en mariage. Chilpéric ayant appris que, contre l'honnêteté et les lois canoniques, Mérovée avait épousé la femme de son oncle, en sentit une grande amertume, et plus prompt que la parole, s'avança vers la ville de Rouen. Mais comme ils reconnurent qu'il avait l'intention de les séparer, ils se

---

[1] En 575.

réfugièrent dans la basilique de saint Martin, construite en planches, sur les murs de la ville. Le roi étant arrivé s'efforça, par beaucoup d'artifices, de les engager à en sortir, et comme ils ne le croyaient pas, pensant bien que ce qu'il en faisait était pour les tromper, il leur fit serment, en disant : « Puisque « c'est la volonté de Dieu, je ne les forcerai point à « se séparer. » Ceux-ci ayant reçu son serment sortirent de la chapelle, il les embrassa, les reçut honorablement, leur fit des festins. Peu de jours après, il retourna à Soissons, emmenant avec lui le roi Mérovée.

Tandis qu'ils étaient encore à Rouen, il s'assembla quelques gens de la Champagne qui attaquèrent la ville de Soissons, et qui, en ayant chassé la reine Frédégonde et Clovis, fils de Chilpéric, voulaient se rendre maîtres de la ville. Le roi Chilpéric l'ayant appris, y marcha avec une armée, et leur envoya des messagers pour les avertir de ne pas l'offenser, de peur qu'il n'en résultât la perte des deux armées ; mais eux, dédaignant ce conseil, se préparèrent au combat. La bataille se livra, et le parti de Chilpéric fut vainqueur ; il mit en fuite ses ennemis, coucha sur le champ de bataille beaucoup de leurs forts et vaillans hommes, et ayant mis le reste en fuite, il entra dans Soissons. Après cela, le roi commença d'entrer en soupçon contre son fils Mérovée, à cause de son mariage avec Brunehault, disant que sa méchanceté avait été la cause de ce combat. Il lui ôta donc ses armes, et lui donna des gardes [1] auxquels il enjoignit de veiller sur lui, songeant en lui-même à ce qu'il

---

[1] Au lieu de mettre en prison les hommes considérables, on se contentait quelquefois de leur donner des gardes chez eux ou de les remettre

en ordonnerait ensuite. Godin qui à la mort de Sigebert avait passé à Chilpéric, et que celui-ci avait enrichi de beaucoup de bienfaits, était celui qui avait soulevé cette guerre; mais vaincu sur le champ de bataille, il fut le premier à s'enfuir. Le roi lui ôta les domaines qu'il lui avait donnés de son fisc, dans le territoire de Soissons, et les transféra à la basilique de saint Médard.

Godin mourut peu de temps après, de mort subite. Sa femme épousa Rauchingue, homme rempli de toute sorte de vanité, gonflé d'orgueil et d'une insolente fierté; il se conduisait envers ceux qui lui étaient soumis de telle sorte qu'on n'apercevait pas en lui la moindre humanité; mais cruel envers les siens, au-delà de ce qui est ordinaire à la méchanceté et à la folie humaines, il commettait à leur égard des actions détestables. Lorsqu'un serviteur tenait devant lui, comme il est d'usage, pendant son repas, un flambeau de cire allumé, il lui faisait découvrir les jambes, et le forçait d'appuyer le flambeau jusqu'à ce qu'il s'éteignît; puis le faisant rallumer il recommençait aussi long-temps qu'il le fallait pour que le serviteur se brûlât entièrement les jambes. Si celui-ci criait ou s'efforçait de s'enfuir, on le menaçait d'une épée nue, et s'il arrivait qu'il se mît à pleurer, cela augmentait les transports de joie de son maître. On raconte que, dans ce temps, deux de ses serviteurs, un homme et une jeune fille prirent, comme il arrive souvent, de l'amour l'un pour l'autre, et après que cette affection eut duré l'espace de plus de deux ans, ils se réfugiè-

---

à la garde de quelque autre personne, ordinairement d'un magistrat; c'est ce qui s'appelait *custodes dare*, *libera custodia*.

rent ensemble dans l'église; Rauchingue, l'ayant appris, alla trouver le prêtre du lieu, le priant de lui rendre sur-le-champ ses domestiques, moyennant promesse de ne les pas châtier. Alors le prêtre lui dit : « Tu sais quel respect on doit rendre à l'Église de « Dieu; tu ne peux reprendre ceux-ci sans leur avoir « juré ta foi que tu les uniras pour toujours, et sans « avoir promis en même temps de les exempter de « toute punition corporelle. » Il demeura quelque temps en suspens sans rien dire, puis se tournant vers le prêtre, il mit les mains sur l'autel, et prêta serment en disant : « Je ne les séparerai jamais, mais « plutôt aurai soin qu'ils demeurent unis. Ce qui s'est « passé m'a été désagréable, parce que cela s'est « fait sans mon consentement; cependant je m'en ac- « commode volontiers, puisque lui n'a pas pris pour « femme la servante d'un autre, et qu'elle n'a pas « choisi un serviteur étranger. » Le prêtre crut de bonne foi la promesse de cet homme rusé, et lui rendit ses serviteurs, après qu'il eut donné la garantie exigée; il les reçut de lui, et l'ayant remercié, s'en retourna à sa maison. Aussitôt il fit couper un arbre, en fit abattre la tête, et ayant fait fendre le tronc avec un coin, ordonna de le creuser, ensuite fit ouvrir en terre une fosse de la profondeur de trois ou quatre pieds, et donna ordre d'y déposer ce tronc creusé; puis y arrangeant la jeune fille en manière de morte, fit jeter dessus le serviteur, les fit couvrir d'une planche, remplit la fosse de terre, et les ensevelit ainsi vivans, disant : « Comme je ne veux pas manquer à « mon serment, ils ne seront jamais séparés. » Le prêtre, averti de la chose, accourut en toute hâte, et reprochant à cet homme son action, obtint à grand'peine qu'il fît découvrir la fosse; on en retira le serviteur vivant, mais on trouva la jeune fille suffoquée. Rauchingue était d'une grande perversité dans les actions de cette sorte, ne se montrant en rien aussi habile que dans les tromperies et les dérisions, et dans toutes les choses mauvaises, en sorte qu'il mourut comme il le méritait, car sa mort fut semblable aux plaisirs de sa vie, ainsi que nous le dirons par la suite.

Siggo, référendaire [1], qui avait été chargé du sceau du roi Sigebert, et avait passé au roi Chilpéric pour en obtenir l'emploi qu'il avait eu chez son frère, quitta de nouveau Chilpéric, et passa au roi Childebert, fils de Sigebert. Ansoald obtint les biens qu'il avait dans le Soissonnais. Beaucoup de ceux qui avaient passé du royaume de Sigebert dans celui de Chilpéric le quittèrent de même. La femme de Siggo mourut peu de temps après, mais il en prit une autre.

En ces jours-là Roccolène, envoyé par Chilpéric, vint à Tours plein de jactance, et, plaçant son camp de l'autre côté de la Loire, nous fit dire par des messagers de faire sortir de la sainte basilique Gontran, accusé de la mort de Théodebert, menaçant, si nous ne le faisions pas, de brûler la ville et tous ses faubourgs. Ayant entendu son message, nous dépu-

---

[1] On appelait *référendaire*, sous les rois de la première race, l'officier du palais qui avait la garde de l'anneau ou sceau royal, et signait les diplômes émanés du roi. Mais ce nom était souvent donné aussi aux simples secrétaires que le garde du sceau avait sous ses ordres, ou aux officiers qui faisaient au roi des rapports sur les pétitions de ses sujets et transmettaient à ceux-ci ses réponses; ce dernier emploi était celui des *référendaires* attachés aux empereurs romains.

tâmes vers lui, répondant que ce qu'il nous demandait ne s'était pas fait dans les temps anciens, et qu'on ne pouvait en aucune manière permettre la violation de la sainte basilique ; que s'il exécutait ce qu'il avait dit, cela ne lui tournerait pas à bien non plus qu'au roi qui avait donné cet ordre, et qu'il devait redouter davantage la puissance du saint évêque, dont les mérites avaient opéré la veille la guérison d'un paralytique. Mais lui, sans aucune crainte, s'étant établi dans la maison épiscopale d'outre-Loire, disjoignit les planches de cette maison attachées avec des clous, et les gens du Mans qui étaient venus avec lui en emportèrent même les clous dans des sacs de cuir ; ils abattirent les blés et ravagèrent tout. Mais tandis que Roccolène se conduisait ainsi, frappé de Dieu, il fut attaqué de la jaunisse. Cependant il renvoya de nouveau des ordres violens, disant : « Si vous « ne chassez pas aujourd'hui le duc Gontran de votre « basilique, j'écraserai tellement tout ce qu'il y a de « verdoyant autour de la ville, que la terre pourra « être labourée par-dessus. » Le saint jour de l'Epiphanie arriva, et il commença à être tourmenté de plus en plus. Alors, par le conseil des siens, il passa le fleuve et vint à la ville. Ensuite, lorsque les prêtres allèrent, en chantant les psaumes, de la cathédrale à la sainte basilique, il suivit la croix monté sur son cheval; mais lorsqu'il entra dans la sainte basilique, ses menaces et sa fureur tombèrent, et, sorti de l'église, il ne put ce jour-là prendre aucune nourriture ; sa respiration était devenue très-difficile, et il se rendit à Poitiers. C'étaient alors les saints jours de carême ; il mangea une grande quantité de lapereaux; et, comme il avait préparé des actes pour tourmenter ou rançonner dans les premiers jours de mars les citoyens de Poitiers, il rendit l'ame le lendemain; et ainsi se calmèrent son orgueil et sa superbe.

En ce temps Félix, évêque de Nantes, m'écrivit des lettres pleines d'injures, me mandant aussi que mon frère avait été tué parce que, en convoitise de l'épiscopat, il avait fait périr l'évêque; mais, tandis qu'il écrivait ces choses, lui-même convoitait un domaine de mon église, et, comme je ne voulus pas le lui donner, plein de fureur il vomit, comme je l'ai dit, mille injures contre moi. Je lui répondis enfin un jour : « Rappelez-vous ce que dit le prophète : « Malheur à vous qui joignez maisons à maisons, et « qui ajoutez terres à terres, jusqu'à ce qu'enfin le « bien vous manque. Serez-vous donc les seuls qui « habiterez sur la terre[1]? Oh! si tu étais évêque de « Marseille, les vaisseaux n'y apporteraient jamais ni « huile, ni aucune autre épice, mais seulement du « papier, pour te donner plus de moyens de diffamer « les gens de bien par tes écritures[2]; mais la disette « de papier a mis un terme à ta loquacité. » Il était d'un orgueil et d'une cupidité infinie; mais, pour ne pas lui ressembler, je passerai sur ces choses, et expliquerai de quelle manière mon frère avait quitté la lumière du jour, et avec quelle promptitude la vengeance de Dieu atteignit ceux qui l'avaient frappé. Le bienheureux Tétrique, évêque de la cathédrale

---

[1] Isaïe, chap. 5, v. 8.

[2] C'était à Marseille que les marchands apportaient d'ordinaire le *papyrus* d'Égypte dont on se servait alors pour écrire.

de Langres, étant devenu vieux, chassa le diacre Lampade qui avait été son homme de confiance, et mon frère, desirant venir au secours des pauvres que Lampade avait injustement dépouillés, contribua à lui faire donner cette humiliation, et encourut par-là sa haine. Cependant le bienheureux Tétrique fut frappé d'apoplexie, et les remèdes de la médecine ne pouvant rien pour lui, son clergé troublé et angoissé, autant qu'il était possible, de se trouver sans pasteur, demanda qu'on lui envoyât Munderic. Le roi l'ayant accordé et tonsuré, il fut sacré évêque, à cette condition que, pendant la vie du bienheureux Tétrique, il gouvernerait, en qualité d'archiprêtre, le château de Tonnerre, y ferait sa résidence, et qu'après le décès de son prédécesseur, il lui succéderait. Tandis qu'il habitait ce château, il encourut la haine du roi, car on assurait que lorsque le roi Sigebert était venu contre son frère Gontran, il lui avait donné des vivres et fait des présens. Il fut donc tiré du château et mis en exil sur la rive du Rhône, dans une certaine tour étroite et sans toiture, dans laquelle il demeura environ deux ans avec de grandes souffrances. A la demande du saint évêque Nicet, il lui fut permis de venir à Lyon, où il habita pendant deux mois; mais ne pouvant obtenir du roi d'être rétabli au lieu d'où il avait été chassé, il s'échappa la nuit, se rendit près du roi Sigebert, et institué évêque du canton de l'Arsat [1], ayant sous sa ju-

---

[1] *Vicus Arisitensis*; il y a beaucoup d'incertitude sur la vraie désignation de cet évêché, situé évidemment dans le Rouergue, mais qui n'a subsisté que peu de temps. Cependant la similitude des noms et quelques autres circonstances portent à croire qu'il comprenait une partie du

ridiction quinze paroisses qui avaient été d'abord occupées par quelques Goths, et que réclamait maintenant Dalmate, évêque de Rhodez. Lorsque Munderic fut parti, les habitans de Langres demandèrent pour évêque Silvestre, mon parent et celui du bienheureux Tétrique, et ils le demandèrent à l'instigation de mon frère. Le bienheureux Tétrique étant sorti de ce monde, Silvestre fut tonsuré et ordonné prêtre, et prit possession de tout ce qui dépendait de cette cathédrale, puis se prépara à partir pour Lyon, pour y recevoir la consécration épiscopale. Mais, attaqué depuis long-temps d'épilepsie, il fut en ce temps saisi de cette maladie; et plus cruellement privé de ses sens qu'il ne l'avait encore été, fut deux jours sans relâche à pousser des mugissemens, et le troisième jour rendit l'esprit. Alors Lampade, qui avait été dépouillé, comme nous l'avons dit, de ses dignités et de ses revenus, se joignit, en haine du diacre Pierre mon frère, avec le fils de Silvestre, lui persuadant et affirmant que son père avait péri par les maléfices de celui-ci. Le fils de Silvestre, jeune d'âge et léger d'esprit, s'irrita contre le diacre Pierre et l'accusa en public de ce parricide. Aussitôt que Pierre eut entendu cette accusation, il porta sa cause devant l'évêque saint Nicet, oncle de ma mère, et se rendit à Lyon; là, en présence de l'évêque Syagrius, de beaucoup d'autres prêtres et des principaux séculiers, il prêta serment qu'il n'avait jamais eu part à la mort de Silvestre. Mais deux ans après le fils de Silvestre, excité de nouveau par

---

territoire montagneux placé entre Milhau et Lodève, et qu'on appelle encore *l'Arsat* ou le *Larsat*.

Lampade, poursuivit sur une route le diacre Pierre, et le tua d'un coup de lance; après quoi celui-ci fut enlevé de ce lieu et porté au château de Dijon, où on l'ensevelit auprès de saint Grégoire, notre bisaïeul. L'homicide ayant pris la fuite, passa vers le roi Chilpéric, et ses biens furent remis au fisc du roi Gontran. Le crime qu'il avait commis le fit errer en différens lieux, ne s'arrêtant et ne demeurant nulle part. Enfin, poussé, je crois, par les cris du sang innocent qui s'élevait contre lui vers la puissance divine, dans un des lieux par où il passait, il tua de son épée un homme qui ne lui avait rien fait. Les parens de celui-ci, pleins de douleur de la mort de leur proche, soulevèrent le peuple, et ayant tiré leurs épées, le coupèrent en morceaux et dispersèrent ses membres de côté et d'autre. Telle fut, par un juste jugement de Dieu, la fin de ce misérable, afin qu'après avoir fait périr un parent innocent, coupable lui-même il ne demeurât pas plus long-temps sur la terre. Cela lui arriva au bout de trois ans.

Après la mort de Silvestre, les habitans de Langres demandant encore un évêque, on leur donna Pappole qui avait été archidiacre d'Autun. Beaucoup assurent qu'il commit un grand nombre d'iniquités que nous passerons sous silence, pour ne pas nous montrer détracteur de nos frères. Cependant nous n'omettrons pas de raconter quelle fut sa mort. La huitième année de son épiscopat, comme il parcourait les paroisses et les domaines de son église, le bienheureux Tétrique lui apparut une nuit pendant son sommeil avec un visage menaçant, et lui parla ainsi : « Pour« quoi es-tu ici, Pappole? pourquoi souilles-tu mon

« siége et envahis-tu mon église ? Pourquoi disperses-
« tu les brebis qui m'avaient été confiées ? Va-t-en ;
« abandonne ce siége, éloigne-toi de ce pays. » Et disant ces mots, il poussa vigoureusement contre sa
poitrine une verge qu'il tenait à la main. Comme
Pappole s'éveillait, cherchant à penser ce que ce
pouvait être, une crampe se fixa en ce lieu, lui
faisant éprouver une vive douleur. En cette angoisse, il prit horreur de la nourriture et de la boisson, et vit la mort s'approcher de lui ; que dirai-je de
plus ? Le troisième jour le sang lui sortit par la bouche
et il expira ; on le transporta et on l'ensevelit à Langres. On nomma évêque à sa place l'abbé Mummole
surnommé le beau, que beaucoup ont célébré avec
de grandes louanges comme chaste, sobre, modéré,
très-diligent en toutes les bonnes œuvres, ami de la
justice, adonné de toutes ses forces à la charité. Parvenu à l'épiscopat, comme il sut que Lampade avait
dérobé une grande quantité des biens de l'église, et
que, des dépouilles des pauvres, il avait acquis des
champs, des vignes et des esclaves, il le chassa de sa
présence, dénué de tout ; et celui-ci, tombé dans la
plus grande pauvreté, est maintenant obligé de gagner sa nourriture par le travail de ses mains. Mais
en voilà assez sur ce point.

Pendant l'année dont nous venons de parler, c'est-
à-dire, celle où, après la mort de Sigebert, son fils
Childebert commença à régner, il se fit au tombeau
du bienheureux Martin beaucoup de prodiges que
j'ai écrits dans le livre que j'ai essayé de composer
sur ses miracles ; et, bien qu'en un discours sans art,
je me crois obligé de rapporter ce que j'ai vu moi-

même ou ce qui m'a été raconté par des gens dignes de foi. J'exposerai donc ici seulement les choses arrivées aux hommes de peu de foi qui, après avoir éprouvé la puissance des secours célestes, recoururent cependant encore aux remèdes de la terre.

Léonaste, archidiacre de Bourges, avait perdu la lumière par des cataractes qui lui étaient tombées sur les yeux. Après s'être promené de médecin en médecin, sans pouvoir recouvrer la vue, il vint à la basilique de saint Martin, et là il demeura deux ou trois mois gémissant assidûment et priant que la lumière lui fût rendue. Un jour de fête il s'aperçut que sa vue commençait à s'éclairer; mais revenu à sa maison, il appela un Juif qui lui mit des ventouses aux épaules afin de rendre encore plus de lumière à ses yeux; mais à mesure que le sang coulait, il retombait dans sa cécité. Alors il revint de nouveau au saint temple et y demeura encore un long espace de temps, mais sans pouvoir recouvrer la lumière; ce qui, je pense, lui fut refusé à cause de son péché, selon ces paroles du Seigneur : « Quiconque a déjà, on lui donnera en« core, et il sera dans l'abondance; mais pour celui qui « n'a point, on lui ôtera même ce qu'il a [1]. » Et cette autre : « Vous voyez que vous êtes guéri, ne péchez « plus à l'avenir, de peur qu'il ne vous arrive quelque « chose de pire [2]. » Celui-ci serait demeuré en santé, s'il n'eût pas voulu ajouter les secours d'un Juif à ceux de la puissance divine; car tels sont les avertissemens et les paroles de l'apôtre. « Ne vous attachez point « à un même joug avec les infidèles, car quelle union

---

[1] Évang. sel. S. Mathieu, chap. 13, vers. 12.
[2] Évang. sel. S. Jean, chap. 5, v. 14.

« peut-il y avoir entre la justice et l'iniquité ? Quel
« commerce entre la lumière et les ténèbres ? Quel
« accord entre Jésus-Christ et Bélial ? Quelle société
« entre le fidèle et l'infidèle ? Quel rapport entre le
« temple de Dieu et les idoles ? Car vous êtes le tem-
« ple du Dieu vivant...... C'est pourquoi sortez du
« milieu de ces personnes et séparez-vous d'eux [1], »
dit le Seigneur. Que tout chrétien apprenne donc de
là, quand il a obtenu les remèdes célestes, à ne pas
requérir la science mondaine.

Il convient de rapporter ici qui et quels hommes
furent, cette année, appelés à Dieu ; car je regarde
comme favorisés et agréables à Dieu ceux qu'il appelle
en cette sorte de notre terre en son Paradis. Ainsi sortit du monde le saint prêtre Sénoch, qui faisait sa demeure à Tours. Il était de la nation des Taifales ; et,
ayant pris à Tours les ordres ecclésiastiques, il se
retira dans une cellule qu'il se fit entre de vieux murs,
rassembla des moines, et répara l'oratoire ruiné depuis long-temps ; il fit éprouver à un grand nombre
de malades la vertu de ses miracles, que nous avons
écrits dans le livre de sa vie.

En cette année, décéda le bienheureux Germain,
évêque de Paris. Les grands miracles qu'il avait opérés dans sa vie mortelle furent confirmés par celui
qu'il fit à ses obsèques. Des prisonniers l'ayant invoqué à grands cris, son corps aussitôt s'appesantit sur
la terre, et lorsqu'ils eurent été déliés, il se laissa
enlever sans peine. Ceux qui avaient été ainsi délivrés
suivirent ses funérailles, et arrivèrent libres à la basilique, dans laquelle on l'ensevelit ; et avec l'aide de

[1] II. Ép. de S. Paul aux Corinth. chap. 6, v. 14—17.

Dieu, ceux qui avaient la foi obtinrent à son tombeau une grande quantité de miracles ; en sorte que ce qu'on y demandait avec justice y était aussitôt accordé. Celui qui voudra s'enquérir avec soin et exactitude des miracles opérés par son corps, les trouvera tous dans sa vie, composée par le prêtre Fortunat.

Cette même année, mourut encore le reclus Caluppa: il avait été religieux dès son enfance. Étant entré au monastère de Mélite¹, dans le territoire d'Auvergne, il se fit remarquer des frères par une grande humilité, comme nous l'avons écrit dans le livre de sa vie.

Il y eut aussi dans le territoire de Langres un reclus nommé Patrocle, élevé aux honneurs de la prêtrise, homme d'une admirable sainteté et piété, et d'une grande abstinence, souvent tourmenté de diverses incommodités que lui causait le jeûne : il ne buvait ni vin, ni bière, ni rien de ce qui peut enivrer, mais seulement de l'eau un peu adoucie de miel. Il n'usait d'aucune espèce de ragoût, mais se nourrissait de pain trempé dans l'eau, et parsemé de sel. Jamais ses yeux ne s'appesantirent par le sommeil : il était assidu à l'oraison, et lorsqu'il l'interrompait quelque peu, lisait ou écrivait. Il guérissait souvent par ses prières des fiévreux tourmentés de pustules ou d'autres maladies. Il se manifesta par beaucoup d'autres miracles qu'il serait trop long de raconter en détail. Il portait toujours un cilice à nu sur son corps. A quatre-vingts ans, il quitta ce monde, et alla trouver le Christ. Nous avons écrit un livre de sa vie.

Et comme notre Dieu a toujours daigné glorifier ses prêtres, j'exposerai ici ce qui arriva cette année aux Juifs

---

¹ On ignore la position de ce monastère.

en Auvergne. Le bienheureux évêque Avitus les avait exhortés plusieurs fois à écarter le voile de la loi mosaïque, afin que, comprenant les saintes Écritures selon l'Esprit, ils pussent, d'un cœur pur, y contempler le Christ, fils du Dieu vivant, et promis par l'autorité d'un roi [1] et des prophètes. Néanmoins ils conservaient dans leurs ames, je ne dirai pas le voile dont Moïse avait caché sa face, mais un véritable mur qui les séparait de la vérité. L'évêque, ne cessant de prier pour que, convertis au Seigneur, ils déchirassent ce voile dont se couvrent à leurs yeux les Écritures, un d'eux, au saint jour de Pâques, lui demanda d'être baptisé; et lorsqu'il eut été régénéré en Dieu par le sacrement du baptême, il se joignit, vêtu de blanc, à la procession des autres catéchumènes. Comme le peuple entrait par la porte de la ville, un des Juifs, poussé du diable, versa une huile puante sur la tête de celui qui s'était converti. Le peuple, saisi d'horreur à cette action, voulut le poursuivre à coups de pierres, ce que l'évêque ne permit pas. Mais, au jour bienheureux où le Seigneur est remonté glorieux au ciel, après avoir racheté les hommes, comme l'évêque se rendait, en chantant les psaumes, de la cathédrale à la basilique, la multitude dont il était suivi se précipita sur la synagogue des Juifs, la détruisit de fond en comble, en sorte qu'elle fut rasée. Un autre jour, l'évêque envoya aux Juifs des gens qui leur dirent: « Je ne vous
« contrains pas par la force à confesser le fils de Dieu;
« je vous prêche seulement et fais passer dans vos cœurs
« le sel de la science; car je suis le pasteur chargé de
« conduire les brebis du Seigneur; et votre véritable

---

[1] Le roi David.

« pasteur, qui est mort pour nous, a dit : *J'ai encore*
« *d'autres brebis qui ne sont pas de cette bergerie,*
« *il faut aussi que je les amène; elles écouteront*
« *ma voix, et il n'y aura qu'un troupeau et qu'un*
« *pasteur*[1]. Ainsi donc, si vous voulez croire comme
« moi, soyez un seul troupeau, dont je serai le pas-
« teur ; sinon éloignez-vous de ce lieu. » Ils demeurèrent quelques jours troublés et en suspens ; enfin, le
troisième jour, par l'effet, à ce que je crois, des prières
de l'évêque, ils se réunirent, et lui firent dire : « Nous
« croyons en Jésus, fils du Dieu vivant, qui nous a
« été promis par la voix des prophètes, et nous vous
« demandons de nous laver par le baptême, afin que
« nous ne demeurions pas dans notre péché. » Le
pontife, réjoui de cette annonce, se rendit, le matin
de la sainte Pentecôte, après les Vigiles, au baptis-
taire situé hors des murs de la ville. Là, toute la multitude, prosternée devant lui, implora le baptême,
et lui, pleurant de joie, les lava tous dans l'eau sainte,
les oignit du saint chrême, et les réunit dans le sein
de la mère Église. Les cierges brûlaient, les lampes
brillaient, l'éclat de ce blanc troupeau se répandait
sur toute la cité. La joie de la ville ne fut pas moindre
que celle de Jérusalem, lorsqu'il lui fut permis de voir
autrefois l'Esprit saint descendre sur les apôtres. On en
baptisa plus de cinq cents : ceux qui ne voulurent pas
recevoir le baptême quittèrent la ville, et se rendirent
à Marseille.

Après cela, mourut Brachius, abbé du monastère
de Menat[2]. Il était Thuringien de naissance, et avait

---

[1] Év. sel. S. Jean, chap. 10, v. 16.
[2] Dans le diocèse de Clermont, en Auvergne.

été, comme nous l'avons écrit ailleurs, chasseur au service de Sigewald.

Pour revenir à notre propos, Chilpéric envoya à Tours son fils Clovis, qui, ayant rassemblé une armée entre Tours et Angers, passa jusqu'à Saintes, et s'en empara ; mais Mummole, patrice du roi Gontran, s'avança jusqu'à Limoges avec une grande armée, et livra bataille à Didier, chef de celle du roi Chilpéric. Il perdit dans ce combat cinq mille hommes ; mais Didier en perdit vingt-quatre mille, et s'échappa avec peine par la fuite. Le patrice Mummole revint par l'Auvergne, que son armée ravagea en divers lieux, et il arriva ainsi en Bourgogne.

Ensuite Mérovée, que son père faisait garder, fut tonsuré, et, changeant son vêtement pour celui des ecclésiastiques, fut ordonné prêtre et conduit à un monastère du pays du Mans appelé St.-Calais, pour y être instruit dans les devoirs sacerdotaux. Gontran-Boson, qui, comme nous l'avons dit, vivait alors dans la basilique de Saint-Martin, ayant appris cette nouvelle, envoya à Mérovée le sous-diacre Riculphe pour lui conseiller secrètement de se réfugier aussi à la basilique de St.-Martin ; et comme Mérovée était en route pour Saint-Calais, Gaïlen, un de ses serviteurs, vint à sa rencontre. Ceux qui le conduisaient n'étant pas en force, Gaïlen le délivra dans la route ; et Mérovée s'étant couvert la tête et ayant revêtu des habits séculiers, se rendit à l'église de Saint-Martin. Nous célébrions la messe dans cette sainte basilique lorsque, trouvant la porte ouverte, il y entra. Après la messe, il dit que nous devions lui donner les eulogies [1].

[1] Voyez, sur les divers sens du mot *Eulogie*, pag. 192, la note. Il s'agit

Ragnemode, évêque du siége de Paris, et qui avait succédé à saint Germain, était alors avec nous. Comme nous avions refusé à Mérovée ce qu'il demandait, il commença à crier et à dire que nous n'avions pas le droit de le suspendre de la communion sans avoir demandé l'avis de nos confrères. D'après ces paroles, après avoir discuté canoniquement son affaire, nous nous accordâmes, avec celui de nos confrères qui était présent, à lui donner les eulogies. Je craignais d'ailleurs, en suspendant un homme de la communion, de me rendre homicide de beaucoup d'autres, car il menaçait de tuer plusieurs de nos gens s'il n'obtenait pas d'être reçu à notre communion. Cependant cela attira de grands désastres sur le pays de Tours. En ces jours-là Nicet, mari de ma nièce, se rendit pour ses affaires près du roi Chilpéric avec notre diacre qui raconta au roi la fuite de Mérovée. En les voyant, la reine Frédégonde dit : « Ce sont des espions qui sont venus pour s'en-
« quérir de ce que fait le roi, afin de savoir ce qu'ils
« auront à dire à Mérovée. » Et aussitôt les ayant fait dépouiller, elle ordonna qu'on les conduisît en exil, d'où ils ne sortirent qu'après sept mois accomplis. Chilpéric nous envoya dire par ses messagers : « Chassez cet apostat hors de votre ba-
« silique, autrement je livrerai tout le pays aux
« flammes. » Nous lui répondîmes qu'il était impossible de faire dans un temps chrétien ce qui ne s'était pas fait du temps des hérétiques. Alors il fit marcher une armée et la dirigea vers ce pays.

ici de pain non encore consacré dont le refus annonçait celui de la communion.

La seconde année du règne de Childebert, Mérovée, voyant son père arrêté à ce dessein, songea à prendre avec lui le duc Gontran et à aller trouver Brunehault, disant : « Ne plaise à Dieu que la basilique « de monseigneur Martin soit violée à cause de moi, « ou que le pays, à cause de moi, soit réduit en « captivité. » Et étant entré dans la basilique pendant les Vigiles, il offrit au sépulcre de saint Martin tout ce qu'il avait avec lui, priant ce saint de le secourir et de lui accorder sa protection, afin qu'il pût se mettre en possession du royaume. Le comte Leudaste qui, pour l'amour de Frédégonde [1], lui tendait beaucoup d'embûches, tua plusieurs de ses serviteurs qu'il avait attirés dans le piége tandis qu'ils étaient hors de la basilique, et il cherchait à le tuer lui-même, s'il en pouvait trouver l'occasion favorable ; mais lui, par le conseil de Gontran et desirant se venger, ordonna qu'on saisît Mariléïphe, premier médecin du roi, et qui revenait d'auprès de lui. Il le fit battre cruellement, le dépouilla de son or, de son argent, et de tout ce qu'il avait, et le laissa entièrement nu. Il l'aurait tué si Mariléïphe ne s'était échappé des mains de ceux qui le frappaient, et ne se fût sauvé dans la cathédrale. Après lui avoir redonné des vêtemens et obtenu sa vie, nous le renvoyâmes à Poitiers. Mérovée racontait beaucoup de crimes de son père et de sa belle-mère, et bien qu'ils fussent vrais en partie, je ne crois pas qu'il fût agréable à Dieu qu'ils fussent divulgués par un fils. En effet, je le connus bien par la suite ; car un jour que j'avais été invité à sa

[1] Leudaste était comte de Tours.

table, comme nous étions assis l'un près de l'autre, il me demanda avec instance de lui lire quelque chose pour l'instruction de son ame, et ayant ouvert le livre de Salomon, je pris le premier verset qui me tomba sous les yeux, contenant ces paroles : « Que l'œil de celui qui insulte son père soit arraché « par les corbeaux des torrens, et dévoré par les « enfans de l'aigle [1]. » Il ne le comprit pas, et je regardai ces paroles comme une prédiction du Seigneur à son sujet.

Gontran envoya alors un de ses serviteurs vers une femme qu'il avait connue dès le temps du roi Charibert, et qui avait un esprit de Python, afin qu'elle lui apprît ce qui devait arriver. Il soutenait qu'elle lui avait annoncé d'avance non seulement la nuit, mais le jour et l'heure où devait mourir le roi Charibert; elle lui fit dire par ses serviteurs : « Il arrivera « que le roi Chilpéric mourra cette année, et que le « roi Mérovée régnera sur tout le royaume à l'exclu« sion de ses frères. Tu auras pendant cinq ans le « commandement de tout le royaume ; mais la sixième « année, par la faveur du peuple, tu obtiendras la « faveur de l'épiscopat dans une des cités situées sur « la Loire, à la droite de son cours, et tu sortiras de « ce monde vieux et plein de jours. » Lorsque ses serviteurs lui eurent, en arrivant, annoncé cette nouvelle, transporté de vanité comme s'il eût déjà siégé dans la cathédrale de Tours, Gontran vint aussitôt me rapporter ces paroles. A quoi, riant de sa sottise, je lui dis : « C'est à Dieu qu'il faut demander ces « choses; il ne faut pas croire ce que promet le

[1] Prov. chap. 30, v. 17.

« diable, car il est menteur et père du mensonge[1]. »
Lui donc s'en étant allé confus, je riais beaucoup de
cet homme qui pensait qu'on devait croire de telles
choses. Enfin, dans une certaine nuit, comme après
avoir célébré Vigile dans la basilique du saint évêque,
je dormais couché dans mon lit, je vis un ange volant par les airs, qui, en passant au-dessus de la sainte
basilique, dit d'une voix forte : « Hélas, hélas, Dieu
« a frappé Chilpéric et tous ses fils, et il n'en survi-
« vra aucun de ceux qui sont sortis de ses reins,
« pour gouverner à jamais son royaume. » Il avait
alors de plusieurs femmes quatre fils sans compter
deux filles. Lorsque par la suite ces paroles eurent été
accomplies, je connus clairement la fausseté de ce
qu'avaient prédit les devins. Tandis que Mérovée et
Gontran demeuraient dans la basilique de Saint-Martin, la reine Frédégonde envoya vers Gontran-Boson
qu'elle protégeait en secret à cause de la mort de
Théodebert, et lui fit dire : « Si tu peux faire sortir
« Mérovée de la basilique, afin qu'on le tue, je te
« ferai un grand présent. » Lui, qui croyait que les
assassins étaient près de là, dit à Mérovée : « Pour-
« quoi restons-nous ici, comme des paresseux et des
« lâches ? Et d'où vient que semblables à des imbé-
« ciles, nous nous cachons autour de cette basilique ?
« Faisons venir nos chevaux, prenons des faucons,
« allons à la chasse avec des chiens, et jouissons de la
« vue des lieux ouverts ; » ce qu'il disait par artifice,
afin de l'éloigner de la sainte basilique. Gontran avait
certainement d'ailleurs de bonnes qualités ; mais tou-

---

[1] Év. sel. S. Jean, chap. 8, v. 44.

jours prêt au parjure, il ne faisait jamais un serment à l'un de ses amis qu'il ne le violât aussitôt ; ils sortirent donc comme nous l'avons dit de la basilique et se rendirent à Jouay, maison près de la ville. Mais personne ne fit de mal à Mérovée. Et comme Gontran était, comme nous l'avons dit, accusé de la mort de Théodebert, le roi Chilpéric envoya au tombeau de saint Martin des messagers avec une lettre écrite à saint Martin, le priant de lui mander, par sa réponse, s'il lui était permis ou non de tirer Gontran de sa basilique. Le diacre Baudégésile, chargé de cette lettre, la mit avec une feuille de papier blanc sur le saint tombeau ; mais, après avoir attendu trois jours sans recevoir aucune réponse, il retourna vers Chilpéric. Celui-ci envoya alors d'autres gens qui exigèrent de Gontran le serment de ne pas quitter la basilique sans le lui faire savoir. Gontran jura avec empressement, donnant la couverture de l'autel pour gage de sa parole, qu'il ne s'en irait pas sans l'ordre du roi. Mérovée, ne croyant pas aux paroles de la pythonisse, mit sur le tombeau du saint trois livres : savoir, le Psautier, les Rois et les Évangiles, et passant toute la nuit, il pria le bienheureux confesseur de lui découvrir ce qui devait arriver, afin que le Seigneur lui indiquât s'il devait régner ou non. Il passa ainsi trois jours dans le jeûne, les veilles et l'oraison ; et revenant de nouveau à la sainte tombe, ouvrit un des livres qui était celui des Rois ; le premier verset de la page sur laquelle il tomba, était celui-ci : « Le « Seigneur a frappé ces peuples de tous les maux, parce « qu'ils ont abandonné le Seigneur leur Dieu, et « qu'ils ont suivi des dieux étrangers, et les ont ado-

« rés et servis [1]. » Le verset des psaumes qu'il trouva était celui-ci : « A cause de leur perfidie, ô Dieu, vous « les avez renversés dans le temps même qu'ils s'éle- « vaient. O comment sont-ils tombés dans la dernière « désolation? Ils ont manqué tout d'un coup, et ils ont « péri à cause de leur iniquité [2]. » Il trouva ceci dans l'Évangile. « Vous savez que la Pâques se fera dans « deux jours, et le fils de l'homme sera livré pour « être crucifié [3]. » Consterné de ces réponses, il pleura très-long-temps près du sépulcre du saint évêque ; puis ayant pris avec lui le duc Gontran, il s'en alla avec cinq cents hommes, ou davantage. Ayant donc quitté la sainte basilique, comme ils traversaient le territoire d'Auxerre, Mérovée fut pris par Erpon, l'un des ducs du roi Gontran, et s'étant ensuite échappé, je ne sais comment, d'entre ses mains, il se réfugia dans la basilique de Saint-Germain. Lorsque Gontran l'eut appris, irrité de colère contre Erpon, il le con- damna à une amende de sept cents pièces d'or, et lui ôta son emploi, en disant : « Mon frère m'a dit que tu avais « arrêté son ennemi ; si telle était ton intention, tu « devais d'abord me l'amener ; autrement tu ne de- « vais pas toucher à celui que tu ne voulais pas re- « tenir. » Cependant l'armée du roi Chilpéric étant venue jusqu'à Tours, pilla, dévasta et brûla tout le pays, sans épargner ce qui appartenait à saint Mar- tin ; car les soldats, sans aucune crainte ni pensée de Dieu, détruisirent tout ce qu'ils purent atteindre. Mérovée, après avoir demeuré deux mois dans la ba-

---

[1] Rois, liv. 3, chap. 9, v. 9.
[2] Ps. 72, v. 18, 19.
[3] Év. sel. S. Math. chap. 26, v. 2.

silique de Saint-Germain, s'enfuit de nouveau et parvint à rejoindre la reine Brunehault; mais les Austrasiens ne voulurent pas les recevoir. Son père fit marcher une armée en Champagne, pensant qu'il y était caché; mais cette armée ne fit pas de mal et ne put trouver Mérovée.

Comme au temps où Alboin avait passé en Italie, Clotaire et Sigebert [1] avaient placé, dans le lieu qu'il quittait, des Suèves et d'autres nations, ceux qui avaient accompagné Alboin, étant revenus du temps de Sigebert, s'élevèrent contre eux, et voulurent les chasser et les faire disparaître du pays [2]; mais eux leur offrirent la troisième partie des terres, disant : « Nous « pouvons vivre ensemble, sans nous combattre. » Les autres, irrités parce qu'ils avaient auparavant possédé ce pays, ne voulurent aucunement entendre à la paix. Les Suèves leur offrirent alors la moitié des terres, puis les deux tiers, ne gardant pour eux que la troisième partie. Les autres le refusant, les Suèves leur offrirent toutes les terres et tous les troupeaux, pourvu seulement qu'ils renonçassent à combattre; mais ils n'y consentirent pas, et demandèrent le combat. Avant de le livrer, ils traitèrent entre eux du partage des femmes des Suèves, et de celles qu'aurait chacun après la défaite de leurs ennemis qu'ils regardaient déjà comme morts; mais la miséricorde de Dieu qui agit selon sa justice les obligea de tourner ailleurs leurs pensées, car le combat ayant été livré,

---

[1] Clotaire était mort (en 561) lorsqu'Alboin et les Lombards, avec plusieurs bandes de Saxons, passèrent en Italie (en 568). Sigebert avait permis à des bandes Suèves de s'établir sur le territoire délaissé.

[2] Voir, sur les causes de ce retour des bandes Saxonnes dans leur ancien territoire, le livre précédent, pag. 201—203.

sur vingt-six mille Saxons, vingt mille furent tués, et des Suèves qui étaient six mille quatre cents, quatre-vingt seulement furent abattus, et les autres obtinrent la victoire. Ceux des Saxons qui étaient demeurés après la défaite, jurèrent, avec des imprécations, de ne se couper ni la barbe ni les cheveux jusqu'à ce qu'ils se fussent vengés de leurs ennemis; mais ayant recommencé le combat, ils éprouvèrent encore une plus grande défaite, et ce fut ainsi que la guerre cessa.

Voici ce qui se passa en Bretagne. Mâlo et Bodic, comtes des Bretons, s'étaient mutuellement fait serment que celui des deux qui survivrait défendrait les fils de l'autre comme les siens propres; Bodic mourut laissant un fils, nommé Théodoric, et Mâlo, oubliant son serment, le chassa de son pays et lui enleva les États de son père. Il demeura long-temps errant et fugitif; mais enfin, cependant, Dieu eut pitié de lui, et ayant réuni des Bretons, il vint combattre Mâlo, le tua ainsi que son fils Jacob, et rentra en possession de cette partie du pays qu'avait possédé son père. Waroch, fils de Mâlo, conserva l'autre.

Le roi Gontran fit tuer par l'épée deux fils de défunt Magnachaire, parce qu'ils proféraient beaucoup d'exécrations et d'imprécations contre la reine Austregilde et ses enfans, et il confisqua tout ce qu'ils possédaient. Lui-même perdit ses deux fils par une maladie soudaine, dont il fut grandement contristé, parce qu'il demeurait privé d'enfans. Cette année, il y eut du doute sur le jour de Pâques. Dans les Gaules, notre cité et beaucoup d'autres célébrèrent la sainte Pâques le 25 d'avril; il y en eut qui la solennisèrent avec les Espagnols le 25 mars. On dit cependant que les fontaines qui, par l'ordre spécial de Dieu, se remplissent le jour de Pâques, se remplirent le jour que nous avions choisi pour la célébrer.

Dans le bourg de Chinon, au territoire de Tours, il arriva que, pendant qu'on célébrait la messe, le jour glorieux de la résurrection du Seigneur, l'église trembla, et le peuple, troublé de frayeur, cria tout d'une voix que l'église tombait. Tous en même temps brisèrent les portes, et se sauvèrent par la fuite. Après quoi une grande contagion fit périr beaucoup de ce peuple.

Ensuite le roi Gontran envoya vers son neveu le roi Childebert, lui demandant la paix et desirant de le voir ; alors Childebert vint à lui avec ses grands et ils se réunirent au pont qu'on appelle le pont de pierre [1]. Là, ils se saluèrent mutuellement et s'embrassèrent, et le roi Gontran dit : « Il est arrivé à cause de mes pé-
« chés que je suis demeuré sans enfans, je prie donc
« que mon neveu devienne mon fils. » Et le plaçant sur son siége, il lui remit tout son royaume, disant : « Qu'un même bouclier nous protège ! qu'une
« même lance nous défende ! S'il me vient des fils, je
« ne te regarderai pas moins comme un d'entre eux,
« en sorte que vous conserviez entre vous cette amitié
« que je te promets aujourd'hui en présence de Dieu. »
Les grands de Childebert promirent la même chose pour lui. Ils mangèrent et burent ensemble, s'honorèrent mutuellement de nobles présens et se séparèrent en paix. Puis ils firent partir des envoyés pour aller trouver le roi Chilpéric afin qu'il leur rendît ce qu'il avait usurpé de leurs royaumes, ou que, s'il

---

[1] Dans les Vosges, sur la Meuse, près de Neufchâteau.

s'y refusait, il se préparât à la guerre. Mais lui n'ayant aucun égard à ce message, commença à faire bâtir à Soissons et à Paris des cirques où il donna des spectacles au peuple.

Ces choses arrivées, Chilpéric, ayant ouï dire que Prétextat, évêque de Rouen, agissait contre lui par des présens qu'il répandait parmi le peuple, ordonna qu'il lui fût amené ; et la chose discutée, il lui trouva des effets que lui avait confiés la reine Brunehault : il les lui prit, et ordonna qu'il fût retenu en exil, jusqu'à ce qu'il eût été entendu par les évêques. Le concile assemblé, on s'y présenta. Les évêques, venus à Paris, s'étant réunis dans la basilique de l'apôtre saint Pierre, le roi dit : « Par quelle raison, ô évêque ! as-tu uni en « mariage mon ennemi Mérovée qui aurait dû agir « comme mon fils, avec sa tante, c'est-à-dire, la femme « de son oncle ? Ignorais-tu ce que les canons ont or- « donné à cet égard ? Et tu es convaincu non seule- « ment de t'être rendu coupable en cela, mais d'avoir « travaillé par des présens, de concert avec lui, à me « faire assassiner : ainsi tu as rendu le fils ennemi de « son père, tu as séduit le peuple par des présens, « afin qu'aucun ne me gardât la foi qu'il m'a promise, « et tu as voulu livrer mon royaume entre les mains « d'un autre. » A ces paroles, la multitude des Francs frémit de colère, et voulut briser les portes de la basilique pour en tirer l'évêque et le lapider ; mais le roi défendit qu'on en fît rien. L'évêque Prétextat, niant avoir fait ce que le roi avait dit, il vint de faux témoins qui montrèrent quelques joyaux, disant : « Tu « nous as donné telles et telles choses pour que nous « promissions fidélité à Mérovée. » Et il répondit à

cela : « Vous dites la vérité ; je vous ai souvent fait
« des présens, mais non pas pour que le roi fût chassé
« de son royaume ; car, lorsque vous veniez m'offrir
« de très-beaux chevaux et d'autres choses, je ne pou-
« vais faire autrement que de vous récompenser de
« cette manière. » Le roi étant retourné à son logis,
nous siégions tous ensemble dans la sacristie de la
basilique de Saint-Pierre ; et tandis que nous nous en-
tretenions, vint tout à coup Aétius, archidiacre de
l'Église de Paris, qui, nous ayant salués, dit : « Écou-
« tez-moi, ô prêtres du Seigneur rassemblés en ce
« lieu ; c'est ici le temps où vous pouvez honorer
« votre nom, et briller de tous les avantages d'une
« bonne renommée ; ou bien, en vérité, personne ne
« vous regardera plus comme les prêtres de Dieu, si
« vous ne vous conduisez pas judicieusement, et que
« vous laissiez périr votre frère. » Lorsqu'il eut dit ces
paroles, aucun des évêques ne lui répondit, car ils
craignaient la fureur de la reine, à l'instigation de
laquelle se faisait tout cela. Comme ils demeuraient
pensifs et le doigt appuyé sur les lèvres, je leur dis :
« Faites attention, je vous prie, à mes paroles, ô très-
« saints prêtres de Dieu, et vous surtout qui paraissez
« être plus que les autres dans la familiarité du roi ;
« portez-lui un conseil pieux et sacerdotal, de peur
« que, s'irritant contre un ministre du Seigneur, il
« ne périsse lui-même par la colère de Dieu, et ne
« perde son royaume et sa gloire. » Comme je disais
ces paroles, ils demeuraient dans le silence ; et voyant
qu'ils continuaient à se taire, j'ajoutai : « Souvenez-
« vous, messeigneurs les évêques, des paroles du
« prophète qui a dit : Si la sentinelle, voyant venir

« l'épée, ne sonne point de la trompette, et que
« l'épée vienne et ôte la vie aux peuples, je redeman-
« derai leur sang à la sentinelle¹. Ne gardez donc pas
« le silence, mais prêchez et mettez devant les yeux
« du roi ses péchés, de peur qu'il ne lui arrive quel-
« que mal, et que vous ne soyez coupables de sa perte.
« Ignorez-vous ce qui est arrivé de nos temps, lorsque
« Clodomir prit et envoya en prison Sigismond ? Le
« prêtre Avitus lui dit : Ne porte pas les mains sur lui,
« et si tu vas en Bourgogne, tu obtiendras la victoire;
« mais lui, rejetant ce que lui avait dit le prêtre, alla
« et fit tuer Sigismond avec sa femme et ses fils; il
« partit ensuite pour la Bourgogne, et, vaincu par
« une armée, il fut tué. Ne savez-vous pas ce qui est
« arrivé à l'empereur Maxime, et comment il força le
« bienheureux Martin à recevoir à la communion un
« évêque homicide, à quoi celui-ci consentit pour
« obtenir de ce roi impie la délivrance des gens con-
« damnés à mort ? Poursuivi par le jugement du Roi
« éternel, Maxime, chassé de l'empire, fut condamné
« à la mort la plus cruelle. » Personne ne répondit
rien à ces paroles ; ils étaient tous pensifs et dans la
stupeur. Cependant deux flatteurs qui se trouvaient
parmi eux, chose douloureuse à dire en parlant d'é-
vêques, envoyèrent dire au roi qu'il n'avait pas dans
cette affaire de plus grand ennemi que moi. Aussitôt
il envoya un de ses courtisans en toute hâte pour
m'amener devant lui. Lorsque j'arrivai, le roi était
auprès d'une cabane faite de ramée ; à sa droite, était
l'évêque Bertrand ; à sa gauche, Ragnemode ; devant eux était un banc couvert de pain et de diffé-

¹ Ézéchiel, chap. 33, v. 6.

rens mets. Le roi, me voyant, dit : « O évêque, tu dois
« dispenser la justice à tous, et voilà que je ne puis ob-
« tenir de toi la justice ; mais, je le vois, tu consens
« à l'iniquité, et en toi s'accomplit le proverbe : le
« corbeau n'arrache point les yeux du corbeau. » Je
lui dis : « Si quelqu'un de nous, ô roi, voulait s'é-
« carter des sentiers de la justice, il peut être cor-
« rigé par toi; mais si tu y manques, qui te repren-
« dra? Car nous te parlons, et tu ne nous écoutes que
« si tu veux ; et si tu ne le veux pas, qui te condam-
« nera, si ce n'est celui qui a déclaré être lui-même
« la justice? » Alors, irrité contre moi par les flatteurs, il me dit : « J'ai trouvé la justice avec tous,
« et ne puis la trouver avec toi ; mais je sais ce que je
« ferai, afin que tu sois noté parmi les peuples, et
« reconnu de tous pour un homme injuste. J'assem-
« blerai le peuple de Tours, et je lui dirai : Élevez
« la voix contre Grégoire, et criez qu'il est injuste
« et n'accorde la justice à personne ; et je répondrai
« à ceux qui crieront ainsi : Moi qui suis roi, je ne
« puis obtenir de lui la justice ; comment vous autres
« plus petits l'obtiendriez-vous? » Je lui dis : « Tu
« ne sais pas si je suis injuste. Celui à qui se mani-
« festent les secrets des cœurs connaît ma cons-
« cience ; et, quant à ces faussetés que proférera
« contre moi, dans ses clameurs, le peuple que tu
« auras poussé par tes insultes, elles ne seront rien
« du tout, car chacun saura qu'elles viennent de
« toi ; ce n'est donc pas moi, mais toi plutôt, qui
« seras noté par tes cris. Tu as les lois et les canons ;
« il te faut les consulter avec soin, et si tu n'observes
« pas ce qu'ils t'apprendront, sache que tu es menacé

« par le jugement de Dieu. » Lui, pour m'apaiser, et pensant que je ne devinerais pas qu'il le faisait par artifice, me montra un bouillon placé devant lui, et me dit : « Je t'ai fait préparer ce bouillon, « dans lequel il n'y a autre chose que de la volaille « et quelques pois chiches. » Et moi, connaissant qu'il cherchait à me flatter, je dis : « Notre nour- « riture doit être de faire la volonté de Dieu, et non « de nous plaire dans les délices, afin que nous ne « transgressions en aucune manière ce qu'il a or- « donné. Toi qui inculpes la justice des autres, pro- « mets d'abord que tu ne laisseras pas de côté la loi « et les canons, et alors nous croirons que c'est la « justice que tu poursuis. »

Il étendit sa main droite et jura par le Dieu tout-puissant de ne transgresser en rien ce qu'enseignaient la loi et les canons. Ensuite, après avoir pris du pain et bu du vin, je m'en allai. Cette nuit même, après que nous eûmes chanté les hymnes de la nuit, j'entendis frapper à grands coups à la porte de notre demeure; j'envoyai un serviteur, et j'appris que c'étaient des messagers de la reine Frédégonde. Ayant été introduits, ils me saluèrent de la part de la reine; puis ils me prièrent de ne pas persister à lui être contraire dans cette affaire, me promettant deux cents livres d'argent si, me déclarant contre Prétextat, je le faisais condamner, car ils disaient : « Nous avons déjà la « promesse de tous les évêques; seulement ne va pas « à l'encontre. » A quoi je répondis : « Quand vous « me donneriez mille livres d'or et d'argent, je ne « puis faire autre chose que ce que Dieu ordonne; je « vous promets seulement de m'unir aux autres dans

« ce qu'ils décideront conformément aux canons. » Eux, qui ne comprirent pas le sens de mes paroles, s'en allèrent en me remerciant. Le matin, quelques-uns des évêques vinrent à moi avec un message semblable. Je leur répondis la même chose.

Comme nous nous fûmes rassemblés dans la basilique de Saint-Pierre, le roi y vint le matin et dit : « Les canons ordonnent qu'un évêque, convaincu de « vol, sera exclu des fonctions épiscopales. » Et nous, en réponse, lui ayant demandé quel était l'évêque auquel on imputait le crime de vol, le roi dit : « Vous « avez vu ces joyaux qu'il nous a dérobés. » Or le roi nous avait montré, trois jours auparavant, deux valises remplies d'effets en or et en argent, et de divers joyaux qu'on estimait à plus de trois mille sols d'or, et aussi un sac rempli de pièces d'or, et qui en contenait près de deux mille. Le roi disait que ces choses lui avaient été volées par l'évêque : celui-ci répondit : « Vous vous rappelez, je crois, que la reine Brune-« hault étant arrivée à Rouen, j'allai vers vous, et vous « dis qu'elle m'avait confié ses trésors, savoir cinq « valises, et que ses serviteurs venaient souvent me « demander de les lui rendre, mais que je ne voulais « pas le faire sans votre avis. Tu me dis, ô roi : Rejette « ces choses, et rends à cette femme ce qui lui appar-« tient, de peur qu'à cause de ces richesses il ne s'é-« lève des inimitiés entre moi et mon neveu Childe-« bert. Étant donc retourné à la ville, je remis aux « serviteurs une des valises, car ils n'étaient pas assez « forts pour en porter davantage. Ils revinrent demander « les autres. Je consultai de nouveau votre Magni-« ficence ; tu m'ordonnas la même chose, disant : Re-

« jette, rejette loin de toi ces trésors, ô évêque! de peur
« qu'ils ne fassent naître quelque querelle. J'en rendis
« donc encore deux; les deux autres me demeurèrent.
« Et toi, comment maintenant peux-tu me calomnier et
« m'accuser de vol, puisque ces choses ne peuvent être
« regardées comme volées, mais remises en ma garde?»
Le roi dit à cela : « Si ces valises ont été remises entre
« tes mains pour les garder, pourquoi en as-tu ouvert
« une et coupé en partie une frange tissue de fil d'or,
« que tu as donnée à des hommes pour qu'ils me chas-
« sassent de mon royaume? » L'évêque Prétextat répondit : « Je t'ai déjà dit que, comme j'avais reçu
« d'eux des présens, n'ayant point à moi de quoi leur
« en faire, j'empruntai cela et le leur donnai en retour.
« Je regardais comme à moi ce qui appartenait à mon
« fils Mérovée que j'ai tenu sur les fonts baptismaux. »
Le roi Chilpéric, voyant qu'il ne pouvait l'emporter
sur lui par ces calomnies, nous quitta très-interdit
et troublé par sa conscience; il appela à lui quelques-
uns de ses flatteurs, et leur dit : « J'avoue que l'évê-
« que m'a vaincu par ses paroles, et je sais bien que
« ce qu'il dit est vrai; que ferai-je donc maintenant
« pour accomplir contre lui la volonté de la reine? »
et il leur dit : « Allez le trouver et dites-lui, comme
« si vous lui donniez de vous-même ce conseil : Tu
« sais que le roi Chilpéric est bon et facile à toucher,
« qu'il se laisse promptement fléchir à la miséricorde.
« Humilie-toi devant lui, et dis avoir fait les choses
« dont il t'accuse; alors nous nous prosternerons tous
« à ses pieds et obtiendrons qu'il t'accorde ton par-
« don. » Séduit par eux, l'évêque Prétextat promit de
faire ce qu'ils lui conseillaient. Le matin arrivé, nous

nous rassemblâmes au lieu accoutumé ; le roi y étant venu dit à l'évêque : « Si tu as rendu à ces hommes des « présens en retour de leurs présens, pourquoi leur « as-tu demandé par serment de demeurer fidèles à Mé- « rovée? » L'évêque répondit : « Je leur ai demandé « d'être ses amis, et j'aurais appelé à son secours non « seulement un homme, mais, s'il me l'eût été permis, « un ange du ciel, car c'était, comme je l'ai dit plusieurs « fois, mon fils spirituel que j'ai tenu au baptême. » La discussion s'échauffant, l'évêque Prétextat se prosterna à terre et dit : « J'ai péché contre le ciel et contre toi, ô « roi très-miséricordieux ! je suis un détestable homi- « cide. J'ai voulu te faire périr et élever ton fils sur « ton trône. » Lorsqu'il eut dit ces paroles, le roi se prosterna aux pieds des évêques, disant : « Écoutez, « très-pieux évêques ! ce coupable a confessé son crime « exécrable. » Alors nous relevâmes en pleurant le roi, et il ordonna à Prétextat de sortir de l'église. Lui-même se retira dans son logis, et il nous envoya les livres des canons auxquels on en avait ajouté un quatrième renfermant des canons dits apostoliques où se trouvaient ces paroles : « L'évêque pris en homi- « cide, adultère ou parjure, doit être dépouillé du sa- « cerdoce. » Lorsqu'on les eut lus, Prétextat demeu- rant saisi de stupeur, l'évêque Bertrand lui dit : « Écoute, ô frère et collègue ! comme tu n'as pas la « grâce du roi, notre bienveillance ne peut t'être « bonne à rien jusqu'à ce que tu aies obtenu que le roi « te pardonne. » Après cela le roi demanda, ou qu'on lui déchirât sa robe, ou qu'on récitât sur sa tête le 108e psaume qui contient les malédictions contre Ju- das Iscariot, ou qu'on souscrivît un jugement contre lui pour le priver à jamais de la communion. Je me refusai à toutes ces conditions d'après la promesse du roi qu'il ne serait rien fait contre les canons. Alors Prétextat fut enlevé de devant nos yeux et remis à des gardes, et, ayant essayé de s'enfuir pendant la nuit, il fut grièvement battu et envoyé en exil dans une île sur la mer près de la ville de Coutances.

Le bruit courut ensuite que Mérovée cherchait de nouveau à regagner la basilique de Saint-Martin. Chilpéric ordonna de la garder et d'en fermer toutes les portes. Les gardes laissèrent donc ouverte une seule porte par où un petit nombre de clercs se rendaient à l'office, et ils tinrent les autres fermées, non sans grande incommodité pour le peuple.

Tandis que nous étions à Paris, il parut des signes dans le ciel. On vit vers le nord vingt rayons qui, s'élevant de l'orient, allaient se perdre à l'occident; un de ces rayons, plus long et plus élevé que les autres, monta au haut du ciel et se dissipa soudainement. Les autres qui l'avaient suivi s'évanouirent; je crois que cela présageait la mort de Mérovée.

Tandis qu'il se cachait dans la Champagne Rhémoise, n'osant ouvertement se confier aux Austrasiens, il fut conduit dans le piége par les gens de Térouane qui lui dirent que, s'il voulait venir vers eux, ils abandonneraient son père Chilpéric et se soumettraient à lui. Ayant aussitôt pris avec lui des hommes très-courageux, il vint vers eux : eux alors découvrant la fourbe qu'ils avaient préparée, l'enfermèrent dans une métairie, et, l'ayant entourée de gens armés, envoyèrent des messagers à son père. Celui-ci, apprenant cette nouvelle, se disposa à se rendre sur le lieu. Mais Mérovée, retenu dans cette petite maison, craignant de satisfaire par beaucoup de tourmens à la vengeance de ses ennemis, appela à lui Gaïlen, un de ses familiers, et lui dit : « Nous n'avons eu jusqu'ici qu'une ame et « qu'une volonté; ne souffre pas, je te prie, que je « sois livré entre les mains de mes ennemis, mais « prends une épée et enfonce-la dans mon corps. » Celui-ci, sans hésiter, le perça de son couteau. Le roi en arrivant le trouva mort. Il y eut des gens qui soutinrent que les paroles de Mérovée, que nous venons de rapporter, avaient été supposées par la reine, et que Mérovée avait été tué secrètement par son ordre. Gaïlen ayant été pris, on lui coupa les mains, les pieds, les oreilles, le dessus des narines, et on le fit périr misérablement. Grindion fut condamné au supplice de la roue. Gucilian, autrefois comte du palais du roi Sigebert, eut la tête tranchée. Beaucoup d'autres, venus avec Mérovée, furent mis à mort de diverses et cruelles manières. On disait que cette trahison avait été particulièrement conduite par l'évêque Ægidius et par Gontran-Boson, car la reine Frédégonde portait à Gontran une amitié secrète comme meurtrier de Théodebert; Ægidius lui était cher depuis long-temps.

Lorsque l'empereur Justin, perdant la raison, fut devenu tout-à-fait insensé et que l'impératrice Sophie fut demeurée seule à la tête de l'empire, les peuples, comme nous l'avons dit dans un livre précédent, élurent Tibère César [1], homme vaillant, habile, sage, aumônier, défenseur des pauvres et des gens de bien. Comme il distribuait aux pauvres beaucoup des trésors

[1] En 574.

amassés par Justin, l'impératrice lui en faisait de fréquens reproches, disant : « Tu dissipes en peu de « temps avec prodigalité ce que j'ai amassé en un « grand nombre d'années. » Et il lui disait : « Notre « fisc ne sera pas appauvri, si les pauvres ont reçu « l'aumône et que les captifs aient été rachetés, car « c'est là un grand trésor, puisque Dieu a dit : Faites « vous des trésors dans le ciel, où ni la rouille ni « les vers ne les mangent point, et où il n'y a point de « voleurs qui les déterrent et qui les dérobent [1]. Ainsi « donc, de ce que Dieu nous a donné, amassons des tré- « sors dans le ciel, par le moyen des pauvres, afin de « mériter que Dieu augmente nos biens sur la terre. » Et comme, ainsi que nous l'avons dit, c'était un grand et véritable chrétien, à mesure qu'il distribuait joyeusement ses richesses aux pauvres, Dieu lui en accordait de plus en plus. Car se promenant dans le palais, il vit, dans le pavé d'une salle, une dale de marbre dans laquelle était sculptée la croix du Seigneur, et il dit : « Seigneur, nous fortifions notre front « et notre poitrine du signe de ta croix, et voilà que « nous foulons la croix sous nos pieds ! » Et aussitôt il ordonna qu'elle fût enlevée ; la dale de marbre ayant été détachée et déplacée on en trouva une autre portant le même signe ; lorsqu'on vint le lui dire, il ordonna de l'enlever. Celle-ci ôtée, on en trouva une troisième ; il donna ordre de même qu'on l'enlevât, et l'ayant ôtée on trouva un grand trésor de plus de mille pièces d'or [2]. Il prit cet or et le distribua aux

---

[1] Ev. sel. S. Math. chap. 6, v. 20.

[2] *Mille auri centenaria*, ce qui ferait cent mille livres d'or, somme incroyable.

pauvres encore plus abondamment qu'il n'avait coutume de faire, et, à cause de ses bonnes intentions, Dieu ne permit jamais qu'il en manquât. Je ne passerai pas sous silence ce que le Seigneur lui envoya par la suite. Narsès, duc d'Italie, avait dans une certaine ville une grande maison. Étant venu en Italie avec beaucoup de trésors, il arriva à la ville dont je parle, et là fit creuser secrètement dans sa maison une grande citerne dans laquelle il plaça beaucoup de milliers de pièces d'or et d'argent, et, ayant fait tuer ceux qui en étaient instruits, il ne mit dans le secret qu'un vieillard à qui il fit jurer de n'en rien dire. Après la mort de Narsès, ces trésors demeuraient ensevelis sous la terre. Le vieillard dont j'ai parlé voyant les constantes aumônes de Tibère, alla le trouver en disant : « S'il doit m'en revenir quelque profit, je « te découvrirai, César, une chose importante. — Dis « ce qu'il te faut, répondit celui-ci ; si tu nous ap- « prends quelque chose d'avantageux pour nous, tu y « trouveras ton profit. — J'ai, dit le vieillard, les trésors « cachés de Narsès, et, parvenu au terme de ma vie, « je ne saurais les cacher. » Alors Tibère César, fort joyeux, envoya en ces lieux ses serviteurs. Le vieillard les précédait et eux le suivaient étonnés. Parvenus à la citerne, et l'ayant découverte, ils y entrèrent et y trouvèrent tant d'or et d'argent qu'on eut grand'peine à emporter en plusieurs jours tout ce qu'elle contenait. Ce que Tibère retira de là fut encore plus largement distribué aux pauvres.

Il s'éleva une émeute contre les évêques Salone et Sagittaire ; élevés tous les deux par saint Nicet, évêque de Lyon, ils avaient obtenu le diaconat. En ce temps Salone fut fait évêque de la ville d'Embrun, et Sagittaire de la ville de Gap; mais, parvenus à l'épiscopat et se trouvant livrés à eux-mêmes, ils commencèrent à s'abandonner, avec une fureur insensée, aux dévastations, aux voies de fait, au meurtre, à l'adultère et à divers crimes. En ce temps Victor, évêque de Saint-Paul des Trois-Châteaux, célébrant la fête de sa naissance, ils envoyèrent une troupe qui tomba sur lui à coups d'épée et de flèches. Ces hommes déchirèrent ses vêtemens, blessèrent ses serviteurs, et, emportant les vases et tout l'appareil du festin, laissèrent l'évêque couvert d'outrages. La chose ayant été portée devant le roi Gontran, il ordonna qu'il fût assemblé un synode dans la ville de Lyon; les évêques réunis au patriarche le bienheureux Nicet, et la cause discutée, ils trouvèrent les deux évêques grandement coupables de ce dont ils étaient accusés, et ordonnèrent que, pour avoir commis de telles choses, ils fussent dépouillés de la dignité épiscopale; mais ceux-ci, connaissant que le roi leur était favorable, allèrent à lui et l'implorèrent, disant qu'ils avaient été injustement dépouillés, et le priant de leur accorder la permission de s'en aller vers le pape de la ville de Rome. Le roi leur accorda leur demande, et leur donna, par lettres expresses, la permission de se rendre à Rome. Eux, arrivés devant le pape Jean, exposèrent leur affaire comme s'ils eussent été dépouillés sans aucun motif. Le pape adressa donc au roi des lettres portant injonction de les rétablir dans leurs siéges. Le roi accomplit sans retard cette injonction, après les avoir cependant vivement maltraités de parole; mais ce qu'il y a de fâcheux, c'est qu'il n'en résulta aucun amendement. Cependant ils demandèrent la paix à l'évêque Victor, et lui remirent les gens qu'ils avaient fait courir sur lui; mais lui, se rappelant le précepte du Seigneur, de ne pas rendre à ses ennemis le mal pour le mal, les renvoya libres sans leur avoir fait éprouver aucun mauvais traitement. Et, à cause de cela, il fut par la suite privé de la communion, pour avoir épargné en secret les ennemis qu'il avait accusés publiquement, et sans demander l'avis de ses confrères, devant lesquels il les avait accusés. Mais, par la faveur du roi, il fut de nouveau reçu à la communion. Les autres cependant se livraient tous les jours aux plus grands forfaits, et, comme nous l'avons déjà raconté, dans le combat que Mummole soutint contre les Lombards, ils se couvrirent d'armes comme des laïques, et tuèrent beaucoup de Lombards de leur propre main. Ils tournaient aussi leur cruauté contre plusieurs de leurs concitoyens, les faisant frapper de coups de bâton jusqu'à effusion de sang, d'où il arriva que la clameur populaire parvint de nouveau jusqu'au roi, et le roi ordonna qu'on les amenât devant lui. Lorsqu'ils furent venus, il ne voulut pas qu'ils parussent à ses yeux, ordonnant, avant de leur donner audience, qu'on examinât s'ils étaient dignes d'être admis en la présence royale. Mais Sagittaire, vivement irrité, prenant la chose fort à cœur, comme il était vain, léger d'esprit et abondant en paroles déraisonnables, commença à déclamer beaucoup contre le roi, et à dire que ses fils ne pouvaient posséder son royaume, parce que leur mère avait été prise parmi les servantes de

Magnachaire pour entrer dans le lit du roi, ignorant que maintenant, sans s'informer de la naissance des femmes, on appelle enfans du roi ceux qui ont été engendrés par le roi. Le roi l'ayant su, extrêmement irrité, leur enleva leurs chevaux, leurs serviteurs et tout ce qu'ils pouvaient avoir, et ordonna qu'ils fussent enfermés, pour y faire pénitence, en des monastères situés dans des lieux fort éloignés, ne leur laissant à chacun d'eux qu'un seul clerc. Il donna des ordres terribles aux juges du lieu pour qu'ils les fissent garder par des gens armés, et ne souffrissent pas que personne pût les venir visiter. Le roi en ce temps avait encore deux fils dont l'aîné tomba malade; alors les familiers du roi vinrent à lui et lui dirent : « Si le roi daigne écouter favorablement les « paroles de ses serviteurs, ils se feront entendre à « tes oreilles. » Le roi répondit : « Dites ce qu'il vous « plaît. » Et ils dirent : « Prends garde que ces évê-« ques n'aient été condamnés à l'exil sans le méri-« ter, tellement que les péchés du roi pèsent sur « quelqu'un, et qu'ainsi le fils de notre seigneur « vienne à périr. » Il dit : « Allez au plus vite et « relâchez-les, en les conjurant de prier pour nos « petits enfans. » On alla vers eux, et ils furent mis en liberté. Sortis du monastère, ils se réunirent, et, s'embrassant parce qu'ils ne s'étaient pas vus depuis long-temps, ils retournèrent à leurs cités tellement touchés de componction qu'on les voyait sans relâche chanter des psaumes, célébrer des jeûnes, exercer l'aumône, passer les jours à la lecture des chants de David, et les nuits à chanter des hymnes et méditer des leçons; mais une telle sainteté ne se soutint pas long-temps sans tache; ils retournèrent à leurs anciennes pratiques et passaient souvent des nuits à banqueter et à boire; tellement que, lorsque dans l'église les clercs célébraient les Matines, ils demandaient à boire et faisaient couler le vin. Il n'était plus question de Dieu; ils ne songeaient plus à dire leurs heures; au retour de l'aurore, ils se levaient de table, et, se couvrant de vêtemens moelleux, ils s'ensevelissaient dans le sommeil et dormaient jusqu'à la troisième heure du jour; ils ne se faisaient pas faute de femmes pour se souiller avec elles; puis, se levant, entraient dans le bain, et de là passaient à la table; ils s'en levaient le soir et se mettaient alors à souper jusqu'au lever du soleil, comme nous l'avons dit. C'est ainsi qu'ils faisaient tous les jours, jusqu'à ce qu'enfin la colère de Dieu tomba sur eux, comme nous le dirons par la suite.

Alors vint de la Bretagne à Tours le Breton Winnoch, homme d'une grande abstinence, qui s'en allait à Jérusalem et portait pour tout vêtement des peaux de brebis dépouillées de leur laine. Comme il nous parut un homme très-religieux, pour le retenir plus long-temps, nous l'honorâmes de la dignité de prêtrise.

Ingiltrude avait la pieuse habitude de recueillir l'eau du sépulcre de saint Martin; cette eau lui manquant, elle pria qu'on portât sur le tombeau du saint un vase rempli de vin; après qu'il y eut passé la nuit, elle l'envoya prendre en présence du prêtre, et lorsqu'on le lui eut apporté, elle dit au prêtre : « Ote « de ce vin, verses-y une seule goutte de cette eau « bénite dont il me reste un peu; » et lorsqu'il l'eût fait, chose merveilleuse à dire, une seule goutte étant tombée dans le vase à demi-plein, il se trouva aussitôt rempli; on le vida de même deux ou trois fois, et de même une seule goutte le remplit. On ne saurait douter que cela ne fût opéré par les mérites de saint Martin.

Après cela Samson, le plus jeune des fils du roi Chilpéric, pris de la fièvre et de la dysenterie, sortit de la vie de ce monde. Il était né tandis que le roi Chilpéric était à Tournai, assiégé par son frère. Sa mère, saisie de la crainte d'une mort prochaine, le rejeta alors loin d'elle, et voulut le faire perdre; mais elle ne le put, et le roi l'en ayant réprimandée, elle ordonna qu'il fût baptisé. L'évêque, l'ayant baptisé, le prit avec lui; mais il mourut ayant d'avoir accompli un lustre. En ces jours-là, sa mère Frédégonde fut grièvement malade, mais elle guérit.

Ensuite, la nuit du 9 novembre, tandis que nous célébrions les Vigiles de saint Martin, il nous apparut un grand prodige; on vit au milieu de la lune briller une étoile flamboyante, et proche de la lune, au-dessus et au-dessous, apparurent d'autres étoiles. On la vit entourée du cercle qui souvent annonce la pluie; mais nous ignorons ce que signifiaient ces choses. Plusieurs fois durant cette année nous vîmes la lune devenir obscure, et, avant le jour de la naissance du Seigneur, on entendit de grands tonnerres. Il parut aussi autour du soleil des lueurs semblables à celles qui, comme nous l'avons rapporté, avaient été vues avant la mortalité d'Auvergne, et que les paysans appellent des soleils. On dit que la mer s'éleva beaucoup plus que de coutume, et il apparut beaucoup d'autres signes.

Gontran-Boson vint à Tours avec un petit nombre d'hommes armés, enleva par force ses filles qu'il avait laissées dans la sainte basilique, et les conduisit à Poitiers qui appartenait au roi Childebert. Le roi Chilpéric se rendit maître de Poitiers. Ses gens mirent en fuite les gens de son neveu, et conduisirent au roi le comte Ennodius. Le roi le condamna à l'exil, et ses biens furent portés au fisc. Mais un an après, il recouvra ses biens et la liberté de retourner dans son pays. Gontran-Boson ayant laissé ses filles dans la basilique de Saint-Hilaire, alla trouver le roi Childebert.

La troisième année du roi Childebert, qui était la dix-septième du règne de Chilpéric et de Gontran, Daccon, fils de défunt Dagaric, ayant quitté le roi Chilpéric, errait de côté et d'autre, lorsqu'il fut pris en trahison par le duc Dracolène dit l'avisé. Dracolène lui ayant promis par serment qu'il obtiendrait sa vie du roi, le conduisit à Braine, chargé de liens et le remit au roi Chilpéric; puis oubliant son serment, il machina avec ce prince de le faire mourir, portant contre lui d'odieuses accusations. Daccon se voyant attaché, et s'apercevant qu'il lui était impossible d'échapper, demanda à un prêtre, à l'insu du roi, de lui donner l'absolution, et lorsqu'il l'eut reçue, on le fit mourir. Dracolène étant retourné promptement dans son pays, tandis que Gontran-Boson cherchait à enlever ses filles de Poitiers, Dracolène l'apprit et vint à sa rencontre pour l'attaquer. Gontran et les siens se préparèrent au combat, et voulurent se défendre; cependant Gontran envoya un de ses amis à Dracolène, disant : « Va et dis-lui : tu sais que nous

« avons alliance ensemble; je te prie d'éloigner toute
« embûche de ceux qui m'appartiennent; je ne t'em-
« pêche pas d'enlever tant que tu voudras les choses
« que je possède, mais que seulement, nu s'il le faut,
« je puisse avec mes filles arriver où j'ai dessein d'al-
« ler. » Mais l'autre, plein de vanité et d'insolence,
dit : « Voilà la corde avec laquelle j'ai attaché les autres
« coupables que j'ai conduits au roi; elle me servira
« aujourd'hui à t'attacher et te conduire vaincu. » En
disant ces mots, pressant son cheval des deux talons,
il se précipita rapidement sur Gontran, et lui porta
un coup à faux; le fer de sa lance se sépara du bois,
et tomba à terre; Gontran voyant la mort suspendue
sur sa tête, invoqua le nom de Dieu, les grands mérites de saint Martin, et ayant élevé sa lance, en frappa
Dracolène dans la mâchoire. Celui-ci demeurait suspendu à moitié tombé de son cheval, lorsqu'un des
amis de Gontran l'acheva d'un coup de lance dans le
côté. Ceux qui l'accompagnaient furent mis en fuite,
et après l'avoir dépouillé, Gontran poursuivit librement sa route avec ses filles. Ensuite son beau-père
Sévère fut gravement accusé près du roi par ses fils.
Apprenant la chose, il se mit en route pour aller trouver le roi avec de grands présens, mais il fut pris en
chemin et dépouillé de tout; puis envoyé en exil, il
y périt d'une mort malheureuse. Ses deux fils Burso-
lène et Dodon furent condamnés à mort pour crime
de lèze-majesté. L'un fut tué par une troupe armée
qu'on avait envoyée contre lui; l'autre fut pris dans sa
fuite, et mourut les pieds et les mains coupés. Leurs
biens et ceux de leur père furent confisqués, car ils
avaient de grands trésors.

Les habitans de Tours, de Poitiers, de Bayeux, du Mans et d'Angers, marchèrent avec beaucoup d'autres en Bretagne, par ordre du roi Chilpéric, pour attaquer Waroch fils de Mâlo, et s'arrêtèrent aux bords de la rivière de la Vilaine. Mais lui tombant par ruse pendant la nuit sur les Saxons de Bayeux [1], en tua la plus grande partie. Puis le troisième jour, il fit la paix avec les capitaines du roi Chilpéric, et donnant son fils en ôtage, s'obligea par serment à demeurer fidèle au roi. Il rendit aussi la ville de Vannes, à condition que le roi lui en accorderait le gouvernement, promettant qu'il paierait tous les ans, sans qu'on fût obligé de les lui demander, les tributs que devait cette ville. Après quoi l'armée s'éloigna de ce lieu. Ensuite le roi Chilpéric ordonna que les pauvres et les serviteurs de l'Église payassent l'amende pour n'avoir pas marché avec l'armée. Ce n'était pourtant pas la coutume qu'ils fussent soumis à aucune fonction publique. Waroch, quelque temps après, oubliant ses promesses et voulant revenir sur ce qu'il avait fait, envoya à Chilpéric Éon, évêque de Vannes; mais le roi irrité de colère, après l'avoir tancé, le condamna à l'exil.

La quatrième année de Childebert, qui était la dix-huitième des rois Gontran et Chilpéric, un synode se rassembla dans la ville de Châlons, par l'ordre du roi Gontran. On y discuta diverses affaires; Salone et Sagittaire retombèrent dans leurs anciennes calamités; on leur reprochait plusieurs crimes; ils furent accusés non seulement d'adultère, mais encore de meurtre.

---

[1] Plusieurs bandes de Saxons, après avoir erré dans la Gaule, s'étaient établies sur les confins de la Bretagne et de la Normandie, dans le pays de Bayeux.

Cependant les évêques jugeaient qu'ils pourraient les expier par la pénitence; mais on les accusa de crime de lèze-majesté, et de trahison envers la patrie, ce pourquoi ils furent dépouillés de l'épiscopat, et retenus prisonniers dans la basilique de Saint-Marcel. Ils s'en échappèrent par la suite, et allèrent errer en divers lieux. D'autres furent nommés à leurs siéges.

Le roi Chilpéric fit faire dans tout son royaume des rôles d'impositions nouvelles et très-pesantes, ce qui fut cause que beaucoup quittèrent leurs cités, abandonnèrent leurs propriétés, et se réfugièrent dans d'autres royaumes, aimant mieux se transporter ailleurs que de demeurer exposés à un pareil danger; car il avait été ordonné que chaque propriétaire de terre paierait une amphore de vin par demi-arpent : on avait imposé, tant sur les autres terres que sur les esclaves, beaucoup d'autres contributions ou prestations qu'il était impossible de supporter. Le peuple du Limousin, se voyant accablé sous de telles charges, se rassembla dans les premiers jours de mars, et voulut tuer Marc, le référendaire chargé de lever ces impositions; et ils n'y auraient pas manqué, si l'évêque Ferréole ne l'eût délivré du péril qui le menaçait : la multitude s'empara des rôles et les livra aux flammes. Le roi, extrêmement irrité, envoya des gens de sa maison chargés d'infliger au peuple de grands châtimens. On effraya par des tourmens, on punit des gens à mort. On rapporte même que des abbés et des prêtres furent attachés à des poteaux, et livrés à divers tourmens sur les calomnies des envoyés du roi, qui les accusaient de s'être mêlés à la sédition où le peuple avait brûlé les registres. On mit ensuite des impositions plus accablantes qu'auparavant.

Les Bretons dévastèrent aussi cruellement le pays de Rennes, brûlant, pillant, emmenant les habitans captifs. Ils vinrent ravageant tout jusqu'au bourg de Saint-Aubin-le-Cormier. L'évêque Éon retiré de son exil, on l'envoya vivre à Angers; mais on ne lui permit pas de retourner dans la cité de Vannes. Le duc Beppolène fut envoyé contre les Bretons, et ravagea par le fer et le feu le reste de la Bretagne, ce qui excita de plus en plus la fureur des peuples.

Tandis que ces choses se passaient dans les Gaules, Justin, après avoir accompli la dix-huitième année de son règne, termina avec sa vie la folie dans laquelle il était tombé. Dès qu'il eut été enseveli, Tibère-César se mit en possession de l'empire qu'il gouvernait déjà depuis long-temps[1]. Mais comme le peuple l'attendait, selon la coutume du pays, au spectacle du cirque, où on lui préparait des embûches en faveur de Justinien, neveu de Justin, il se rendit aux saints lieux, et, après y avoir fait sa prière, il appela à lui le pape de la ville[2], et rentra au palais avec les consuls et le préfet. Là, s'étant revêtu de la pourpre et couronné du diadème, il monta sur le trône impérial et fut reconnu empereur avec d'immenses acclamations. Les gens de la faction qui l'attendait au cirque, apprenant ce qui venait de se passer, se retirèrent pleins de honte, sans avoir pu effectuer leur projet; car aucun ennemi ne peut rien contre l'homme

---

[1] En 578; l'empereur Justin régna treize ans et non pas dix-huit.
[2] Le patriarche de Constantinople auquel on donnait encore souvent le nom de *papa*.

qui a mis son espérance en Dieu. Justinien étant venu quelques jours après, se jeta aux pieds de l'empereur, lui apportant quinze cents pièces d'or, comme prix de son pardon. Celui-ci, avec ses habitudes ordinaires de bonté, le reçut, et le fit demeurer dans son palais; mais l'impératrice Sophie, oubliant les promesses qu'elle avait faites à Tibère, essaya de lui tendre des piéges; et comme il s'était rendu à sa maison des champs, pour y jouir pendant trente jours, selon l'usage des empereurs, des plaisirs de la vendange, Sophie, ayant fait appeler en secret Justinien, voulut l'élever à l'empire. Tibère, l'ayant appris, revint en toute hâte à Constantinople, et ayant fait prendre l'impératrice, la dépouilla de tous ses trésors, ne lui laissant que ses alimens quotidiens : il lui ôta tous ses serviteurs, lui en donna d'autres dont il était sûr, et défendit qu'aucun des anciens pût avoir accès auprès d'elle. Après avoir réprimandé Justinien, il lui accorda cependant ensuite une telle affection qu'il lui promit sa fille pour son fils, et demanda en retour pour son fils la fille de Justinien; mais la chose n'eut pas lieu. Tibère vainquit l'armée des Perses, et revint victorieux avec une masse de butin capable, à ce qu'il paraissait, d'assouvir les desirs de l'homme; vingt éléphans furent pris et amenés à l'empereur.

Les Bretons infestèrent cruellement les environs de Nantes et de Rennes; ils enlevèrent une immense quantité de butin, ravagèrent les champs, dépouillèrent les vignes de leurs fruits et emmenèrent beaucoup de captifs. L'évêque Félix leur ayant fait parler par des envoyés, ils promirent de s'amender, mais ne voulurent accomplir aucune de leurs promesses.

Une femme de Paris fut accusée; plusieurs assuraient qu'elle délaissait son mari et s'approchait d'un autre homme; les parens du mari allèrent trouver le père et lui dirent : « Range ta fille à une meilleure con-« duite, ou certainement elle mourra, afin que sa « honte n'inflige pas de déshonneur à notre race. — « Je sais, dit le père, que ma fille se conduit bien « et que ce que disent des hommes méchans n'est « point véritable; cependant, pour qu'on ne la calom-« nie pas de nouveau, je ferai serment de son in-« nocence. » Et eux lui dirent : « Si elle est inno-« cente, affirme-le par serment sur le tombeau de « saint Denis martyr : — Je le ferai, dit le père. » Alors au jour fixé, ils se réunirent à la basilique du saint martyr, et le père, les mains levées sur l'autel, jura que sa fille n'était point coupable. Ceux qui étaient du parti du mari soutinrent contre lui qu'il se parjurait; il s'éleva donc une altercation et les épées furent tirées; ils se jetèrent les uns sur les autres et se tuèrent jusque devant l'autel. C'étaient des gens de la plus haute naissance et des premiers auprès du roi Chilpéric. Beaucoup furent frappés de l'épée, et la sainte basilique fut arrosée de sang humain; les portes furent percées de coups d'épée ou de javelot et des traits impies insultèrent jusques au saint tombeau. On eut grand'peine à apaiser le tumulte, et l'église fut interdite jusqu'à ce que le roi fût instruit de ce qui s'était passé. Les auteurs de cette violence se rendirent devant le prince qui ne les reçut pas en grâce, mais ordonna qu'ils fussent remis à l'évêque du lieu, afin que, s'il les trouvait coupables de ce méfait, il les exclût, comme il le devait, de la communion. Ceux donc qui avaient fait le mal, ayant composé avec Ragnemode qui gouvernait l'Église de Paris, furent reçus à la communion ecclésiastique. Peu de jours après, la femme fut mise en jugement et finit ses jours dans un lacs.

La cinquième année du roi Childebert[1] le pays d'Auvergne fut accablé d'un grand déluge d'eau, tellement que la pluie ne cessa de tomber pendant douze jours, et celui de Limoges fut inondé de telle sorte que beaucoup de gens furent dans l'impossibilité de semer. Les rivières de Loire et de Flavaris, qu'ils appellent l'Allier, ainsi que les autres courans qui viennent s'y jeter, se gonflèrent à ce point qu'elles sortirent des limites qu'elles n'avaient jamais franchies; ce qui causa la perte de beaucoup de troupeaux, un grand dommage dans l'agriculture, et renversa beaucoup d'édifices. Le Rhône, qui se joint à la Saône, sortit de même de ses rivages, au grand dommage des peuples, et renversa une partie des murs de la ville de Lyon. Mais les pluies ayant cessé, les arbres fleurirent une seconde fois, quoiqu'on fût alors au mois de septembre. A Tours, cette même année, on vit un matin, avant la naissance du jour, un feu qui parcourut le ciel et disparut à l'horizon oriental, et on entendit dans tout le pays un bruit semblable à celui d'un arbre qui tombe; mais ce ne pouvait être celui d'un arbre, car il se fit ouïr dans un espace de cinquante milles ou davantage. Cette même année, la ville de Bordeaux fut violemment ébranlée par un tremblement de terre. Les murs de la ville furent en danger de tomber; tout le peuple, effrayé de la crainte de la

[1] En 580.

mort, crut que, s'il ne prenait la fuite, il allait être englouti avec la ville : en sorte que beaucoup passèrent en d'autres cités. La commotion se fit sentir dans les pays voisins, et atteignit jusqu'en Espagne, mais non pas aussi forte. Cependant des pierres immenses se détachèrent des monts Pyrénées, et écrasèrent des troupeaux et des hommes. La main de Dieu alluma, dans les bourgs du territoire de Bordeaux, un incendie qui, embrâsant soudainement les maisons et les champs, dévora toutes les récoltes, sans que le feu eût été suscité en aucune manière, si ce n'est peut-être par la volonté divine. Un cruel incendie ravagea aussi la ville d'Orléans, en telle sorte qu'il ne resta absolument rien aux plus riches ; et si quelqu'un d'eux arrachait aux flammes une partie de ce qu'il possédait, cela lui était enlevé par les voleurs attachés à sa poursuite. Dans le territoire de Chartres, du vrai sang coula du pain rompu à l'autel, et la ville de Bourges fut frappée d'une affreuse grêle.

Ces prodiges furent suivis d'une cruelle contagion. Au moment où les rois en discorde se préparaient encore à la guerre civile, toute la Gaule fut envahie de la dysenterie : ceux qu'elle attaquait étaient saisis d'une forte fièvre, avec des vomissemens et de grandes douleurs dans les reins ; leur tête et leur cou étaient appesantis ; ce qu'ils vomissaient était couleur de safran ou même vert. Plusieurs assuraient que c'était un poison secret ; les paysans l'appelaient *le feu de Saint-Antoine*. Ce qui n'est pas impossible à croire, c'est que lorsqu'on mettait des ventouses aux épaules et aux jambes, et qu'ensuite des cloches s'en étaient élevées et venaient à s'ouvrir, il en sortait un sang corrompu, et beaucoup étaient guéris par ce moyen. Mais plusieurs obtinrent la guérison par des breuvages composés des herbes connues pour remédier aux poisons. Cette maladie, commencée dans le mois d'août, attaqua d'abord les enfans, et les fit périr : nous perdîmes nos doux et chers petits enfans que nous avions caressés dans notre sein, balancés dans nos bras, que nous avions nourris avec le soin le plus attentif, leur donnant leurs alimens de notre propre main. Cependant nous essuyâmes nos larmes, et dîmes avec le bienheureux Job : « Le Seigneur m'avait tout donné, « le Seigneur m'a tout ôté ; il n'est arrivé que ce qui « lui a plu : que le nom du Seigneur soit béni [1] ! »

En ces jours-là, le roi Chilpéric tomba grièvement malade ; et lorsqu'il commençait à entrer en convalescence, le plus jeune de ses fils, qui n'était pas encore régénéré par l'eau ni le Saint-Esprit, tomba malade à son tour. Le voyant à l'extrémité, on le lava dans les eaux du baptême. Peu de temps après, il se trouva mieux ; mais son frère aîné, nommé Chlodebert, fut pris de la maladie. Sa mère Frédégonde, le voyant en danger de mort, fut saisie de contrition, et dit au roi : « Voilà long-temps que la miséricorde divine « supporte nos mauvaises actions ; elle nous a souvent « frappés de fièvres et autres maux, et nous ne nous « sommes pas amendés. Voilà que nous avons déjà « perdu des fils ; voilà que les larmes des pauvres, « les gémissemens des veuves, les soupirs des orphe- « lins vont causer la mort de ceux-ci, et il ne nous « reste plus l'espérance d'amasser pour personne ; nous

---

[1] Job. chap. 1, v. 31.

« thésaurisons, et nous ne savons plus pour qui. Voilà
« que nos trésors demeureront dénués de possesseurs,
« pleins de rapine et de malédiction. Est-ce que nos
« celliers ne regorgent pas de vin ? Est-ce que le fro-
« ment ne remplit pas nos greniers ? Nos trésors n'é-
« taient-ils pas combles d'or, d'argent, de pierres pré-
« cieuses, de colliers et d'autres ornemens impériaux ?
« Et voilà que nous avons perdu ce que nous avions
« de plus beau. Maintenant, si tu y consens, viens, et
« brûlons ces injustes registres ; qu'il nous suffise,
« pour notre fisc, de ce qui suffisait à ton père le roi
« Clotaire. »

Après avoir dit ces paroles, en se frappant la poitrine de ses poings, la reine se fit donner les registres
que Marc lui avait apportés des cités qui lui appartenaient. Les ayant jetés dans le feu, elle se tourna vers
le roi, et lui dit : « Qui t'arrête ? Fais ce que tu me vois
« faire, afin que si nous perdons nos chers enfans,
« nous échappions du moins aux peines éternelles. »
Le roi, touché de repentir, jeta au feu tous les registres de l'impôt, et les ayant brûlés, envoya partout défendre à l'avenir de lever ces impôts. Après
cela, le plus jeune de leurs petits enfans mourut accablé d'une grande langueur. Ils le portèrent avec
beaucoup de douleur de leur maison de Braine à
Paris, et le firent ensevelir dans la basilique de Saint-
Denis. On arrangea Chlodebert sur un brancard, et on
le conduisit à Soissons, à la basilique de Saint-Médard. Ils le présentèrent au saint tombeau, et firent
un vœu pour lui ; mais, déjà épuisé et manquant d'haleine, il rendit l'esprit au milieu de la nuit. Ils l'ense-
virent dans la basilique de saint Crépin et saint Crépi-

nien, martyrs. Il y eut un grand gémissement dans tout le peuple : les hommes suivirent ses obsèques en deuil, et les femmes couvertes de vêtemens lugubres, comme elles ont coutume de les porter aux funérailles de leurs maris. Après cela, le roi Chilpéric fit de grandes largesses aux églises et aux pauvres.

En ces jours-là, Austréchilde, femme du roi Gontran, succomba sous la maladie; mais, avant d'exhaler son ame méchante, voyant qu'elle ne pouvait échapper, elle poussa un profond soupir, et voulant avoir des compagnons de sa mort, fit en sorte qu'à ses obsèques on pleurât encore pour d'autres funérailles; car on raconte que, semblable à Hérode, elle fit cette prière au roi : « J'avais, lui dit-elle, l'es-
« pérance de vivre encore si je n'avais pas péri de la
« main de mes indignes médecins; car les médica-
« mens que j'ai reçus d'eux m'ont enlevé la vie par
« force, et me font perdre la lumière plus tôt que je
« n'aurais dû : ainsi donc, afin que ma mort ne de-
« meure pas sans vengeance, lorsque j'aurai été enle-
« vée au jour, je vous demande et veux que vous me
« promettiez avec serment de les faire périr par le
« glaive; et si je ne puis vivre plus long-temps, que
« du moins, après ma mort, ils ne demeurent pas
« pour s'en glorifier, mais que leurs amis ressentent
« une douleur pareille à celle des nôtres. » Après ces paroles, elle rendit son ame malheureuse. Lorsque ses obsèques eurent été célébrées selon la coutume, le roi, sous le joug du serment qu'avait exigé de lui sa cruelle épouse, accomplit cet ordre d'iniquité, et ordonna que les deux médecins qui lui avaient donné des soins fussent mis à mort par le glaive; ce que,

dans leur sagesse, beaucoup de gens ont pensé qu'il n'avait pu faire sans péché.

Nantin, comte d'Angoulême, mourut épuisé par cette maladie; mais je dois rapporter ici plus en détail ce qu'il avait fait contre les prêtres et contre l'Église. Marachaire, son oncle, avait été long-temps comte de cette ville. Le temps de ses fonctions écoulé, il entra dans l'Église, fut fait clerc et ordonné évêque. Il s'occupa avec activité d'élever et d'arranger des églises et des presbytères; mais la septième année de son sacerdoce, ses ennemis ayant glissé du poison dans une tête de poisson, il la prit sans se méfier de rien, et mourut cruellement. Mais la miséricorde divine ne souffrit pas long-temps que sa mort demeurât sans vengeance. Fronton, par le conseil duquel avait été commis ce crime, étant immédiatement arrivé à l'épiscopat, mourut dans l'année atteint par le jugement de Dieu. Après sa mort, Héraclius, prêtre de Bordeaux, autrefois envoyé de Childebert l'ancien, fut sacré évêque. Nantin demanda d'être nommé comte dans cette ville pour poursuivre la mort de son oncle; l'ayant obtenu, il fit subir à l'évêque beaucoup d'injures, et lui disait : « Tu retiens près de toi les homicides qui ont fait « mourir mon oncle; tu reçois à ta table des prêtres « complices de ce crime. » L'inimitié s'accroissant entre eux, il commença peu à peu à envahir par violence les domaines que Marachaire avait laissés à l'Église par son testament, soutenant que ces biens ne devaient pas revenir à une église dont les clercs avaient fait périr le testateur. Ensuite après avoir mis à mort quelques laïques, il ordonna, de plus, de saisir un prêtre, et l'ayant fait lier, le perça d'un coup de lance; et comme il vivait encore, il lui fit attacher les mains derrière le dos; on le suspendit à un poteau, et là il chercha à lui faire avouer s'il avait eu part à cette affaire. Tandis que le prêtre le niait, le sang sortit avec abondance de sa blessure, et il rendit l'esprit. L'évêque irrité ordonna qu'on interdît au comte les portes de l'église. Les évêques s'étant assemblés dans la ville de Saintes, Nantin demanda que l'évêque lui accordât la paix, promettant de rendre tous les biens de l'église dont il s'était emparé sans en avoir le droit, et de se montrer humble envers les évêques. Héraclius, voulant céder aux injonctions de ses confrères, accorda tout ce qu'il desirait de lui, et, recommandant la cause des prêtres au Dieu tout-puissant, consentit de se réunir au comte par les liens de la charité. Celui-ci, revenu à la ville, dépouilla, abattit et rasa les maisons qu'il avait injustement envahies, disant : « Si « l'Église reprend ces biens, qu'au moins elle les re- « trouve dévastés. » L'évêque, irrité de nouveau par cette conduite, lui refusa la communion. Pendant que tout cela se passait, le bienheureux pontife, qui avait accompli le cours de sa vie, alla rejoindre Dieu. Nantin intercéda auprès des autres évêques par des présens et des flatteries, et il en obtint la communion; mais, peu de mois après, saisi de la maladie dont j'ai parlé, il se sentit brûler par une grande fièvre, et il s'écriait, disant : « Hélas! hélas! l'évêque Héraclius me brûle, « il me tourmente, il m'appelle en jugement; je con- « nais mon crime, je me rappelle les injustes outrages « que j'ai fait éprouver au pontife. J'implore la mort « pour ne pas souffrir plus long-temps un pareil tour- « ment. » Et, tandis qu'il s'écriait ainsi dans la violence de sa fièvre, la force défaillit à son corps, et il rendit son ame malheureuse, laissant après lui des signes certains que cela lui était arrivé en vengeance du saint évêque, car son cadavre devint si noir qu'on aurait cru qu'il avait été brûlé par des charbons ardens. Que tous donc s'émerveillent, admirent et craignent de faire injure aux évêques! car Dieu venge ses serviteurs qui espèrent en lui.

En ce temps mourut le bienheureux Martin, évêque de Galice. Le peuple le pleura beaucoup. Il était né en Pannonie, et, passant de là dans l'Orient, pour visiter les lieux saints, il s'était tellement adonné à l'étude des lettres que de son temps aucun ne fut égal à lui. Il vint de là en Galice, où, ayant porté des reliques de saint Martin, il fut sacré évêque. Il accomplit dans le pontificat environ trente années, et, plein de vertus, alla ensuite trouver le Seigneur. C'est lui qui a composé les vers qu'on voit sur la porte méridionale de la basilique de saint Martin.

Il y eut cette année en Espagne une grande persécution des Chrétiens; plusieurs furent envoyés en exil, privés de leurs biens, épuisés par la faim, enfermés dans les prisons, battus de verges et mis à mort par divers supplices. Ces crimes étaient dirigés surtout par Gonsuinthe [1], que le roi Leuvigild avait épousée après la mort d'Athanagild. Mais la vengeance divine, sur ceux qui avaient infligé ces humiliations aux serviteurs de Dieu, se manifesta aux yeux de tous les peuples; car un nuage blanc se répandit sur un des yeux de Gonsuinthe, et priva ses paupières de la lumière qui manquait à son esprit. Le roi Leuvigild

[1] Mère de Brunehault.

avait déjà d'une autre femme deux fils, dont l'aîné avait été fiancé à la fille du roi Sigebert, le plus jeune à celle du roi Chilpéric. Ingonde, fille du roi Sigebert, avait été conduite en Espagne avec un grand appareil, et reçue très-joyeusement par son aïeule Gonsuinthe. Mais celle-ci ne souffrit pas long-temps qu'elle demeurât dans la religion catholique, et commença, par de douces paroles, à vouloir lui persuader de se faire baptiser dans l'église arienne ; mais elle, s'y refusant avec un mâle courage, commença à dire : « Il me suffit d'avoir été lavée une « fois du péché originel par un baptême salutaire, « et d'avoir confessé la sainte Trinité, égale à un « seul Dieu. Je déclare que j'y crois de tout mon « cœur, et jamais je ne renoncerai à ma foi. » A ces paroles, Gonsuinthe, enflammée d'une colère furieuse, prit la jeune fille par les cheveux, et l'ayant jetée à terre, la foula long-temps sous ses pieds, et, couverte de sang, ordonna qu'elle fût dépouillée et plongée dans la piscine ; mais beaucoup assurent que son esprit ne s'est jamais détaché de notre foi. Leuvigild donna à son fils et à sa belle-fille une de ses cités pour y régner et y résider. Lorsqu'ils y furent, Ingonde commença à prêcher son mari pour le détacher des erreurs de l'hérésie et l'engager à reconnaître les vérités de la loi catholique : il s'y refusa long-temps ; cependant enfin, touché de ses prédications, il se convertit à la loi catholique, et reçut à la confirmation le nom de Jean. Leuvigild l'ayant appris commença à chercher des moyens de le perdre ; mais lui, instruit de ses desseins, se joignit au parti de l'empereur, et se lia d'amitié avec le préfet impérial qui attaquait alors l'Espagne. Leuvigild lui envoya des messagers pour lui dire : « Viens à moi, car il est nécessaire que nous confé- « rions ensemble. » Mais lui répondit : « Je n'irai « point, car tu es irrité contre moi parce que je suis « catholique. » Le roi, ayant donné au préfet de l'empereur trente mille sous d'or pour qu'il retirât ses secours à son fils, marcha contre lui avec une armée. Erménégild, ayant réclamé l'aide des Grecs, sortit pour aller contre son père, laissant sa femme dans la ville. Leuvigild s'étant avancé contre lui, il fut abandonné de ses auxiliaires, et voyant qu'il ne pouvait vaincre, se réfugia dans une église voisine, disant : « Que mon père ne marche pas sur moi, car « il n'est pas permis à un père de tuer son fils, à « un fils de tuer son père. » Leuvigild l'ayant su, lui envoya son frère, qui lui fit serment que son père ne le dépouillerait pas de ses dignités, et lui dit : « Viens toi-même te prosterner aux pieds de notre « père, et il te pardonnera tout. » Mais lui demanda que son père vînt lui-même le chercher; et, quand il fut venu, se prosterna à ses pieds. Le roi le prit et l'embrassa, et, le flattant par de douces paroles, l'emmena dans son camp; et alors, oubliant son serment, il fit un signe aux siens, qui, l'ayant pris, le dépouillèrent de ses vêtemens et le vêtirent d'habits ignobles; et de retour à Tolède, le roi lui ôta ses serviteurs; il l'envoya en exil sans autre personne qu'un enfant pour le servir.

Chilpéric, après la mort de ses fils, rempli de tristesse, résidait au mois d'octobre avec sa femme dans la forêt de Villers-Cotterets. Alors, par les insinuations de la reine, il envoya à Braine son fils Clovis, pour qu'il y pérît de la maladie, car le mal qui avait tué ses frères régnait là avec fureur. Cependant il n'en reçut aucune incommodité. Le roi se rendit à sa maison de Chelles, dans le territoire de Paris. Peu de jours après, il fit venir à lui Clovis, dont il ne sera point hors de propos de raconter ici la mort. Comme il habitait à Chelles avec son frère, il commença à se vanter avant le temps, et à dire : « Voilà que mes frères sont morts et que tout le « royaume me demeure. Les Gaules tout entières me « sont soumises, et les destinées m'ont accordé « l'empire universel. Voilà mes ennemis tombés « entre mes mains, et j'en ferai ce qu'il me plaira. » Et en même temps il diffamait sa belle-mère, la reine Frédégonde, en paroles inconvenantes. Celle-ci, l'ayant su, fut saisie d'une grande frayeur. Dans les jours suivans, quelqu'un vint et dit à la reine : « Tu demeures privée de tes fils, et cela est arrivé « par les trames de Clovis; car, amoureux de la fille « d'une de tes servantes, il a employé les maléfices « de la mère à faire périr tes fils. Je t'avertis donc « de ne pas espérer pour toi un meilleur sort, car « ce qui te donnait l'espoir de régner t'a été en-« levé. » Alors la reine, pénétrée de crainte, enflammée de colère, aigrie par une perte récente, fit saisir la jeune fille sur qui Clovis avait jeté les yeux, et, l'ayant fait cruellement fustiger, ordonna qu'on lui coupât les cheveux, et les fit suspendre à un pieu devant le logis de Clovis. La mère de la jeune fille fut aussi liée et livrée à de longs tourmens, et on la força de déclarer véritables les choses qui avaient été dites. Frédégonde, par ce moyen et d'autres de même nature, persuada Chilpéric et lui demanda vengeance de Clovis. Alors, le roi étant allé à la chasse, ordonna qu'on le fît venir secrètement auprès de lui. Lorsqu'il fut arrivé, les ducs Didier et Bobon, l'ayant pris par l'ordre du roi, lui lièrent les mains; on le dépouilla de ses armes et de ses habits, on le couvrit de vêtemens vils, et on le conduisit garrotté à la reine ; elle ordonna qu'il fût gardé, espérant l'obliger à lui déclarer la vérité sur les choses qu'on lui avait dites, et savoir à l'instigation de qui il avait agi, et avec qui il était particulièrement lié d'amitié. Il nia tout, mais découvrit beaucoup des amitiés qu'il avait formées ; et trois jours après la reine ordonna qu'on le conduisît lié de l'autre côté de la rivière de Marne, et qu'il fût gardé dans une maison appelée Nogent ; là, il fut frappé d'un couteau, mourut et fut enterré sur le lieu même. Cependant il vint au roi des messagers qui lui dirent qu'il s'était percé lui-même, affirmant que le couteau dont il s'était frappé était encore dans la blessure. Le roi Chilpéric, trompé par ces paroles, ne pleura point celui que, comme je l'ai dit, il avait livré à la mort par l'instigation de la reine. Ses domestiques furent dispersés en divers lieux ; sa mère périt par une mort cruelle. Sa sœur, après que les serviteurs de la reine en eurent abusé, fut envoyée dans un monastère, où elle prit l'habit et demeura. Toutes leurs richesses furent portées à la reine. La femme qui avait parlé contre Clovis fut condamnée à être brûlée. Comme on la conduisait au supplice, la malheureuse commença à réclamer et à déclarer qu'elle avait menti. Mais, ses paroles n'ayant servi de rien, elle fut liée au poteau et brûlée toute vive. Le trésorier de Clovis, tiré de Bourges par Cuppan, comte des écuries, fut envoyé à la reine garrotté pour être livré à divers tourmens. Mais la reine ordonna qu'il fût délivré de ses liens et exempté du supplice, et, à notre intercession, elle lui rendit la liberté.

Ensuite Élaph, évêque de Châlons, envoyé ambassadeur en Espagne pour les affaires de la reine Brunehault, fut pris d'une forte fièvre, et rendit l'esprit. On rapporta son corps, qui fut enseveli dans son diocèse. L'évêque Éon, envoyé des Bretons, comme nous l'avons déjà dit, n'eut pas la permission de retourner à sa ville épiscopale, et fut envoyé par le roi à Angers, pour y être nourri aux dépens du public. Étant venu à Paris, comme il y célébrait la sainte solennité du jour du Seigneur, il tomba à terre en poussant une sorte de hennissement; le sang lui sortit par la bouche et les narines, et il fut emporté sur les bras. Cependant il guérit. Il était très-adonné au vin, et s'enivrait quelquefois d'une manière si hideuse qu'il ne pouvait plus se soutenir sur ses jambes.

Mirus, roi de Galice [1], envoya des messagers au roi Gontran. Comme ils passaient par le territoire de Poitiers, que tenait alors le roi Chilpéric, il eut avis de leur passage, et ordonna qu'on les prît, qu'on les lui amenât et qu'ils fussent gardés à Paris. En ce temps-là, un loup sortant de la forêt vint dans la ville de Poitiers où il entra par une des portes; mais les portes

---

[1] Mir ou Theodemir II, roi des Suèves établis en Galice, qui régna de 570 à 583, et ramena à la foi catholique la plus grande partie de son peuple jusque-là arien.

ayant été fermées, on vint à bout de lui, et on le tua dans les murs de la ville. Quelques-uns assurèrent qu'on avait vu le ciel ardent ; le fleuve de la Loire grossit plus que l'année précédente ; le torrent du Cher vint s'y réunir ; le vent du midi souffla sur le pays avec tant de violence qu'il renversa les forêts, abattit les maisons, arracha les haies, et fit périr des hommes même enlevés dans un tourbillon qui parcourut en largeur un espace de près de sept arpens. On n'a pu savoir ni estimer jusqu'où s'était prolongé son passage. Les coqs célébrèrent souvent par leurs chants le commencement de la nuit. La lune fut obscurcie, et l'étoile qu'on appelle comète apparut dans le ciel. Il vint ensuite une grande contagion parmi le peuple. Les envoyés des Suèves, relâchés au bout d'une année, retournèrent dans leur pays.

Maurille, évêque de la ville de Cahors, était cruellement tourmenté d'une humeur de goutte. Mais aux douleurs qu'élève cette maladie, il en joignait encore de plus grandes, car souvent il appliquait à ses pieds et à ses jambes un fer ardent, pour ajouter aux tourmens qu'il souffrait. Comme beaucoup demandaient son épiscopat, il choisit lui-même Ursicin, autrefois référendaire de la reine Ultrogothe ; et ayant prié qu'il fût consacré avant sa mort, il sortit ensuite de ce monde. Il était très-aumônier, très-versé dans les saintes Écritures, si bien qu'il récita plusieurs fois de mémoire les diverses générations contenues dans les livres de l'ancien Testament, et que beaucoup retiennent avec peine. Il fut aussi très-juste dans ses jugemens, défendit les pauvres de son église de l'atteinte des mauvais juges, selon ces paroles de Job : « J'avais

« délivré le pauvre qui criait, et l'orphelin qui n'avait
« personne pour le secourir ; je remplissais de consola-
« tion le cœur de la veuve. J'ai été l'œil de l'aveugle,
« le pied des boiteux, et le père des pauvres [1]. »

Le roi Leuvigild envoya en ambassade vers Chilpéric Agilan, homme sans esprit et nullement habile à lier des raisonnemens, mais seulement ennemi
obstiné de la loi catholique. En passant par Tours,
il commença à nous attaquer sur notre foi, et à combattre les dogmes de l'Église : « Ce fut, dit-il, une
« sentence impie que celle par laquelle les anciens
« évêques déclarèrent le Fils égal au Père ; car com-
« ment, dit-il, pourrait-il être égal à son père celui
« qui dit : *Mon père est plus grand que moi* [2] ?
« Il n'est donc pas juste qu'il soit regardé comme
« semblable à son père, auquel il se dit inférieur, à
« qui il se plaint de la tristesse de sa mort, à qui au
« dernier moment il recommande en mourant son es-
« prit, comme ne possédant par lui-même aucune
« puissance ; d'où il est clair qu'il est moindre que son
« père d'âge et de pouvoir. » A cela, je lui demandai s'il croyait Jésus-Christ fils de Dieu, s'il avouait
qu'il était la science de Dieu, sa lumière, sa vérité,
sa vie, sa justice. Il me dit : « Je crois que le fils
« de Dieu est tout cela ; » et moi je lui répondis :
« Dis-moi donc en quel temps le père a été sans
« science, en quel temps sans lumière, sans vie, sans
« vérité, sans justice ; le père ne pouvant être
« sans ces choses, il en résulte qu'il n'a pu exister
« sans son fils : ce qui s'adapte très-bien au mystère

---

[1] Job. chap. 29, v. 12, 13, 15, 16.
[2] Év. sel. S. Jean, chap. 14, v. 28.

« du nom du Seigneur ; car le père ne peut pas être
« ainsi s'il n'a pas de fils. Quand tu objectes qu'il a
« dit : *mon père est plus grand que moi*, sache
« qu'il a dit ces paroles selon l'humilité de la chair
« qu'il avait revêtue, afin de te faire connaître que
« tu n'étais pas racheté par sa puissance, mais par son
« humilité ; car toi, qui allègues ces paroles, *mon
« père est plus grand que moi*, tu dois te souve-
« nir qu'il a dit ailleurs : *mon père et moi nous
« sommes une même chose*[1] ; et lorsqu'il craint la
« mort et qu'il recommande à Dieu son esprit, cela
« doit se rapporter à l'infirmité de la chair, et cela
« s'est fait afin que, comme on le croit vrai Dieu, on
« le crût aussi homme véritable. » Et lui me dit :
« On est inférieur à celui dont on accomplit la vo-
« lonté. Le fils est toujours inférieur à son père,
« parce qu'il fait la volonté du père, et qu'on ne voit
« point son père faire sa volonté. » A quoi je lui répondis : « Comprends que le père existe dans le fils
« et le fils dans le père en une même divinité, tou-
« jours égale. Car, afin que tu saches que le père fait
« la volonté du fils, s'il reste encore en toi quelque
« foi évangélique, écoute ce qu'a dit Jésus notre
« Dieu, lorsqu'il est venu ressusciter Lazare : *Mon
« père*, dit-il, *je vous rends grâce de ce que vous
« m'avez exaucé. Pour moi, je savais que vous
« m'exaucez toujours ; mais je dis ceci pour le
« peuple qui m'environne, afin qu'il croie que c'est
« vous qui m'avez envoyé*[2]. Et lorsqu'il arriva au
« moment de sa passion, il dit : *Mon père, glorifiez-*

---

[1] Év. sel. S. Jean, chap. 10, v. 30.
[2] Év. sel. S. Jean, chap. 11, v. 41, 42.

« *moi donc aussi maintenant en vous-même*, *de*
« *cette gloire que j'ai eue en vous avant que le*
« *monde fût* [1]. Et le père répondit du ciel : *Je t'ai*
« *déjà glorifié et je te glorifierai encore* [2]. Le fils
« est donc égal au père en dignité, et non pas
« moindre, puisqu'il n'a en lui rien de moindre. Si
« tu confesses Dieu, il faut nécessairement que tu le
« confesses entier, et que rien ne lui manque. Si tu nies
« qu'il soit entier, tu ne crois pas qu'il soit Dieu; »
et lui me dit : « C'est du moment qu'il se fut fait
« homme qu'il commença à être appelé fils de Dieu ;
« car il fut un temps où il ne l'était pas, » et je répondis : « Écoute David lorsqu'il dit, parlant au
« nom du Père : *Je vous ai engendré de mon sein*
« *avant l'étoile du jour*[3], et Jean l'évangéliste dit :
« *Au commencement était le verbe, et le verbe*
« *était avec Dieu, et le verbe était Dieu*[4], et en-
« suite : *Et le verbe a été fait chair, et il a habité*
« *parmi nous, et toutes choses ont été faites par*
« *lui*[5]. Mais, aveuglés du poison de votre opinion,
« vous ne pensez sur Dieu rien qui soit digne de
« lui; » et il me dit : « Ne dites-vous pas aussi que
« le Saint-Esprit est Dieu, et ne le regardez-vous pas
« comme égal au père et au fils ? » A quoi je répondis :
« Il n'est en eux trois qu'une seule volonté, une
« seule puissance, une seule action. Un seul Dieu,
« un dans la trinité et trine dans l'unité. Ce sont trois

---

[1] Év. sel. S. Jean, chap. 17, v. 5.
[2] Év. sel. S. Jean, chap. 12, v. 28.
[3] Ps. 109, v. 4.
[4] Év. sel. S. Jean, chap. 1, v. 1.
[5] Év. sel. S. Jean, chap. 1, v. 14, 3.

« personnes, mais un seul royaume, une seule ma-
« jesté, une seule puissance et toute-puissance. » Et lui
me dit: « L'Esprit saint que tu élèves au même rang que
« le Père et le Fils doit être regardé comme moindre
« que tous deux; car nous lisons qu'il a été promis par
« le fils et envoyé par le père, et personne ne promet
« que ce qu'il a sous sa domination, et personne n'en-
« voie que ce qui lui est inférieur, comme il le dit
« lui-même dans l'Évangile : *Si je ne m'en vais point,*
« *le consolateur ne viendra point à vous ; mais si*
« *je m'en vais, je vous l'enverrai* [1], » et je répondis à
cela : « Le fils a bien pu dire avant sa passion que
« s'il ne retournait pas vainqueur vers son père, et
« après avoir racheté le monde par son propre sang,
« afin de préparer dans l'homme une habitation digne
« de Dieu, le Saint-Esprit qui est Dieu lui-même, ne
« pourrait descendre dans un sein fanatique, et souillé
« de la tache du péché originel : *car l'Esprit saint,*
« dit Salomon, *fuit le déguisement* [2]; et toi-même, si
« tu as quelque espoir de résurrection, ne parle pas
« contre le Saint-Esprit; car le Seigneur a dit : *Si*
« *quelqu'un a parlé contre le Saint-Esprit, il ne*
« *lui sera remis ni dans ce siècle ni dans le siècle*
« *à venir* [3]; » et lui me dit : « C'est celui qui envoie
« qui est Dieu et non celui qui est envoyé. » Sur
cela, je lui demandai s'il croyait à la doctrine des
apôtres Pierre et Paul, et comme il me répondit, j'y
crois, j'ajoutai : « Lorsque l'apôtre Pierre reprit
« Ananie, à cause du mensonge qu'il avait fait à l'é-

---

[1] Év. sel. S. Jean, chap. 16, v. 7.

[2] Sagesse, chap. 1, v. 5.

[3] Év. sel. S. Math. chap. 12, v. 32.

« gard de son bien, vois ce qu'il lui dit : *Comment*
« *Satan a-t-il tenté votre cœur pour vous porter à*
« *mentir au Saint-Esprit ? Ce n'est pas aux hom-*
« *mes que vous avez menti, mais à Dieu* [1]. Et Paul,
« lorsqu'il distingue les degrés de la grâce spirituelle,
« dit : *C'est un seul et même esprit qui opère toutes*
« *ces choses, distribuant à chacun les dons qu'il*
« *lui plaît* [2]. Celui qui fait ce qu'il veut n'est en la
« puissance de personne. Mais comme je le disais
« tout à l'heure, vous n'avez pas une pensée droite
« sur la sainte Trinité, et la mort d'Arius, dont vous
« suivez l'opinion, montre assez l'impie perversité de
« sa secte. « Alors il me répondit : « Ne blasphème
« pas la loi que tu n'adores point ; nous ne blasphé-
« mons pas ce que vous croyez, bien que nous ne le
« croyions pas, et ne regardons pas à crime d'adorer
« l'un et l'autre ; car nous disons proverbialement à
« celui qui passe entre un temple des Gentils et une
« église de Dieu : ce n'est point une faute de les
« révérer l'un et l'autre. » Apercevant alors sa sottise, je lui dis : « A ce que je vois, tu te déclares dé-
« fenseur des Gentils et partisan des hérétiques ; car
« en même temps que tu corromps les dogmes de
« l'Église, tu reconnais qu'on peut adorer les abomi-
« nations des Païens ; tu ferais bien mieux, lui dis-
« je, de t'armer de la vérité qu'Abraham reconnut
« auprès du chêne, Isaac dans un bélier, Jacob sur
« la pierre, Moïse dans un buisson, qu'Aaron porta
« figurée sur son rational [3], que David célébra au son

---

[1] Actes des ap. chap. 5, v. 3, 4.
[2] I. Épît. de S. Paul aux Corinth. chap. 12, v. 11.
[3] Partie du vêtement des grands prêtres hébreux.

« du tympanon, que Salomon annonça selon l'es-
« prit, qu'ont chantée tous les patriarches, tous les
« prophètes, la loi elle-même et les oracles; que notre
« confesseur Martin, ici présent, a possédée dans son
« cœur, manifestée dans ses œuvres; et alors con-
« verti à la foi d'une trinité inséparable, et recevant
« de nous la communion, ton cœur serait purgé du
« poison d'une croyance perverse, et tes iniquités
« seraient effacées. » Mais lui, transporté de fureur,
et je ne sais pourquoi, irrité presque jusqu'à la fran-
chise, me dit : « Que mon ame se détache des liens
« de ce corps, avant que j'accepte la communion
« d'aucun prêtre de votre religion; » et moi : « Que
« Dieu ne permette pas que notre religion et notre
« foi puissent s'attiédir de telle sorte que nous dis-
« pensions les saints mystères aux chiens, et expo-
« sions devant de sales pourceaux la sainteté de ces
« précieuses perles. » Alors, terminant la dispute, il se
leva et s'en alla. Mais, peu de temps après, de retour en
Espagne, se voyant affaibli par la maladie, la nécessité le contraignit de se convertir à notre religion.

En ce même temps, le roi Chilpéric écrivit un petit
traité portant qu'on ne devait pas désigner la sainte
Trinité en faisant la distinction des personnes, mais
seulement la nommer par le nom de Dieu, affirmant
qu'il était indigne de Dieu qu'on lui attribuât la qua-
lification de personne, comme à un homme fait de
chair, soutenant aussi que le Père était le même que
le Fils, et le Saint-Esprit le même que le Père et le
Fils. « C'est ainsi, disait-il, qu'il s'est montré aux
« prophètes et aux patriarches, et c'est ainsi que l'a
« annoncé la loi elle-même. » Et lorsqu'il ordonna

que cela me fût lu, il me dit : « Je veux que toi et
« les autres docteurs de l'Église le croyiez ainsi. » Je
lui répondis : « Quitte cette erreur, roi très-pieux ; il
« te convient de suivre les doctrines qui nous ont été
« laissées, après les apôtres, par les autres docteurs de
« l'Église, qu'ont enseignées Hilaire et Eusèbe, et que
« toi-même as confirmées à ton baptême. » Alors le
roi irrité dit : « Il m'est évident qu'Hilaire et Eusèbe
« ont été en cela violemment opposés l'un à l'autre. »
A quoi je répondis : « Il te faut prendre garde de n'offen-
« ser ni Dieu ni ses Saints ; car tu sais qu'à les considérer
« dans leur personne, autre est le Père, autre le Fils,
« autre est le Saint-Esprit. Ce n'est point le Père qui
« s'est fait chair, non plus que le Saint-Esprit ; c'est
« le Fils. Celui qui était fils de Dieu, pour racheter
« les hommes, s'est fait fils aussi d'une Vierge. Ce
« n'est pas le Père qui a souffert la Passion, ce n'est
« pas l'Esprit saint, c'est le Fils, afin que celui qui
« s'était fait chair en ce monde fût offert pour le
« monde. Ce n'est point corporellement, mais spi-
« rituellement, que s'entendent les personnes dont
« tu parles. Il n'est donc en ces trois personnes qu'une
« seule gloire, une seule éternité, une seule puis-
« sance. » Il me dit en colère : « Il faut que je le
« montre à de plus sages que toi qui seront de mon
« avis. » Et moi je lui dis : « Ce ne sera pas un sage,
« mais un fou, que celui qui voudra adopter ce que
« tu proposes. » Furieux de ces paroles, il ne me dit
plus rien. Peu de jours après, vint Sauve, évêque
d'Alby. Il ordonna qu'on lui lût cet écrit, le priant
d'en être d'accord. Sauve, l'ayant entendu, le repoussa à tel point que, s'il eût pu saisir le papier qui

contenait ces choses, il l'eût déchiré en morceaux ; en sorte que le roi abandonna son projet. Le roi écrivit aussi des livres de vers à la façon de Sédule; mais ils n'étaient pas du tout composés selon les règles métriques. Il ajouta aussi plusieurs lettres à notre alphabet, savoir, le ω des Grecs, le œ, the, uui qu'il figura de la manière que voici : ω, ψ, z, Δ [1]; il envoya des ordres dans toutes les cités de son royaume pour qu'on enseignât les enfans de cette manière, et pour que les livres anciennement écrits fussent effacés à la pierre-ponce, et réécrits de nouveau.

En ce temps, mourut Agricola, évêque de Châlons, homme sage et d'un esprit poli, de race sénatoriale. Il éleva dans sa cité beaucoup d'édifices, arrangea des maisons, érigea une église qu'il soutint de colonnes, et orna de marbres variés et de peintures en mosaïque. Ce fut un homme d'une grande abstinence, ne faisant jamais d'autre repas que le souper, et il y demeurait si peu de temps qu'il se levait de table avant le coucher du soleil. Il était petit de stature, mais d'une très-grande éloquence. Il mourut la quarante-huitième année de son épiscopat, la quatre-vingt-troisième de

---

[1] Les manuscrits varient sur la forme et le son de ces caractères, et Aimoin les donne autrement que Grégoire de Tours : « Le roi Chilpéric, « dit-il, ajouta à nos lettres l'ω grec, et trois autres inventées par lui, et « dont nous insérons ici la forme et le son ; χ ch, θ th, φ ph. » (Aimoin, *de gestis Francor.* l. 3, c. 40.) Le dire d'Aimoin me paraît plus probable que celui de Grégoire de Tours ; les trois sons que, selon lui, Chilpéric essaya de représenter par des lettres, ch, th, ph, se trouvent en effet dans les langues germaniques, et les trois formes qu'il y voulut appliquer, χ, θ, φ sont empruntées à l'alphabet grec ; tandis qu'il n'y a aucun rapport, dans aucune de ces langues, entre les sons et les caractères dont Grégoire de Tours fait mention.

son âge. Il eut pour successeur Flavius, référendaire du roi Gontran.

Au même temps, sortit aussi de ce monde Dalmate, évêque de la cité de Rhodez, homme éminent en toute sainteté, portant son abstinence et sur la nourriture et sur les desirs de la chair, aumônier, humain pour tous, assidu à l'oraison et aux veilles. Il construisit une église; mais, comme il l'avait souvent fait abattre pour plus de perfection, il la laissa incomplète. Après sa mort, beaucoup de gens, comme de coutume, briguèrent son siége; mais le prêtre Transobade, autrefois son archidiacre, y avait de grandes prétentions, se fiant à la recommandation de son fils Gogon, alors gouverneur du roi. Cependant l'évêque avait fait un testament, dans lequel il indiquait au roi qui il devait choisir après sa mort, le conjurant, au nom des choses les plus terribles, de ne pas mettre dans cette église un étranger, ni un homme adonné à la cupidité, ou enchaîné dans les liens du mariage, mais de lui donner pour successeur un homme libre de toutes ces pensées, et qui ne s'appliquât qu'aux louanges du Seigneur. Le prêtre Transobade donna en cette ville un festin aux clercs : pendant qu'ils étaient à table, un des prêtres commença à blâmer avec des paroles impudentes l'évêque dont j'ai parlé, et s'emporta à ce point de l'appeler sot et insensé. Comme il disait ces mots, le sommellier s'approcha, lui apportant à boire; et lui, prenant le vin, comme il l'approchait de ses lèvres, commença à trembler; il lui échappa de la main, et laissant tomber sa tête sur celui qui était proche de lui, il rendit l'esprit. Porté du festin au tombeau, il fut mis en terre. Après cela, le testament de l'évêque ayant été lu en présence du roi Childebert et de ses grands, Théodose, alors archidiacre de la ville, fut sacré évêque.

Chilpéric ayant appris tout le mal que commettait Leudaste dans l'église de Tours, et celui qu'il faisait à tout le peuple, y envoya Ansovald, qui, venant à l'époque de la fête de Saint-Martin, après avoir consulté le choix du peuple et le nôtre, éleva Eunome à la place de comte. Leudaste, se voyant donc éloigné, alla vers Chilpéric, et lui dit : « Jusqu'à présent, ô roi « très-pieux, j'ai gardé la ville de Tours, et mainte- « nant que je suis écarté de mes fonctions, prends « garde de quelle manière elle sera gardée ; car tu « sauras que l'évêque Grégoire a dessein de la livrer « au fils de Sigebert. » Le roi, l'ayant entendu, lui dit : « Point du tout ; mais parce qu'on t'a destitué, « tu inventes ces choses. » Et alors Leudaste lui dit : « L'évêque dit encore bien autre chose de toi ; il dit « que ta femme se livre en adultère à l'évêque Ber- « trand. » Alors le roi irrité, le frappant des pieds et des poings, ordonna qu'il fût chargé de fers, et renfermé dans une prison.

Comme ce livre demande à prendre fin, il convient de raconter ici quelques-unes des actions de Leudaste, mais en commençant par faire connaître sa naissance, sa patrie et son caractère. Il naquit dans une île du Poitou, nommée l'Isle de Rhé, d'un nommé Léocade, serviteur chargé des vignes du fisc. On le fit venir pour le service royal, et il fut placé dans les cuisines de la reine ; mais, comme il avait, dans sa jeunesse, les yeux chassieux, et que l'âcreté de la fumée leur était contraire, on le fit passer du pilon au pétrin ;

mais, quoiqu'il parût se plaire au travail de la pâte fermentée, il prit la fuite et quitta le service. Ramené deux ou trois fois, comme on ne pouvait l'empêcher de s'enfuir, on le condamna à avoir une oreille coupée : alors, comme il n'était aucun crédit capable de cacher le signe d'infamie dont il avait été marqué en son corps, il s'enfuit chez la reine Marcovèfe, que le roi Charibert, épris d'un grand amour pour elle, avait appelée à son lit à la place de sa sœur. Elle le reçut volontiers, et l'éleva aux fonctions de gardien de ses meilleurs chevaux. Tourmenté de vanité et livré à l'orgueil, il brigua la place de comte des écuries, et l'ayant obtenue, il méprisa et dédaigna tout le monde, s'enfla de vanité, se livra à la dissolution, s'abandonna à la cupidité, et, favori de sa maîtresse, il s'entremit de côté et d'autre dans ses affaires. Après sa mort, engraissé de butin, il obtint par ses présens, du roi Charibert, d'occuper auprès de lui les mêmes fonctions; ensuite, en punition des péchés accumulés du peuple, il fut nommé comte de Tours. Là, il s'enorgueillit de sa dignité avec une fierté encore plus insolente, se montra âpre au pillage, hautain dans les disputes, souillé d'adultère, et par son activité à semer la discorde et à porter des accusations calomnieuses, il amassa des trésors considérables.

Après la mort de Charibert, cette ville étant tombée dans la part de Sigebert, Leudaste passa à Chilpéric et tout ce qu'il avait amassé injustement lui fut enlevé par les fidèles de Sigebert. Le roi Chilpéric ayant envahi la ville de Tours par les mains de son fils Théodebert, lorsque j'arrivai à Tours, Théodebert me recommanda fortement que les fonctions de comte fussent remises à celui qui les avait possédées autrefois. Il se montrait envers moi humble et soumis, jurant souvent sur le tombeau du saint évêque qu'il ne ferait jamais rien contre les lois de la raison et qu'il me serait fidèle en toutes choses, tant sur ce qui regarderait mes propres affaires que sur les besoins de l'Église, car il craignait, ce qui arriva ensuite, que la ville ne retournât sous la domination du roi Sigebert. Celui-ci étant mort et Chilpéric lui ayant succédé, Leudaste rentra dans les fonctions de comte. Mérovée étant venu à Tours, lui enleva tout ce qu'il possédait. Pendant les deux années où Sigebert avait tenu la ville de Tours, il s'était tenu caché en Bretagne; mais mis en possession, comme nous l'avons dit, de la place de comte, la tête lui tourna tellement d'insolence qu'il entrait dans la maison épiscopale couvert de sa cuirasse et de son corselet, ceint d'un carquois, la lance à la main et le casque sur la tête, ne se fiant à personne, parce qu'il était ennemi de tous. S'il siégeait comme juge avec les principaux du pays, soit laïques, soit clercs, et qu'il vît un homme soutenir son droit, aussitôt il entrait en furie, et vomissait des injures contre les citoyens; il faisait entraîner les prêtres les mains liées, frappait les soldats de verges et commettait tant de cruautés qu'à peine pourrait-on les raconter. Après le départ de Mérovée qui lui avait enlevé son bien, il se porta calomniateur contre nous, soutenant faussement que c'était par notre conseil que Mérovée s'était emparé de ce qu'il possédait. Mais, après nous avoir causé plusieurs dommages, il nous renouvela ses sermens et jura par la couverture du sépulcre de saint Martin qu'il ne s'éleverait plus contre nous.

Mais comme il serait trop long de rendre compte par ordre de ses parjures et de ses autres méfaits, venons à raconter la manière dont il voulut me supplanter par d'iniques et odieuses calomnies, et comment la vengeance divine tomba sur lui, afin que ces paroles fussent accomplies. « Quiconque veut supplanter sera « supplanté, » et ces autres, « celui qui creuse la fosse « tombera dedans [1]. » Après donc m'avoir fait souffrir beaucoup de choses fâcheuses, après avoir enlevé beaucoup des biens de l'Église, il s'adjoignit le prêtre Riculphe, aussi pervers et aussi méchant que lui, et alla jusqu'à ce point de dire que j'avais accusé la reine Frédégonde, affirmant que si on mettait à la torture mon archidiacre Platon, ou Gallien mon ami, ils me convaincraient des paroles qu'on m'imputait. Alors le roi, irrité comme je l'ai dit, après l'avoir frappé des pieds et des poings, ordonna qu'il fût chargé de chaînes et renfermé dans une prison. Il disait que ces choses lui avaient été rapportées par le clerc Riculphe. Ce Riculphe, sous-diacre, léger et inconséquent comme lui, s'était concerté depuis un an sur cette affaire avec Leudaste, cherchant une occasion de m'offenser, et ayant intention, quand il y serait parvenu, de passer du côté de Leudaste. L'ayant donc trouvée il alla vers Leudaste, et après m'avoir préparé pendant quatre mois toutes sortes de tromperies et de piéges, il revint à moi, de même que Leudaste, et me pria de le recevoir en grâce. Je le fis, je l'avoue, et reçus ouvertement dans ma maison un ennemi caché. Lorsque Leudaste s'en fut allé, Riculphe se jeta à mes pieds disant : « Si tu ne me secours promptement, je suis

[1] Prov. chap. 26, v. 27.

« en danger de périr. Voilà qu'à l'instigation de Leu-
« daste, j'ai dit ce que je ne devais pas dire; en-
« voie-moi donc en d'autres royaumes, car si tu ne le
« fais pas, je serai pris par les gens du roi, et livré
« aux derniers supplices. » Je lui dis : « Si tu as dit
« quelque chose qui ne convenait pas, que tes paro-
« les retombent sur ta tête, car je ne te renverrai pas
« dans un autre royaume, de peur de devenir sus-
« pect au roi. » Ensuite Leudaste se porta son accusateur, disant que le sous-diacre Riculphe avait entendu
les discours dont j'ai parlé. Celui-ci fut donc chargé
de liens et Leudaste relâché; on se contenta de le
garder, et il disait que Gallien et l'archidiacre Platon
avaient été présens le jour où l'évêque avait parlé
ainsi. Mais Riculphe le prêtre, qui avait déjà reçu de
Leudaste la promesse de l'épiscopat, en était tellement enflé qu'il égalait en orgueil Simon le magicien.
Il m'avait fait serment trois fois ou plus, sur le tombeau de saint Martin; et cependant le sixième jour
de Pâques, il m'accabla de tant d'injures et d'outrages
qu'à grand'peine put-il se retenir de porter les mains
sur moi, tant il se confiait dans les piéges qu'il m'a-
vait apprêtés. Le lendemain, c'est-à-dire le samedi de
Pâques, Leudaste vint dans la ville de Tours, feignant de s'y rendre pour d'autres affaires, et s'étant
saisi de Gallien et de l'archidiacre Platon, il les fit
charger de fers et ordonna qu'il fussent conduits à
la reine enchaînés et dépouillés de leur vêtement. Lorsque j'appris ces choses, j'étais, triste de cœur, dans
la maison épiscopale; j'entrai plein de trouble dans
mon oratoire, j'y pris le livre des psaumes de David
afin de trouver en l'ouvrant quelque verset qui m'ap-

portât de la consolation. J'y trouvai ceci : « Il les mena
« pleins d'espérance et leur ôta toute crainte, leurs en-
« nemis ayant été couverts par la mer [1]. » Cependant
Leudaste, ayant commencé à traverser le fleuve sur
un pont formé de deux bateaux attachés l'un à l'autre, celui sur lequel se trouvait Leudaste plongea
dans la rivière; s'il ne se fût sauvé en nageant, il courait risque de périr avec ses compagnons. Mais l'autre
bateau, attaché à celui-là et sur lequel étaient les prisonniers enchaînés, fut, à l'aide de Dieu, élevé au-dessus.
Ils furent conduits au roi toujours enchaînés, et Leudaste les accusa fortement, demandant qu'ils subissent
la peine capitale ; mais le roi, après y avoir pensé, les
fit délivrer de leurs liens, et les ayant seulement remis à la garde de ses officiers de justice, ne leur fit
aucun mal.

Le duc Bérulphe et le comte Eunome feignirent à
Tours que la ville était en danger d'être prise par le
roi Gontran, et « afin, dirent-ils, qu'il n'arrive rien
« faute de précautions, il convient de mettre des gardes
« à la ville. » Ils mirent donc, sous ce prétexte, des gardes
aux portes, qui sous couleur de défendre la ville, s'assurèrent en effet de moi. Ils m'envoyèrent aussi des gens
qui me conseillèrent de prendre secrètement ce qu'il
y avait de meilleur dans le trésor de l'église et de
m'enfuir en Auvergne, mais je n'y voulus point consentir. Le roi donc ayant mandé les évêques de son
royaume, ordonna que cette affaire fût examinée avec
soin. Le clerc Riculphe était souvent interrogé en secret, et comme il disait contre moi beaucoup de choses fausses, un certain Modeste, ouvrier en bois, lui

[1] Ps. 77, v. 58.

dit : « Malheureux qui complotes avec tant d'obstina-
« tion contre ton évêque, il valait bien mieux pour
« toi te taire, lui demander pardon et obtenir de lui
« ta grâce. » Alors il commença à s'écrier à haute voix
et à dire : « En voilà un qui me conseille le silence,
« afin que je ne poursuive pas la découverte de la vé-
« rité : voilà un ennemi de la reine, qui ne veut pas
« qu'on informe contre ceux qui l'ont accusée. » On
alla sur-le-champ rapporter cela à la reine. Modeste
fut saisi, appliqué à la torture, flagellé et remis garrotté dans les mains des gardes. Tandis qu'au milieu de
la nuit, il était entre deux gardes, enchaîné et retenu
dans les ceps, ses gardiens s'étant endormis, il adressa
à Dieu une oraison, le priant qu'il daignât, dans sa
puissance, visiter un malheureux ; et saint Martin, évêque, vint avec saint Médard délier celui qu'on avait
enchaîné sans qu'il l'eût mérité. Aussitôt il brisa ses
liens, rompit les ceps, et, ayant ouvert la porte, entra
dans la basilique de Saint-Médard où nous étions à
veiller pendant la nuit.

Les évêques, assemblés à Braine [1], y furent réunis
dans une même maison. Le roi étant venu leur donna à
tous le salut, et ayant reçu la bénédiction s'assit avec
eux ; alors l'évêque Bertrand, évêque de la ville de
Bordeaux, impliqué dans l'accusation portée contre la
reine, exposa l'affaire et m'interpella, disant que j'a-
vais porté une accusation contre lui et la reine. Je niai
en toute vérité avoir dit ces choses, ajoutant que je ne
savais point que d'autres les eussent entendues. Le
peuple était autour de la maison, faisant un grand bruit
et disant : « Pourquoi impute-t-on de telles choses à

[1] Berni, selon l'abbé Lebeuf.

« l'évêque de Dieu ? Pourquoi le roi poursuit-il une telle
« affaire ? Un évêque aurait-il jamais pu dire de telles
« choses, même d'un esclave ? Hélas, hélas ! Seigneur
« Dieu, prête secours à ton serviteur. » Le roi disait :
« Cependant l'accusation portée contre ma femme est
« pour moi un opprobre. Si vous jugez à propos qu'on
« produise des témoins contre l'évêque, les voilà ici ;
« mais s'il vous paraît que cela ne doive pas se faire
« et qu'il faille s'en remettre à la foi de l'évêque, dites,
« et je me conformerai volontiers à ce que vous or-
« donnerez. » Tous admirèrent la patience et la prudence du roi, et se réunirent à dire : « Un inférieur
« ne peut être cru sur le compte d'un évêque. » L'affaire se borna à cela qu'ayant dit des messes sur trois
autels, je me purgeai par serment des paroles qu'on
m'imputait, et quoique ces choses fussent contraires
aux canons, elles se firent cependant en considération
du roi. Mais je ne dois pas passer ici sous silence que la
reine Rigonthe, partageant mes douleurs, jeûna avec
toute sa maison, jusqu'à ce que je lui eusse fait annoncer par un serviteur que j'avais accompli tout ce
qui m'avait été imposé. Ainsi donc les évêques étant
retournés vers le roi, lui dirent : « O roi, toutes les
« choses ordonnées à l'évêque sont accomplies. Que
« reste-t-il à faire si ce n'est de te priver de la com-
« munion, ainsi que Bertrand accusateur d'un de ses
« frères ? » Et lui répondit : « Je n'ai rapporté que ce
« que j'avais entendu dire. » Eux lui ayant demandé
qui lui avait dit ces choses, il répondit qu'il les avait
apprises de Leudaste. Mais celui-ci, par défaut de sagesse ou de courage, avait déjà pris la fuite. Alors
tous les évêques le condamnèrent comme semeur de

mensonges, calomniateur de la reine, accusateur d'un évêque, à être exclus de toutes les églises pour s'être soustrait à leur jugement; et on envoya des lettres aux évêques qui n'avaient pas été présens, pour leur faire part de cette résolution; après chacun s'en retourna chez soi. Leudaste, ayant appris ce qui s'était fait, voulut se réfugier dans la basilique de Saint-Pierre de Paris; mais instruit de l'édit par lequel le roi défendait qu'il fût reçu de personne dans son royaume, et comme son fils qu'il avait laissé dans sa maison venait de mourir, il se rendit secrètement à Tours, et fit passer à Bourges ce qu'il avait de meilleur. Poursuivi des serviteurs du roi, il s'échappa par la fuite; sa femme ayant été prise, fut envoyée en exil dans le diocèse de Tournai; le clerc Riculphe fut condamné à mort; j'eus grand'peine à obtenir sa vie, et ne pus l'exempter des tourmens. Je ne crois pas qu'aucune chose inanimée, aucun métal eût pu résister à tous les coups que supporta ce pauvre misérable. A la troisième heure on le suspendit à un arbre, les mains liées derrière le dos; on le détacha à la neuvième, et on l'étendit sur des roues, où il fut frappé à coups de bâton, de verges, de courroies mises en double; et cela non pas seulement par un ou deux hommes, mais tant qu'il en pouvait approcher de ses misérables membres, tous le frappaient. Tandis qu'il était dans ces tourmens, il découvrit la vérité, et déclara publiquement tout le secret de sa fourberie. Il dit qu'on avait accusé la reine afin de la faire chasser du trône, et que Clovis, après avoir tué ses frères, pût entrer en possession du royaume de son père, et que Leudaste en eût le gouvernement. Le prêtre Riculphe qui, déjà du temps du bienheureux évêque Euphronius, était ami de Clovis, aurait demandé l'évêché de Tours, et l'archidiaconat avait été promis à Riculphe le clerc. Revenu à Tours par la grâce de Dieu, nous y trouvâmes l'église mise en grand désordre par Riculphe le prêtre. Tiré sous l'évêque Euphronius de la classe des pauvres, il avait été ordonné archidiacre; de là élevé à la prêtrise, il revint à son naturel, toujours hautain, bouffi d'orgueil, présomptueux. Tandis que j'étais avec le roi, il entra impudemment dans la maison épiscopale, comme s'il eût été déjà évêque; il fit l'inventaire de l'argenterie de l'église, s'empara de tout le reste, fit des présens aux principaux clercs, leur distribua des vignes, des prés; aux moindres il donna de sa propre main des coups de bâton, et leur fit souffrir beaucoup de maux, leur disant : « Recon-« naissez votre maître qui a obtenu la victoire sur ses « ennemis, et par son esprit a nettoyé la ville de Tours « des natifs de l'Auvergne. » Il ne savait pas, ce misérable, qu'excepté cinq, tous les évêques qui avaient occupé le siége de Tours, étaient alliés de parenté à notre famille; il avait coutume de dire à ses familiers qu'un homme prudent ne peut être trompé que par des parjures. Comme, à mon retour, il continua à me témoigner du mépris et ne vint pas me saluer comme le firent les autres citoyens, mais qu'il menaçait encore plus haut de me tuer, j'ordonnai, d'accord avec le conseil provincial, qu'il fût envoyé dans un monastère. Tandis qu'il y était étroitement renfermé, il survint des gens envoyés par l'évêque Félix qui avait été un des fauteurs du procès dont je viens de parler; et l'abbé s'étant laissé tromper par des parjures, Riculphe s'enfuit, et alla trouver Félix, qui l'accueillit avec empressement, au lieu qu'il aurait dû l'avoir pour exécrable. Leudaste, se rendant à Bourges, y emporta avec lui tous les trésors qu'il avait amassés des dépouilles des pauvres; mais peu de temps après, les gens de Bourges, ayant à leur tête le juge du lieu, se précipitèrent dans sa demeure, et lui enlevèrent son or, son argent et tout ce qu'il avait apporté avec lui, ne lui laissant que l'habit qu'il avait sur le corps; ils l'auraient même tué s'il ne se fût sauvé par la fuite. Mais ayant repris courage, il se mit à la tête de quelques gens de Tours, et tombant à son tour sur ces voleurs, il en tua un, reprit ce qu'ils lui avaient enlevé et revint à Tours. Le duc Bérulphe l'ayant appris, envoya des serviteurs armés pour se saisir de lui. Voyant qu'il allait être pris, il abandonna ses effets et se réfugia dans la basilique de Saint-Hilaire de Poitiers. Le duc Bérulphe prit ses effets et les envoya au roi; mais Leudaste sortait de la basilique, et faisait des irruptions dans plusieurs maisons, se livrant publiquement au pillage. On le surprit souvent en adultère dans l'enceinte des saints portiques. La reine, irritée de ce qu'il souillait de cette manière la maison sacrée du Seigneur, ordonna qu'il fût chassé de la basilique du saint. Ayant été chassé, il retourna chez ses hôtes de Bourges, les suppliant de le cacher.

J'aurais dû rapporter plus haut ma conversation avec le bienheureux évêque Sauve; mais puisque je l'avais oublié, ce ne sera pas, je crois, un sacrilége d'en rendre compte après d'autres choses. Après le synode dont j'ai parlé, j'avais déjà dit adieu au roi, et me préparais à m'en retourner chez moi; mais ne voulant pas m'en aller sans avoir dit adieu à Sauve et l'avoir embrassé, j'allai le chercher, et le trouvai dans la cour de la maison de Braine [1] ; je lui dis que j'allais retourner chez moi, et nous étant éloignés un peu pour causer, il me dit : « Ne vois-tu pas au-des-« sus de ce toit ce que j'y aperçois? — J'y vois, lui « dis-je, un second petit bâtiment que le roi a der-« nièrement fait élever au-dessus; » et lui dit : « N'y « vois-tu pas autre chose? — Je n'y vois, lui dis-je, « rien autre chose. » Supposant qu'il parlait ainsi par manière de jeu, j'ajoutai : « Si tu vois quel-« que chose de plus dis-le-moi. » Et lui, poussant un profond soupir, me dit : « Je vois le glaive de la « colère divine tiré et suspendu sur cette maison. » Et véritablement les paroles de l'évêque ne furent pas menteuses, car, vingt jours après, moururent, comme nous l'avons dit, les deux fils du roi.

[1] Ou Berni.

LIVRE SIXIÈME.

La sixième année de son règne, le roi Childebert ayant rompu sa paix avec Gontran, s'allia avec Chilpéric. Gogon mourut peu de temps après et Wandelin fut mis à sa place. Mummole s'enfuit du royaume de Gontran et alla s'enfermer dans les remparts d'Avignon. Un synode d'évêques fut assemblé à Lyon; il discuta et termina diverses affaires et condamna ceux qui avaient le plus gravement manqué à leurs devoirs. Le synode revint vers le roi et s'occupa beaucoup de l'affaire du duc Mummole, et de plusieurs des querelles qui régnaient alors.

Cependant les envoyés du roi Chilpéric, partis trois ans auparavant pour aller vers l'empereur Tibère, revinrent non sans avoir souffert beaucoup de maux et de fatigues; car n'ayant pas osé, à cause de la division qui était entre les rois, aborder au port de Marseille, ils débarquèrent à la ville d'Agde située dans le royaume des Goths; mais avant qu'ils eussent atteint le rivage, leur navire, agité par les vents, fut jeté contre terre et brisé en pièces. Les envoyés se voyant en danger, ainsi que leurs serviteurs, s'attachèrent à des planches et arrivèrent ainsi à grand'peine sur le rivage. Beaucoup de leurs serviteurs périrent, mais plusieurs se sauvèrent. Les gens du pays s'emparèrent de ceux de leurs effets que les vagues avaient rejetés sur la rive. Ils en recouvrèrent cependant ce qu'il y avait de meilleur et l'apportèrent au roi Chilpéric. Mais les gens d'Agde leur retinrent beaucoup de choses. J'allai en ce temps voir le roi à sa maison de Nogent [1]. Il me montra un grand bassin d'or, orné de pierres précieuses, qu'il avait fait faire, et qui pesait cinquante livres, et il me dit : « J'ai fait faire cela pour honorer la nation des « Francs et lui donner de l'éclat, et si la vie continue « à m'accompagner, je ferai encore beaucoup d'autres « choses. » Il me montra aussi des pièces d'or, chacune du poids d'une livre, que lui avait envoyées l'empereur, et qui portaient d'un côté l'image de l'empereur, autour de laquelle était écrit : *Tiberii. Constantini. Perpetui. Augusti.* De l'autre côté était un char à quatre chevaux sur lequel était monté un homme ; on y voyait écrits ces mots : *Gloria. Romanorum.* Il me montra aussi beaucoup d'autres choses précieuses apportées par ses envoyés.

Tandis que j'étais à Nogent, Ægidius, évêque de Rheims, vint avec les premiers de la cour de Childebert en ambassade vers le roi Chilpéric. Ils convinrent ensemble de chasser de son royaume le roi Gontran, et de s'unir par une alliance ; ensuite le roi Chilpéric dit : « Mes péchés se sont accumulés et il ne m'est « pas demeuré de fils, ni aucun héritier qui puisse « me survivre, si ce n'est le fils de mon frère Sige« bert, c'est-à-dire le roi Childebert ; il héritera donc « de tout ce que je pourrai amasser par mes travaux, « pourvu seulement que, tant que je vivrai, je puisse « jouir de tout sans crainte et sans dispute. » Eux le

[1] Nogent-sur-Marne.

remercièrent, et ayant signé les traités, confirmèrent ce qu'ils avaient dit, et retournèrent vers Childebert avec de grands présens. Ceux-ci partis, le roi Chilpéric envoya l'évêque Leudovald et les principaux de son royaume qui reçurent et prêtèrent serment, ratifièrent les traités et revinrent avec des présens.

Loup, duc de Champagne, était depuis long-temps tourmenté et dépouillé sans relâche par ses ennemis, Ursion et principalement Bertfried. Enfin, étant convenus de le tuer, ils firent marcher une armée contre lui. Ce que voyant la reine Brunehault, affligée de l'injuste persécution qu'on faisait subir à un de ses fidèles, elle s'arma d'un courage mâle et se précipita entre les deux troupes, disant : « Gardez-vous, ô hommes, gar- « dez-vous de commettre cette mauvaise action. Gar- « dez-vous de persécuter l'innocence ; gardez-vous, « à cause d'un seul homme, de livrer un combat qui « détruira tout le bien-être du pays. » Ursion répondit à ces paroles : « Éloigne-toi de nous, ô femme ; qu'il « te suffise d'avoir régné du temps de ton mari. C'est « maintenant ton fils qui règne ; c'est notre appui « et non le tien qui sauvera le royaume. Éloigne- « toi donc de nous, de peur que les pieds de nos che- « vaux ne t'écrasent contre la terre. »

Ces discours et beaucoup d'autres se prolongèrent long-temps entre eux ; enfin, la reine, par son habileté, parvint à empêcher qu'ils ne combattissent : mais, en partant de ce lieu, ils entrèrent de force dans la maison de Loup, enlevèrent tout son argent, sous prétexte de le remettre au trésor du roi, et l'emportèrent dans leurs maisons, proférant des menaces contre Loup, et disant : « Il ne s'échappera pas vivant

« de nos mains. » Voyant son danger, il mit sa femme en sûreté dans les murs de la ville de Laon, et s'enfuit vers le roi Gontran qui le reçut avec bienveillance, et il demeura caché près de lui, en attendant que Childebert parvînt à l'âge de régner.

De Nogent où il était, comme je l'ai dit, le roi Chilpéric ordonna qu'on fît partir les bagages, et se disposa à venir à Paris. Comme j'étais allé pour lui dire adieu, il vint un certain Juif, nommé Priscus, familier avec le roi qui s'en servait pour acheter des joyaux d'or et d'argent. Le roi l'ayant pris doucement par les cheveux, s'adressa à moi, disant : « Viens, « prêtre de Dieu, et impose-lui les mains. » L'autre résistant, le roi dit : « O esprit dur, race toujours in- « crédule, qui ne comprends pas le fils de Dieu que « lui a promis la voix de ses prophètes, qui ne com- « prends pas les mystères de l'Eglise figurés dans ces « sacrifices ! » Alors le Juif lui dit : « Dieu n'a pas be- « soin de se marier ; il ne s'enrichit point de postérité, « et ne souffre point de compagnons de sa puissance ; « il a dit par la bouche de Moïse : Considérez que je « suis le Dieu unique, qu'il n'y en a point d'autre que « moi seul : c'est moi qui fais mourir, et c'est moi qui « fais vivre ; c'est moi qui blesse, et c'est moi qui gué- « ris [1]. » Le roi dit : « Dieu a engendré spirituelle- « ment, dès l'éternité, un fils qui n'est pas plus jeune « d'âge que lui, pas moindre en puissance, et à qui « il a dit : Je vous ai engendré de mon sein avant l'é- « toile du jour [2]. Celui donc qui était né avant les « siècles a été envoyé dans les derniers siècles du « monde pour le guérir, comme dit ton prophète ; *il*

[1] Deut. chap. 32, v. 39.
[2] Ps. 109, v. 4.

« *envoya sa parole, et il les guérit*[1]. Et quand tu
« prétends qu'il n'engendre pas, écoute ton prophète,
« parlant au nom du Seigneur : *Moi qui fais*, dit-il,
« *enfanter les autres, n'enfanterai-je point aussi*
« *moi-même*[2] *?* par où il entend le peuple régénéré en
« lui par la foi. » Le Juif lui répondit : « Est-ce que
« Dieu peut être fait homme, naître d'une femme,
« être frappé de verges, et condamné à mort? » Le
roi gardant le silence, j'intervins dans la discussion,
et je dis : « Si le fils de Dieu s'est fait homme, ce n'est
« pas pour lui, mais pour nous; car il ne pouvait
« racheter l'homme du péché et de l'esclavage du
« diable, auxquels il était soumis, s'il ne se fût re-
« vêtu de l'humanité. Je ne prendrai pas mes témoi-
« gnages des Évangiles et des apôtres, auxquels tu ne
« crois pas, mais de tes livres mêmes, afin de te per-
« cer de ta propre épée, comme on lit qu'autrefois
« David a tué Goliath. Apprends donc d'un de tes pro-
« phètes que Dieu devait se faire homme; *Dieu est*
« *homme*, dit-il, *et qui ne le connaît pas ?* Et ail-
« leurs : *C'est lui qui est notre Dieu, et nul autre*
« *ne subsistera devant lui..... C'est lui qui a trouvé*
« *toutes les voies de la vraie science, et qui l'a don-*
« *née à Jacob, son serviteur, et à Israël, son*
« *bien-aimé ; après cela il a été vu sur la terre, et*
« *il a conversé avec les hommes*[3]. Et sur ce qu'il est
« né d'une vierge, écoute aussi ton prophète, lorsqu'il
« dit : *une vierge concevra, et elle enfantera un*
« *fils qui sera appelé Emmanuel, c'est-à-dire,*

---

[1] Ps. 106, v. 20.

[2] Isaïe, chap. 66, v. 9.

[3] Baruch, chap. 3, v. 36, 37, 38.

« *Dieu avec nous* [1]. Et, par rapport à ce qu'il devait
« être frappé de verges, attaché avec des clous, et
« soumis à d'autres injures, un autre prophète a dit :
« *Ils ont percé mes mains et mes pieds, et ils ont*
« *partagé entre eux mes habits* [2]. Et encore : *ils*
« *m'ont donné du fiel pour ma nourriture, et dans*
« *ma soif ils m'ont présenté du vinaigre à boire* [3].
« Et parlant de la croix à laquelle il devait être atta-
« ché pour sauver le monde, et le délivrer de la do-
« mination du diable, pour le ramener sous sa puis-
« sance, David a dit encore : *Dieu régnera par le*
« *bois*; non qu'il n'eût régné auparavant avec son
« père, mais parce qu'il a pris, par le bois, la souve-
« raineté sur son peuple qu'il avait délivré de la ser-
« vitude du diable. » Le Juif répondit : « Qui obli-
« geait Dieu à souffrir ces choses ? » A quoi je répli-
quai : « Je t'ai déjà dit que Dieu avait créé l'homme
« innocent, mais que, trompé par la malice du ser-
« pent, il avait prévariqué contre ses ordres ; en sorte
« que, rejeté du Paradis, il avait été condamné aux
« travaux de ce monde, et qu'ensuite, par sa mort,
« le Christ, fils unique de Dieu, l'avait réconcilié avec
« son Père.—Dieu, dit le Juif, ne pouvait-il envoyer
« des apôtres qui ramenassent l'homme dans la voie
« du salut, sans se rabaisser lui-même jusqu'à être fait
« chair ? » Et je lui dis : « Le genre humain a toujours
« péché dès le commencement, sans s'être jamais laissé
« épouvanter ni par l'inondation du déluge, ni par
« l'incendie de Sodôme, ni par les plaies d'Égypte, ni

---

[1] Isaïe, chap. 7, v. 14. Év. sel. S. Math. chap. 1, v. 23.
[2] Ps. 21, v. 18, 19.
[3] Ps. 68, v. 26.

« par les miracles qui ont ouvert les eaux de la mer,
« et du Jourdain. Toujours il a résisté à la loi de
« Dieu, a refusé de croire aux prophètes ; et non seu-
« lement il n'y a pas cru, mais il les a mis à mort quand
« ils lui prêchaient la pénitence : ainsi donc, si Dieu
« lui-même n'était descendu pour les racheter, au-
« cun autre ne pouvait accomplir la rédemption.
« Nous avons été régénérés par sa naissance, lavés par
« son baptême, guéris par ses blessures, relevés par
« sa résurrection, glorifiés par son ascension ; et pour
« nous faire entendre qu'il devait venir nous guérir
« de nos maladies, un de tes prophètes a dit : *nous*
« *avons été guéris par ses meurtrissures* [1]. Et ail-
« leurs : *Il a porté les péchés de plusieurs, et il a*
« *prié pour les violateurs de la loi* [2]. Et encore : *Il*
« *sera mené à la mort comme une brebis qu'on va*
« *égorger; il demeurera dans le silence, sans ou-*
« *vrir la bouche, comme un agneau est muet de-*
« *vant celui qui le tond. Il est mort au milieu des*
« *douleurs, ayant été condamné par des juges.*
« *Qui racontera sa génération ? Son nom est le*
« *Seigneur des armées* [3]. Jacob, de qui tu te vantes
« de sortir, dit en bénissant son fils Juda, comme s'il
« parlait au Christ, fils de Dieu : *Les enfans de votre*
« *frère vous adoreront. Juda est un jeune lion. Vous*
« *vous êtes levé, mon fils, pour ravir la proie ; en*
« *vous reposant, vous vous êtes couché comme un*
« *lion et une lionne. Qui osera le réveiller ? Ses*
« *yeux sont plus beaux que le vin, et ses dents*

---

[1] Isaïe, chap. 53, v. 5.
[2] *Ib.* v. 12.
[3] *Ib.* chap. 53, v. 7, 8 ; chap. 54, v. 5.

« *plus blanches que le lait. Qui osera le réveil-*
« *ler*[1] ? Et quoique lui-même ait dit : *J'ai le pou-*
« *voir de quitter ma vie, et j'ai le pouvoir de la*
« *reprendre* [2], Paul l'apôtre a dit : *Si vous croyez*
« *de cœur que Dieu a ressuscité Jésus d'entre les*
« *morts, vous serez sauvé* [3]. » Nous lui dîmes ces
choses et plusieurs autres, sans que ce malheureux
pût être touché de la foi. Comme il se taisait, le roi,
voyant que ces paroles ne faisaient point d'effet sur
lui, se retourna vers moi, et demanda qu'avant son
départ je lui donnasse la bénédiction, disant : « Je te
« dirai, ô évêque, ce que dit Jacob à l'ange avec le-
« quel il s'entretenait : *Je ne vous laisserai point*
« *aller que vous ne m'ayez béni* [4]. » En parlant ainsi,
il ordonna qu'on lui apportât de l'eau, et s'étant lavé
les mains, il fit sa prière et prit le pain, rendant
grâces à Dieu. Nous le reçûmes, le présentâmes au
roi, et, après avoir bu le vin, nous nous séparâmes
en nous disant adieu. Le roi monta à cheval, et s'en
alla à Paris avec sa femme, sa fille et toute sa maison.

Il y avait en ce temps dans la ville de Nice un reclus, nommé Hospitius, homme d'une grande abstinence, qui serrait son corps à nu dans des chaînes de
fer, portait par dessus un cilice, et ne mangeait rien
autre chose que du pain et quelques dattes. Dans les
jours du carême il se nourrissait de la racine d'une
herbe d'Égypte à l'usage des hermites de ce pays et
que lui apportaient les négocians. Il buvait d'abord le

---

[1] Gen. chap. 49, v. 8, 9, 12.
[2] Év. sel. S. Jean, chap. 10, v. 18.
[3] Épit. de S. Paul aux Rom. chap. 10, v. 9.
[4] Gen. chap. 32, v. 26.

jus dans lequel il l'avait fait cuire et la mangeait ensuite. Dieu daigna opérer par lui de grands miracles. Car en ce temps l'Esprit saint lui ayant révélé l'arrivée des Lombards dans les Gaules, il la prédit en ces termes : « Les Lombards viendront dans les Gaules et « dévasteront sept cités, parce que leurs méchancetés « se sont accumulées devant les yeux du Seigneur, « que personne n'entend, personne ne recherche Dieu, « personne ne fait de bonnes œuvres pour apaiser la « colère de Dieu. Car tout ce peuple est infidèle, adon- « né au parjure, livré au vol, prompt à l'homicide, et « ne produisant aucun des fruits de justice. On ne paye « pas les dîmes, on ne nourrit pas les pauvres, on ne « couvre point ceux qui sont nus, on ne donne pas « l'hospitalité aux voyageurs, on ne fournit point à « leur faim des alimens suffisans ; de là est survenue « cette plaie. Je vous le dis donc, rassemblez tout ce « que vous possédez dans l'enceinte des murs, afin « que les Lombards ne vous l'enlèvent pas, et songez « à vous défendre vous-même dans des lieux très- « forts. » Lorsqu'il eut dit ces paroles, tous demeurèrent stupéfaits, et, lui disant adieu, s'en retournèrent chez eux avec une grande admiration. Il dit aussi aux moines : « Partez de ce lieu et emportez avec « vous tout ce que vous avez, car voilà que s'appro- « chent les peuples que je vous ai prédits. » Et comme ils lui disaient : « Très-saint père, nous ne t'abandon- « nerons pas, » il leur répondit : « Ne craignez rien « pour moi, car il arrivera qu'ils me feront souffrir « des injures, mais ne me maltraiteront pas jusqu'à la « mort. » Les moines s'étant éloignés, les Lombards arrivèrent, et, dévastant tout ce qu'ils trouvaient, parvinrent au lieu où était reclus le saint de Dieu. Il se montra à eux par la fenêtre de sa tour. Eux, entourant la tour, cherchèrent une porte pour arriver jusqu'à lui et ne purent la trouver ; alors deux d'entre eux montèrent sur le toit et le découvrirent, et, voyant le reclus entouré de chaînes et vêtu d'un cilice, ils dirent : « C'est un malfaiteur ; il a commis quelque « meurtre, c'est pourquoi il est lié de ces chaînes. » Et, ayant appelé un interprète, ils lui demandèrent quel mal il avait fait pour être condamné à un tel supplice. Lui s'avoua homicide et coupable de tous les crimes. Alors un d'eux tira son épée pour la faire tomber sur sa tête ; mais le bras qui voulait porter le coup se roidit et demeura suspendu sans que l'homme pût le retirer à lui, et, lâchant son épée, il la laissa tomber à terre. Ce que voyant ses camarades, ils poussèrent de grands cris vers le ciel, priant le saint de leur indiquer avec bonté ce qu'ils avaient à faire, et, ayant imposé au Lombard le signe du salut, il rendit le mouvement à son bras. Celui-ci, converti sur le lieu même, se fit tonsurer, et est maintenant un moine très-fidèle. Deux des chefs des Lombards qui écoutèrent les paroles du saint revinrent sans aucun mal dans leur patrie ; ceux qui méprisèrent ses préceptes moururent misérablement dans le pays. Plusieurs d'entre eux, saisis par les démons, s'écriaient : « Pourquoi, homme saint et « bienheureux, nous tourmenter et nous brûler ainsi ? » Mais, leur imposant les mains, il les guérissait. Il y eut ensuite un habitant d'Angers à qui une grande fièvre avait fait perdre la parole et l'ouïe, et qui, guéri de sa fièvre, était demeuré sourd et muet. Un diacre de cette province ayant été envoyé à Rome pour y chercher des reliques des bienheureux apôtres et des autres saints qui en ont fourni cette ville, lorsqu'il arriva au lieu qu'habitaient les parens du malade, ils le prièrent de vouloir bien prendre celui-ci pour compagnon de son voyage, dans la confiance que, s'il arrivait au sépulcre des bienheureux apôtres, il pourrait être immédiatement guéri. Dans leur route ils vinrent à l'endroit qu'habitait le bienheureux Hospitius. Le diacre, après l'avoir salué et embrassé, lui déclara la cause de son voyage, lui dit qu'il allait à Rome, et pria le saint homme de le recommander à des mariniers de ses amis. Pendant qu'ils demeuraient en ce lieu, le saint homme sentit l'esprit du Seigneur lui communiquer sa vertu, et dit au diacre : « Je te « prie de m'amener le malade qui t'accompagne dans « ton voyage. » Et sans aucun délai le diacre s'étant rendu à son logis trouva son malade avec la fièvre, et, faisant connaître par signes qu'il éprouvait un tintement dans les oreilles, il le prit et le conduisit au saint de Dieu. Celui-ci, le prenant par les cheveux, lui attira la tête dans sa fenêtre, prit de l'huile sanctifiée par la bénédiction, et, lui tenant la langue de la main gauche, lui versa cette huile dans la bouche et sur le sommet de la tête, disant : « Au nom de mon « Seigneur Jésus-Christ, que tes oreilles soient ou- « vertes, que ta langue se délie par cette puissance « qui délivra autrefois un sourd-muet de la méchan- « ceté des démons ; » et, disant cela, il demanda à cet homme son nom, celui-ci répondit à haute voix : « Je m'appelle un tel. » Ce qu'ayant vu le diacre, il dit : « Je te rends des grâces infinies, ô Jésus-Christ, « qui as daigné manifester de telles choses par ton ser-

« viteur. J'allais chercher Pierre, j'allais chercher
« Paul, j'allais chercher Laurent et les autres qui ont
« illustré Rome de leur sang : ici je les ai tous trouvés,
« ici je les vois tous. » Comme il disait ces paroles avec
beaucoup de larmes et d'admiration, l'homme de Dieu,
qui évitait de toutes ses forces la vaine gloire, lui dit :
« Tais-toi, tais-toi, très-cher frère, ce n'est pas moi
« qui ai fait ces choses, mais celui qui a formé le monde
« de rien, et qui, pour nous s'étant fait homme, a
« donné la vue aux aveugles, l'ouïe aux sourds, la
« parole aux muets, qui a rendu aux lépreux leur peau
« naturelle, aux morts la vie, et accordé à tous les in-
« firmes une abondante guérison. » Alors le diacre,
plein de joie, lui ayant dit adieu, s'en alla avec son
compagnon. Après leur départ, un certain Dominique
(tel était son nom), aveugle de naissance, vint pour
éprouver la vertu des miracles du saint. Après qu'il
eut demeuré deux ou trois mois dans le monastère,
adonné au jeûne et à l'oraison, l'homme de Dieu l'appela vers lui et lui dit : « Veux-tu recouvrer la vue ?
« Je voudrais, dit-il, connaître une chose inconnue,
« car je ne sais pas ce que c'est que la lumière ; je sais
« seulement que tous célèbrent ses louanges, mais,
« depuis le commencement de ma vie jusqu'à pré-
« sent, je n'ai pas eu le bonheur de voir. » Alors le
reclus, faisant sur ses yeux, avec de l'huile bénite, le
signe de la sainte croix, dit : « Au nom de J. C. notre
« Rédempteur, que tes yeux soient ouverts ! » et sur-
le-champ ses yeux furent ouverts. Et il admirait,
il contemplait les grandes œuvres de Dieu que le
monde présentait à sa vue. On amena aussi à Hospitius une femme qui, comme elle le disait elle-même

avec de grands cris, était possédée de trois démons. L'ayant bénie par un saint attouchement, et lui ayant fait sur le front le signe de la croix avec de l'huile sainte, il la renvoya délivrée de ses démons ; il guérit aussi par sa bénédiction une jeune fille tourmentée de l'esprit immonde. Le jour de sa mort approchant, il appela à lui le supérieur du monastère, disant : « Apporte des ferremens pour ouvrir la muraille, et « envoie des messagers à l'évêque de la cité pour qu'il « vienne m'ensevelir, car dans trois jours je quitterai « ce monde, et j'irai au repos qui m'attend et qui m'a « été promis de Dieu. » Lorsqu'il eut dit ces paroles, le supérieur du monastère envoya à l'évêque de Nice des gens pour l'en instruire. Après cela, un certain Crescens vint à la fenêtre ; et le voyant lié de chaînes et rempli de vers, lui dit : « O mon seigneur ! com- « ment peux-tu supporter avec tant de courage un si « rigoureux tourment ? » Il lui répondit : « Celui pour « la gloire de qui je souffre ces choses me donne de « la force. Mais je te le dis, mes liens se relâchent, « et je vais au lieu du repos. » Le troisième jour venu, il détacha ses chaînes, se prosterna en oraison ; et après avoir prié long-temps avec larmes, se plaça sur un banc, étendit les jambes ; et levant les mains vers le ciel, rendit grâces à Dieu et lui remit son esprit ; et aussitôt disparurent tous les vers qui déchiraient ses saints membres. L'évêque Austadius étant arrivé fit ensevelir avec beaucoup de soin ce bienheureux corps. J'ai appris toutes ces choses de la bouche du sourd-muet qu'il avait guéri, ainsi que je l'ai rapporté, et qui me raconta de lui beaucoup d'autres miracles. Il me défendit d'en parler ; mais j'ai appris que la vie d'Hospitius avait été écrite par beaucoup d'autres [1].

En ce temps mourut Ferréole, évêque d'Uzès, homme d'une grande sainteté, plein de sagesse et d'intelligence, qui avait composé quelques livres d'épîtres à la manière de Sidoine. Après sa mort, par le moyen de Dynamius, gouverneur de cette province, Albin, ex-préfet, obtint l'épiscopat sans le consentement du roi; et tandis que l'affaire de son renvoi s'agitait encore, il mourut après une jouissance de trois mois. Jovin, qui avait été autrefois gouverneur de la province, fut, par les ordres du roi, élevé à cet épiscopat; mais il fut prévenu par le diacre Marcel, fils du sénateur Félix, qui, ayant convoqué le clergé de la province, fut sacré évêque par le conseil de Dynamius. Jovin voulant ensuite le chasser par force, Marcel se renferma dans la ville et tâcha de se défendre par le courage. Mais n'étant pas assez fort, il obtint la victoire par des présens.

Alors mourut aussi à Angoulême le reclus Eparque, homme d'une éclatante sainteté, par le moyen duquel Dieu manifesta un grand nombre de miracles, desquels je passerai plusieurs sous silence, et me contenterai d'en raconter quelques-uns. Il était natif de la ville de Périgueux; mais s'étant mis en religion, il fut fait clerc, et vint à Angoulême où il se bâtit une cellule, et ayant rassemblé un petit nombre de moines, il se livrait assidûment à l'oraison; si on lui apportait de l'or ou de l'argent, il l'employait, soit

[1] On voit encore, dans la cathédrale de Nice, le tombeau de cet hermite; la tour qu'il habitait était située sur une petite péninsule à une lieue environ de Nice, et qui porte aujourd'hui le nom de *San Sospir*.

aux besoins des pauvres, soit à la rédemption des captifs. Tant qu'il vécut, jamais dans son couvent on ne fit cuire de pain, mais les dévots lui en apportaient autant qu'il en avait besoin. Il racheta de leurs offrandes une grande multitude de captifs, réprima souvent par le signe de la croix le venin du feu Saint-Antoine, fit sortir par ses oraisons les démons du corps des possédés, et plusieurs fois le charme de sa parole fut pour les juges, non pas une prière, mais plutôt un ordre qui les forçait d'absoudre les coupables ; car il avait un si doux langage que lorsqu'il leur demandait de pardonner, il leur était impossible de refuser. On avait, en ce temps, condamné à être pendu pour vol, un homme que les habitans du pays accusaient violemment de plusieurs autres crimes, tant vols qu'homicides. Lorsqu'Éparque le sut, il envoya un de ses moines prier le juge de lui accorder la vie de ce criminel. Mais le peuple se mit en colère, et cria que si on délivrait cet homme, ni le juge, ni le pays ne s'en trouveraient bien, en sorte qu'il ne put le délivrer. L'homme fut donc étendu sur des roues, frappé à coups de verges et de bâton, et condamné au gibet. Comme le moine vint fort triste rendre cette réponse à son abbé ; « Va, lui dit celui-ci, et regarde de loin ;
« car je sais que Dieu me donnera en présent celui
« que l'homme n'a pas voulu me rendre, et quand tu
« le verras tomber, prends-le et conduis-le de suite
« au monastère. » Le moine ayant fait ce qui lui était ordonné, Éparque se prosterna en oraison, et pria Dieu avec larmes jusqu'à ce que le poteau et les chaînes s'étant rompus, le pendu tomba à terre. Alors le moine l'ayant pris, l'amena à l'abbé sans aucun mal.

Celui-ci, rendant grâce à Dieu, envoya chercher le comte, et lui dit : « Tu avais coutume, mon très-cher « fils, de m'entendre d'une ame bénigne ; pourquoi « aujourd'hui t'es-tu obstiné à ne pas relâcher un « homme dont je te demandais la vie ? —Je t'écoute « toujours volontiers, saint prêtre, lui dit le comte ; « mais le peuple s'est soulevé, et je n'ai pu faire autre- « ment dans la crainte qu'il ne se révoltât contre moi. « —Quand tu ne m'écoutais pas, dit le reclus, Dieu a « daigné m'écouter, et a rendu à la vie celui que tu « avais envoyé à la mort. Le voilà, dit-il, plein de « santé en ta présence. » Comme il disait ces mots, le comte se prosterna à ses pieds, stupéfait de voir en vie celui qu'il avait laissé au point de la mort. Cela m'a été raconté par la bouche même du comte. Éparque a fait beaucoup d'autres miracles qu'il serait trop long de rapporter. Après quarante-quatre ans de réclusion, il fut pris d'une petite fièvre et rendit l'esprit. Il fut tiré de sa cellule et envoyé à la sépulture. Ses obsèques furent suivies d'une troupe nombreuse de gens qu'il avait rachetés.

Domnole, évêque du Mans, tomba malade du temps du roi Clotaire ; il avait gouverné un couvent de moines à la basilique de Saint-Laurent de Paris ; et comme durant la vie de Childebert l'ancien, il était toujours demeuré fidèle au roi Clotaire, et avait souvent caché des messagers qu'il envoyait pour épier ce qui se passait, le roi cherchait un lieu où il pût l'élever aux honneurs du pontificat. Le pontife de la cité d'Avignon étant sorti de ce monde, le roi forma le projet de le nommer à sa place ; mais le bienheureux Domnole l'ayant appris, se rendit à la basilique de Saint-Martin évêque, où le roi Clotaire était venu faire l'oraison, et, ayant employé, sans se coucher, toute la nuit en veille, il fit demander au roi, par les grands qui se trouvaient présens, de ne pas l'éloigner de sa présence comme un captif, et de ne pas exposer sa simplicité aux peines qu'elle aurait à souffrir parmi des sénateurs sophistes et des juges philosophes, l'assurant que ce siége serait pour lui un lieu d'humiliation plutôt que d'honneur. Le roi ayant consenti à ce qu'il desirait, lorsqu'Innocent, évêque du Mans, passa de ce monde en l'autre, il lui donna le siége de cet évêque. Domnole, arrivé à l'épiscopat, déploya tant et de tels mérites qu'arrivé au comble de la plus haute sainteté, il rendit au boîteux l'usage de ses jambes, à l'aveugle celui de la vue. Après vingt-deux ans d'épiscopat, se voyant cruellement tourmenté de la jaunisse et de la pierre, il choisit pour successeur l'abbé Théodulphe. Le roi confirma ce choix par son consentement. Mais peu de temps après ayant changé d'avis, il nomma à la place Badégésile, maire du palais royal, qui, ayant été tonsuré, passa par les degrés de la cléricature, et, quarante jours après, l'évêque étant sorti de ce monde, il lui succéda.

En ces jours-là, des voleurs entrèrent par effraction dans la basilique de Saint-Martin, plaçant contre la fenêtre de la chapelle un treillage qu'ils trouvèrent sur un tombeau, et montant par-là ils pénétrèrent en brisant les vitres. Ils emportèrent beaucoup d'or et d'argent, des voiles de soie, et ne craignirent pas, en s'en allant, de poser le pied sur le saint sépulcre où nous osons à peine appliquer notre bouche. Mais la puissance du saint voulut faire éclater par un jugement terrible le châtiment de cette témérité. Car ceux qui avaient commis ce crime s'étant rendus à Bordeaux, il s'éleva entre eux une querelle, et l'un d'eux en tua un autre. Le fait s'étant découvert par ce moyen, on retrouva ce qui avait été volé, et on prit dans leurs maisons l'argenterie mise en morceaux et les voiles de soie. La chose ayant été annoncée au roi Chilpéric, il ordonna qu'ils fussent enchaînés et conduits en sa présence ; mais alors craignant que des hommes ne mourussent à cause de celui qui, durant sa vie corporelle, avait souvent prié en faveur de ceux qu'on voulait mettre à mort, j'envoyai au roi une lettre de prières pour qu'il ne fît pas mourir ces hommes, puisqu'ils n'étaient pas accusés par nous à qui en appartenait la poursuite. Il reçut favorablement ma demande et leur accorda la vie. Il fit soigneusement remettre en état l'argenterie qui avait été brisée, et ordonna qu'elle fût replacée dans le lieu saint.

L'évêque Théodore de Marseille commença à se trouver cruellement exposé aux embûches de Dynamius gouverneur de la province; et comme il se disposait à aller trouver le roi, le gouverneur le saisit au milieu de la cité, le retint, lui fit subir beaucoup d'outrages; après quoi cependant il le relâcha. Le clergé de Marseille s'unissait à Dynamius pour machiner contre l'évêque des fourberies, afin de le dépouiller de l'épiscopat, et comme il se rendait auprès du roi Childebert, le roi Gontran ordonna de le retenir avec l'ex-préfet Jovin. Le clergé de Marseille l'ayant appris fut rempli d'une grande joie de le savoir déjà emprisonné, déjà condamné à l'exil ; et pour que les choses demeuras sent en cet état, et qu'il ne revînt jamais à Marseille, ils s'emparèrent de la maison épiscopale, firent l'inventaire des ornemens destinés au service de l'autel, ouvrirent les portes, dépouillèrent les celliers et se saisirent, comme si l'évêque était mort, de tout ce qui appartenait à l'église, portant contre le pontife diverses accusations, qui, grâce à Jésus-Christ, ont été reconnues fausses. Childebert ayant fait la paix avec Chilpéric, adressa des envoyés au roi Gontran pour qu'il lui remît la moitié de Marseille qu'il lui avait donnée après la mort de son père, lui faisant savoir que, s'il s'y refusait, ce refus lui coûterait cher; mais celui-ci, ne voulant pas la rendre, fit fermer les routes de son royaume, afin qu'aucun n'y pût trouver passage pour le traverser. Ce que voyant Childebert, il envoya à Marseille Gondulphe homme de naissance sénatoriale, et que de domestique il avait fait duc [1]. Comme il n'osait pas traverser le royaume de Gontran, il vint à Tours. Je le reçus avec amitié et le reconnus pour un oncle de ma mère; je le retins cinq jours avec moi, et lui ayant donné ce dont il avait besoin je le laissai aller;

---

[1] Les domestiques des rois Francs étaient les hommes attachés à la personne du prince et qui logeaient dans l'intérieur du palais; ils étaient sous les ordres d'un chef appelé le comte des domestiques; leur condition, loin d'être servile, était au contraire une des plus élevées; les lois barbares leur donnent le titre d'*optimates*; les principaux d'entre eux siégeaient dans les plaids ou cours judiciaires du prince; c'étaient, en un mot, des fidèles plus spécialement attachés au service personnel de leur seigneur. Du reste cette signification du mot *domestique* s'est perpétuée dans le moyen âge et jusque vers la fin du 17e. siècle; les jeunes gens qui recevaient dans un château leur éducation chevaleresque étaient souvent appelés domestiques ou gens de la maison, et le cardinal de Richelieu avait un grand nombre de gentilshommes parmi ses domestiques.

il continua sa route, mais Dynamius ne permit pas qu'il pût entrer dans Marseille, ni que l'évêque qui venait avec Gondulphe fût reçu dans sa cathédrale. D'accord avec le clergé, il avait fait fermer les portes de la ville et de là il insultait avec mépris l'évêque et Gondulphe. Cependant, étant sorti pour conférer avec le duc, il se rendit à la basilique de saint Etienne située près de la ville; les portiers qui en gardaient l'entrée eurent soin de fermer la porte aussitôt que Dynamius y eut été introduit, en sorte que la troupe de gens armés qui le suivait demeura dehors sans pouvoir entrer. Celui-ci, n'en sachant rien, après avoir conféré de diverses choses sur l'autel avec ceux qu'il était venu trouver, s'en éloigna, ainsi qu'eux, et ils entrèrent dans la sacristie. Lorsqu'ils y furent entrés avec Dynamius, alors dépourvu du secours des siens, ils tombèrent sur lui d'une terrible manière, et ayant mis en fuite les satellites qui, voyant qu'on le retenait, faisaient retentir leurs armes autour de la porte, le duc Gondulphe réunit les principaux citoyens autour de l'évêque, afin qu'il entrât avec eux dans la ville. Dynamius voyant tout ce qui venait de se passer demanda pardon, fit au duc beaucoup de présens et prêta serment d'être à l'avenir fidèle à l'évêque et au roi. Après quoi on lui rendit ses vêtemens. Alors s'ouvrirent les portes de la ville et celles des édifices sacrés; le duc et l'évêque entrèrent dans la cité, au milieu des acclamations et des signes de joie, et précédés de divers drapeaux en signe d'honneur. Les clercs impliqués dans le crime, et à la tête desquels se trouvaient l'abbé Anastase et le prêtre Procule, se réfugièrent dans la maison de Dynamius, demandant à celui qui les avait excités, de leur prêter le secours d'un asile. Plusieurs d'entre eux, renvoyés sous caution, reçurent l'ordre d'aller trouver le roi. Cependant Gondulphe, ayant remis la ville sous la puissance du roi Childebert et rétabli l'évêque dans son siége, retourna vers le roi. Mais Dynamius, oubliant la fidélité qu'il avait promise au roi Childebert, envoya des messagers au roi Gontran pour lui dire que l'évêque lui ferait perdre la portion de la cité qui lui appartenait et que jamais, à moins de le chasser de la ville de Marseille, il ne pourrait la soumettre à sa puissance. Alors, ému de colère, Gontran ordonna, malgré le respect dû à la religion, que le pontife du Dieu tout-puissant lui fût amené chargé de liens, disant : « Que l'ennemi de notre royaume soit envoyé en « exil, afin qu'il ne puisse nous nuire plus long- « temps. » Et comme l'évêque se tenait sur ses gardes et qu'il n'était pas aisé de l'enlever de la ville, arriva le jour où se fêtait la dédicace d'un oratoire rural situé près de la ville. L'évêque était sorti pour se rendre à cette fête, lorsqu'en route il fut attaqué subitement par des hommes armés qui, se précipitant avec grand bruit hors d'une embuscade où ils s'étaient cachés, l'entourèrent, le jetèrent à bas de son cheval, mirent en fuite tous ceux qui l'accompagnaient, lièrent ses serviteurs, battirent ses clercs, et le mettant lui-même sur un misérable cheval, sans permettre à aucun des siens de le suivre, l'emmenèrent pour le conduire en la présence du roi. Comme ils traversaient la ville d'Aix, Pientius, évêque de ce lieu, plein de compassion pour son frère, lui donna des clercs pour l'assister et ne le laissa partir qu'après lui avoir fourni ce dont il avait besoin. Pendant que ces choses se passaient, les clercs de Marseille ouvrirent la maison épiscopale, forcèrent les coffres, firent l'inventaire de plusieurs des objets qu'ils trouvèrent, et en emportèrent d'autres dans leurs maisons. Mais l'évêque ayant été conduit devant le roi, celui-ci ne le trouva point coupable et lui permit de retourner dans sa ville, où il fut reçu avec de grandes acclamations des citoyens. De là naquirent de grandes inimitiés entre le roi Gontran et son neveu Childebert, et leur alliance rompue, ils cherchaient mutuellement à se tendre des piéges.

Le roi Chilpéric, voyant s'élever cette discorde entre son frère et son neveu, appela à lui le duc Didier et lui ordonna de faire quelque méchanceté à son frère. Didier fit marcher une armée, mit en fuite le duc Ragnovald, prit Périgueux, et après s'être fait prêter serment, il marcha vers Agen. La femme de Ragnovald ayant appris que son mari avait été mis en fuite, et que la ville était tombée au pouvoir du roi Chilpéric, se réfugia dans la basilique du saint martyr Caprasius; mais elle en fut tirée, dépouillée de tout ce qu'elle possédait, privée du secours de ses serviteurs, et envoyée à Toulouse après avoir donné caution. Didier s'empara de toutes les villes qui dans ces cantons obéissaient au roi Gontran, et les soumit à la puissance du roi Chilpéric. Le duc Bérulphe, ayant appris que les habitans de Bourges parlaient tout bas entre eux de faire une irruption dans le territoire de Tours, fit marcher une armée et s'établit sur ce territoire. Alors les bourgs d'Isure et de Baron appartenant à la ville furent rudement ravagés, et l'on punit ensuite cruellement ceux qui n'avaient, pas pris part à cette expédition. Le duc Bladaste marcha en Gascogne et y perdit la plus grande partie de son armée.

Loup, citoyen de la ville de Tours, ayant perdu sa femme et ses enfans, voulut entrer dans la cléricature. Son frère Ambroise l'en empêcha, craignant, s'il épousait l'Église de Dieu, qu'il ne l'instituât son héritière : il eut soin de le pourvoir promptement d'une femme. Cédant aux malheureuses suggestions de son frère, Loup atteignit le jour où il devait se lier par les fiançailles. Tous deux se rendirent au château de Chinon, où ils avaient une maison; mais la femme d'Ambroise, qui vivait en adultère, et, détestant son mari, en aimait un autre d'un amour impudique, tendit des piéges à Ambroise. Les deux frères, après s'être livrés ensemble aux plaisirs d'un festin, et remplis de vin jusqu'à l'ivresse, la nuit venue, se couchèrent dans un même lit : alors l'adultère de la femme d'Ambroise vint pendant la nuit, au moment où tous dormaient, accablés par le vin, et ayant allumé un feu de paille pour voir ce qu'ils faisaient, il tira son épée, et en frappa la tête d'Ambroise de telle sorte que le fer, descendant à travers les yeux, lui emporta le sommet de la tête. Loup, éveillé par ce coup, et se voyant nager dans le sang, jeta de grands cris en disant : « Hélas! hélas! au se- « cours! on a tué mon frère. » L'adultère, qui s'éloignait déjà après avoir commis son crime, entendant ces cris, revint vers le lit, alla à Loup. Celui-ci résistant, il le vainquit, après l'avoir déchiré d'un grand nombre de blessures, et l'ayant frappé d'un coup mortel, le laissa à demi-mort. Cependant personne de la maison n'entendit rien de ce qui se passait, et, le matin arrivé, tous demeurèrent consternés d'un si grand crime. Loup, qu'on trouva encore en vie, rapporta ce qui était arrivé, puis rendit l'esprit. L'impudique veuve ne donna pas beaucoup de temps aux larmes; mais, peu de jours après, elle s'en alla, unie à son adultère.

La septième année du roi Childebert, qui était la vingt-unième de Chilpéric et de Gontran, on eut, dans le mois de janvier, des pluies, des éclairs et de violens tonnerres; on vit des fleurs sur les arbres. Il apparut dans le ciel une étoile à laquelle j'ai donné plus haut le nom de comète. Le ciel, tout autour, était profondément obscur; en sorte que, placée comme dans un creux, elle reluisait au milieu des ténèbres, scintillait, et étalait sa chevelure : il en partait un rayon d'une grandeur merveilleuse, qui paraissait au loin comme la fumée d'un grand incendie; on la vit à l'occident, à la première heure de la nuit. On vit aussi dans la ville de Soissons, le saint jour de Pâques, le ciel ardent, comme s'il eût été embrasé de deux incendies : il y en avait un plus grand, et l'autre moindre. Au bout de deux heures, ils se réunirent, et, après avoir formé comme une grande flamme, ils disparurent. Dans le territoire de Paris, il tomba des nuages une pluie de sang véritable : beaucoup de gens la reçurent en leurs vêtemens, et elle les souilla de telles taches qu'ils s'en dépouillèrent avec horreur. Le même prodige se manifesta en trois endroits du territoire de cette cité. Dans celui de Senlis, un homme, en se levant le matin, trouva l'intérieur de sa maison arrosé de sang. Il y eut cette année une grande mortalité parmi le peuple : diverses maladies très-dangereuses, et accompagnées de pustules et d'ampoules, causèrent la mort d'une grande quantité de gens ; beaucoup cependant y échappèrent à force de soins. Nous apprîmes que cette année la peste s'était cruellement fait sentir dans la ville de Narbonne, en telle sorte qu'il n'y avait aucun répit pour celui qui en était saisi.

Félix, évêque de la cité de Nantes, attaqué de la contagion, commença à se sentir grièvement malade. Alors, ayant appelé à lui les évêques du voisinage, il les supplia de se réunir pour confirmer, par sa signature, le choix qu'il avait fait de son neveu Bourguignon pour lui succéder. Ils le firent, et m'envoyèrent Bourguignon. Il avait alors près de vingt-cinq ans. Il vint me prier d'aller à Nantes, et, après l'avoir tonsuré, de le sacrer évêque à la place de son oncle qui vivait encore. Je le refusai, parce que je savais la chose contraire aux canons; mais je lui donnai un conseil, et lui dis : « Il est écrit dans les canons, mon
« fils, que personne ne pourra parvenir à l'épiscopat,
« sans avoir d'abord régulièrement passé par les de-
« grés de la hiérarchie ecclésiastique. Retourne donc,
« mon très-cher fils, et demande à celui qui t'a élu de
« te tonsurer. Quand tu seras parvenu aux honneurs
« de la prêtrise, sois assidu à l'église, et lorsque Dieu
« voudra le retirer de ce monde, tu t'éleveras sans
« peine au rang d'évêque. » Mais lui s'en retourna, et négligea de suivre le conseil que je lui avais donné, parce que l'évêque Félix paraissait moins souffrir de sa maladie. Mais lorsque la fièvre l'eut quitté, l'hu-

meur sortit de ses jambes en pustules ; et, comme il y
mit un très-violent cataplasme de cantharides, ses
jambes tombèrent en pourriture, et il finit sa vie à
l'âge de soixante-dix ans, la trente-troisième année
de son épiscopat. Nonnychius, son cousin, lui succéda
par l'ordre du roi.

Pappolène, ayant appris la mort de Félix, reprit
sa nièce, de qui il avait été séparé. Il lui avait été
fiancé autrefois ; mais l'évêque Félix, reculant à accomplir le mariage, Pappolène était venu avec une
grosse troupe, avait enlevé la jeune fille de son oratoire, et s'était réfugié dans la basilique de Saint-
Albin. Alors l'évêque Félix, ému de colère, était
parvenu, à force d'artifices, à séparer la jeune fille
de son mari, et lui ayant fait prendre l'habit dans la
ville de Bazas, il la mit dans un monastère : mais elle
envoya secrètement des messagers à son mari pour
qu'il vînt la reprendre, en l'enlevant du lieu où elle
était renfermée. Celui-ci, qui le voulait bien, la retira du monastère, s'unit à elle en mariage, et s'étant
muni des ordres du roi, cessa de craindre les menaces
de ses parens.

Le roi Chilpéric fit baptiser cette année-là beaucoup de Juifs, et en tint plusieurs sur les fonts de
baptême. Cependant il y en eut beaucoup dont l'eau
du baptême lava seulement le corps, et non pas le
cœur, et qui, menteurs envers Dieu, retournèrent
à leur infidélité première ; en sorte qu'on les voyait
à la fois observer le sabbat, et honorer le jour du
Seigneur. Aucun argument ne put engager Priscus
à reconnaître la vérité. Alors le roi irrité ordonna
qu'il fût gardé, afin que ce qu'il ne consentait pas à

croire volontairement, on le lui fît au moins croire malgré lui : mais Priscus, au moyen de quelques présens, obtint qu'on lui donnât du temps, jusqu'à ce que son fils eût épousé une Juive de Marseille, promettant faussement d'accomplir ensuite ce que lui avait ordonné le roi. Dans l'intervalle, il s'éleva une querelle entre lui et Phatir, Juif converti, que le roi avait tenu sur les fonts de baptême. Le jour du sabbat, Priscus, s'étant ceint les reins, et ne tenant aucun instrument de fer à la main, s'était retiré dans un lieu secret pour y accomplir la loi de Moïse. Phatir survint tout-à-coup, et le tua à coups d'épée, ainsi que ceux qui étaient avec lui. Après les avoir tués, il s'enfuit dans la basilique de Saint-Julien; avec ses serviteurs qui étaient dans une rue voisine. Pendant qu'ils y demeuraient renfermés, ils apprirent que le roi avait ordonné que, laissant la vie au maître, on tirât les serviteurs de la basilique, et qu'on les fît périr comme des malfaiteurs. Alors l'un d'eux tira son épée, et son maître ayant déjà pris la fuite, il tua ses camarades, et sortit de la basilique l'épée à la main; mais le peuple, se jetant sur lui, le tua cruellement. Phatir eut la permission de retourner dans le royaume de Gontran, d'où il était venu; mais peu de jours après il fut tué par les parens de Priscus.

Ansovald et Domégésile, envoyés en Espagne par le roi Chilpéric, pour y prendre connaissance de la dot de sa fille [1], revinrent de leur mission. En ces

---

[1] Ceci est un reste de l'ancien usage des Germains chez qui « ce n'est « point la femme, dit Tacite, qui apporte une dot au mari, mais le mari « qui en donne une à la femme. » (*De mor. Germ.* c. 18.) Cet usage, indirectement consacré par plusieurs des lois barbares, entr'autre par

jours-là, le roi Leuvigild était à la tête de son armée, en guerre contre son fils Erménégild, à qui il prit la ville de Mérida. Nous avons déjà fait connaître comment Erménégild s'était allié avec les généraux de l'empereur Tibère. Les envoyés, retardés par cette cause, furent plus long-temps à revenir. Quand je les vis, je m'empressai de leur demander si le peu de Chrétiens demeurés en ce lieu étaient encore fervens dans la foi du Christ. A quoi Ansovald me répondit : « Les Chrétiens qui habitent l'Espagne conservent la « pureté de la foi catholique ; mais le roi s'efforce de « les troubler par une nouvelle ruse : il feint artificieu- « sement de prier aux sépulcres des martyrs et dans « les églises de notre religion ; car, dit-il, j'ai connu « clairement que le Christ, fils de Dieu, est égal à « son Père ; mais je ne crois point du tout que le Saint- « Esprit soit Dieu, car cela ne se trouve dans aucune « des divines Écritures. — Bon Dieu, bon Dieu ! quel « précepte impie ! quelle doctrine empoisonnée ! quelle « opinion perverse ! Où Dieu a-t-il dit : *Dieu est* « *Esprit*[1] ? Où donc voit-on que Pierre a dit à Ana- « nie : *comment vous êtes-vous ainsi accordés en-* « *semble pour tenter l'esprit du Seigneur ? ce n'est* « *pas aux hommes que vous avez menti, mais à*

---

celle des Bourguignons (tit. 34), et attesté, dans les premiers siècles de l'Europe moderne, par une multitude de faits, se retrouve chez presque tous les peuples barbares ou sauvages d'Asie, d'Afrique et d'Amérique ; il indique partout la condition, sinon servile, du moins faible et méprisée, des femmes qui sont achetées par leur mari comme un esclave ou une tête de bétail. Dès qu'on le voit disparaître et que la femme commence à apporter une dot dans la maison où elle entre, on peut être assuré que la condition des femmes s'améliore.

[1] Év. sel. S. Jean, chap. 4, v. 24.

« *Dieu*[1] *?* Où donc Paul, rappelant les dons mysti-
« ques du Seigneur, a-t-il dit : *C'est un seul et même*
« *esprit qui, après toutes ces choses, distribue à cha-*
« *cun ses dons selon qu'il lui plaît*[2]. On sait bien que
« celui qui agit selon sa volonté n'est assujéti à per-
« sonne. » Ansovald, s'étant rendu vers le roi Chilpéric, y fut suivi d'une ambassade espagnole qui passa de
Chilpéric à Childebert, et puis retourna en Espagne.

Le roi Chilpéric avait mis des gardes au pont sur
l'Orge, dans le territoire de la cité de Paris, afin d'empêcher que, du royaume de son frère, on ne vînt par
surprise causer du dommage à ses sujets. Le duc As-
clépius en ayant été instruit vint de nuit les attaquer, les tua tous, et ravagea cruellement les environs du pont. Lorsque le roi Chilpéric eut appris
cette nouvelle, il envoya des messagers à ses comtes,
à ses ducs et à ses autres agens, pour qu'ils rassem-
blassent une armée, et fissent irruption dans le royaume
de son frère. Mais les gens de bien lui conseillèrent
de n'en rien faire, lui disant : « Ils ont agi mécham-
« ment, mais tu dois agir sagement. Envoie des mes-
« sagers à ton frère, et s'il veut réparer l'injure qu'il
« t'a faite, tu ne chercheras point à lui causer de mal.
« S'il ne le veut pas, tu verras alors ce que tu auras
« à faire. » Il se rendit à leurs raisons, et défendant à
son armée de marcher, fit partir des envoyés pour
aller trouver son frère ; et celui-ci, réparant ce qui s'é-
tait fait, chercha à regagner entièrement l'amitié de
son frère.

Cette année mourut Chrodin, homme très-éminent

---

[1] Act. des Ap. chap. 5, v. 9, 4.
[2] Ire Épît. de S. Paul aux Corinth. chap. 12, v. 11.

en vertus et en piété, très-aumônier, nourrissant les pauvres, libéral à enrichir les églises et à sustenter le clergé. Il établit beaucoup de nouvelles métairies, planta des vignes, bâtit des maisons, mit des pays en culture, et appelant à lui les évêques doués de peu de biens, leur donnait avec bonté des repas, des maisons avec des champs et des cultivateurs, de l'argent, des tentures, des ustensiles, des agens et des serviteurs, disant : « Il faut que ces choses soient « données aux églises, afin qu'elles s'en servent pour « le soulagement de leurs pauvres, et m'obtiennent « ainsi le pardon de Dieu. » Nous avons su encore de cet homme beaucoup d'autres bonnes œuvres qu'il serait trop long d'exposer. Il mourut à l'âge de soixante-dix ans.

Il parut encore cette année de nouveaux signes. Il y eut une éclipse de lune. Dans le territoire de Tours, à l'effraction du pain on en vit couler du vrai sang. Les murs de la ville de Soissons furent renversés. Près d'Angers la terre trembla, et des loups entrés dans les murs de la ville de Bordeaux y mangèrent des chiens sans marquer aucune crainte des hommes. On vit des feux parcourir le ciel. La ville de Bazas fut consumée par un incendie qui dévasta l'église et la maison épiscopale. Nous apprîmes aussi qu'on y avait enlevé tout ce qui appartenait au service de l'autel.

Le roi Chilpéric, ayant envahi les villes de son frère, nomma de nouveaux comtes, et leur ordonna de lui apporter tous les tributs des villes. La chose, ainsi que nous l'avons appris, fut faite comme il l'avait ordonné. En ces jours-là Nonnychius, comte de la ville de Limoges, prit deux hommes porteurs de lettres venant, disaient-ils, de Chartérius, évêque de la ville de Périgueux, et dans lesquelles le roi était fort maltraité. On y disait, entre autres choses, que l'évêque se plaignait d'être descendu du Paradis en Enfer, lorsqu'il avait passé de la domination du roi Gontran sous la puissance du roi Chilpéric. Le comte fit passer au roi sous sûre garde ces hommes et leurs lettres. Le roi, avec beaucoup de patience, envoya vers l'évêque des gens chargés de l'amener en sa présence, enfin d'examiner si les choses dont on l'accusait étaient ou non véritables. L'évêque étant arrivé, le roi lui présenta ces hommes et les lettres, et lui demanda si c'était lui qui les avait envoyés. L'évêque le nia. Les hommes ayant été interrogés sur celui de qui ils les tenaient, nommèrent le diacre Fronton. L'évêque, interrogé sur son diacre, répondit que celui-ci était son grand ennemi, et qu'il n'était pas douteux que ce ne fût une méchanceté de sa part, car il lui avait souvent fait de mauvaises affaires ; mais le diacre fut amené sans retard, et interrogé par le roi, il chargea son évêque, disant : « J'ai dicté cette lettre par l'ordre de l'évêque. » Mais l'évêque se récria, disant que celui-ci cherchait souvent par des artifices à le faire dépouiller de son évêché. Le roi se laissant émouvoir à la clémence, et remettant sa cause entre les mains de Dieu, les relâcha tous deux, pria l'évêque de pardonner à son diacre, et le supplia de prier Dieu pour lui. Il fut donc renvoyé avec honneur dans son église, et deux mois après le comte Nonnychius, auteur de ce scandale, mourut frappé d'une attaque d'apoplexie. Comme il n'avait pas d'enfans, ses biens furent concédés par le roi à diverses personnes.

Après que le roi Chilpéric eut mis au tombeau beaucoup d'enfans, il lui naquit un fils [1]. Le roi, en réjouissance, ordonna de mettre en liberté tous ceux qui étaient gardés, de délivrer de leurs liens ceux qui étaient enchaînés, et de ne point exiger les sommes qu'on avait négligé de payer à son fisc; mais cet enfant donna lieu par la suite à une grande perfidie.

La guerre recommença contre l'évêque Théodore. Gondovald, qui se disait fils du roi Clotaire, était arrivé à Marseille venant de Constantinople. Il faut ici exposer en peu de mots quelle était son origine. Né dans les Gaules, il avait été élevé avec soin, instruit dans les lettres, et, selon la coutume des rois de ce pays, portait les boucles de ses cheveux flottantes sur ses épaules; il fut présenté au roi Childebert par sa mère, qui lui dit : « Voilà ton neveu, le fils du roi « Clotaire : comme son père le hait, prends-le avec « toi, car il est de ta chair. » Celui-ci qui n'avait pas de fils le prit et le garda avec lui. Cette nouvelle ayant été annoncée au roi Clotaire, il envoya des messagers à son frère, pour lui dire : « Envoie ce jeune « homme pour qu'il vienne vers moi [2]. » Son frère le lui envoya sans retard. Clotaire l'ayant vu ordonna qu'on lui coupât la chevelure, disant : « Il n'est pas « né de moi. » Après la mort de Clotaire, le roi Charibert le reçut; mais Sigebert l'ayant fait venir, coupa de nouveau sa chevelure et l'envoya dans la ville

---

[1] En 582.

[2] Il paraît certain que Gondovald était bien réellement le fils de Clotaire qui l'avait eu d'une femme de condition très-inférieure, et l'avait renié ensuite à cause de quelques soupçons sur la conduite de sa mère.

d'Agrippine, maintenant appelée Cologne [1]. Ses cheveux étant revenus, il s'échappa de ce lieu et se rendit près de Narsès, qui gouvernait alors l'Italie. Là, il prit une femme, engendra des fils et se rendit à Constantinople. De là, à ce qu'on rapporte, il fut long-temps après invité par quelqu'un [2] à revenir dans les Gaules, et débarquant à Marseille, il fut reçu par l'évêque Théodore qui lui donna des chevaux, et il alla rejoindre le duc Mummole. Mummole occupait alors, comme nous l'avons dit, la cité d'Avignon; mais à cause de cela le duc Gontran se saisit de l'évêque Théodore et le fit garder, l'accusant d'avoir introduit un étranger dans les Gaules, et de vouloir par ce moyen soumettre le royaume des Francs à la domination de l'empereur. Mais Théodore produisit, dit-on, une lettre signée de la main des grands du roi Childebert, et il dit : « Je n'ai rien fait par « moi-même, mais seulement ce qui nous a été com- « mandé par nos maîtres et seigneurs. » L'évêque était gardé dans sa cellule, et on ne lui permettait pas d'approcher de l'église. Une certaine nuit, tandis qu'il priait Dieu avec beaucoup d'application, sa cellule resplendit d'une grande lumière, en sorte que le comte qui le gardait fut consterné d'une terrible frayeur. On vit au-dessus de sa tête, pendant deux heures, un globe de la plus vive lumière. Le matin arrivé, le comte fit récit de la chose à ceux qui se trouvaient avec lui. Après cela Théodore fut conduit vers le roi Gontran avec l'évêque Épiphane, qui fuyant les

---

[1] *Colonia Agrippinensis*. Les barbares, supprimant sans doute le dernier mot, avaient fini par l'appeler *Colonia* tout court.

[2] Par le duc Gontran-Boson, comme on le verra dans le livre suivant.

Lombards était venu demeurer à Marseille, et qu'on accusait de complicité dans cette affaire. Le roi les ayant examinés ne les trouva coupables d'aucun crime. Cependant il ordonna de continuer à les garder, et dans cet état l'évêque Épiphane mourut après beaucoup de tourmens. Gondovald se réfugia dans une île de la mer, pour y attendre l'événement. Le duc Gontran-Boson partagea avec un des ducs du roi Gontran les trésors de Gondovald, et emporta, dit-on, avec lui en Auvergne une immense quantité d'or, d'argent et d'autres choses.

La huitième année du roi Childebert, le 31 janvier, au moment où dans la ville de Tours, on venait, le jour du Seigneur, de donner le signal des Matines, et lorsque le peuple se levait pour se réunir dans la cathédrale, le ciel étant couvert de nuages, il en tomba avec la pluie un grand globe de feu, qui parcourut dans les airs un long espace, et donna tant de lumière qu'on distinguait toutes choses comme en plein jour. Après quoi il rentra dans le nuage, et l'obscurité succéda à la clarté. Les eaux grossirent au-delà de la coutume, et causèrent autour de Paris une telle inondation de la Seine et de la Marne, que beaucoup de bateaux périrent entre la Cité et la basilique Saint-Laurent.

Le duc Gontran étant retourné, comme je l'ai dit, en Auvergne avec ses trésors, alla vers le roi Childebert; et, lorsqu'il en revenait avec sa femme et ses filles, le roi Gontran le prit et le retint, disant : « C'est sur ton invitation que Gondovald est venu « dans les Gaules, et tu étais allé jadis à Constanti- « nople dans cette vue; » le duc Gontran répondit :

« C'est ton duc Mummole qui l'a reçu et l'a retenu
« dans Avignon. Permets que je t'amène Mummole,
« et alors je serai disculpé des choses dont on m'ac-
« cuse. » Le roi lui dit : « Je ne te permettrai pas de
« t'en aller sans que tu aies subi la peine que tu méri-
« tes pour le crime que tu as commis. » Lui, se voyant
près de la mort, dit : « Voilà mon fils, prends-le, et
« qu'il te serve d'ôtage pour ce que je promets au roi
« mon Seigneur, et si je ne t'amène pas Mummole,
« que je perde mon enfant. « Alors le roi lui permit
de s'en aller et retint son petit enfant. Gontran prit
avec lui des gens d'Auvergne et du Velay, et s'en alla
à Avignon ; mais Mummole avait artificieusement fait
préparer sur le Rhône de mauvaises barques. Ils y
montèrent sans se douter de rien, et lorsqu'ils arrivèrent au milieu du fleuve, les barques chargées s'en-
gloutirent. Dans ce péril les uns s'échappèrent en nageant, plusieurs s'étant saisis des planches mêmes
des barques furent ainsi portés sur le rivage, d'autres moins avisés périrent dans le fleuve. Le duc Gontran arriva cependant à Avignon. Mummole, depuis
qu'il était entré dans cette ville, avait eu soin de détourner une partie des eaux du Rhône pour la défense de cette petite portion de la ville qui n'était pas
enfermée par le fleuve ; il avait fait creuser en ce lieu
des fossés d'une grande profondeur, et pour tendre
un piége à l'ennemi avait fait recouvrir cette eau.
Gontran étant arrivé, Mummole dit de dessus le
mur : « S'il agit de bonne foi, qu'il vienne d'un côté
« du rivage et moi de l'autre, et me dise de là ce
« qu'il a à me dire. » Mais lorsqu'ils furent arrivés
chacun de son côté, le bras du fleuve se trouvant

entre eux deux, Gontran lui dit : « Si tu le permets, « j'irai à toi, parce qu'il y a des choses dont nous « devons conférer plus secrètement ; » à quoi Mummole répondit : « Viens et ne crains rien. »

Gontran s'avança avec un de ses amis, qui était chargé du poids d'une cuirasse. Lorsqu'ils arrivèrent sur le fossé dans lequel on avait fait entrer l'eau du fleuve, l'ami fut englouti dans l'eau et ne reparut plus. Gontran plongea aussi, et la rapidité du courant l'emportait; mais un de ceux qui étaient présens lui tendit la lance qu'il tenait à la main, et le ramena au rivage.

Alors, après s'être dit mutuellement beaucoup d'injures, Mummole et lui s'en allèrent chacun de son côté. Tandis que Gontran assiégeait cette ville avec l'armée du roi Gontran, Childebert, apprenant ces nouvelles, fut ému de colère de ce que cela s'était fait sans son ordre, et il envoya Gondulphe, dont j'ai parlé plus haut, qui fit lever le siége et conduisit Mummole en Auvergne ; mais peu de jours après il revint à Avignon.

Le roi Chilpéric alla à Paris la veille de la fête de Pâques, et, pour éviter les malédictions prononcées dans le traité qu'il avait fait avec ses frères contre celui qui entrerait à Paris sans le consentement des autres, il y entra précédé des reliques d'un grand nombre de saints. Il y célébra très-joyeusement les fêtes de Pâques, et y fit baptiser son fils, que Ragnemode, évêque de cette ville, tint sur les fonts de baptême. Il lui fit donner le nom de Théodoric.

Le référendaire Marc, dont nous avons parlé plus haut, après avoir amassé de grands trésors par les injustes contributions levées sur le peuple, se sentant saisi subitement d'une douleur de côté, se tondit les cheveux, fit pénitence et rendit l'esprit. Ses biens furent portés au fisc; on lui trouva de grands trésors d'or et d'argent et beaucoup et joyaux, dont il n'emporta rien que le préjudice qu'il avait fait à son ame.

Les envoyés qui étaient allés en Espagne revinrent sans en rapporter rien de positif, parce que Leuvigild était toujours en guerre contre son fils aîné. Dans le monastère de Sainte-Radegonde une jeune fille, nommée Ditiola, nièce de saint Sauve, évêque d'Alby, mourut de la manière que je vais dire. Elle était tombée malade, et les autres sœurs la servaient assidûment. Lorsqu'arriva le jour où elle devait se séparer de son corps, vers la neuvième heure, elle dit aux sœurs : « Voilà que je me sens mieux; je n'éprouve « plus aucune douleur, je n'ai plus besoin que vous « vous empressiez autour de moi et demeuriez à me « soigner; allez-vous-en pour que je puisse plus aisé- « ment me laisser aller au sommeil. » A ces paroles, les sœurs quittèrent pour un instant sa cellule et revinrent peu de temps après; elles demeuraient debout devant elle, attendant qu'elle leur parlât, lorsqu'étendant les mains et demandant à je ne sais qui sa bénédiction, elle dit : « Bénis-moi, ô saint et serviteur du « Dieu très-haut! Voilà aujourd'hui la troisième fois « que tu souffres pour l'amour de moi; pourquoi, ô « saint! supportes-tu, en faveur d'une pauvre femme « malade, des injures si multipliées? » On lui demanda à qui elle adressait ces paroles; mais elle ne répondit rien, et, après un court intervalle, elle poussa un grand éclat de rire et rendit l'esprit. Et voilà qu'un possédé, qui était venu à l'exaltation de la sainte croix pour en obtenir sa guérison, se prit à s'arracher les cheveux, et, se jetant à terre, disait : « Malheur ! mal- « heur, malheur à nous qui avons souffert un tel « dommage ! S'il nous avait été du moins permis de « plaider d'abord notre cause et de savoir pourquoi « cette ame nous a été enlevée ! » Ceux qui étaient présens lui ayant demandé ce qu'il voulait dire, il répondit : « Voilà que l'ange Michel a pris l'ame de cette « fille et l'a conduite au ciel, et notre prince, que « vous appelez le Diable, n'en a pas eu la moindre « part. » Le corps, lorsqu'il eut été lavé, parut éclatant d'un blanc de neige, en sorte que l'abbesse ne put trouver sous sa main aucun linceul qui le surpassât en blancheur. Cependant, après l'avoir enveloppé dans des linceuls propres, on le porta à la sépulture. Une autre fille de ce monastère eut une vision, qu'elle raconta aux sœurs. Il lui sembla, dit-elle, qu'elle était en voyage parce qu'elle avait fait vœu de se rendre à pied à une fontaine d'eau vive; comme elle n'en savait pas la route, elle rencontra devant elle un homme qui lui dit : « Si tu veux arriver à la fontaine d'eau « vive, je marcherai devant toi pour t'en montrer le « chemin. » Elle lui rendit grâces et suivit cet homme, qui marcha devant elle. Marchant ainsi, ils arrivèrent à une grande fontaine dont les eaux brillaient comme de l'or, et dont les herbes, semblables à toutes sortes de pierres précieuses, rayonnaient de toute la lumière du printemps. L'homme lui dit : « Voilà la fon- « taine d'eau vive que tu as cherchée avec tant de tra- « vail. Désaltère-toi à son courant, afin qu'il surgisse « pour toi une fontaine d'eau vive dans la vie éter-

« nelle. » Comme elle buvait avidement de cette eau, voilà qu'elle vit de l'autre côté venir l'abbesse qui, l'ayant dépouillée de ses vêtemens, la couvrit d'habits royaux, brillant de tant d'éclat d'or et de pierres précieuses qu'à peine serait-il possible de le comprendre. L'abbesse lui disait : « Ton fiancé t'envoie ces présens. » Cette vision toucha le cœur de la religieuse, et, peu de jours après, elle pria l'abbesse de lui faire préparer une cellule pour y vivre en réclusion. La cellule fut très-promptement préparée. L'abbesse lui dit : « Voilà « la cellule, maintenant que desires-tu ? » La religieuse lui demanda qu'il lui fût permis de s'y renfermer. La chose lui ayant été accordée, elle y fut conduite par les vierges rassemblées, avec des chants et des flambeaux allumés, et sainte Radegonde qui la tenait par la main. Elle dit adieu à toutes, et les ayant embrassées l'une après l'autre, elle fut recluse dans la cellule ; on boucha la porte par où elle y était entrée, et là elle vaque à l'oraison et à la lecture.

Cette année-là sortit de ce monde l'empereur Tibère [1], laissant parmi tout son peuple un grand deuil de sa mort. Il était éminent en bonté, toujours prêt à l'aumône, juste dans ses arrêts, très-prudent à juger, ne méprisant personne, et embrassant tous les hommes dans sa bienveillance ; et comme il les chérissait tous, il était chéri de tous. Lorsqu'il fut tombé malade, il désespéra de sa vie ; il fit appeler l'impératrice Sophie et lui dit : « Voilà que je sens que le temps de ma vie « est accompli ; je veux choisir, d'accord avec vous, « celui qui doit gouverner la république ; il faut élire « avec soin l'homme à qui je remettrai ma puissance. »

[1] Ce fut en 582, et non en 583 que mourut l'empereur Tibère.

Elle choisit un certain Maurice, disant : « C'est un
« homme actif et habile ; il a souvent combattu les
« ennemis de la république et a obtenu la victoire. »
Ce qu'elle disait, afin qu'après la mort de Tibère
Maurice s'unît à elle en mariage. Mais Tibère, instruit
du choix qu'avait fait l'impératrice, donna ordre de
parer sa fille des ornemens impériaux ; et ayant fait
appeler Maurice, il lui dit : « Voilà que, par le con-
« sentement de l'impératrice Sophie, tu viens d'être
« nommé à l'Empire. Pour t'y affermir, je te donne
« ma fille. » La jeune fille étant arrivée, son père la
remit à Maurice, en lui disant : « Reçois mon empire
« avec cette jeune fille ; règne heureusement, et n'ou-
« blie jamais l'amour de la justice et de l'équité. »
Maurice ayant reçu la jeune fille, la conduisit à sa
maison ; on célébra la cérémonie du mariage, puis
Tibère mourut. Après les vacances d'usage, Maurice,
couvert du diadème et de la pourpre, se rendit au
Cirque où il fut salué des acclamations du peuple,
lui distribua des présens, et fut confirmé dans la
possession de l'Empire.

Le roi Chilpéric reçut ensuite des envoyés de son
neveu Childebert, à la tête desquels était Ægidius
évêque de Rheims. Introduits auprès du roi, lorsqu'on
leur eut permis de parler, ils dirent : « Ton neveu
« notre seigneur te demande à tout prix de conserver
« l'alliance que tu as faite avec lui ; il ne peut avoir
« de paix avec ton frère qui, après la mort de son père,
« lui a enlevé une partie de Marseille, retient les fugi-
« tifs de son royaume, et refuse de les lui remettre en-
« tre les mains. Ton neveu Childebert veut donc con-
« server entière l'affection qui est maintenant entre

« vous. » Et le roi dit : « Mon frère s'est rendu cou-
« pable en beaucoup de choses, car si mon fils Chil-
« debert veut examiner les choses selon la raison, il
« reconnaîtra bientôt que son père a été tué avec la
« connivence de Gontran. » Lorsqu'il eut ainsi parlé,
l'évêque Ægidius lui répondit : « Si tu t'allies avec ton
« neveu, et que ton neveu s'allie avec toi, vous ferez
« marcher une armée, et aurez bientôt pris de lui la
« vengeance qui vous est due. » S'étant donc liés par
des sermens, ils se donnèrent mutuellement des ôtages, et se séparèrent. Chilpéric se fiant donc en leurs
promesses fit marcher son armée et vint à Paris, où
son séjour causa une grande dépense aux habitans.
Le duc Bérulphe avec les gens de Tours, de Poitiers
et de Nantes, marcha sur les confins du territoire de
Bourges. Didier et Bladaste, à la tête de toutes les
troupes des provinces qui leur étaient confiées, l'envi-
ronnèrent d'un autre côté, et dévastèrent cruellement les pays qu'ils eurent à parcourir. Chilpéric ordonna à l'armée qui venait le joindre, de traverser
Paris. Il le traversa lui-même à la tête de cette armée, et marcha vers le château de Melun, livrant
tout aux flammes et à la dévastation. L'armée de son
neveu n'arrivait point, quoique les chefs et les envoyés de Childebert fussent auprès de Chilpéric; il
envoya des messagers aux ducs Bérulphe, Didier et
Bladaste, et leur dit : « Entrez dans le territoire de
« Bourges, et quand vous serez parvenus jusque dans
« la ville, exigez le serment de fidélité. » Les habitans de Bourges se précipitèrent, au nombre de quinze
mille, du côté du château Mélian, et là combattirent
contre le duc Didier. Il se fit un grand carnage, et il

périt plus de sept mille hommes des deux armées.

Les ducs avec le reste de leurs gens arrivèrent à la ville, ravageant et dévastant tout, et il se fit alors une telle dépopulation qu'on n'avait ouï rien de pareil dans les anciens temps, et qu'il ne resta ni maisons, ni vignes, ni arbres; mais ils coupèrent, brûlèrent et détruisirent tout, emportant des églises ce qui appartenait au service divin, et brûlant les églises mêmes. Le roi Gontran marcha contre son frère avec son armée, mettant en la justice de Dieu toute son espérance. Un soir il envoya son armée qui détruisit une partie de celle de son frère; le matin suivant des envoyés passèrent de l'un à l'autre, et ils firent la paix, se promettant mutuellement que celui qui, d'après le jugement des évêques et des principaux du peuple, serait reconnu avoir dépassé les bornes de la loi, paierait à l'autre une composition, et ils se séparèrent de bon accord. Le roi Chilpéric, ne pouvant empêcher son armée de piller, tua de son épée le comte de Rouen, et ensuite il revint à Paris, chacun laissant le butin qu'il avait fait, et relâchant ses captifs. Ceux qui assiégeaient Bourges ayant reçu l'ordre de retourner chez eux, emportèrent avec eux tant de butin que le pays d'où ils sortirent fut comme qui dirait entièrement vidé d'hommes et de troupeaux. L'armée de Didier et Bladaste entra dans le territoire de Tours, et s'y livra à l'incendie, au pillage, au meurtre, comme on a coutume de le faire en pays ennemi. Ils emmenèrent des captifs, dont ils renvoyèrent ensuite plusieurs après les avoir dépouillés. Cette calamité fut suivie d'une maladie sur le bétail, en sorte qu'il resta à peine une seule bête. C'était une nouvelle lorsque quelqu'un avait vu une jument ou aperçu une génisse. Pendant que cela se passait, le roi Childebert se tenait avec son armée, assemblée en un même lieu. Une nuit l'armée se souleva, les petites gens firent entendre de grands murmures contre l'évêque Ægidius et les chefs du roi, et commencèrent à crier et à dire ouvertement : « Otons de devant la « face du roi ces hommes qui vendent son royaume, « soumettent ses cités à la domination d'un autre, et « livrent à une puissance étrangère le peuple et le « prince. » Tandis qu'ils se livraient à ces clameurs et à d'autres semblables, le matin étant arrivé, ils prirent leurs armes et coururent aux tentes du roi, pour se saisir de l'évêque et des seigneurs, les accabler par la force, les charger de coups, et les mettre en pièces avec leurs épées. L'évêque en ayant été averti, prit la fuite et montant à cheval, se dirigea vers sa ville épiscopale. Le peuple le poursuivit avec de grands cris, jetant après lui des pierres et vomissant des injures. Ce qui le sauva, c'est qu'ils n'avaient pas préparé leurs chevaux. Cependant l'évêque voyant que les chevaux de ses compagnons étaient rendus de fatigue, continua seul son chemin, saisi d'une telle frayeur qu'une de ses bottes étant sortie de son pied, il ne s'arrêta point pour la ramasser, mais arriva ainsi jusqu'à Rheims, où il se mit à couvert dans les murs de la ville.

Peu de mois auparavant, Leudaste était venu à Tours, avec la permission du roi, pour y reprendre sa femme et y demeurer. Il nous envoya une lettre souscrite par les évêques, pour que nous le reçussions à la communion; mais comme cette lettre n'était pas accompagnée des ordres de la reine, à cause de laquelle surtout il avait été séparé de la communion, je refusai de le recevoir, disant : « Quand j'en aurai « l'ordre de la reine, je le recevrai sans retard. » J'envoyai donc vers elle, et elle me répondit par écrit en ces mots : « Pressée de beaucoup de gens, je n'ai pu « faire autrement que de lui permettre d'aller à Tours; « maintenant, je te prie, ne lui accorde pas la paix, « et qu'il ne reçoive pas la communion de ta main, « jusqu'à ce qu'il ait pleinement accompli ce qu'il « nous doit. » En lisant cet écrit, je craignis qu'on ne le fît périr ; j'envoyai donc chercher son beau-père, et lui donnai connaissance de cette lettre, le priant que son gendre se conduisît avec prudence, jusqu'à ce qu'il eût adouci l'esprit de la reine ; mais lui, comme il était encore mon ennemi, soupçonnant de l'artifice dans ce conseil que je lui donnais de bonne foi et pour l'amour de Dieu, ne voulut pas agir d'après les avis que je lui faisais donner, et je vis l'accomplissement de ce proverbe que j'avais appris d'un certain vieillard : « *Donne toujours de bons* « *conseils, soit à ton ami, soit à ton ennemi, car* « *ton ami les suivra, et ton ennemi les méprisera.* » Méprisant donc celui-ci, il se rendit vers le roi, qui était alors avec son armée dans les environs de Melun, et supplia le peuple d'adresser sa prière au roi pour qu'il voulût le recevoir en sa présence. Le roi donc, prié par tout le peuple, consentit à le voir, et, prosterné à ses pieds, il lui demanda pardon ; mais le roi lui dit : « Tiens-toi sur tes gardes encore quelque « temps, jusqu'à ce que tu aies vu la reine, et qu'elle « t'ait dit les moyens de rentrer en grâce auprès d'elle,

« envers qui tu t'es rendu bien coupable. » Mais lui, imprudent et léger, se fiant sur ce qu'il avait été admis en la présence du roi, lorsque le roi vint à Paris, se rendit un dimanche dans la sainte cathédrale, se jeta aux pieds de la reine, et implora son pardon ; mais elle, frémissant de colère, et détestant sa vue, le repoussa, et versant des larmes, dit : « Puisqu'il « ne me reste pas de fils qui prenne soin de poursuivre « mes injures, c'est à toi, mon Seigneur Jésus, que « j'en remets la poursuite. » Et se prosternant aux pieds du roi, elle ajouta : « Malheur à moi qui vois « mon ennemi, et ne puis l'emporter sur lui ! » Il fut donc repoussé du lieu saint, et on accomplit les cérémonies de la messe. Le roi étant sorti avec la reine de la sainte cathédrale, Leudaste continua son chemin jusqu'à la place, sans se douter de ce qui allait lui arriver. Il parcourait les maisons des marchands, se faisait montrer des pièces d'argenterie, pesait l'argent, et examinait plusieurs joyaux en disant : « J'acheterai « ceci et ceci, car il me reste beaucoup d'or et d'ar- « gent. » Comme il disait cela, survinrent soudainement les serviteurs de la reine qui voulurent le lier de chaînes. Ayant tiré son épée, il en frappa l'un d'eux, ce qui irrita les autres ; en sorte que, prenant leurs boucliers et leurs épées, ils se jetèrent sur lui. Il y en eut un qui d'un coup lui enleva une partie des cheveux et de la peau de la tête. Comme il fuyait à travers le pont de la ville, son pied se prit entre deux des planches du pont ; il eut la jambe cassée, et fut pris : on lui lia les mains derrière le dos, et il fut remis à des gardes. Le roi ordonna qu'il fût soigné par les médecins, afin que, guéri de ses blessures, il pût être livré aux tourmens d'un supplice journalier ; mais, comme on le conduisait à une des métairies du fisc, la pourriture se mit dans ses plaies, et il fut bientôt à l'extrémité. Alors, par l'ordre de la reine, on le coucha par terre sur le dos, et lui ayant mis sous la nuque du cou une énorme barre de fer, on le frappa sur la gorge, et il finit ainsi, par une juste mort, une vie tissue de perfidies.

La neuvième année du roi Childebert, le roi Gontran rendit à son neveu une partie de Marseille [1]. Les envoyés de Chilpéric, revenus d'Espagne, annoncèrent que le royaume de la Manche était cruellement dévasté par les sauterelles, de telle sorte qu'il n'y avait ni arbres, ni vignes, ni forêts, ni fruits, ni aucune verdure, qu'elles n'eussent entièrement détruits; ils dirent que l'inimitié qui s'était élevée entre Leuvigild et son fils augmentait tous les jours de violence. Une grande contagion régnait aussi dans ces cantons, et dévastait beaucoup de pays; mais elle faisait rage surtout dans la ville de Narbonne. Il y avait déjà trois ans qu'elle avait pris dans cette ville, puis elle s'apaisait, et alors le peuple qui avait fui, revenant dans la ville, périssait par la maladie. La ville d'Alby était aussi rudement travaillée du même mal. En ces jours-là, vers le milieu de la nuit, il parut du côté du nord un grand nombre de rayons brillans, d'une grande clarté, qui, se rapprochant et se séparant ensuite, finirent par s'évanouir. On vit aussi dans la partie septentrionale du ciel reluire une telle clarté qu'on la prit pour celle de l'aurore.

Il vint de nouveau des envoyés d'Espagne qui ap-

[1] En 584.

portèrent des présens, et arrêtèrent avec le roi Chilpéric l'époque où, selon la convention qu'il avait faite précédemment, il donnerait sa fille en mariage au fils du roi Leuvigild [1]. L'époque fixée et toutes choses convenues, l'envoyé reprit sa route. Mais le roi Chilpéric étant sorti de Paris pour se rendre dans le pays de Soissons, il lui survint un nouveau chagrin : son fils, que, l'année précédente, il avait fait régénérer dans les eaux du baptême, fut pris de la dysenterie, et rendit l'esprit [2]. C'était là ce qu'annonçait cette flamme que, comme je l'ai dit plus haut, on avait vu tomber des nuages. Ils revinrent à Paris avec une douleur infinie, ensevelirent leur enfant, et firent courir après l'envoyé, pour qu'il revînt, et prolongeât le terme donné, le roi disant : « Voilà que ma maison « est remplie de deuil; comment pourrai-je célébrer « les noces de ma fille ? » Car il voulait envoyer en Espagne une autre fille qu'il avait eue d'Audovère, et qu'il avait mise dans le monastère de Poitiers [3]; mais elle s'y refusa principalement à cause de la résistance de sainte Radegonde, qui disait : « Il ne convient pas « qu'une fille dédiée au Christ retourne aux voluptés « du siècle. »

Tandis que ces choses se passaient, on vint dire à la reine que l'enfant qui lui était mort avait succombé à des maléfices et à des enchantemens, et que le préfet Mummole, que la reine haïssait déjà depuis longtemps, était complice de ce crime. D'où il arriva

---

[1] Reccared qui lui succéda.
[2] Théodoric dont on a déjà parlé.
[3] Basine qui excita ensuite, dans ce monastère, les désordres que Grégoire de Tours raconte dans le 10ᵉ livre.

qu'un homme de la cour du roi, étant à un festin dans la maison de Mummole, se lamentait de ce qu'un enfant qu'il chérissait avait été pris de la dysenterie. Le préfet lui répondit : « J'ai une herbe qui, lorsqu'on « la fait prendre à celui qui est attaqué de la dysen- « terie, quelque désespéré qu'il soit, le guérit sur- « le-champ. » Ces paroles ayant été rapportées à la reine, sa fureur s'en accrut, et ayant fait prendre des femmes de la ville de Paris, elle les livra aux tourmens pour les forcer par des coups à déclarer ce qu'elles savaient. Elles avouèrent qu'elles étaient sorcières, et déclarèrent avoir fait mourir beaucoup de gens ; ajoutant, ce que je ne voudrais pas qu'on crût en aucune manière : « Nous avons, ô reine, sacrifié « la vie de ton fils, pour celle du préfet Mummole. » Alors la reine les faisant livrer à des tourmens encore plus cruels, fit assommer les unes, brûler les autres, attacher d'autres à des roues qui leur brisaient les os, et se retira avec le roi dans sa maison de Compiègne, où elle lui révéla tout ce qu'elle avait entendu dire du préfet. Le roi envoya des serviteurs ordonner à Mummole de venir le trouver, et après l'avoir interrogé, le fit charger de chaînes et livrer à divers tourmens. On le suspendit à un poteau, les mains liées derrière le dos, et là on le questionna sur les maléfices dont il pouvait avoir connaissance ; mais il n'avoua rien de ce que nous avons rapporté plus haut. Cependant il confessa avoir pris souvent, de ces femmes, des onguents et des breuvages dont l'effet devait être de le mettre en grâce auprès du roi et de la reine. Lors donc qu'il fut détaché du poteau, il appela l'exécuteur, et lui dit : « Allez annoncer au

« roi, mon seigneur, que je ne sens aucun mal des
« tourmens qu'on m'a infligés. » Le roi ayant entendu
ces paroles, dit : « Ne faut-il pas, en effet, qu'il soit
« sorcier pour n'avoir reçu aucun mal de ce qu'on
« lui a fait souffrir ? » Alors on l'étendit sur des
roues, et on le frappa de tant de coups de courroies triplées, que les exécuteurs en étaient fatigués;
ensuite on lui entra des bâtons pointus dans les ongles des pieds et des mains, et, comme il était à ce
point que l'épée était déjà levée pour lui couper la
tête, il obtint de la reine qu'elle lui laissât la vie ;
mais on lui fit subir une dégradation non moins
cruelle que la mort ; car l'ayant mis dans un chariot,
on le renvoya dépouillé de tout ce qu'il possédait à
la ville de Bordeaux où il était né. Mais frappé en
route d'une attaque d'apoplexie, il put à peine arriver
où il lui était ordonné d'aller, et peu de temps après
rendit l'esprit. Après quoi, la reine ayant pris le trésor de son enfant, tant les vêtemens que les autres
effets, les étoffes de soie et tout ce qu'elle put trouver, les fit consumer par le feu. On dit qu'il y en avait
quatre chariots. Elle fit jeter l'or et l'argent dans une
fournaise embrâsée, afin qu'il ne restât rien d'entier
qui pût lui rappeler la douleur de la mort de son
fils.

Æthérius, évêque de Lisieux, dont nous avons
parlé, fut expulsé de sa ville, et y rentra de la manière suivante : il y avait un clerc de la ville du Mans
abandonné à la luxure, aimant les femmes, et livré
à la gourmandise, à la fornication, et à toute espèce
de vices immondes. Il voyait souvent une certaine
prostituée à qui il fit couper les cheveux, lui fit

prendre un habit d'homme et l'emmena avec lui dans une autre ville où n'étant pas connu, il pourrait éviter le soupçon d'adultère. C'était une femme de race libre et née d'honnêtes parens. Ses proches ayant découvert long-temps après ce qui s'était passé, voulurent venger la honte de leur famille, et ayant trouvé le clerc, ils l'enchaînèrent, l'enfermèrent et firent brûler la femme. Ensuite, excités par la perverse soif de l'or, ils tâchèrent de vendre le clerc, c'est-à-dire de trouver quelqu'un qui le rachetât; autrement il était dévoué à une mort certaine. Ces choses ayant été rapportées à Æthérius, ému de compassion, il donna vingt pièces d'or, et le sauva ainsi de la mort qui le menaçait. Après avoir reçu la vie de cette manière, le clerc se donna pour docteur dans les lettres, et promit à l'évêque, s'il lui confiait des enfans, de les rendre accomplis dans cette science; l'évêque joyeux de cette promesse rassembla les enfans de la cité et le chargea de les instruire. Il était honoré des citoyens; le pontife lui avait donné des terres et des vignes, et il était invité dans les maisons des parens dont il instruisait les enfans. Mais revenant à ses anciennes habitudes et oubliant tout ce qu'il avait souffert, il s'éprit de concupiscence pour la mère d'un des enfans qu'il instruisait. Cette femme pudique ayant déclaré la chose à son mari, ses parens assemblés infligèrent au clerc de rudes tourmens et voulurent le tuer. L'évêque, de nouveau touché de pitié, le délivra après l'avoir doucement réprimandé, et le rétablit dans ses honneurs; mais rien ne put jamais tourner vers le bien l'esprit léger de cet homme, et, au lieu de cela, il devint l'ennemi de celui qui l'avait plusieurs fois racheté de la mort. Il s'allia à l'archidiacre de la cité qui, se jugeant digne de l'épiscopat, fit le complot d'assassiner l'évêque. On paya un clerc qui devait le frapper d'une hache, et tous ces gens commençaient déjà à tenir des discours, à parler bas, à lier des intrigues, offrant des récompenses pour engager, si l'évêque mourait, à mettre l'archidiacre à sa place. Mais la miséricorde de Dieu l'emporta sur leur perfidie, et sa bonté se hâta de réprimer la cruauté des méchans. Un jour que l'évêque rassemblait ses ouvriers dans un champ qu'il voulait faire labourer, le clerc dont j'ai parlé le suivait avec une hache, sans qu'il y prît garde aucunement. Cependant, s'en étant aperçu, « Pourquoi donc, lui dit-il, me suis-tu si assidûment « avec cette hache ? » L'autre saisi de frayeur se jeta à ses genoux, disant : « Prends courage, ô prêtre de « Dieu ; car tu sauras que j'ai été envoyé par l'archi-« diacre et le précepteur pour te frapper de cette « hache. J'ai plusieurs fois voulu le faire, et ma main « s'est levée pour frapper le coup ; mais aussitôt mes « yeux étaient couverts de ténèbres, mes oreilles ces-« saient d'entendre, et tout mon corps était ébranlé « par un tremblement. Mes mains demeuraient sans « force, et je ne pouvais accomplir ce que j'avais pro-« jeté ; mais lorsqu'ensuite j'abaissais le bras, je ne « sentais plus aucun mal. J'ai reconnu que Dieu était « avec toi, car je n'ai pu te nuire en aucune ma-« nière. » Lorsqu'il eut dit ces paroles, l'évêque se prit à pleurer et imposa silence au clerc. Puis, retourné à sa maison, il se coucha pour souper. Après quoi il alla se reposer dans son lit, autour duquel était un grand nombre des lits de ses clercs. Ses ennemis s'étant méfiés du clerc qui devait l'assassiner, pensèrent à exécuter par eux-mêmes leur perfidie, et tramèrent un autre artifice, soit pour le faire périr violemment, soit pour le charger d'un crime qui le fît exclure du sacerdoce. Tandis que tout le monde reposait vers le milieu de la nuit, ils se précipitèrent dans la chambre à coucher de l'évêque, poussant de grandes exclamations, et disant qu'ils en avaient vu sortir une femme, et qu'ils l'avaient laissée aller pour courir à l'évêque. C'était certainement par le conseil et l'instigation du diable qu'ils imputaient un tel crime à leur évêque, alors âgé de près de soixante-dix ans. Sans perdre de temps, et de concert avec le clerc dont j'ai parlé, ils lièrent l'évêque qui vit ses mains chargées de chaînes par celui dont le cou avait été plusieurs fois délivré par lui de ses liens, et il fut condamné à une prison sévère par l'homme qu'il avait souvent tiré de la fange des cachots. Voyant que ses ennemis procédaient contre lui avec cette violence, il implora avec larmes, dans ses chaînes, la miséricorde du Seigneur; aussitôt ses gardes se sentirent accablés de sommeil, la volonté du Seigneur détacha ses liens et celui qui avait si souvent délivré les méchans fut délivré sans avoir rien souffert de leur méchanceté; puis, s'échappant, il passa dans le royaume du roi Gontran. Une fois qu'il fut parti, ceux qui avaient comploté contre lui s'adressèrent plus librement au roi Chilpéric pour lui demander l'épiscopat; et, accusant l'évêque de beaucoup de crimes, ils ajoutaient : « Sache, ô roi très-glorieux! que nos paroles sont

« véritables; car, dans la crainte de la mort que lui
« ont méritée ses crimes, il a passé au royaume de
« ton frère. » Le roi ne les crut point, et leur ordonna
de retourner à la ville; et tandis que cela se passait,
les citoyens, affligés de l'absence de leur pasteur, et
sachant que tout cela s'était fait par envie et par avarice, se saisirent de l'archidiacre et de son associé,
auteurs de cette iniquité, et demandèrent au roi de
leur rendre leur évêque. Le roi envoya des messagers
à son frère, l'assurant qu'il n'avait trouvé l'évêque
coupable d'aucun crime. Le roi Gontran, qui était
bon et plein de libéralité envers les malheureux, lui
fit beaucoup de présens, lui donna des lettres pour
tous les évêques de son royaume, afin que pour l'a-
mour de Dieu ils eussent soin de l'assister dans son
voyage. Alors, parcourant les cités, il en recueillit des
prêtres de Dieu tant de choses, soit en vêtemens,
soit en or, qu'à peine put-il rapporter tout ce qu'il
avait reçu, et en lui fut accomplie cette parole de l'a-
pôtre : « Tout contribue au bien de ceux qui aiment
« Dieu [1]; » car ce voyage lui apporta beaucoup de
richesses, et son exil le mit dans l'opulence. Retournant ensuite vers ses concitoyens, il en fut reçu avec
tant d'honneur qu'ils pleuraient de joie et bénis-
saient Dieu de ce qu'il avait rendu à son église un tel
évêque.

Lupintius, abbé de la basilique de Saint-Privas,
martyr, dans la cité du Gévaudan, fut mandé par la
reine Brunehault, et vint la trouver. Il était accusé,
dit-on, par Innocent, comte de ladite ville, d'avoir
parlé de la reine avec irrévérence. Mais l'affaire ayant

---

[1] Épit. de S. Paul aux Rom. chap. 8, v. 28.

été examinée, il ne fut trouvé en rien coupable de lèze-majesté, et reçut l'ordre de s'en retourner. Cependant, comme il commençait à se mettre en route, il fut pris par ledit comte et conduit au village de Ponthion, où on lui fit souffrir beaucoup de tourmens. Relâché ensuite pour s'en retourner chez lui, comme il avait tendu ses pavillons sur la rivière d'Aisne, son ennemi vint de nouveau tomber sur lui; et s'en étant rendu maître par la violence, lui coupa la tête, la mit dans un sac rempli de pierres, et la jeta dans la rivière; il y jeta de même le corps attaché à une pierre. Peu de jours après, ce corps fut vu par un berger qui, l'ayant tiré du fleuve, le mit en sépulture; mais tandis qu'il préparait les choses nécessaires à ces obsèques, sans que personne pût savoir à qui appartenait ce corps dont on ne trouvait pas la tête, il arriva tout à coup qu'un aigle enleva le sac du fond du fleuve et le déposa sur le rivage. Remplis d'admiration, ceux qui se trouvaient présens prirent le sac; et s'empressant de chercher ce qu'il contenait, ils y trouvèrent cette tête coupée qu'ils ensevelirent avec le reste des membres. On dit que, par la puissance divine, il parut en ce lieu une grande lumière, et que lorsqu'un malade venait prier à ce tombeau avec dévotion, il s'en retournait guéri.

Théodose, évêque de Rhodez, qui avait succédé à saint Dalmate, quitta la lumière du jour. Les différends et les querelles qui s'élevèrent dans cette Église pour l'épiscopat en vinrent à ce point qu'elle fut presque entièrement dépouillée des vases sacrés et de tout ce qu'elle possédait de meilleur. Avec l'aide de la reine Brunehault, on fit rejeter le prêtre Transobade, et on élut Innocent, comte du Gévaudan. Dès qu'il fut en possession de l'épiscopat, il commença à tourmenter Ursicin, évêque de la ville de Cahors, disant qu'il retenait des choses qui appartenaient au diocèse de Rhodez; d'où il arriva que leurs discordes journalières allèrent toujours croissant. Quelques années après, le métropolitain, réuni avec ses suffragans dans la cité d'Auvergne, rendit un jugement portant que l'église de Rhodez reprendrait les paroisses qu'on se rappelait lui avoir appartenu; ce qui fut accompli.

Remi, évêque de Bourges, mourut, et, après sa mort, la plus grande partie de sa ville fut consumée par un grand incendie, et là périt ce qui avait échappé aux calamités de la guerre. Après cela, par la faveur du roi Gontran, Sulpice fut élu évêque de cette ville. On rapporte que beaucoup de gens offrant au roi des présens pour en obtenir l'épiscopat, il leur répondit : « Il n'est pas dans l'habitude de notre gouvernement « de vendre le sacerdoce, et il ne vous convient pas « de l'acheter par des présens, car nous devons crain- « dre d'encourir l'infamie d'un gain honteux, et vous « d'être comparés à Simon-le-magicien; mais confor- « mément à la prescience de Dieu, Sulpice sera votre « évêque; » et ainsi amené au clergé, il monta au siége de cette église. C'est un homme de grande noblesse, des premiers sénateurs de la Gaule, très-instruit dans les belles-lettres, sans égal dans l'art des vers. Ce fut lui qui provoqua le synode dont nous avons parlé relativement aux paroisses du diocèse de Cahors.

Il vint d'Espagne un envoyé, nommé Oppila, apportant au roi Chilpéric beaucoup de présens. Le roi d'Espagne craignait que Childebert ne fît marcher une armée pour venger l'injure de sa sœur, car Leuvigild ayant pris son fils Erménégild qui avait épousé la sœur de Childebert, l'avait fait renfermer, et sa femme était demeurée entre les mains des Grecs. Cet envoyé étant donc arrivé à Tours le saint jour de Pâques, nous lui demandâmes s'il était de notre religion; il répondit qu'il croyait ce que croient les catholiques, et venant avec nous à la cathédrale, assista aux cérémonies de la messe; mais il ne reçut point de nous la paix et ne participa point au sacrifice. Nous reconnûmes par là qu'il avait fait un mensonge en se disant catholique; néanmoins je l'invitai à ma table, et lui ayant demandé ce qu'il croyait, il répondit: « Je crois « le Père, le Fils et le Saint-Esprit unis dans une même « puissance. » Je lui dis: « Si tu crois ce que tu affir« mes, quel motif t'a donc empêché de participer au « sacrifice que nous avons offert à Dieu? » Et il me dit: « Parce que vous ne répondez pas comme vous « le devez au *gloria*, car nous disons, d'après l'apô« tre Paul: Gloire à Dieu le Père par le Fils; et vous « dites, Gloire au Père, au Fils et au Saint-Esprit; et « de même que les docteurs de l'Église enseignent que « le Père a été annoncé dans ce monde par son Fils, « Paul dit: *Au Roi des siècles, immortel, invisible,* « *à l'unique Dieu soit honneur et gloire dans les* « *siècles des siècles*[1]! » Et je lui répondis: « Il n'y a « pas un catholique, je pense, qui ne sache que le « Père a été annoncé par son Fils, mais en même « temps qu'il a annoncé son Père sur la terre, il a attesté « sa propre divinité par ses miracles. Il a fallu que Dieu

[1] Irᵉ Épît. de S. Paul à Timothée, chap. I, v. 17.

« le Père envoyât son Fils en ce monde pour lui mon-
« trer Dieu en personne, afin que les hommes qui
« avaient refusé de croire aux patriarches, aux pro-
« phètes et à leurs législateurs, crussent au moins
« à son Fils. Il est donc nécessaire de rendre gloire à
« Dieu sous le nom des trois personnes, c'est pourquoi
« nous disons : *Gloire à Dieu le Père qui a envoyé
« son Fils, gloire à Dieu le Fils qui a racheté le
« monde de son sang, gloire à Dieu le Saint-Es-
« prit qui sanctifie l'homme racheté.* Mais toi qui
« dis : *Gloire au Père par le Fils !* tu enlèves au Fils
« sa gloire, comme s'il ne partageait pas la gloire de
« son Père parce qu'il a annoncé son Père au monde.
« Le Fils, comme nous l'avons dit, a annoncé son
« Père au monde, mais beaucoup ne l'ont pas cru,
« selon les paroles de saint Jean l'Évangéliste : *Il est
« venu chez soi, et les siens ne l'ont point reçu ;
« mais il a donné à tous ceux qui l'ont reçu le pou-
« voir d'être faits enfans de Dieu, à ceux qui
« croient en son nom* [1]. Et toi qui décries l'apôtre
« Paul, et n'entends pas ses paroles, remarque comme
« il a parlé prudemment et selon ce que chacun était
« en état d'entendre. Remarque comme il a prêché
« parmi les incrédules sans paraître leur imposer au-
« cun fardeau trop difficile à porter, tellement qu'il
« dit à quelques-uns : *Je ne vous ai nourris que de
« lait et non de viandes solides, parce que vous n'en
« étiez pas capables, et à présent même vous ne
« l'êtes pas encore* [2]. La nourriture solide est pour

[1] Év. sel. S. Jean, chap. 1, v. 12.
[2] Ire Épît. de S. Paul aux Corinth. chap. 3, v. 2.

« *les parfaits* [1]. Et il dit à d'autres : *Je n'ai point
« fait profession de savoir autre chose parmi vous
« que Jésus-Christ, et Jésus-Christ crucifié* [2].
« Maintenant veux-tu, ô hérétique, parce que Paul
« n'a prêché que le Christ crucifié, douter de sa résur-
« rection? Fais plutôt attention à sa prudence, et vois
« avec quelle adresse il dit à d'autres plus robustes
« dans leur foi : *si nous avons connu Jésus-Christ
« selon la chair, maintenant nous ne le connais-
« sons plus de cette sorte* [3]. Nie donc, accusateur
« de Paul, si ton esprit est capable d'une telle folie,
« que le Christ ait été crucifié; mais je te le demande,
« laisse toutes ces choses, écoute de meilleurs con-
« seils, applique un collyre à tes yeux troublés, et
« reçois la lumière de la prédication apostolique. Car
« Paul parlait aux hommes selon ce qu'était chacun,
« d'une manière moins relevée, afin de les élever en-
« suite au plus haut faîte de la foi; et comme il dit
« ailleurs : *je me suis fait tout à tous pour les
« sauver tous* [4], comment un mortel refusera-t-il la
« gloire au Fils, que le Père lui-même a glorifié du
« haut du ciel, non pas une fois, mais deux ou trois
« fois? Écoute comme il a parlé du haut des cieux,
« lorsque le Saint-Esprit descendit sur la tête du Fils,
« baptisé de la main de Jean : *celui-ci est*, dit-il,
« *mon fils bien-aimé, dans lequel j'ai mis toute
« mon affection* [5]. Certainement, si tu as les oreilles

---

[1] Épît. de S. Paul aux Héb. chap. 5, v. 14.
[2] Ire Épît. de S. Paul aux Corinth. chap. 2, v. 2.
[3] IIe Épît. de S. Paul aux Corinth. chap. 5, v. 16.
[4] Ire Épît. de S. Paul aux Corinth. chap. 9, v. 22.
[5] Év. sel. S. Math. chap. 17, v. 5.

« assez bouchées pour ne pas entendre cela, tu dois
« croire du moins ce qu'entendirent les apôtres sur la
« montagne, lorsque Jésus, transfiguré dans sa gloire,
« parlait avec Moïse et Élie, du haut d'une nuée res-
« plendissante, le Père dit : *voici mon Fils bien-*
« *aimé, en qui j'ai mis toute mon affection, écoutez-*
« *le* [1]. » L'hérétique répondit à cela, « le Père en ceci
« ne rend nullement témoignage à la gloire du Fils ; il
« le désigne seulement pour son fils. » Et moi je lui
dis : « Si tu prends les choses de cette manière, je te
« fournirai un autre témoignage par lequel le Père a
« glorifié son Fils. Au moment de la Passion de notre
« Seigneur, lorsqu'il dit : *Mon Père glorifiez votre*
« *Fils, afin que votre Fils vous glorifie* [2]; qu'est-ce
« que le père lui a répondu du haut du ciel ? Ne
« lui a-t-il pas dit : *Je l'ai déjà glorifié, et je le*
« *glorifierai encore* [3] ? Voilà donc que la propre voix
« du père le glorifie, et toi tu t'efforces de lui enlever
« sa gloire. Mais ton pouvoir ne répond pas à la vo-
« lonté que tu montres. Et toi qui te portes accusateur
« de l'apôtre Paul, écoute-le lorsque Jésus-Christ
« parle par sa bouche : *Que toute langue confesse*
« *que le Seigneur Jésus-Christ est dans la gloire*
« *de Dieu son Père* [4]. Maintenant, s'il participe à la
« gloire de son Père, s'il habite dans la gloire avec son
« Père, comment se fait-il que tu veuilles le désho-
« norer en le privant de sa gloire ? Et comment ne
« rendra-t-on pas gloire parmi les hommes à celui

[1] IIe Épît. de S. Pierre, chap. 1, v. 17.
[2] Év. sel. S. Jean, chap. 17, v. 1.
[3] *Ibid.* chap. 12, v. 28.
[4] Épît. de S. Paul aux Philip. chap. 3, v. 11.

« qui règne dans les cieux, avec une gloire égale à
« celle de son Père? Confessons donc le Christ Fils
« de Dieu pour le vrai Dieu, et reconnaissons que
« puisqu'ils n'ont qu'une seule divinité, ils n'ont
« qu'une seule et même gloire. » Après cela, je me tus
et terminai la discussion. L'envoyé se rendit vers le
roi Chilpéric, et après lui avoir offert les présens que
lui envoyait le roi d'Espagne, il retourna dans son
pays.

Le roi Chilpéric ayant appris que son frère Gontran avait fait la paix avec Childebert son neveu, et qu'ils voulaient se réunir pour lui reprendre les villes qu'il leur avait enlevées de force, se réfugia avec tous ses trésors dans la ville de Cambrai et y emporta avec lui tout ce qu'il avait de meilleur. Il envoya des messagers aux ducs et comtes des cités, pour les engager à réparer les murs des villes, à renfermer leurs effets ainsi que leurs femmes et leurs filles sous l'abri des remparts, et à se défendre courageusement si la nécessité l'exigeait, de manière à ce que l'ennemi ne pût leur faire de mal. Il ajoutait :
« Et si vous perdez quelque chose, lorsque nous re-
« viendrons à prendre vengeance de nos ennemis,
« vous en reprendrez davantage. » Mais il ne savait pas que la victoire est dans la main de Dieu. A plusieurs fois ensuite, il mit son armée en marche, puis il lui ordonna de se tenir en repos dans ses frontières. Dans ces jours-là il lui était né un fils qu'il fit nourrir dans sa maison de Vitry, « de peur, dit-il, que s'il
« était vu en public, il ne lui arrivât quelque mal et
« qu'il ne mourût. »

Le roi Childebert alla en Italie, ce qu'apprenant

les Lombards, et craignant d'être défaits par son armée, ils se soumirent à sa domination, lui firent beaucoup de présens, et promirent de lui demeurer fidèles et soumis. Le roi ayant obtenu d'eux ce qu'il desirait retourna dans les Gaules, et ordonna de mettre en mouvement une armée qu'il fit marcher en Espagne. Cependant il s'arrêta. L'empereur Maurice lui avait donné, l'année précédente, cinquante mille sols d'or pour chasser les Lombards de l'Italie. Ayant appris qu'il avait fait la paix avec eux, il redemanda son argent, mais le roi, se confiant en ses forces, ne voulut seulement pas lui répondre là dessus.

Il se passa en Galice de nouveaux mouvemens dont nous allons rendre compte. Erménégild ayant encouru, comme nous l'avons dit, la colère de son père, demeurait avec sa femme dans une ville d'Espagne, comptant sur le secours de l'empereur, et de Miron roi de Galice. Ayant appris que son père venait vers lui avec une armée, il chercha de quelle manière il devait s'y prendre pour le repousser et le tuer, ne sachant pas, le malheureux, que le jugement de Dieu menace celui qui médite de telles choses contre son père, fût-il hérétique. Après y avoir bien pensé, parmi les nombreux milliers d'hommes qui l'accompagnaient, il choisit trois cents hommes d'armes qu'il renferma dans le château d'Osser [1], dont l'église contient des fontaines qui se remplissent par l'ordre spécial de Dieu. Son projet était de lasser et de rompre ainsi la première impétuosité de son père, afin de le vaincre ensuite plus facilement avec des trou-

[1] Château fort qui était situé près de Séville.

pes de moindre valeur, mais plus nombreuses. Le roi Leuvigild connaissant sa ruse se fatiguait la tête à délibérer disant : « Si je vais contre lui avec toute mon « armée réunie en un seul corps, elle sera cruellement « accablée des traits de l'ennemi ; si je n'y vais qu'avec « un petit nombre de soldats, je ne pourrai vaincre « cette troupe d'hommes vaillans ; ainsi donc j'irai « avec tous. » Et, marchant vers le lieu où étaient réunis ces vaillans hommes, il les défit, et brûla le château, comme on l'a déjà raconté. Cette victoire obtenue, il apprit que le roi Miron venait contre lui à la tête d'une armée ; l'ayant environné, il exigea de lui le serment de lui être fidèle à l'avenir. Ils se firent des présens mutuels, après quoi chacun retourna chez soi. Mais Miron retourné dans son pays, se mit au lit peu de jours après, et mourut. Sa maladie était venue des mauvaises eaux et de l'insalubrité de l'air de l'Espagne. Après sa mort son fils Euric sollicita l'amitié du roi Leuvigild, et lui ayant, comme son père, prêté serment, régna sur le royaume de Galice. Mais, dans l'année, son beau-frère Audica, qui était fiancé à sa sœur, vint avec une armée, le prit, le fit clerc et ordonna qu'on lui imposât les honneurs du diaconat ou de la prêtrise. Puis, ayant pris pour femme la veuve de son père, il obtint le royaume de Galice. Leuvigild prit son fils Erménégild et l'emmena avec lui à Tolède, puis le condamna à l'exil, mais il ne put tirer sa femme des mains des Grecs.

Les sauterelles qui depuis cinq ans ravageaient la province de la Manche, passèrent, cette année, en suivant la grande route, dans une autre province voisine de celle-ci. Elles couvraient en longueur un espace de cent cinquante milles, et celui de cent milles en largeur. Cette année parurent dans les Gaules beaucoup de prodiges, et les peuples éprouvèrent de grandes calamités. On vit des roses au mois de janvier, et il parut autour du soleil un grand cercle mêlé de diverses couleurs, semblables à celles que déploie l'arc-en-ciel après la pluie. Une cruelle gelée brûla les vignes, une tempête vint ensuite en divers lieux ravager les vignes et les moissons, et ce qui restait fut consumé par une épouvantable sécheresse. On vit sur quelques vignes un petit nombre de fruits maigres, sur quelques autres point du tout. Si bien que les hommes irrités contre Dieu ouvrirent les entrées des vignes et y introduisirent les brebis et les chevaux, entremêlant de prières, les malheureux, le soin qu'ils prenaient de se nuire à eux-mêmes, et disant : « Que jamais durant l'éternité des siècles, ces « vignes ne produisent plus de sarmens. » Les arbres qui avaient donné des fruits au mois de juillet, en donnèrent d'autres au mois de septembre. La maladie revint attaquer les bestiaux avec une nouvelle violence, si bien qu'à peine en demeura-t-il quelques-uns.

A l'approche du mois de septembre, il arriva au roi Chilpéric une grande ambassade des Goths. Retourné à Paris, il ordonna de prendre un grand nombre de serviteurs appartenant aux maisons royales [1], et

---

[1] *Domus fiscales.* Les rois possédaient auprès, et peut-être même dans l'intérieur des villes, comme dans les campagnes, un grand nombre d'habitations ou domaines peuplés de familles qui n'étaient pas toutes de condition servile, et n'y tombèrent que progressivement, par une série d'actes de violence pareils à celui que rapporte ici Grégoire de

de les mettre dans des chariots; comme plusieurs pleuraient et ne voulaient pas s'en aller, il les fit tenir prisonniers pour pouvoir plus facilement les obliger de partir avec sa fille. On dit que plusieurs, craignant de se voir enlevés ainsi à leurs parens, de douleur s'arrachèrent la vie au moyen d'un lacs. Le fils était séparé du père, la mère de la fille, et ils s'en allaient avec de profonds gémissemens et de grandes malédictions; on entendait tant de pleurs dans la ville de Paris qu'on les a comparés aux pleurs de l'Égypte. Plusieurs personnes des meilleures familles, contraintes de s'en aller ainsi, firent leur testament, donnèrent leurs biens aux églises, et demandèrent qu'au moment où la fille de Chilpéric entrerait en Espagne, on ouvrît ces testamens, comme si elles étaient déjà dans le tombeau. Cependant il vint à Paris des envoyés du roi Childebert pour avertir le roi Chilpéric de ne donner à sa fille aucune des villes qu'il tenait du royaume du père de Childebert, ni aucune partie de ses trésors, et de ne pas se permettre de toucher aux esclaves, aux chevaux, aux jougs de bœufs, ni à rien de ce qui appartenait à ces propriétés. Un de ces envoyés fut, dit-on, tué secrètement, mais je ne sais par qui. Cependant les soupçons se portèrent sur le roi. Chilpéric, ayant promis de ne toucher à aucune de ces choses, convoqua les principaux Francs et ses autres fidèles, et célébra les noces de sa fille. Elle fut remise aux envoyés des Goths, et il lui donna de grands trésors; mais sa mère y ajouta

---

Tours. Il y a lieu de croire que, dans l'occasion dont il s'agit ici, des gens même qui n'appartenaient pas aux domaines fiscaux furent enlevés de force, et contraints d'accompagner Rigonthe.

une telle quantité d'or et d'argent ou de vêtemens, que le roi, voyant cela, crut qu'il ne lui restait plus rien. La reine, s'apercevant de son mécontentement, se tourna vers les Francs, et dit : « Ne croyez pas, « ô Francs, qu'il y ait rien là des trésors des rois pré- « cédens. Tout ce que vous voyez est tiré de mes pro- « priétés, car le roi très-glorieux a été très-libéral « envers moi, et j'ai amassé beaucoup de choses par « mon labeur, et beaucoup d'autres viennent de ce que « j'ai recueilli tant sur les fruits que sur les tributs des « maisons qui m'ont été concédées. Vous m'avez fait « aussi beaucoup de présens, desquels j'ai composé « ce que vous voyez devant vous, car il n'y a rien là « des trésors publics. » Et ainsi elle trompa l'esprit du roi. Il y avait une telle immensité de choses que, tant en or qu'en argent, et autres choses précieuses, on emmena cinquante chariots. Les Francs apportè- rent aussi beaucoup de présens ; les uns de l'or, les autres de l'argent, quelques-uns des chevaux, plu- sieurs des vêtemens ; chacun donna ce qu'il put. La jeune fille ayant dit adieu avec beaucoup de larmes et d'embrassemens, lorsqu'elle sortait de la porte, l'essieu d'une des voitures cassa ; tous se dirent alors *à la malheure*, ce que quelques-uns prirent pour un augure. Étant ensuite partie de Paris, elle ordonna de dresser ses tentes à huit milles de la ville. Durant la nuit, cinquante hommes de sa suite se levèrent, prirent les cent meilleurs chevaux, tous les freins d'or, deux grandes chaînes, et s'enfuirent vers le roi Childebert. Durant tout le chemin, tous ceux qui pouvaient s'échapper prenaient la fuite, emportant avec eux tout ce qu'il leur était possible d'attraper.

On reçut aussi durant la route ce cortége avec un grand appareil, aux dépens des diverses cités. Le roi avait ordonné que là dessus on ne payât rien de son fisc; tout fut fourni par une contribution extraordinaire des pauvres gens.

Comme le roi craignait que son frère ou son neveu ne tendissent en route quelque embûche à sa fille, il avait ordonné qu'elle marchât environnée d'une armée. Avec elle étaient des hommes du premier rang, le duc Bobon, fils de Mummolène, avec sa femme, pour lui servir de paranymphe; Domégésile, Ansovald, le maire du palais Waddon, autrefois comte de Saintes : le reste de la troupe, composé d'hommes du commun, était au nombre de plus de quatre mille. Les autres chefs et camériers qui voyageaient avec elle la quittèrent à Poitiers. Ses compagnons de route allaient tant qu'ils pouvaient, et ils firent en chemin tant de butin, se livrèrent à tant de pillages qu'on pourrait à grand'peine le raconter. Ils dépouillaient les cabanes des pauvres, ravageaient les vignes, emportaient les sarmens avec les raisins, enlevaient les troupeaux et tout ce qu'ils pouvaient trouver, et ne laissaient rien dans les lieux qu'ils traversaient, accomplissant ce qui a été dit par le prophète Joël : « La sauterelle a mangé les restes de la chenille, le « ver les restes de la sauterelle, et la nielle les restes « du ver¹. » Ce fut ainsi que les choses se passèrent alors. Les restes de la gelée furent détruits par les tempêtes, le reste des tempêtes fut brûlé par la sécheresse, et ce qu'avait laissé la sécheresse enlevé par les gens de guerre.

¹ Joël, chap. 1, v. 4.

Tandis que ceux-ci continuaient leur route avec leur butin, Chilpéric, le Néron, l'Hérode de notre temps, se rendit à sa maison de Chelles, éloignée de la ville de Paris d'environ soixante stades. Là, il se livrait à l'exercice de la chasse; mais un jour qu'il revenait de chasser, et qu'il faisait déjà nuit, comme il descendait de cheval, s'appuyant d'une main sur l'épaule d'un de ses serviteurs, un homme s'approcha, le frappa d'un couteau sous l'aisselle, et, réitérant son coup, lui perça le ventre : aussitôt, rendant le sang en abondance, tant par la bouche que par ses blessures, il rendit son ame inique. On a vu, par ce qui précède, tout le mal qu'il avait fait, et qu'il brûla et dévasta souvent plusieurs contrées, sans en ressentir aucune douleur, mais plutôt une grande joie; semblable à Néron, lorsqu'autrefois il chantait des tragédies au milieu de l'incendie des palais. Souvent il punit injustement des hommes pour avoir leur bien. Peu de clercs, de son temps, parvinrent à l'épiscopat. Il était adonné à sa bouche, et faisait son Dieu de son ventre, affirmant qu'il n'y avait pas d'homme plus sage que lui. Il a fait deux livres de vers, prétendant imiter Sédule; mais ces vers ne peuvent se soutenir sur leurs faibles pieds, et, faute de s'y entendre, il y a mis des syllabes brèves à la place des longues, et des longues où il faudrait des brèves. Il a fait d'autres opuscules, comme des hymnes et des messes qu'on ne peut admettre en aucune manière. Il était l'ennemi des intérêts des pauvres, et blasphémait assidûment contre les prêtres du Seigneur. Les évêques des églises étaient, lorsqu'il se trouvait en particulier, le principal sujet de ses dérisions et de ses plaisanteries : il appelait celui-ci inconséquent, cet autre orgueilleux, celui-là verbeux, tel autre luxurieux ; il disait : celui-ci est rempli de vanité, cet autre bouffi d'arrogance, car rien ne lui était plus odieux que l'Église ; il disait souvent : « Voilà que notre fisc demeure pauvre, que nos ri- « chesses sont transférées aux églises ; personne ne « règne, si ce n'est les évêques ; notre dignité périt, « et est transportée aux évêques des cités. » Et parlant ainsi, il violait sans cesse les testamens souscrits au profit des églises, et foulait souvent aux pieds jusqu'aux ordres de son père, pensant qu'il ne restait personne pour l'obliger d'accomplir ses volontés. L'imagination ne peut fournir aucune sorte de débauche et de luxure qu'il n'accomplît en réalité. Il cherchait sans cesse de nouveaux moyens de léser le peuple ; aux gens qu'il trouvait coupables, il faisait arracher les yeux ; et dans les ordres qu'il envoyait aux juges pour ses affaires, il ajoutait : « Si quelqu'un méprise « nos commandemens, qu'il soit condamné à avoir « les yeux arrachés. » Comme il n'aimait véritablement personne, personne ne l'aimait, et dès qu'il eut rendu l'esprit, tous les siens l'abandonnèrent. Mallulphe, évêque de Senlis, qui avait déjà passé trois jours sous la tente, sans pouvoir parvenir à le voir, ayant appris sa mort, vint laver son corps, le couvrit des meilleurs vêtemens, et ayant passé la nuit à chanter des hymnes, le mit sur une barque, et alla l'ensevelir à Paris dans la basilique de Saint-Vincent, laissant la reine Frédégonde dans la cathédrale de cette cité.

LIVRE SEPTIÈME.

Quoique notre dessein soit de poursuivre l'histoire où nous l'avons laissée dans les livres précédens, la piété réclame cependant auparavant quelques mots sur la mort de l'évêque saint Sauve [1] arrivée, il est hors de doute, pendant cette année [2]. Ayant vécu long-temps, comme il avait coutume de le raconter lui-même, au milieu des habitudes du monde, il s'était mêlé des affaires terrestres avec les puissans du siècle, mais sans se laisser engager aux passions où sont entraînés d'ordinaire les esprits des jeunes gens. Dès que le souffle de l'esprit divin se fut fait sentir au plus profond de ses entrailles, abandonnant les rangs de la milice mondaine, il se retira dans un monastère; dévoué à Dieu, il comprit qu'il valait mieux être pauvre avec la crainte du Seigneur, que de rechercher les avantages d'un siècle pervers. Dans ce monastère il fut long-temps soumis aux règles instituées par les pères. Étant parvenu à une plus grande force d'esprit et d'âge, à la mort de l'abbé supérieur de ce monastère, il entreprit le soin de paître le troupeau, et lui qui, pour diriger ses frères, semblait de-

[1] Évêque d'Alby.
[2] En 584.

voir se donner davantage au public, dès qu'il fut élevé en dignité il se retira encore davantage. Il chercha une cellule plus secrète; dans la première, comme il l'affirmait lui-même, son corps, consumé par une trop grande abstinence, avait changé plus de neuf fois de peau. La dignité d'abbé étant venue le surprendre tandis que, dans cette humilité, il se livrait aux oraisons et à la lecture, il pensa souvent qu'il eût mieux valu pour lui vivre retiré parmi les moines que de recevoir le titre d'abbé aux yeux du peuple. Enfin, disant adieu à ses frères et recevant aussi leurs adieux, il se renferma. Il demeura dans cette solitude dans une plus grande abstinence qu'il n'avait fait auparavant. Soigneux d'exercer la charité, lorsqu'il venait un étranger, il lui accordait le tribut de ses oraisons et lui administrait abondamment les choses bénites. Il guérit souvent par ce moyen un grand nombre de malades. Une fois attaqué d'une violente fièvre, il gisait privé de respiration sur son lit; voilà que soudainement la cellule, éclairée d'une grande lumière, fut ébranlée. Sauve ayant levé les mains aux cieux en forme d'actions de grâces, rendit l'ame. Les moines mêlant leurs gémissemens à ceux de la mère de leur abbé, emportent le corps du mort, le lavent dans l'eau, le couvrent de vêtemens, le placent dans un cercueil, et passent la nuit à gémir et à chanter des psaumes. Le lendemain matin, la cérémonie des obsèques étant préparée, le corps commença à s'agiter dans le cercueil, et voilà qu'au grand effroi des méchans, Sauve, comme sortant d'un profond sommeil, se leva, ouvrit les yeux, et, les mains élevées, dit: « O Seigneur miséricordieux! pourquoi m'as-tu fait

« revenir dans ce lieu ténébreux de l'habitation du
« monde, lorsque ta miséricorde dans le ciel m'était
« meilleure que la vie de ce siècle pervers? » Comme
tous restaient stupéfaits, lui demandant ce que c'était
qu'un tel prodige, il ne leur répondit rien. Étant sorti
du cercueil, et ne sentant plus du tout le mal dont il
avait souffert auparavant, il resta trois jours sans boire
ni manger. Le troisième jour, ayant rassemblé les moines et sa mère, il leur dit : « Écoutez, mes très-chers
« frères, et sachez que tout ce que vous voyez dans ce
« monde n'est rien ; mais, selon la parole du prophète
« Salomon, tout est vanité [1]. Heureux celui qui mène
« sur la terre une conduite qui lui fasse mériter de
« voir la gloire de Dieu au ciel ! » Après ces mots, il
hésita pour savoir s'il en dirait davantage ou s'il garderait le silence. Comme il se taisait, tourmenté par
les prières de ses frères pour qu'il leur expliquât ce
qu'il avait vu, il dit donc : « Lorsqu'il y a quatre jours
« vous m'avez vu mort dans ma cellule ébranlée, je
« fus emporté et enlevé au ciel par des anges, de
« sorte qu'il me semblait que j'avais sous les pieds,
« non seulement cette terre fangeuse, mais aussi le
« soleil et la lune, les nuages et les astres ; on m'introduisit ensuite par une porte plus brillante que ce
« jour dans une demeure remplie d'une lumière ineffable et d'une étendue inexprimable, dont tout le
« pavé était resplendissant d'or et d'argent ; elle était
« obstruée d'une si grande multitude de différens
« sexes, que, ni en longueur, ni en largeur, les regards
« ne pouvaient traverser la foule. Quand les anges qui
« nous précédaient nous eurent frayé un chemin parmi

[1] Ecclésiaste, chap. 1, v. 2.

« les rangs serrés, nous arrivâmes à un endroit que
« nous avions déjà considéré de loin et sur lequel
« était suspendu un nuage plus lumineux que toute
« lumière ; on n'y pouvait distinguer ni le soleil, ni
« la lune, ni aucune étoile, et il brillait par sa
« propre clarté beaucoup plus que tous les astres ;
« de la nue sortait une voix semblable à la voix des
« grandes eaux. Moi, pauvre pécheur, j'étais salué
« humblement par des hommes en habits sacerdo-
« taux et séculiers, et qui étaient, comme me l'ap-
« prirent ceux qui me précédaient, des martyrs et
« des confesseurs que nous adorons ici-bas avec le
« plus profond respect. M'étant placé dans l'endroit
« qu'on m'indiqua, je fus inondé d'un parfum d'une
« douceur excessive, qui me nourrit tellement que je
« n'ai encore ni faim ni soif. J'entendis une voix qui
« disait : *Qu'il retourne sur la terre, car il est né-*
« *cessaire à nos Églises.* J'entendais une voix, car
« on ne pouvait voir celui qui parlait. M'étant pros-
« terné sur le pavé, je disais en gémissant : *Hélas !*
« *hélas ! Seigneur, pourquoi m'as-tu fait connaître*
« *ces choses si je devais en être privé ? Voilà qu'au-*
« *jourd'hui je suis rejeté de devant ta face pour re-*
« *tourner dans un monde fragile, et ne pouvoir plus*
« *revenir ici. Je t'en conjure, Seigneur, ne dé-*
« *tourne pas de moi ta miséricorde ; je te supplie*
« *de me laisser habiter ce lieu, de peur qu'après en*
« *être sorti je ne périsse ;* et la voix qui m'avait
« parlé dit : *Vas en paix, car je suis ton gardien*
« *jusqu'à ce que je te reconduise ici.* Ayant donc
« laissé mes compagnons, je descendis en pleurant,
« et sortis par la porte par où j'étais entré. » A ce

discours tous restèrent stupéfaits, et le saint de Dieu recommença à dire avec larmes : « Malheur à moi qui « ai osé révéler un tel mystère ! Voilà que le doux « parfum dont j'avais été embaumé dans le lieu « saint, et qui m'a soutenu pendant trois jours sans « boire ni manger, s'est éloigné de moi. Ma langue « est couverte de blessures déchirantes, et si enflée « qu'elle me semble remplir toute ma bouche ; et je « sais que j'ai déplu à Dieu mon Seigneur en divul- « guant ces secrets. Mais, Seigneur, tu sais que je l'ai « fait dans la simplicité de mon cœur, et non dans « l'orgueil de mon esprit. Je te prie donc de me par- « donner, et de ne pas m'abandonner selon ta pro- « messe. » Il dit et se tut ; puis il pria, mangea et but. En écrivant ceci, je crains que quelque lecteur ne le trouve incroyable, selon ce qu'a écrit Salluste dans son histoire : « Quand on rappelle la vertu et la gloire « des grands hommes, chacun accueille sans peine « ce qu'il croit pouvoir faire lui-même aisément ; mais « il regarde comme faux ce qui lui paraît au dessus « de ses forces. » J'atteste le Dieu tout-puissant que j'ai entendu dire de la propre bouche de saint Sauve ce que je raconte ici. Long-temps après le saint homme ayant quitté sa cellule, fut promu à l'épisco- pat et ordonné évêque malgré lui. Il remplissait ce ministère, je crois, depuis dix ans lorsqu'une peste s'éleva dans la ville d'Alby. Déjà la plus grande partie du peuple avait péri, et il ne restait qu'un petit nom- bre de citoyens. Le saint homme, comme un bon pas- teur, ne voulut point s'éloigner de ce lieu ; mais il exhortait ceux qui restaient à se livrer constamment et avec opiniâtreté à l'oraison et aux veilles, et à s'a-

donner au bien tant en actions qu'en pensées, disant :
« Faites ainsi, afin que si Dieu veut vous retirer de
« ce monde, vous puissiez entrer, non en jugement,
« mais en repos. » Sachant, comme je le crois, par la
révélation du Seigneur, qu'il allait être appelé auprès
de lui, il disposa son cercueil, lava son corps, revêtit
une robe, et le visage tourné vers le ciel, il rendit
l'ame en paix. Il était d'une grande sainteté et sans la
moindre cupidité, ne voulant jamais avoir d'or. S'il
était forcé d'en recevoir, il le distribuait aussitôt aux
pauvres. De son temps, le patrice Mummole emmenant captifs un grand nombre de citoyens de cette
ville, il le suivit et les racheta tous. Le Seigneur
accorda à lui et à son peuple une si grande faveur
que ceux qui emmenaient les captifs lui rendirent
quelque chose du prix, et lui firent des présens sur
le reste : ainsi il rétablit dans leur ancienne liberté
les prisonniers de sa patrie. Je sais encore un grand
nombre de belles actions de ce saint homme, mais
j'en passe beaucoup sous silence, parce que je veux
retourner à l'histoire que j'ai commencée.

Lorsque Chilpéric eut trouvé la mort qu'il cherchait depuis long-temps, les Orléanais et les Blaisois
réunis se jetèrent sur les gens de Châteaudun, et les massacrèrent à l'improviste ; ils incendièrent les maisons,
les provisions, et tout ce qu'il leur était difficile d'emporter ; ils s'emparèrent des troupeaux, et pillèrent
tout ce qu'ils purent enlever. Pendant qu'ils se retiraient, les habitans de Châteaudun et de Chartres s'é-
tant réunis, et ayant suivi leurs traces, leur firent
subir le même traitement qu'ils en avaient reçu, et ne
laissèrent rien dans les maisons ni dehors. Des que-

relles s'étant élevées entre eux, et les Orléanais ayant pris les armes, par l'intervention des comtes la paix fut conclue jusqu'à l'audience solennelle, c'est-à-dire jusqu'au jour où on jugerait quel parti avait injustement fait la guerre à l'autre, et devait payer une juste composition : ainsi la guerre cessa.

Vedaste, surnommé Avon, qui avait tué Loup et Ambroise par amour pour la femme de ce dernier, qui était, dit-on, sa cousine germaine, et qu'il épousa, commettait dans le Poitou un grand nombre de crimes. Ayant été joint dans un certain lieu par le saxon Childéric, comme ils s'accablaient à l'envi d'injures, il fut frappé d'un coup de lance par un des serviteurs de Childéric. Tombé à terre, et blessé encore de plusieurs autres coups, son ame perverse s'échappa avec son sang, et la justice divine vengea le sang innocent qu'il avait répandu de sa propre main; car ce misérable avait commis un grand nombre de vols, d'homicides et d'adultères qu'il vaut mieux passer sous silence. Le Saxon composa pourtant avec son fils pour le prix de sa mort.

La reine Frédégonde, devenue veuve, se rendit à Paris avec tous ses trésors, qu'elle enferma sous la garde des murs de cette ville, et se réfugia dans l'église cathédrale, où elle fut protégée par l'évêque Ragnemode; mais les trésoriers du roi enlevèrent les autres trésors demeurés dans la maison de Chelles, et parmi lesquels était le bassin d'or qu'elle avait précédemment fait faire, et ils se rendirent promptement vers le roi Childebert, résidant alors dans la ville de Meaux.

La reine Frédégonde, après en avoir délibéré, envoya des députés au roi Gontran pour lui dire : « Que mon seigneur vienne, et prenne possession du « royaume de son frère. J'ai un petit enfant que je « desire mettre dans ses bras, et je me soumets moi-« même humblement à son pouvoir. » Le roi Gontran, ayant appris la mort de son frère, le pleura amèrement. Modérant sa douleur, il rassembla une armée et marcha sur Paris. Lorsqu'il eut été reçu dans les murs de cette ville, le roi Childebert, son neveu, arriva d'un autre côté.

Les Parisiens n'ayant pas voulu recevoir Childebert, il envoya des députés vers le roi Gontran, disant : « Je sais, père très-pieux, que ta bonté n'i-« gnore pas de quelle manière jusqu'à présent l'ini-« mitié et la guerre ont fait tort à tout le monde, de « sorte que nul ne peut obtenir justice de ce qui « lui est dû; je te supplie donc humblement qu'il te « plaise d'observer les conventions qui ont été pas-« sées entre nous après la mort de mon père. » Alors le roi Gontran répondit aux députés : « O miséra-« bles et perfides, en qui il n'y a rien de vrai, et qui « n'observez pas vos promesses, voilà que sans avoir « égard à tout ce que vous m'avez promis, vous avez « conclu avec le roi Chilpéric un nouveau traité, « pour que les deux rois partageassent entre eux mes « États, après m'avoir chassé du trône. Voilà vos « traités, voilà vos signatures dont vous avez scellé « votre perfidie; et de quel front maintenant osez-« vous me demander que je reçoive mon neveu Chil-« debert, dont vous avez voulu me faire un ennemi « par votre perversité? » Les envoyés lui répliquèrent : « Si la colère s'est réellement emparée de ton

« ame que tu ne veuilles rien accorder à ton neveu
« de tout ce que tu lui as promis, cesse au moins
« de retenir ce qui doit lui revenir du royaume de
« Charibert. » Gontran leur dit : « Voilà les traités
« que nous avons faits entre nous ; ils disent que
« celui qui, sans le consentement de son frère, en-
« trera dans la ville de Paris, perdra sa part, et aura
« pour juges et pour rémunérateurs le martyr Po-
« lyeucte, ainsi que les confesseurs saint Hilaire et
« saint Martin. Néanmoins, mon frère Sigebert est
« venu à Paris, et mort par le jugement de Dieu, il
« a perdu sa part. Chilpéric en a fait de même. C'est à
« cause de ces transgressions qu'ils ont perdu leur part;
« comme ils sont morts selon le jugement de Dieu, et
« conformément aux imprécations contenues dans le
« traité, je veux soumettre à mon pouvoir, avec
« l'appui de la loi, tout le royaume et les trésors de
« Charibert, et je n'accorderai rien à personne que
« de ma propre volonté. Retirez-vous donc, hommes
« mensongers et perfides, et annoncez à votre roi ma
« résolution. »

Ceux-ci s'étant retirés, Childebert envoya une seconde fois des députés au roi Gontran, pour lui re-
demander la reine Frédégonde, lui disant : « Remets-
« moi cette homicide qui a fait périr ma tante, a tué
« mon père et mon oncle, et à frappé du glaive jus-
« qu'à mes cousins. » Le roi lui répondit : « Nous
« réglerons toutes ces choses dans le plaid général
« que nous tiendrons, après y avoir délibéré sur ce
« qu'il convient de faire. » Il protégeait Frédégonde,
et l'invitait souvent à des repas, lui promettant qu'il
serait pour elle un solide appui. Un certain jour qu'ils

étaient ensemble, la reine se leva, et dit adieu au roi, qui la retint, en lui disant : « Prenez encore quelque chose. » Elle lui dit : « Permettez-moi, je vous en « prie, seigneur, car il m'arrive, selon la coutume « des femmes, qu'il faut que je me lève pour en- « fanter. » Ces paroles le rendirent stupéfait, car il savait qu'il n'y avait que quatre mois qu'elle avait mis un fils au monde : il lui permit cependant de se retirer.

Les principaux du royaume de Chilpéric, tels qu'Ansovald et autres, se rassemblèrent auprès de son fils âgé, comme nous l'avons dit, de quatre mois, l'appelèrent Clotaire, firent prêter, aux cités qui appartenaient auparavant à Chilpéric, le serment de fidélité au roi Gontran et à son neveu Clotaire. Le roi Gontran ayant égard à la justice, rendit tous les biens que les fidèles de Chilpéric avaient injustement enlevés à divers gens. Il fit aussi beaucoup de présens aux églises, et il fit revivre les testamens des morts qui avaient institué les églises leurs héritiers, testamens qui avaient été supprimés par Chilpéric. Il se montra bienveillant envers beaucoup de gens, et fit beaucoup de bien aux pauvres.

Comme il n'était pas sûr des hommes parmi lesquels il était venu, il se munit d'armes, et il n'allait jamais à l'église ou dans quelque autre des lieux qui lui plaisaient, sans être accompagné d'une garde considérable. Il arriva qu'un certain dimanche, après que le diacre eut fait faire silence au peuple, pour qu'on entendît la messe, le roi s'étant tourné vers le peuple dit : « Je vous conjure, hommes et femmes qui êtes ici « présens, gardez-moi une fidélité inviolable, et ne

« me tuez pas comme vous avez tué dernièrement
« mes frères ; que je puisse au moins pendant trois ans
« élever mes neveux que j'ai faits mes fils adoptifs, de
« peur qu'il n'arrive, ce que veuille détourner le Dieu
« éternel! qu'après ma mort vous ne périssiez avec
« ces petits enfans, puisqu'il ne resterait de notre fa-
« mille aucun homme fort pour vous défendre. » A
ces mots tout le peuple adressa pour le roi des prières
au Seigneur.

Pendant que ces choses se passaient, Rigonthe, fille
du roi Chilpéric, s'avança jusqu'à Toulouse, avec les
trésors dont nous avons parlé ; voyant qu'elle touchait
à la frontière des Goths, elle commença à retarder sa
marche, d'autant plus que les siens lui disaient qu'il
fallait qu'elle s'arrêtât dans cet endroit, parce qu'ils
étaient fatigués du voyage, que leurs habits étaient
sales, leurs chaussures usées, et que les harnois de
leurs chevaux, des voitures et des chariots dans lesquels ils étaient montés, étaient en mauvais état. Ils
prétendaient qu'il fallait d'abord remettre en bon
ordre toutes ces choses, pour continuer leur voyage
et paraître avec élégance devant son futur époux, de
peur que s'ils arrivaient mal équipés chez les Goths, on
ne se moquât d'eux. Tandis qu'ils s'arrêtaient pour ces
raisons, la mort du roi Chilpéric parvint aux oreilles
du duc Didier. Ayant assemblé alors les guerriers les
plus hardis, il entra dans Toulouse, et ayant découvert les trésors de la reine Rigonthe, il les lui enleva,
les déposa dans une maison scellés de son sceau, sous
la garde de soldats courageux, et laissa à la reine à
peine de quoi vivre, jusqu'au moment de son retour
dans la ville.

Il se hâta de se rendre auprès de Mummole, avec qui il avait conclu une alliance deux ans auparavant. Mummole résidait dans la ville d'Avignon avec Gondovald, dont nous avons parlé dans le livre précédent. Réuni au duc Didier, Gondovald marchant sur Limoges, il arriva au bourg de Brives-la-Gaillarde, où l'on dit que repose saint Martin disciple de notre saint Martin; là ayant été élevé sur un bouclier, il fut proclamé roi; mais au troisième tour qu'on lui faisait faire ainsi élevé dans l'assemblée des guerriers, on rapporte qu'il tomba, de sorte que les mains des assistans purent à peine le retenir. Ensuite il parcourut les cités environnantes.

Rigonthe demeurait à Toulouse, dans la basilique de Sainte-Marie, où la femme de Ragnovald, dont nous avons parlé plus haut, s'était réfugiée, craignant Chilpéric. Ragnovald, revenu d'Espagne, reprit sa femme et ses biens. Il avait été envoyé en ambassade en Espagne par le roi Gontran.

Dans ce temps, un grand incendie, suscité par l'ennemi qui veille toujours, consuma à Brives la basilique de Saint-Martin à tel point que l'autel et les colonnes qui étaient faits de différentes espèces de marbre furent réduits en cendre. Mais ce temple a été dans la suite si bien reconstruit par l'évêque Ferréole, qu'il paraissait n'avoir aucunement souffert. Les habitans sont remplis d'admiration et de respect pour ce saint, parce qu'ils éprouvent souvent sa miraculeuse puissance.

C'était dans le dixième mois de l'année que se passaient ces choses. On vit alors sur les ceps de vignes de nouveaux sarmens, avec des raisins tout formés, et les arbres couverts de fleurs. Un grand météore parcourant le ciel éclaira au loin le monde avant que la lumière du jour eût paru. On vit aussi dans le ciel briller des rayons; on aperçut pendant deux heures du côté du nord une colonne de feu, comme suspendue au ciel, et surmontée d'une grande étoile. La terre trembla à Angers; et un grand nombre d'autres prodiges se manifestèrent, pour annoncer, je crois, la mort de Gondovald.

Le roi Gontran envoya ses comtes pour s'emparer des cités que Sigebert avait autrefois reçues du royaume de son frère Charibert; il ordonna de faire prêter serment à ces villes, et de les soumettre à son pouvoir. Les habitans de Tours et de Poitiers voulurent passer à Childebert fils de Sigebert; mais les habitans de Bourges ayant pris les armes, se préparèrent à marcher contre eux, et incendièrent le pays de Tours. Ils mirent le feu à l'église de Mareuil-sur-Cher dans le territoire de Tours; et dans laquelle on conservait les reliques de saint Martin; mais par la protection du saint, dans un incendie si dévorant, le mouton ainsi que les brins d'herbes qu'on avait placés sur l'autel, ne furent pas consumés par le feu. Les Tourangeaux voyant ces incendies envoyèrent une députation, disant qu'ils aimaient mieux se soumettre à temps au roi Gontran, que de voir dévaster leur pays par la flamme ou le fer.

Aussitôt après la mort de Chilpéric, le duc Gararic avait marché sur Limoges, et lui avait fait prêter serment de fidélité au nom de Childebert. De là s'étant dirigé vers Poitiers, il avait été reçu par les habitans et demeurait dans cette ville. Ayant appris les maux que souffraient les Tourangeaux, il envoya une députation, nous conjurant de ne pas nous livrer au parti du roi Gontran, si nous voulions consulter nos vrais intérêts, et de nous souvenir plutôt de Sigebert, père de Childebert. Nous fîmes dire à notre tour à l'évêque et aux citoyens de Poitiers que, s'ils ne se soumettaient pas à temps au roi Gontran, ils subiraient les mêmes maux, car nous leur fîmes observer que Gontran était maintenant père des deux fils de Sigebert et de Chilpéric, qu'il les avait adoptés, et qu'il possédait ainsi tout le royaume comme avait fait autrefois son père Clotaire. Ils ne se rendirent pas à nos observations, et Gararic sortit de la ville comme pour aller chercher une armée, y laissant Eberon serviteur du roi Childebert.

Sichaire et Wiliachaire, comte d'Orléans, qui demeurait alors à Tours, levèrent une armée contre les habitans de Poitiers; leur pays fut ravagé d'un côté par les Tourangeaux, et de l'autre par les habitans de Bourges. Ils approchaient de la frontière, et avaient déjà commencé à incendier des maisons, lorsque les Poitevins leur envoyèrent des députés disant : « Nous vous prions
« d'attendre jusqu'au plaid que doivent tenir ensem-
« ble les rois Gontran et Childebert; que s'il est cons-
« tant que le bon roi Gontran possède ce pays, nous
« ne ferons aucune résistance : sinon, nous reconnaî-
« trons le seigneur que nous devons servir. » Les autres leur répondirent : « Rien ne nous regarde dans
« cette affaire, si ce n'est d'accomplir les ordres du
« prince. Si vous ne voulez pas, nous allons conti-
« nuer à ravager tout. » Ils incendièrent donc tout, et emmenèrent le butin et les prisonniers; les parti-

sans de Childebert ayant été alors chassés de la ville, les habitans prêtèrent au roi Gontran un serment qu'ils n'observèrent pas long-temps.

Le temps fixé pour le plaid étant arrivé, le roi Childebert envoya vers le roi Gontran l'évêque Ægidius, Gontran-Boson, Sigewald et beaucoup d'autres. Lorsqu'ils furent entrés, l'évêque dit : « Nous « rendons grâce au Dieu Tout-Puissant, ô roi très-« pieux, de ce qu'après bien des fatigues il t'a remis « en possession de tes pays et de ton royaume. « Le roi lui dit : « On doit rendre de dignes actions de « grâces au Roi des Rois, au Seigneur des Seigneurs « dont la miséricorde a daigné accomplir ces choses ; « on ne t'en doit aucune à toi qui, par tes perfides « conseils et tes fourberies, as fait incendier l'année « passée tous mes États ; toi qui n'as jamais tenu ta foi « à aucun homme, toi, dont l'astuce est partout fa-« meuse, et qui te conduis partout, non en évêque, « mais en ennemi de notre royaume ! » A ces paroles, l'évêque, saisi de courroux, se tut. Un des députés dit : « Ton neveu Childebert te supplie de lui faire rendre « les cités dont son père était en possession. » Gontran répondit à celui-ci : « Je vous ai déjà dit que nos trai-« tés me confèrent ces villes, c'est pourquoi je ne « veux point les rendre. » Un autre député lui dit : « Ton neveu te prie de lui faire remettre la criminelle « Frédégonde, qui a fait périr un grand nombre de « rois, pour qu'il venge sur elle la mort de son père, « de son oncle et de ses cousins. » Le roi lui répondit : « Elle ne pourra être remise en son pouvoir, parce « qu'elle a un fils qui est roi ; je ne crois pas à la vérité « de tous les crimes que vous lui imputez. » Ensuite

Gontran-Boson s'approcha du roi comme pour lui rappeler quelque chose; et, comme il avait répandu que Gondovald venait d'être proclamé roi, Gontran, prévenant ses paroles, lui dit : « Ennemi de notre pays « et de notre trône, qui précédemment es allé en « Orient exprès pour placer sur notre trône un Ballo-« mer (le roi appelait ainsi Gondovald), homme tou-« jours perfide et qui ne tiens rien de ce que tu pro-« mets! » Boson lui répondit : « Toi, seigneur et roi, « tu es assis sur le trône royal, et personne n'ose ré-« pondre à ce que tu dis; je soutiens que je suis in-« nocent de cette affaire. S'il y a quelqu'un, égal à « moi, qui m'impute en secret ce crime, qu'il vienne « publiquement et qu'il parle. Pour toi, très-pieux roi, « remets le tout au jugement de Dieu; qu'il décide « lorsqu'il nous aura vu combattre en champ clos. » A ces paroles, comme tout le monde gardait le silence, le roi dit : « Cette affaire doit exciter tous les guerriers « à repousser de nos frontières un étranger, dont le « père a tourné la meule, et, pour dire vrai, son père « a manié la carde et fait de la laine. » Et, quoiqu'il se puisse bien faire qu'un homme s'occupe de deux métiers, un des députés répondit à ce reproche du roi : « Tu prétends donc que cet homme a eu deux pères, « l'un cardeur et l'autre meûnier. Cesse, ô roi, de « parler si mal, car on n'a point ouï dire qu'un seul « homme, si ce n'est en matière spirituelle, puisse « avoir deux pères. » Comme ces paroles excitaient le rire d'un grand nombre, un autre député dit : « Nous « te disons adieu, ô roi! puisque tu ne veux pas rendre « les cités de ton neveu, nous savons que la hache est « entière qui a tranché la tête à tes frères; elle te

« fera bientôt sauter la cervelle; » et ils se retirèrent après ce bruyant débat. A ces mots le roi, enflammé de colère, ordonna qu'on leur jetât à la tête pendant qu'ils se retiraient du fumier de cheval, des herbes pourries, de la paille, du foin pourri et la boue puante des rues de la ville. Couverts d'ordures, les députés se retirèrent, non sans essuyer un grand nombre d'injures et d'outrages.

Pendant que la reine Frédégonde résidait dans une église de Paris, Léonard, un de ses domestiques, qui arrivait de la ville de Toulouse, étant venu vers elle, lui raconta les injures et les outrages auxquels sa fille était en proie, lui disant : « Comme par votre
« ordre j'ai voyagé avec la reine Rigonthe, j'ai vu
« son abaissement et comment elle a été dépouillée
« de ses trésors et de tous ses biens : m'étant échappé
« par la fuite, je viens annoncer à ma maîtresse ce
« qui a été fait. » A ces paroles, Frédégonde, entrant en fureur, ordonna qu'on le mît à nu dans l'église même, et qu'après l'avoir dépouillé de ses vêtemens et d'un baudrier qu'il avait reçu en présent du roi Chilpéric, on le chassât de sa présence. Elle fit pareillement battre, dépouiller et mutiler les cuisiniers et boulangers, et tous ceux qu'elle sut de retour de ce voyage. Elle essaya de noircir auprès du roi, par d'odieuses accusations, Nectaire, frère de l'évêque Baudégésile, affirmant qu'il avait enlevé beaucoup de choses des trésors du roi mort. Elle disait qu'il avait pris dans l'office des peaux et des vins, et demandait qu'on le chargeât de chaînes et qu'on le plongeât dans une obscure prison ; mais la douceur du roi et la protection de Baudégésile empê-

chèrent qu'il n'en fût ainsi. Faisant tant d'insolentes actions, cette reine ne craignait pas Dieu, dans l'église duquel elle cherchait un asile. Elle avait alors auprès d'elle le juge Odon, qui, du temps du roi Chilpéric, l'avait conseillée dans une multitude de crimes. Ce fut lui qui, de concert avec le préfet Mummole, soumit à un tribut public un grand nombre de Francs qui, dans le temps du roi Childebert l'ancien, en avaient été exempts. Après la mort du roi, les Francs le dépouillèrent et le mirent à nu, de manière qu'il ne lui resta que ce qu'il put emporter sur lui. Ils incendièrent sa maison; ils lui auraient même ôté la vie s'il ne s'était réfugié dans l'église avec la reine.

Elle reçut avec colère l'évêque Prétextat que les habitans de Rouen, après la mort du roi, rappelèrent de l'exil et rétablirent dans sa ville avec une grande joie et en grand triomphe. Après son retour, il se rendit dans la ville de Paris et se présenta au roi Gontran, le priant d'examiner avec soin son affaire. La reine prétendait qu'on ne devait pas recevoir un homme qui avait été éloigné du ministère pontifical par le jugement de quarante-cinq évêques. Comme le roi voulait convoquer un synode à ce sujet, Ragnemode, évêque de Paris, donna cette réponse au nom de tous les évêques : « Sachez que les évêques « lui ont infligé une pénitence, mais qu'ils ne l'ont « point absolument écarté de l'épiscopat. » Ayant été reçu par le roi et admis à sa table, il retourna ensuite dans sa ville.

Promotus, que le roi Sigebert avait créé évêque de Châteaudun, en avait été écarté après la mort du roi, parce que sa ville était du diocèse de Chartres. Le jugement rendu contre lui ne lui avait laissé que le ministère de la prêtrise. Il alla trouver le roi pour le prier de lui rendre son évêché de Châteaudun; mais Pappole, évêque de la ville de Chartres, s'y opposa en disant que Châteaudun était de son diocèse, et surtout en montrant le jugement des évêques; de sorte que Promotus ne put rien obtenir du roi, si ce n'est la restitution de ses propres biens dans le territoire de Châteaudun, où il demeurait avec sa mère encore vivante.

Pendant que le roi demeurait à Paris, un pauvre l'aborda en lui disant : « Écoute, roi, les paroles de « ma bouche; sache que Faraulf, autrefois domes- « tique de ton frère, veut te tuer; j'ai appris que son « projet était de te porter un coup de couteau ou « de lance, lorsque tu te rendras à l'église pour en- « tendre les prières du matin. » Le roi, étonné, envoya appeler Faraulf : comme il niait la chose, le roi, saisi de crainte, se munit d'armes. Il n'allait plus aux lieux saints ni autre part sans être entouré d'hommes armés et de gardes. Faraulf mourut peu de temps après.

Comme il s'élevait de grandes clameurs contre ceux qui avaient été puissans sous le roi Chilpéric, parce qu'ils avaient enlevé à autrui des métairies ou d'autres biens, le roi fit rendre tout ce qu'on avait pillé injustement, comme nous l'avons déjà rapporté plus haut. Il ordonna à la reine Frédégonde de se retirer dans le domaine de Reuil, situé dans le territoire de Rouen [1]; elle y fut accompagnée par les hommes

[1] Près du confluent de la Seine et de l'Eure.

les plus considérables du royaume de Chilpéric, qui, la laissant dans cet endroit avec l'évêque Mélanius, qui avait été exilé de Rouen, se rendirent auprès de son fils, lui promettant de l'élever avec le plus grand soin.

Frédégonde, retirée dans ce domaine, était très-affligée de ce qu'on lui avait enlevé son pouvoir, et, trouvant le sort de Brunehault meilleur que le sien, elle envoya secrètement un clerc, son confident, pour l'entourer de piéges et la tuer. Il devait s'introduire adroitement à son service, gagner sa confiance, et la tuer secrètement. Étant donc venu, le clerc s'insinua auprès de Brunehault par diverses ruses, disant : « Je fuis loin de la face de la reine « Frédégonde, et viens vous demander votre protec- « tion. » Il commença à se rendre serviable, agréable et soumis à tout le monde, et familier de la reine ; mais peu de temps après on s'aperçut que c'était une fourberie. On l'enchaîna, on le battit de verges, et, après lui avoir fait avouer son dessein, on lui permit de retourner vers sa maîtresse. Quand il lui eut rapporté ce qui s'était passé, et qu'il n'avait pu exécuter ses ordres, elle lui fit couper les pieds et les mains.

Pendant que ces choses se passaient ainsi, le roi Gontran, revenu à Châlons, faisait de soigneuses recherches sur la mort de son frère ; la reine accusa de ce crime Eberulf, son domestique, car elle l'avait prié de demeurer avec elle après la mort du roi, sans pouvoir l'obtenir. Cette inimitié s'étant donc accrue, la reine prétendit qu'il était le meurtrier du prince, qu'il avait pillé beaucoup d'argent des trésors, et qu'il s'était ainsi retiré à Tours. Elle dit donc au roi que, s'il voulait venger la mort de son frère, c'était à cet homme qu'il devait l'imputer. Alors le roi jura devant tous les grands qu'il voulait détruire non seulement Eberulf, mais sa postérité jusqu'à la neuvième génération, afin de faire cesser, par leur mort, cette coutume perverse de tuer les rois. Eberulf, instruit de ce dessein, se réfugia dans la basilique de Saint-Martin, dont il avait souvent envahi les biens. Comme on prit alors des mesures pour le garder, les gens d'Orléans et ceux de Blois venaient tour à tour s'acquitter de cet office. Quinze jours s'étant écoulés, ils s'en retournèrent avec un grand butin, emmenant les bêtes de somme, les troupeaux et tout ce qu'ils avaient pu piller. Une dispute s'étant élevée entre ceux qui emmenaient les bêtes de somme de Saint-Martin, ils se percèrent réciproquement de leurs lances. Deux soldats qui emmenaient des mules entrèrent dans une maison voisine pour demander à boire. Comme le propriétaire leur dit qu'il n'avait pas de quoi leur donner à boire, ils levèrent leurs lances pour le percer; mais lui, saisissant une épée, les en frappa tous deux; et tous deux ils tombèrent et moururent. Les bêtes de somme de Saint-Martin furent rendues. Les Orléanais firent alors de si grands ravages qu'on ne pourrait les rapporter.

Sur ces entrefaites, le roi concéda à différentes personnes les biens d'Eberulf; on exposa en public l'or, l'argent et les effets les plus précieux: on confisqua ce qu'il avait déposé entre les mains de certaines gens; on enleva ses troupeaux de chevaux, de porcs et de bêtes de somme. Une maison située dans l'intérieur de la ville ¹, qu'il avait enlevée à l'église, et qui était remplie de vin, de provisions et de beaucoup d'autres choses, fut entièrement pillée, et il n'en resta rien que les murailles. Il nous accusait nous-mêmes de tout cela, nous qui prenions à ses affaires un sincère intérêt; et il répétait souvent que, s'il rentrait jamais en grâce auprès du roi, il se vengerait sur nous de tout ce qu'il souffrait. Dieu, qui découvre le secret des cœurs, sait que nous lui prêtions secours de tout notre pouvoir, et à bonne intention, quoique auparavant il nous eût tendu beaucoup de piéges à l'occasion des biens de saint Martin. Il existait cependant un motif pour me faire oublier ses injures; c'est que j'avais tenu son fils sur les fonts baptismaux. Mais je crois que ce qui nuisait surtout à ce malheureux, c'est qu'il n'avait aucun respect pour le saint évêque, car il commit souvent des meurtres dans le portique même qui est aux pieds du saint, et se livrait continuellement à des orgies et à de vains plaisirs. Un jour, déjà ivre, voyant qu'un prêtre tardait à lui apporter du vin, il le frappa de coups de poing et avec un banc brisé, tellement que le prêtre fut près de rendre l'ame, et peut-être fût-il mort si les médecins ne l'eussent soigné. De peur du roi, Eberulf demeurait dans la sacristie même de la sainte basilique. Lorsque le prêtre qui gardait les clefs s'était retiré après avoir fermé les autres portes, des servantes entrant par la porte de la sacristie avec d'autres domestiques d'Eberulf, venaient admirer les peintures des parois, et examiner les ornemens du saint sépulcre; ce qui était très-scandaleux pour les reli-

---

¹ Tout cela se passait à Tours.

gieux. Le prêtre en ayant été instruit, enfonça des clous à la porte, et mit des verroux en dedans. Eberulf, pris de vin au sortir d'un festin, ayant remarqué cela, pendant qu'au commencement de la nuit nous chantions des psaumes dans la basilique, entra comme un furieux, et se mit à m'accabler d'outrages et de malédictions, me reprochant, entr'autres injures, que je voulais le priver de la protection du saint. Étonné de l'extravagance qui s'était emparée de cet homme, je m'efforçai de l'apaiser par de douces paroles; mais n'y pouvant réussir, je résolus de garder le silence. Comme je me taisais, il se tourna vers le prêtre, et vomit contre lui un grand nombre d'injures, l'insultant par des paroles insolentes, et moi par divers outrages. Voyant qu'il était, pour ainsi dire, possédé du démon, nous sortîmes de la sainte basilique, et fîmes cesser le scandale et Vigiles, trouvant de la plus grande indignité que, sans respect pour le saint évêque, il eût excité une telle rixe devant son tombeau même.

J'eus dans ce temps un songe que je racontai à Eberulf dans la sainte basilique, disant : « Il me « semblait que je célébrais la cérémonie de la sainte « messe dans ce temple. Déjà l'autel était couvert du « manteau de soie et des offrandes, lorsque je vis tout « à coup entrer le roi Gontran qui s'écriait d'une voix « forte : *Arrachez du saint autel de Dieu l'ennemi* « *de notre race, arrachez d'ici un homicide.* Enten- « dant ces paroles, je me tournai vers toi, et te dis : « *Malheureux, saisis le manteau de l'autel qui* « *couvre les offrandes sacrées, de peur qu'on ne* « *t'arrache d'ici.* Ayant saisi le manteau, tu semblais

« près de le laisser échapper de ta main, et ne le te-
« nais pas fortement. Étendant les mains, je me pré-
« sentai en face du roi, en disant : *N'enlève pas cet*
« *homme de la sainte basilique, de peur que tu ne*
« *coures risque de la vie, et que le pouvoir du saint*
« *évêque ne te fasse périr; ne te tue point de ta*
« *propre lance, car si tu le fais, tu perdras cette*
« *vie, ainsi que la vie éternelle.* Le roi m'ayant ré-
« sisté, tu lâchas le manteau, et vins derrière moi,
« et je t'étais fort déplaisant. Revenant à l'autel, tu
« repris le manteau, et le lâchas une seconde fois.
« Pendant que tu le tenais ainsi mollement, et que
« je résistais énergiquement au roi, je me suis réveillé
« saisi de crainte, ignorant ce que signifie ce songe. »
Quand je lui eus raconté cela, il me dit : « Le songe
« que tu as eu est véritable ; car il se rapporte bien à
« ma pensée. » Je lui dis : « Qu'a donc imaginé ta
« pensée ? » Il me répondit : « J'avais résolu, si le roi
« ordonnait qu'on m'arrachât de cet endroit, de te-
« nir d'une main le manteau de l'autel, et de l'autre,
« tirant mon épée, de t'en frapper d'abord, et de tuer
« ensuite autant de clercs que j'en aurais trouvé. Ce
« n'eût pas été ensuite un malheur pour moi de suc-
« comber à la mort, si j'eusse pu tirer vengeance des
« clercs de ce saint. » Ces paroles me saisirent de stupeur, et je m'étonnai de ce qu'était cet homme ; car
le diable parlait par sa bouche, et il n'eut jamais aucune crainte de Dieu. Pendant qu'il était en liberté,
il envoyait ses chevaux et ses troupeaux à travers les
moissons et les vignes des pauvres. Si ceux dont il
détruisait les récoltes les chassaient, il les faisait
aussitôt battre par ses gens. Dans l'angoisse même où

il était, il rappela souvent qu'il avait ravi injustement les biens du saint évêque. Enfin, l'année précédente, il avait excité un certain homme de la ville à traduire en justice les intendans de l'Église. Alors, sans égard pour la justice, il enleva à l'église, sous prétexte d'une prétendue vente, les biens qu'elle possédait autrefois, et donna à son agent l'or qui garnissait son baudrier. Il commit ainsi beaucoup d'autres indignités jusqu'à la fin de sa vie que nous rapporterons dans la suite.

La même année, un Juif nommé Armentaire, avec un compagnon de sa secte et deux Chrétiens, vint à Tours pour exiger le paiement des cautions que lui avaient données le vicaire Injuriosus et Eunomie, autrefois comte, pour l'avance qu'il avait faite des tributs publics. Les ayant interpellés, il en reçut la promesse qu'ils lui remettraient l'argent avec les intérêts, et ils lui dirent : « Si vous venez dans notre « maison, nous vous donnerons ce que nous vous de- « vons, et nous vous ferons d'autres présens, comme « il est juste. » Armentaire y étant donc allé fut reçu par Injuriosus et admis à sa table ; le repas terminé, à l'approche de la nuit, ils se mirent en marche pour aller dans un autre lieu. On rapporte qu'alors les Juifs et les deux Chrétiens furent tués par des gens d'Injuriosus, et jetés dans un puits voisin de la maison. A la nouvelle de ce qui s'était passé, leurs parens vinrent à Tours, et sur les renseignemens fournis par quelques personnes, ils découvrirent le puits d'où ils firent retirer les hommes. Injuriosus fut soupçonné coupable de ce crime. Il fut appelé en jugement; mais comme il désavouait fortement le fait, et que les parens n'avaient aucune preuve pour le convaincre, on arrêta qu'il se déclarerait innocent par le serment. Les parens, peu contens de ce jugement, remirent l'affaire à la décision du roi Childebert. Mais on ne trouva ni l'argent ni les cautions du Juif mort. Beaucoup de personnes prétendaient alors que le tribun Médard avait trempé dans ce crime, parce qu'il avait aussi emprunté de l'argent du Juif. Injuriosus vint au plaid en présence du roi Childebert, et attendit pendant trois jours, jusqu'au coucher du soleil. Comme ses adversaires ne vinrent point, et que personne ne se porta contre lui dans cette affaire, il retourna chez lui.

La dixième année du règne de Childebert [1], le roi Gontran ayant convoqué les peuples de son royaume, leva une armée considérable, dont la plus grande partie, avec les gens d'Orléans et de Bourges, marcha contre les Poitevins qui avaient manqué à la fidélité qu'ils avaient promise au roi. Ils envoyèrent d'abord à Poitiers des députés pour savoir s'ils voulaient ou non les recevoir. Mérovée, évêque de cette ville, accueillit mal les députés. L'armée étant entrée dans le territoire de Poitiers se livra au pillage, aux incendies et aux meurtres; ceux qui s'en retournaient chargés de butin, en traversant le territoire de Tours, traitèrent de la même manière les gens qui avaient déjà prêté serment au roi, incendièrent les églises elles-mêmes, et pillèrent tout ce qu'ils purent trouver. Cela dura long-temps, car les gens de Poitiers avaient grand' peine à se décider à rentrer sous l'empire du roi. Mais lorsque l'armée s'approcha davantage de la ville, et qu'on vit que la plus grande partie du

[1] En 585.

pays était déjà ravagée, les Poitevins envoyèrent des députés pour dire qu'ils se soumettaient au roi Gontran. Les soldats ayant été reçus dans la ville, se jetèrent sur l'évêque, disant que c'était lui surtout qui avait manqué de foi. Se voyant ainsi serré de près, il mit en pièces un calice d'or de l'office sacré, en fit de la monnaie et se racheta, ainsi que le peuple.

Les soldats attaquèrent de même avec fureur Marileïf, qui avait été le premier médecin de la maison du roi Chilpéric. Le duc Gararic l'avait déjà bien pillé ; ils le dépouillèrent une seconde fois, tellement qu'ils ne lui laissèrent aucun bien. Lui ayant enlevé ses chevaux, son or, son argent et tous les meilleurs meubles qu'il possédât, ils le remirent lui-même au pouvoir de l'église. Telle avait été la situation de son père qui faisait valoir les moulins de l'église, et celle de ses frères, de ses cousins et de ses autres parens qui étaient employés dans les cuisines et la boulangerie.

Gondovald voulut s'approcher de Poitiers, mais il n'osa pas, car il apprit qu'une armée marchait contre lui. Il recevait au nom du roi Childebert les sermens des cités qui avaient appartenu au roi Sigebert, et faisait jurer en son propre nom, à celles qui avaient appartenu aux rois Gontran ou Chilpéric, de lui être fidèles. Il se rendit ensuite à Angoulême, et en ayant reçu le serment et fait des présens aux principaux de la ville, il marcha vers Périgueux dont il outragea gravement l'évêque qui n'avait pas voulu le recevoir.

S'étant ensuite approché de Toulouse, Gondovald envoya des députés vers Magnulf, évêque de cette ville, pour le prier de le recevoir. Mais Magnulf, se rappelant les outrages qu'il avait essuyés de la part de Sigulf, qui avait autrefois voulu s'élever au trône, dit aux citoyens : « Nous savons que Gontran est roi « ainsi que son neveu Childebert : nous ne savons « d'où vient celui-ci. Préparez-vous donc, et si le duc « Didier veut attirer sur nous cette calamité, qu'il pé- « risse du même sort que Sigulf; qu'il soit un exem- « ple pour tous, afin qu'aucun étranger n'ose violer le « trône des Francs. » D'après ces paroles les Toulousains se préparaient à résister, mais Gondovald étant arrivé avec une grande armée, ils virent qu'ils ne pouvaient soutenir son attaque, et le reçurent. Ensuite, pendant que l'évêque était assis à un repas avec Gondovald dans la maison de l'église, il lui dit : « Tu te prétends fils de Clotaire, mais nous ne sa- « vons si c'est vrai ou non, et que tu puisses accom- « plir ton entreprise, c'est ce qui nous paraît incroya- « ble. » Gondovald lui dit : « Je suis fils du roi Clo- « taire, je veux recouvrer à présent une partie de ses « États, et je m'avancerai promptement vers Paris où « j'établirai le siége de mon royaume. » L'évêque lui dit : « Il est donc vrai qu'il n'est resté personne de la « race des Francs, si tu accomplis ce que tu dis. » Au milieu de cette altercation, Mummole ayant entendu ces paroles, leva la main et frappa l'évêque de soufflets en lui disant : « N'as-tu pas honte de répondre « ainsi follement et insolemment à un grand roi ? » Dès que Didier sut ce que l'évêque avait dit sur ce projet, enflammé de colère, il porta les mains sur lui : après l'avoir frappé de coups de lance, de coups de poing et de coups de pied, ils le lièrent avec une corde et le condamnèrent à l'exil, pillant ses biens ainsi que ceux de l'église. Waddon, qui avait été intendant de la maison de la reine Rigonthe, se joignit à eux : les autres hommes qui étaient venus avec l'évêque prirent la fuite.

Cependant, l'armée de Gontran quitta Poitiers et se mit à la poursuite de Gondovald. Un grand nombre de Tourangeaux avaient suivi Gondovald attirés par l'appât du butin ; mais, dans les combats que livrèrent les Poitevins, quelques-uns furent tués, et la plupart revinrent chez eux tout dépouillés. D'autres Tourangeaux, qui s'étaient joints de leur côté à l'armée Poitevine, s'en allèrent également. L'armée étant arrivée à la Dordogne, commença à tâcher de savoir quelque chose sur Gondovald. A lui s'étaient joints, comme nous l'avons dit plus haut, Didier, Bladaste et Waddon, intendant de la maison de la reine Rigonthe. Ses premiers partisans étaient l'évêque Sagittaire et Mummole. Sagittaire avait déjà reçu la promesse de l'évêché de Toulouse.

Pendant que ces choses se passaient, le roi Gontran envoya un certain Claude, disant : « Si tu vas « et que, faisant sortir Eberulf de la basilique de « Saint-Martin, tu le frappes du glaive ou le charges « de chaînes, je t'enrichirai d'un grand nombre de « présens ; mais je t'avertis de ne faire aucune insulte « à la sainte basilique. » Claude, vain et avaricieux, accourut promptement à Paris, sa femme étant du district de Meaux. Il forma le projet d'aller voir la reine Frédégonde, disant : « Si je vais la voir j'en « pourrai tirer quelque don, car je sais qu'elle est « ennemie de l'homme vers lequel on m'envoie. » S'étant donc rendu auprès d'elle, il en reçut pour le moment des présens considérables, et beaucoup de promesses si, arrachant Eberulf de la basilique, il parvenait à le tuer ou à le charger de chaînes, après l'avoir entouré de piéges, ou à l'égorger dans son appartement même. Arrivé à Châteaudun, Claude pria le comte de lui donner trois cents hommes, comme pour garder les portes de la ville de Tours ; mais c'était en effet pour qu'à son arrivée il pût, avec leur secours, égorger Eberulf. Lorsque le comte eut mis ces hommes en marche, Claude arriva à Tours. En route, il commença, selon la coutume des barbares, à consulter les aruspices. Il demanda en même temps à beaucoup de personnes si le pouvoir de saint Martin se manifestait actuellement contre les perfides, ou du moins si les outrages faits à ceux qui avaient placé leur confiance en lui étaient suivis d'une prompte vengeance.

Ayant disposé les soldats qu'il avait amenés pour l'aider, il entra dans la sainte basilique. S'étant aussitôt rendu auprès du malheureux Eberulf, il commença à lui faire des sermens et à jurer par tout ce qu'il y avait de plus sacré et même par la vertu de l'évêque présent, que personne ne lui était plus sincèrement attaché que lui, et qu'il pourrait le réconcilier avec le roi. Il avait médité ce projet disant : « Si je ne le trompe par de faux sermens, je ne viendrai jamais à bout de lui. » Le pauvre Eberulf lui voyant faire de tels sermens dans la sainte basilique, sous les portiques et dans tous les endroits saints de l'édifice, crut à cet homme parjure. Un des jours suivans, comme nous nous trouvions dans une métairie située presque à trente milles de la ville, Claude fut

invité avec Eberulf et d'autres citoyens à un repas dans la sainte basilique, et là Claude l'eût frappé de son épée si ses serviteurs eussent été plus éloignés de lui. Cependant Eberulf, imprudent et vain, ne s'en aperçut point; lorsque le repas fut fini, Eberulf et Claude se promenèrent dans le vestibule de la maison épiscopale, se promettant tour à tour, et avec des sermens réciproques, amitié et fidélité. Dans cette conversation Claude dit à Eberulf : « Il me plai-
« rait de boire un coup dans ton logis si nous avions des
« vins parfumés, ou si ta générosité faisait venir des
« vins plus forts. » Eberulf ravi répondit qu'il en avait disant : « Tu trouveras dans mon logis tout ce que tu
« voudras; que mon Seigneur daigne seulement entrer
« dans ma chétive demeure. » Il envoya ses serviteurs l'un après l'autre chercher des vins plus forts, des vins de Falerne et de Gaza. Claude, le voyant seul et sans ses gens, éleva la main contre la basilique et dit : « Bien-
« heureux Martin, faites que je revoie bientôt ma
« femme et mes parens; » car le malheureux était placé dans une cruelle alternative, il méditait de tuer Eberulf dans le vestibule, et craignait le pouvoir du saint évêque. Alors un des serviteurs de Claude qui était plus robuste, saisit Eberulf par derrière, le serra fortement dans ses bras, et l'ayant renversé le livra, la poitrine découverte, aux coups du meurtrier. Claude ayant dégainé son épée la dirigea contre lui. Mais Eberulf, quoique retenu, tira de sa ceinture un poignard et se tint prêt à frapper. Au moment où Claude, la main levée, lui enfonçait son fer dans le sein, Eberulf lui plongea vigoureusement son poignard sous l'aisselle, et, en le retirant, lui coupa le pouce d'un nouveau

coup. Cependant les gens de Claude revenant armés, percèrent Eberulf de différens coups. Il s'échappa de leurs mains, et, presque mort, il s'efforçait de fuir; mais ils lui déchargèrent sur la tête de grands coups de sabre. La cervelle brisée, il tomba et mourut. Ainsi il ne fut pas digne d'être sauvé par le Saint qu'il n'avait jamais prié sincèrement.

Claude, frappé de crainte, se réfugia dans la cellule de l'abbé, réclamant la protection de celui pour le patron duquel il n'avait jamais eu de respect. Il lui dit : « Un crime énorme a été commis, et sans ton « secours nous périssions. » Comme il parlait, les gens d'Eberulf se précipitèrent armés d'épées et de lances. Trouvant la porte fermée, ils rompirent les vitres de la cellule, lancèrent leurs javelots par les fenêtres, et percèrent d'un coup Claude déjà demimort; ses satellites se cachèrent derrière les portes et sous les lits. L'abbé, saisi par deux clercs, eut de la peine à échapper vivant de ces épées. Les portes ayant donc été ouvertes, la troupe des gens armés se précipita dans l'intérieur. Quelques-uns des marguilliers et des pauvres de l'église, indignés du crime qui venait d'être commis, s'efforcèrent de briser le toit de la cellule. Ces furieux et d'autres misérables accoururent avec des pierres et des bâtons pour venger l'insulte faite à la sainte basilique, supportant avec peine qu'on eût fait là des choses jusqu'alors inouies. Que dirai-je? les fuyards furent arrachés de leurs retraites, et massacrés impitoyablement. Le pavé de la cellule fut souillé de sang. Après qu'on les eut tués, on les traîna dehors, et on laissa leurs corps nus sur la terre froide. Les meurtriers, les ayant dépouillés, s'enfuirent la nuit suivante. La vengeance divine s'appesantit immédiatement sur ceux qui avaient souillé de sang humain le saint édifice : mais ce n'était pas un léger crime que celui de l'homme que le saint évêque ne protégea pas contre un pareil sort.

Cette affaire mit le roi dans une grande colère; mais lorsqu'il en sut la raison, il s'adoucit : il fit présent à ses fidèles tant des meubles que des immeubles que le malheureux Eberulf avait conservés de sa fortune particulière. Sa femme, complétement dépouillée, demeura dans la sainte basilique. Les parens de Claude et de ses gens emportèrent leurs corps dans leur pays, et les ensevelirent.

Gondovald envoya vers ses amis deux députés, l'un et l'autre clercs. L'un des deux, abbé de la ville de Cahors, cacha dans des tablettes creuses et sous un sceau les dépêches qu'on lui avait confiées; mais, ayant été arrêté par les gens du roi Gontran, on trouva les dépêches, et on le conduisit en présence du roi ; après l'avoir cruellement battu de verges, on le fit garder.

Dans ce temps, Gondovald, demeurant à Bordeaux, avait acquis l'affection de l'évêque Bertrand. Comme il cherchait de tous côtés des secours, quelqu'un lui raconta qu'un certain roi d'Orient, ayant enlevé le pouce du martyr saint Serge, l'avait implanté dans son bras droit, et que lorsqu'il était dans la nécessité de repousser ses ennemis, aussitôt que, plein de confiance en ce secours, il élevait le bras droit, l'armée ennemie, comme accablée de la puissance du martyr, se mettait en déroute. A ces paroles, Gondovald s'in-

forma avec empressement s'il y avait quelqu'un en cet endroit qui eût été digne de recevoir quelques reliques de saint Serge. L'évêque Bertrand forma alors le dessein de lui livrer un certain négociant nommé Euphronius, qu'il haïssait parce qu'avide de ses biens il l'avait fait raser autrefois et malgré lui, pour le faire clerc; ce que voyant, Euphronius passa dans une autre ville, et revint lorsque ses cheveux eurent repoussé. L'évêque dit donc : « Il y a ici un certain Sy-
« rien, nommé Euphronius, qui, ayant transformé sa
« maison en une église, y a placé les reliques de ce
« saint ; et, par le pouvoir du martyr, il a vu s'opérer
« plusieurs miracles ; car, dans le temps que la ville
« de Bordeaux était en proie à un violent incendie,
« cette maison, entourée de flammes, en fut pré-
« servée. » Aussitôt Mummole courut promptement avec l'évêque Bertrand à la maison du Syrien; l'ayant entourée, il lui ordonna de lui montrer les saintes reliques. Euphronius s'y refusa ; mais, pensant qu'on lui tendait des embûches par méchanceté, il dit : « Ne
« tourmente pas un vieillard, et ne commets pas d'ou-
« trages envers un saint ; reçois ces cent pièces d'or, et
« retire-toi. » Mummole insistant pour voir les saintes reliques, Euphronius lui offrit deux cents pièces d'or; mais il n'obtint point à ce prix qu'ils se retirassent sans avoir vu les reliques. Alors Mummole fit dresser une échelle contre la muraille (les reliques étaient cachées dans une châsse au haut de la muraille, contre l'autel), et ordonna à son diacre d'y monter. Celui-ci, étant donc monté au moyen de l'échelle, fut saisi d'un tel tremblement lorsqu'il prit la châsse, qu'on crut qu'il ne pourrait descendre vivant. Cependant,

ayant pris la châsse attachée à la muraille, il l'emporta. Mummole, l'ayant examinée, y trouva l'os du doigt du saint, et ne craignit pas de le frapper d'un couteau. Il avait placé un couteau sur la relique, et frappait dessus avec le dos d'un autre. Après bien des coups qui eurent grand'peine à le briser, l'os, coupé en trois parties, disparut soudainement : je crois qu'il n'était pas agréable au martyr qu'on touchât de la sorte aux restes de son corps. Alors Euphronius s'étant mis à pleurer amèrement, ils se prosternèrent tous en oraison, priant Dieu de leur montrer ce qui avait été soustrait aux regards humains. Après cette oraison, on retrouva les fragmens. Mummole, en ayant pris un, se retira, mais, je crois, sans la faveur du martyr, comme la suite le fit voir.

Pendant qu'ils demeuraient dans cette ville, ils firent ordonner le prêtre Faustien évêque de la ville de Dax. L'évêque de cette ville était mort récemment, et Nicet, comte de l'endroit, frère de Rustique, évêque d'Aire, avait obtenu de Chilpéric un ordre pour se faire instituer évêque de cette ville, car il était tonsuré. Mais Gondovald, voulant détruire les ordonnances de Chilpéric, ordonna à l'assemblée des évêques de bénir Faustien. L'évêque Bertrand, qui était le métropolitain, prenant ses précautions pour l'avenir, fit faire cette bénédiction par Pallade, évêque de Saintes : dans ce moment, d'ailleurs, il avait les yeux fort malades de chassie. Oreste, évêque de Bazas, assista à cette ordination ; mais il le nia ensuite en présence du roi.

Gondovald envoya pour la seconde fois au roi deux députés, Zotane et Zabulf, avec des baguettes consacrées, selon la coutume des Francs, pour qu'ils n'essuyassent aucune injure, et qu'ils revinssent avec la réponse, après avoir exposé le sujet de leur députation. Mais ces députés eurent l'imprudence, avant d'être admis en présence du roi, d'expliquer à beaucoup de gens ce qu'ils venaient demander. La nouvelle en étant aussitôt parvenue au roi, on les amena devant lui chargés de chaînes. N'osant lui cacher ce qu'ils demandaient ni vers qui et par qui ils étaient envoyés, ils lui dirent : « Gon-« dovald arrivé dernièrement de l'Orient, se dit fils du « roi Clotaire, votre père, et nous a envoyés vers « vous pour recouvrer la portion de son royaume qui « lui est due. Si vous ne la lui rendez pas, sachez « qu'il viendra dans ce pays avec une armée; car les « hommes les plus braves du pays situé au-delà de « la Dordogne, se sont joints à lui; et il parle ainsi : « Dieu jugera, lorsque nous en viendrons aux mains « sur le champ de bataille, si je suis ou non fils de « Clotaire. » Alors le roi, enflammé de fureur, ordonna qu'on les étendît avec des poulies, et qu'on les frappât fortement de verges, si bien que, si ce qu'ils disaient était vrai, on le sût positivement, et que s'ils cachaient encore dans leur cœur quelque artifice, la violence des tourmens leur en arrachât l'aveu. Livrés à ces supplices toujours croissans, les députés dirent que la fille du roi Chilpéric avait été envoyée en exil avec Magnulf, évêque de Toulouse; que tous les trésors avaient été enlevés par Gondovald; que tous les grands du roi Childebert l'avaient engagé à se faire roi, et qu'entr'autres, quelques années auparavant, lorsque Gontran-Boson était allé à Constantinople, c'était lui qui l'avait invité à passer dans les Gaules.

Le roi ayant fait battre et emprisonner les députés, manda son neveu Childebert, afin que, réunis ensemble, ils entendissent ces hommes. Les ayant donc interrogés ensemble, ceux-ci répétèrent aux deux rois ce qu'ils avaient dit au roi Gontran seul. Ils affirmaient constamment que cette affaire était connue, comme nous l'avons dit, de tous les seigneurs du royaume de Childebert. Aussi quelques-uns de ces derniers, qu'on croyait enveloppés dans cette affaire, craignirent de se rendre à cette assemblée. Alors le roi Gontran ayant mis sa lance dans la main du roi Childebert, lui dit : « C'est la marque que je « te donne tout mon royaume. Maintenant va, et « soumets à ta domination toutes mes cités comme les « tiennes propres. Les crimes ont fait qu'il ne reste « de ma race que toi qui es le fils de mon frère. « Je déshérite les autres ; sois mon héritier pour me « succéder dans mon royaume. » Alors, ayant fait retirer tout le monde, il prit le jeune roi en particulier et lui parla en cachette, lui ayant auparavant expressément recommandé de ne divulguer à personne ce secret entretien. Alors il lui indiqua quels étaient les hommes dont il devait rechercher ou mépriser les conseils, ceux à qui il devait se confier ou qu'il devait éviter, ceux qu'il devait combler de dons et de charges ou éloigner des dignités. Il lui enjoignit de ne se confier en aucune manière à Ægidius, évêque de Rheims, qui avait toujours été son ennemi, et de ne point le garder auprès de lui, parce qu'il avait souvent été parjure à son père et à lui. Ensuite, s'étant réunis dans un repas, le roi Gontran exhorta toute son armée, disant : « Voyez, guerriers, que mon fils « Childebert est déjà devenu un homme fait. Voyez, « et gardez-vous de le tenir pour un enfant. Renon- « cez aux méchancetés et aux prétentions que vous « entretenez, car c'est le roi auquel vous devez « maintenant obéir. » Après ces paroles, ayant prolongé pendant trois jours les festins et la joie, et ayant fait un grand nombre de présens, ils se séparèrent en paix. Alors le roi Gontran rendit à Childebert tout ce qui avait appartenu à son père Sigebert, lui recommandant de ne pas voir sa mère, de peur qu'on ne donnât à celle-ci quelque moyen d'écrire à Gondovald, ou d'en recevoir des lettres.

Gondovald, instruit de l'approche de l'armée et abandonné par le duc Didier, passa la Garonne avec l'évêque Sagittaire, les ducs Mummole, Bladaste et Waddon, et se dirigea vers Comminges. Cette ville est située sur le sommet d'une montagne séparée de toutes les autres; au pied de cette montagne coule une source abondante environnée d'un rempart très-fort : on y descend de la ville par un canal, et on y puise de l'eau à l'abri de tout danger. Gondovald, étant entré dans cette ville au commencement du carême, parla ainsi aux citoyens : « Sachez que j'ai été élu roi « par ceux qui sont dans le royaume de Childebert, « et que j'ai avec moi des forces considérables; mais, « comme mon frère Gontran fait marcher contre moi « une armée immense, il faut renfermer dans vos « murs des vivres et toutes les choses nécessaires, « afin que vous ne périssiez pas par la disette, jus- « qu'à ce que la clémence de Dieu augmente encore

« mes forces. » Les habitans crurent à ces paroles, et, après avoir renfermé dans la ville tout ce qu'ils purent rassembler, ils se préparèrent à faire résistance. Dans ce temps, le roi Gontran envoya à Gondovald, au nom de la reine Brunehault, une lettre où on lui écrivait de congédier son armée, d'ordonner à chacun de retourner dans son pays, et d'aller passer ses quartiers d'hiver à Bordeaux. Cette lettre était une ruse pour savoir à fond ce que faisait Gondovald.

Étant demeuré dans la ville de Comminges, Gondovald parla aux habitans, disant : « Voilà que « l'armée approche déjà, sortons pour lui résister. » Quand ils furent sortis, les guerriers de Gondovald s'étant emparés des portes et les ayant fermées, chassèrent ainsi le peuple et, de concert avec l'évêque du lieu, s'emparèrent des vivres et de tout ce qu'ils purent trouver dans la ville. Il y avait une si grande quantité de vivres et de vins que, s'ils avaient fait une défense courageuse, ils auraient pu se soutenir pendant un grand nombre d'années sans manquer d'alimens.

Les généraux du roi Gontran avaient entendu dire que Gondovald était arrêté sur le rivage au-delà de la Garonne avec une nombreuse troupe, et qu'il gardait avec lui les trésors qu'il avait enlevés à Rigonthe. Alors ils se précipitèrent à la nage avec leurs chevaux dans la Garonne, et quelques soldats de leur armée se noyèrent. Arrivés sur le bord et cherchant Gondovald, ils trouvèrent des chameaux chargés de beaucoup d'or et d'argent, et des chevaux fatigués qu'il avait laissés dans les chemins. Instruits qu'il demeurait renfermé dans la ville de Comminges, et laissant là leurs chariots et autres bagages avec le menu peuple, les plus braves guerriers, après avoir passé la Garonne, se préparèrent à poursuivre Gondovald.

S'étant hâtés, ils arrivèrent à la basilique de saint Vincent, située près de la frontière de la cité d'Agen, où on dit que le martyr consomma son sacrifice pour le nom de Jésus-Christ. Ils la trouvèrent remplie des trésors des habitans qui espéraient que des chrétiens ne violeraient pas la basilique d'un si grand martyr. On en avait fermé les portes avec un grand soin. L'armée s'approcha promptement. Ne pouvant ouvrir les portes du temple, ils y mirent le feu. Lorsque les portes furent consumées, ils pillèrent toutes les richesses et tous les meubles qu'ils purent trouver, aussi-bien que les ornemens sacrés. Mais la vengeance divine effraya un grand nombre de soldats; car, par la volonté de Dieu, plusieurs eurent les mains brûlées, et il en sortait une épaisse fumée comme d'un incendie. Quelques-uns, possédés du démon, couraient comme des furieux, invectivant contre le martyr. Plusieurs, éloignés de leurs compagnons, se percèrent de leurs propres lances. Le reste de l'armée continua sa marche non sans une grande crainte. Que dirai-je? on arriva à Comminges, et toute l'armée campa dans la campagne environnante. Ayant dressé les tentes, ils demeurèrent dans cet endroit. Ils ravagèrent tout le pays d'alentour. Lorsque quelques soldats, pressés davantage par l'aiguillon de l'avidité, s'écartaient loin des autres, ils étaient égorgés par les habitans.

Un grand nombre montaient sur la colline, et parlaient souvent avec Gondovald, lui prodiguant des

injures et lui disant : « Es-tu ce peintre qui, dans le
« temps du roi Clotaire, barbouillait dans les ora-
« toires les parvis et les voûtes? Es-tu celui que les
« habitans des Gaules appellent souvent du nom de
« Ballomer? Es-tu celui qui, à cause de ses préten-
« tions, a si souvent été tondu et exilé par les rois
« des Francs? Fais-nous au moins savoir, ô le plus mi-
« sérable des hommes, qui t'a conduit dans ces lieux?
« qui t'a donné l'audace extraordinaire d'oser appro-
« cher des frontières de nos seigneurs et rois? Si quel-
« qu'un t'a appelé, dis-le positivement; voilà la mort
« étalée devant tes yeux; voilà la fosse que tu as cher-
« chée long-temps, et dans laquelle tu viens te pré-
« cipiter. Dénombre-nous tes satellites ou déclare-
« nous ceux qui t'ont appelé. » Gondovald, entendant ces paroles, s'approchait et disait du haut de
la porte : « Que mon père Clotaire m'ait eu en aver-
« sion, c'est ce que personne n'ignore; que j'aie
« été tondu par lui et ensuite par mes frères, c'est
« ce qui est connu de tous. C'est ce motif qui m'a
« fait retirer en Italie auprès du préfet Narsès; là j'ai
« pris une femme et engendré deux fils; ma femme
« étant morte, je pris avec moi mes enfans et allai
« à Constantinople; j'ai vécu jusqu'à ce temps ac-
« cueilli par les empereurs avec une extrême bienveil-
« lance. Il y a quelques années Gontran-Boson étant
« venu à Constantinople, je m'informai de lui, avec
« empressement, des affaires de mes frères, et je sus
« que notre famille était très-affaiblie et qu'il n'en
« restait que Childebert fils de mon frère et Gontran
« mon frère; que les fils du roi Chilpéric étaient
« morts avec lui et qu'il n'avait laissé qu'un petit en-

« fant ; que mon frère Gontran n'avait pas d'enfans,
« et que mon neveu Childebert n'était pas un puis-
« sant guerrier. Alors Gontran-Boson, après m'a-
« voir exactement exposé ces choses, m'invita en
« disant : *Viens, tu es appelé par tous les prin-*
« *cipaux du royaume de Childebert, et per-*
« *sonne n'ose s'opposer à toi, car nous savons*
« *tous que tu es fils de Clotaire; et il n'est resté*
« *personne dans les Gaules pour gouverner ce*
« *royaume, à moins que tu ne viennes.* Ayant fait
« des présens à Gontran-Boson, je reçus son serment
« dans douze lieux saints, afin de venir ensuite avec
« sécurité dans ce royaume. Je vins à Marseille où
« l'évêque me reçut avec une extrême bonté, car
« il avait des lettres des principaux du royaume de
« mon neveu ; je m'avançai de là vers Avignon au-
« près du patrice Mummole. Gontran, violant son ser-
« ment et sa promesse, m'enleva mes trésors et les
« retint en son pouvoir. Reconnoissez donc que je
« suis roi comme mon frère Gontran ; cependant si
« votre esprit est enflammé d'une si grande haine,
« qu'on me conduise au moins vers votre roi, et s'il
« me reconnaît pour son frère, qu'il fasse ce qu'il
« voudra. Si vous ne voulez pas même cela, qu'il
« me soit permis de m'en retourner là d'où je suis
« venu. Je m'en irai sans faire aucune injure à per-
« sonne. Pour que vous sachiez que ce que je dis
« est vrai, interrogez Radegonde de Poitiers et Ingil-
« trude de Tours, elles vous affirmeront la vérité
« de mes paroles. » Pendant qu'il parlait ainsi, un
grand nombre accueillait son discours avec des injures et des reproches.

Le quinzième jour avait brillé sur ce siége, et Leudégésile préparait de nouvelles machines pour détruire la ville : les chariots étaient chargés de béliers, de claies et de planches, à couvert desquels l'armée s'avançait pour renverser les remparts ; mais, en avançant, ils étaient si accablés de pierres que tous ceux qui approchaient des murs succombaient bientôt ; on jetait sur eux des marmites pleines de poix et de graisse enflammée, et d'autres remplies de pierres. La nuit étant venue mettre fin au combat, les assiégeans s'en retournèrent dans leur camp. Gondovald avait avec lui Chariulf, homme riche et puissant, des magasins et des celliers duquel la ville était remplie, et qui par ses biens nourrissait presque tous les citoyens. Bladaste voyant ce qui se passait, et craignant que Leudégésile, après avoir remporté la victoire, ne les livrât à la mort, mit le feu à la maison épiscopale. Tandis que les assiégés accouraient tous pour apaiser l'incendie, il s'échappa par la fuite. Le lendemain matin, l'armée se prépara de nouveau au combat. Ils firent des faisceaux de broussailles pour combler le fossé profond situé du côté de l'Orient ; mais cette invention ne fit aucun mal. L'évêque Sagittaire faisait souvent tout armé le tour des remparts, et souvent du haut du mur il jetait des pierres de sa propre main contre les assiégeans.

Ceux-ci voyant que rien ne pouvait réussir envoyèrent secrètement des députés à Mummole, disant : « Reconnais ton seigneur, et renonce enfin à « cette perversité. Quelle est en effet ta folie de te « soumettre à un homme inconnu ? Ta femme et tes « enfans ont déjà été mis en captivité. Tes fils, à ce

« que nous croyons, ont déjà été tués. Où te préci-
« pites-tu ? Qu'attends-tu, si ce n'est ta ruine ? » Ayant
reçu ces avis, Mummole dit : « Je vois que déjà notre
« règne touche à sa fin, et notre puissance est tombée. Il
« reste une seule chose à faire ; si j'obtiens sûreté pour
« ma vie, je pourrai vous dispenser d'un grand tra-
« vail. » Les députés s'étant retirés, l'évêque Sagittaire,
Mummole, Chariulf et Waddon allèrent à l'église, où
ils firent mutuellement serment que, s'ils avaient pour
leur vie de plus sûres garanties, ils abandonneraient
l'amitié de Gondovald, et le livreraient lui-même.
Les députés, revenus une seconde fois, leur promirent sûreté pour leur vie, et Mummole leur dit :
« Faites seulement cela, et je remettrai Gondovald
« en vos mains ; et reconnaissant mon seigneur roi, je
« me rendrai promptement vers lui. » Alors ils lui
promirent que, s'il accomplissait ces choses, ils le re-
cevraient en amitié ; et que, s'ils ne pouvaient obtenir sa grâce du roi, ils le mettraient dans une
église, pour qu'on ne le punît pas de mort. Après
avoir accompagné ces promesses de sermens, ils se
retirèrent. Mummole, l'évêque Sagittaire et Waddon
s'étant rendus auprès de Gondovald, lui dirent : « Tu
« sais quels sermens de fidélité nous t'avons prêtés.
« Écoute à présent un conseil salutaire, éloigne-toi
« de cette ville, et présente-toi à ton frère comme tu
« l'as souvent demandé. Nous avons déjà parlé avec
« ces hommes, et ils ont dit que le roi ne voulait pas
« perdre ton appui, parce qu'il est resté peu d'hommes
« de votre race. » Mais Gondovald, comprenant leur
artifice, leur dit tout baigné de larmes : « C'est sur
« votre invitation que je suis venu dans les Gaules,

« Gontran-Boson m'a enlevé une partie de mes tré-
« sors qui contiennent des sommes immenses d'or et
« d'argent et différens objets, et le reste est dans la
« ville d'Avignon. Quant à moi, plaçant, après le se-
« cours de Dieu, tout mon espoir en vous, je me suis
« confié à vos conseils, et j'ai toujours souhaité de
« régner par vous. Maintenant, si vous m'avez trompé,
« répondez-en auprès de Dieu, et qu'il juge lui-même
« ma cause. » A ces paroles Mummole répondit :
« Nous ne te disons rien de mensonger ; mais voilà
« des hommes très-braves qui attendent ton arrivée
« à la porte. Défais maintenant mon baudrier d'or
« dont tu es ceint, pour ne pas paraître marcher avec
« orgueil ; prends ton glaive et rends-moi le mien. »
Gondovald lui dit : « Je ne vois dans ces paroles autre
« chose que la perte de ce que j'ai reçu et porté par
« amitié pour toi. » Mais Mummole affirmait avec
serment qu'on ne lui ferait aucun mal. Étant donc
sortis de la porte, Gondovald fut reçu par Ollon,
comte de Bourges, et par Boson. Mummole étant rentré dans la ville avec ses satellites, ferma la porte
très-solidement. Se voyant livré à ses ennemis, Gondovald leva les mains et les yeux au ciel, et dit :
« Juge éternel, véritable vengeur des innocens, Dieu
« de qui toute justice procède, à qui le mensonge
« déplaît, en qui ne réside aucune ruse ni aucune
« méchanceté, je te confie ma cause, te priant de me
« venger promptement de ceux qui ont livré un in-
« nocent entre les mains de ses ennemis. » Après ces
paroles, ayant fait le signe de la croix, il s'en alla
avec les hommes ci-dessus nommés. Quand ils se furent
éloignés de la porte, comme la vallée située au-dessous

de la ville descend rapidement, Ollon l'ayant poussé le fit tomber, en s'écriant : « Voilà votre Ballomer « qui se dit frère et fils de roi. » Ayant lancé son javelot, il voulut l'en percer; mais l'arme, repoussée par la cuirasse, ne lui fit aucun mal. Comme Gondovald s'étoit relevé et s'efforçait de remonter sur la hauteur, Boson lui brisa la tête d'une pierre; il tomba aussitôt et mourut. Tous les soldats accoururent, et l'ayant percé de leurs lances, ils lui lièrent les pieds avec une corde, et le traînèrent tout à l'entour du camp. Lui ayant arraché les cheveux et la barbe, ils le laissèrent sans sépulture dans l'endroit où ils l'avaient tué. La nuit suivante, les principaux enlevèrent secrètement tous les trésors qu'ils purent trouver dans la ville, ainsi que les ornemens de l'église. Le lendemain les portes ayant été ouvertes, l'armée entra et égorgea tous les assiégés, massacrant aux pieds même des autels de l'église les pontifes et les prêtres du Seigneur. Après avoir tué tous les habitans, de telle sorte qu'il n'en resta pas un seul, ils mirent le feu à toute la ville, aux églises et aux autres édifices, si bien qu'il ne resta plus que le sol.

Leudégésile, étant retourné au camp avec Mummole, Sagittaire, Chariulf et Waddon, envoya secrètement des messagers au roi, pour lui demander ce qu'il voulait qu'on fît de ces hommes. Gontran ordonna de les faire mourir. Alors Waddon et Chariulf ayant laissé leurs fils pour ôtages, s'éloignèrent. La nouvelle de leur mort ayant été répandue, lorsque Mummole en fut instruit, il s'arma et se rendit à la tente de Leudégésile qui le voyant, lui dit : « Pour« quoi viens-tu ici comme un fugitif ? » Mummole

lui répondit : « Je m'aperçois qu'on n'observe en
« rien la foi promise, car je me vois placé sur le bord
« de ma perte. » Leudégésile lui dit : « Je vais aller
« dehors, et j'apaiserai tout. » Étant sorti, il ordonna d'entourer aussitôt la tente pour y tuer Mummole. Celui-ci, après avoir long-temps résisté aux com-
battans, vint à la porte. Comme il sortait, deux soldats le percèrent avec leur lance de chaque côté;
aussitôt il tomba et mourut. A cette vue, l'évêque fut
frappé de crainte et de consternation. Quelqu'un des
assistans lui dit : « Vois de tes propres yeux ce qui
« se passe, évêque; couvre-toi la tête pour ne pas
« être reconnu, et gagne la forêt pour t'y cacher
« quelque temps, et t'échapper lorsque la fureur sera
« apaisée. » L'évêque ayant accepté ce conseil, es-
sayait de s'enfuir la tête couverte, lorsque quelqu'un,
ayant tiré son épée, lui trancha la tête avec son capuchon. Ensuite, s'en retournant chacun dans son
pays, ils se livrèrent dans le chemin au pillage et au
meurtre.

Dans ce temps Frédégonde envoya Cuppan à Toulouse, pour en arracher sa fille Rigonthe à tout prix.
La plupart rapportent que Cuppan avait été envoyé
afin que, s'il trouvait Gondovald vivant, il l'attirât par
beaucoup de promesses, et l'amenât à Frédégonde.
Mais n'ayant pu accomplir ce dessein, il ramena de
Toulouse la reine Rigonthe qui avait essuyé bien des
humiliations et des outrages.

Le duc Leudégésile se rendit auprès du roi, avec
tous les trésors dont nous avons parlé; le roi les distribua ensuite aux pauvres et aux églises. Ayant pris
la femme de Mummole, le roi commença à lui de-

mander ce qu'étaient devenus les trésors qu'il avait amassés. Sachant que son mari était tué, et que tout leur orgueil était tombé par terre, elle découvrit tout, et déclara qu'il y avait encore dans la ville d'Avignon de grandes sommes d'or et d'argent qui n'étaient pas venues à la connaissance du roi. Gontran envoya aussitôt des hommes chargés de les lui apporter, et de lui amener aussi un serviteur en qui Mummole se fiait beaucoup, et à qui il les avait remis. Ces hommes s'étant rendus à Avignon, prirent tout ce qu'on avait laissé dans la ville. On rapporte qu'il y avait deux cent cinquante talens d'argent, et plus de trente talens d'or. On dit que Mummole les avait enlevés d'un ancien trésor. Le roi les ayant partagés avec son neveu Childebert, distribua presque toute sa part aux pauvres, ne laissant à la femme de Mummole que ce qu'elle avait eu de ses parens.

On amena aussi au roi le serviteur de Mummole, qui était d'une si grande taille qu'il dépassait, dit-on, de deux ou trois pieds les plus grands. C'était un charpentier, il mourut peu après.

Ensuite les juges rendirent un arrêt de condamnation contre ceux qui avaient négligé de se rendre à cette expédition. Le comte de Bourges envoya ses serviteurs pour qu'ils dépouillassent, sur les terres de l'église de Saint-Martin qui est située dans ce territoire, les hommes qui se trouvaient dans ce cas. Mais l'agent de cette église commença à leur résister fortement, en disant : « Ce sont les hommes de saint Martin : ne « leur faites aucun mal, car ils n'avaient pas cou- « tume de marcher pour de telles affaires [1]. » Ils lui

[1] Aucune loi générale n'affranchissait du service militaire les hommes

dirent : « Il n'y a rien de commun entre nous et ton « Martin que dans toutes les affaires tu mets toujours « vainement en avant ; mais toi et eux vous allez « payer l'amende, pour avoir négligé les ordres du roi. » En disant ces mots, l'homme entra dans le vestibule de la maison. Aussitôt il tomba frappé de douleur, et commença à souffrir amèrement. S'étant tourné vers l'agent de l'église, il lui dit d'une voix lamentable : « Je te prie de faire sur moi le signe de la croix, et « d'invoquer le nom de saint Martin. Je reconnais la « grandeur de son pouvoir; car en entrant dans le « vestibule, j'ai vu un vieillard tenant dans sa main « un arbre qui étendant bientôt ses branches a cou- « vert tout le vestibule. Une de ces branches m'a tou- « ché, et troublé du coup, je suis tombé. » Et appelant les siens, il leur demanda de le mettre dehors. Étant sorti, il commença à invoquer avec ardeur le nom de saint Martin. Alors il éprouva quelque soulagement et fut guéri.

Didier se renferma avec ses biens dans un fort. Waddon, intendant de la maison de Rigonthe, passa auprès de la reine Brunehault qui le reçut, et le congédia avec des présens et des faveurs. Chariulf gagna la basilique de Saint-Martin.

Il y avait dans ce temps une femme qui avait un esprit de Python, et qui valait par ses divinations beaucoup d'argent à ses maîtres; elle parvint telle-

---

qui cultivaient les terres des églises ; mais le clergé s'efforçait constamment de s'assurer cette exemption, soit par des concessions particulières, soit par l'autorité de la coutume ; et ce ne fût pas une des moindres causes qui rendirent sa protection chère au peuple, et le sort de ses serviteurs moins fâcheux que celui des cultivateurs de terres laïques.

ment en grâce auprès d'eux qu'elle en obtint sa liberté, et fut laissée à ses volontés. Si quelqu'un éprouvait quelque vol ou quelque autre perte, elle déclarait aussitôt où le voleur était allé, à qui il avait remis son vol, ou ce qu'il en avait fait. Elle amassait chaque jour de l'or et de l'argent, paraissant avec des vêtemens pompeux, de sorte que les peuples croyaient qu'il y avait en elle quelque chose de divin. La nouvelle en étant parvenue à Agéric, évêque de Verdun, il envoya quelqu'un pour l'arrêter. Lorsqu'elle fut arrêtée et amenée vers lui, il comprit, d'après ce que nous lisons dans les Actes des Apôtres, qu'elle avait un esprit de Python[1]. Lorsqu'il eut prononcé sur elle l'exorcisme, et oint son front de l'huile sainte, le démon cria et découvrit au pontife ce que c'était; mais comme il ne put chasser le démon de cette femme, il lui permit de s'en aller. Voyant qu'elle ne pouvait habiter dans ce lieu, elle alla trouver la reine Frédégonde, auprès de laquelle elle se cacha.

Cette année, presque toute la Gaule fut accablée de la famine : beaucoup de gens firent du pain avec des pepins de raisin, des noisettes et des racines de fougère desséchées et réduites en poudre : on y mêlait un peu de farine ; d'autres firent de même avec du blé encore vert : il y en eut même beaucoup qui, n'ayant pas de farine, cueillaient différentes herbes, et après les avoir mangées, mouraient enflés ; plusieurs moururent consumés par la faim. Les marchands pillaient alors le peuple d'une manière criante, tellement qu'ils donnaient à peine, pour un trias, une mesure de froment ou une demi-mesure de vin.

---

[1] Act. des Ap. chap. 16, v. 16.

Les pauvres se mettaient en servitude, afin d'avoir quelques alimens.

Dans ce temps, le marchand Christophore alla à Orléans, parce qu'il avait appris qu'on y avait porté beaucoup de vin : il y alla donc, acheta le vin, et le fit transporter dans des bateaux. Ayant reçu de son beau-père beaucoup d'argent, il fit la route à cheval avec deux domestiques saxons. Les serviteurs haïssaient leur maître depuis long-temps, et s'étaient souvent enfuis de chez lui, parce qu'il les battait inhumainement. Comme ils traversaient une forêt, leur maître marchant devant, un des serviteurs lui jeta sa lance, et le transperça. Christophore étant tombé, l'autre lui coupa la tête avec sa framée, et l'ayant ainsi tous deux déchiré en morceaux, ils le laissèrent sans vie : après s'être emparés de son argent, ils se sauvèrent. Le frère de Christophore, ayant fait ensevelir son corps, envoya ses gens à la poursuite des deux serviteurs; ayant atteint le plus jeune, tandis que le plus âgé s'enfuyait avec l'argent, ils le lièrent. En revenant, comme ils laissaient aller le prisonnier plus librement, il se saisit de la lance, et en frappa un de ceux qui l'emmenaient; mais les autres l'ayant conduit jusqu'à Tours, on lui infligea divers supplices; on lui trancha la tête, et on le pendit déjà mort.

Il s'éleva alors parmi les habitans de Tours de cruelles guerres civiles. Pendant que Sichaire, fils de Jean, célébrait avec Austrégisile et d'autres habitans, dans le bourg de Mantelan, la fête de Noël, un prêtre du lieu envoya son serviteur vers quelques hommes pour les prier de venir boire avec lui dans sa maison.

Le serviteur étant venu, un de ceux qui étaient invités tira son épée et ne craignit pas de l'en frapper : aussitôt le malheureux tomba et mourut. Sichaire, qui entretenait amitié avec le prêtre, ayant appris que son serviteur avait été tué, saisit des armes et gagna l'église, attendant Austrégisile qui, à la nouvelle de ces choses, s'arma et marcha contre lui. Les deux partis en vinrent aux mains avec fureur; Sichaire arraché d'entre les clercs, se sauva dans sa métairie, abandonnant, dans la maison du prêtre, quatre serviteurs blessés, ainsi que de l'argent et des vêtemens. Après sa fuite, Austrégisile l'attaqua de nouveau, tua les serviteurs et enleva l'or et l'argent avec tout le reste. Ils furent cités ensuite pour être jugés par les citoyens, et on ordonna qu'Austrégisile, qui était homicide et qui, après avoir tué les serviteurs, avait pillé les biens, serait condamné aux termes de la loi. Peu de jours après que le plaid eut été commencé, Sichaire, ayant appris que tout ce qu'Austrégisile avait enlevé était gardé chez Annon son fils et chez son frère Eberulf, laissa là le plaid, se réunit à Audin pour exciter une émeute, et pendant la nuit se précipita sur eux avec des hommes armés. Ayant brisé la demeure dans laquelle ils dormaient, ils massacrèrent le père, le fils et le frère, et emmenèrent leurs troupeaux après avoir tué les esclaves. A cette nouvelle, vivement affligés, nous envoyâmes vers eux une députation accompagnée d'un juge pour leur dire de venir en notre présence, et de s'en retourner en paix après avoir reçu une composition pour que les querelles ne se multipliassent pas davantage. Lorsqu'ils furent venus et que les citoyens furent ras-

semblés, je dis : « Gardez-vous, ô hommes! de per-
« sister dans vos crimes, de peur que le mal n'aille
« encore plus loin. Nous avons déjà perdu des enfans
« de l'Église; je crains que cette querelle ne nous en
« fasse perdre encore d'autres; soyez donc en paix,
« je vous en prie, et que celui qui a fait le mal s'en
« rachète avec charité, pour que vous soyez des fils
« pacifiques dignes d'obtenir du Seigneur le royaume
« des cieux; car il dit lui-même : Bienheureux les pa-
« cifiques, parce qu'ils seront appelés enfans de
« Dieu[1]! Voyons donc, et, si celui qui a fait la faute
« n'est pas assez riche, il sera racheté par l'argent de
« l'Église, car il ne faut pas que son ame périsse. »
En disant ces mots, j'offris l'argent de l'Église; mais
le parti de Chramnisinde qui portait plainte de la mort
de son père, de son frère et de son oncle, ne voulut
pas le recevoir. Quand ils se furent retirés, Sichaire,
se préparant à aller vers le roi, partit pour Poitiers,
afin de voir sa femme. Comme il avertissait un esclave
de travailler et qu'il le frappait de coups de verges,
l'esclave tira son épée et ne craignit pas d'en frapper
son maître. Sichaire étant tombé à terre, ses amis
accoururent, et ayant arrêté l'esclave, ils le frappèrent
de verges, lui coupèrent les pieds et les mains, après
quoi ils le condamnèrent à la potence. Le bruit de la
mort de Sichaire parvint à Tours. Chramnisinde en
étant instruit, avertit ses parens et ses amis et courut
à la maison de Sichaire; pillant tous les biens et
tuant quelques-uns des esclaves, il mit le feu à toutes
les maisons tant de Sichaire que des co-propriétaires
de cette métairie, et emmena avec lui les troupeaux

---

[1] v. sel. S. Math. chap. 5, v. 9.

et tout ce qu'il put emporter. Alors les parties amenées à la ville par le juge, plaidèrent leur cause; les juges ordonnèrent que celui qui, n'ayant pas voulu accepter d'abord la composition, avait mis le feu aux maisons, perdrait la moitié de la somme qui lui avait été adjugée. Cela fut fait contre les lois, afin de rétablir la paix, et il fut ordonné que Sichaire paierait l'autre moitié de la composition. Alors l'Église ayant donné l'argent, ils se conformèrent au jugement et s'accommodèrent entre eux, se faisant mutuellement le serment qu'en aucun temps un des partis ne s'éleverait contre l'autre : ainsi fut terminée cette querelle.

LIVRE HUITIÈME.

Le roi Gontran, dans la vingt-quatrième année de son règne [1], partit de Châlons et vint dans la ville de Nevers. Il était invité à se rendre à Paris pour tenir, sur les fonts sacrés du baptême, le fils de Chilpéric, nommé Clotaire. En partant de Nevers, il vint à la ville d'Orléans, où il se mit en grand crédit auprès des citoyens, car il allait dans leurs maisons lorsqu'ils l'invitaient, et acceptait les repas qu'ils lui offraient. Il en reçut beaucoup de présens, et sa bienveillante libéralité les leur rendit avec abondance. Lorsqu'il arriva à la ville d'Orléans, c'était le jour de la fête de saint Martin, c'est-à-dire le quatrième jour du cinquième mois [2]; une immense foule de peuple alla à sa rencontre avec des enseignes et des drapeaux en chantant ses louanges. Elles retentissaient de diverses manières, en langue syriaque, en langue latine, et même en langue juive. Tous disaient: « Vive le roi! Que durant des années innom-
« brables sa domination s'étende sur les peuples di-
« vers! » Les Juifs aussi qu'on voyait prendre part à ces

---

[1] En 585.
[2] Le 4 juillet. Grégoire de Tours fait commencer presque toujours l'année au mois de mars.

acclamations générales, disaient : « Que toutes les « nations t'adorent, fléchissent le genou devant toi, « et que toutes te soient soumises! » D'où il arriva qu'après avoir entendu la messe, le roi étant à table dit : « Malheur à cette nation juive, méchante et per- « fide, toujours fourbe par caractère! Ils me faisaient « entendre aujourd'hui des louanges pleines de flatte- « rie, proclamant qu'il fallait que toutes les nations « m'adorassent comme leur seigneur, et cela afin que « j'ordonnasse que leurs synagogues, dernièrement « renversées par les Chrétiens, fussent relevées aux « frais du public; ce que je ne ferai jamais, car le Sei- « gneur le défend. » O roi en qui éclatait une admirable prudence! Il avait si bien compris l'artifice de ces hérétiques, qu'ils ne purent rien lui arracher de ce qu'ils comptaient lui demander. Au milieu du repas, le roi dit aux prêtres qui étaient présens : « Je vous prie de « m'accorder demain la bénédiction dans ma maison, « et de me porter le salut en entrant, afin que j'ob- « tienne mon salut des paroles de bénédiction que « vous ferez couler sur moi, et que je recevrai avec « humilité. » Comme il disait ces mots, nous lui rendîmes grâces, et le repas fini, nous nous levâmes.

Le matin, le roi, ayant visité les lieux saints pour y faire sa prière, arriva à notre logis. C'était la basilique du saint abbé Avite, dont j'ai parlé dans le Livre des miracles. Je me levai joyeux, je l'avoue, et allai à sa rencontre, et après avoir fait l'oraison, je le priai de vouloir bien accepter dans ma maison les eulogies de saint Martin. Il ne s'y refusa pas; mais, étant entré avec bonté, il but un coup, et, après nous avoir invités à sa table, s'en alla gaîment. Alors

Bertrand, évêque de Bordeaux, et Pallade, évêque de Saintes, étaient grandement tombés dans le déplaisir du roi, pour avoir reçu Gondovald, dont nous avons parlé plus haut; et la colère du roi contre l'évêque Pallade était d'autant plus grande que celui-ci avait souvent usé de tromperie à son égard. Ils avaient été, peu de temps auparavant, interrogés par les autres évêques et les grands de la cour du roi, sur ce qu'ils avaient reçu Gondovald, et avaient très-imprudemment, d'après ses ordres, sacré Faustien évêque de Dax. Mais l'évêque Pallade fit retomber sur lui-même le fait de cette ordination, dont il délivra son métropolitain, en disant : « Mon métro« politain souffrait d'un très-grand mal d'yeux, et « moi, dépouillé et insulté, je fus malgré moi em« mené à sa place. Je ne pouvais faire autrement « que d'accomplir ce que m'ordonnait celui qui se « prétendait maître de toutes les Gaules. » Ces choses ayant été annoncées au roi, il en fut très-irrité, tellement qu'on put avec peine obtenir qu'il les invitât à sa table, ne les ayant pas vus auparavant. Bertrand étant entré, le roi demanda : « Quel est celui-ci? » car il y avait long-temps qu'il ne l'avait vu. On lui dit : « C'est Bertrand, évêque de la ville de Bor« deaux. — Nous te rendons grâces, lui dit-il, de « la manière dont tu as gardé fidélité à ta famille. Tu « devais savoir, père très-cher, que tu étais notre « parent par notre mère, et tu n'aurais pas dû attirer « sur ta race une peste étrangère. » Après avoir obligé Bertrand d'entendre plusieurs choses de cette sorte, le roi se tourna vers Pallade et lui dit : « Je n'ai pas « non plus, ô évêque Pallade, beaucoup de grâces à

« te rendre; car, ce qui est bien dur à dire d'un
« évêque, tu m'as trompé trois fois, m'envoyant des
« avis remplis de mensonge. Tu t'excusais auprès de
« moi par tes lettres, et par d'autres écrits tu appe-
« lais mon frère. Dieu a prononcé dans ma cause,
« car je me suis toujours appliqué à vous prévenir
« comme des pères de l'Église, et vous avez toujours
« agi frauduleusement à mon égard. » Il dit ainsi aux
évêques Nicaise et Antidius [1] : « Publiez ici, ô très-
« saints pères, ce que vous avez fait pour le bien du
« pays et pour l'avantage de notre royaume. » Ceux-
ci ne répondirent point, et le roi s'étant lavé les
mains, et ayant reçu la bénédiction des évêques,
s'assit à table avec un visage gai et une contenance
joyeuse, comme s'il n'avait pas été question des
affronts qu'il avait reçus.

On était à la moitié du repas lorsque le roi voulut
que je fisse chanter mon diacre qui, la veille, avait
dit les répons des psaumes. Lorsqu'il eut chanté, il
m'ordonna de faire chanter devant lui tous les prêtres
présens, chacun des clercs convenant de sa partie. Je
leur en donnai l'ordre par le commandement du roi,
et chacun chanta devant lui, aussi bien qu'il put, des
psaumes et des répons. Tandis qu'on apportait les
plats, le roi dit : « Toute cette argenterie que vous
« voyez a appartenu au parjure Mummole ; mais
« maintenant, grâce à l'assistance du Seigneur, elle
« a passé en notre puissance. J'en ai fait briser quinze
« plats, comme ce grand que vous voyez, et n'en
« ai gardé d'autres que celui-là et un autre de cent
« soixante-dix livres. Pourquoi en aurais-je gardé

[1] Évêques d'Angoulême et d'Agen.

« plus qu'il ne m'en faut pour mon usage de tous
« les jours ? Je n'ai malheureusement pas d'autre
« fils que Childebert qui a bien assez des trésors
« que lui a laissés son père, et de ceux que j'ai pris
« soin de lui envoyer des effets de ce misérable,
« trouvés à Avignon. Le reste devait être appliqué
« aux besoins des pauvres et des églises. Je vous
« demande seulement, prêtres du Seigneur, d'im-
« plorer pour mon fils Childebert la miséricorde
« de Dieu. C'est un homme sage et de mérite, et tel
« que, depuis longues années, à peine en aurait-on
« pu trouver un aussi prudent et aussi courageux. Si
« Dieu daigne lui accorder la domination sur les Gau-
« les, on peut espérer que notre race, presque entière-
« ment détruite, se relevera par son moyen. Je ne
« doute pas que nous ne l'obtenions de la miséricorde
« de Dieu, car la naissance de cet enfant nous en a
« donné le présage. Dans le saint jour de Pâques,
« mon frère Sigebert étant à l'église, tandis que le
« diacre disait le livre des saints Évangiles, il arriva
« au roi un messager, et la voix du messager et celle
« du peuple qui suivait l'Évangile du jour pronon-
« cèrent en même temps ces paroles : Il t'est né un fils;
« d'où il arriva que tout le peuple célébra à la fois
« cette double annonciation par ces paroles : Gloire à
« Dieu tout-puissant! Il reçut le baptême le saint
« jour de la Pentecôte et fut élevé au trône le saint
« jour de la Nativité du Seigneur, de sorte que s'il
« est accompagné de vos prières, il peut, avec la per-
« mission du Seigneur, régner dans ce pays. » A ces
paroles du roi, tous adressèrent au Seigneur une
oraison pour lui demander dans sa miséricorde de

conserver les deux rois. Le roi ajouta : « Il est
« vrai que sa mère Brunehault menace de me tuer,
« mais je n'en ai aucune crainte. Le Seigneur qui m'a
« délivré des mains de mes ennemis, me délivrera de
« ses embûches. » Et il tint beaucoup de discours
d'inimitié contre Théodore [1]; protestant que s'il venait au synode, il le renverrait en exil, disant : « Je
« sais qu'à cause de ces gens [2], il a fait tuer mon
« frère Chilpéric ; mais que nous ne soyons pas tenus
« pour des hommes, si nous ne parvenons pas à ven-
« ger sa mort dans le cours de cette année ! » Je lui
répondis : « Et qui a fait périr Chilpéric si ce n'est sa
« méchanceté et tes prières ? Car il t'a tendu injuste-
« ment des embûches qui l'ont conduit à la mort.
« Ce que je dis là m'est grandement apparu par une
« vision que j'ai eue dans mon sommeil. Je t'ai vu lui
« raser la tête, après quoi il a été sacré évêque ; en-
« suite je l'ai vu porté sur une chaise sans tenture et
« recouverte seulement d'une couleur noire ; devant
« lui brillaient des lampes et des cierges. » Comme
je racontais cela, le roi me dit : « J'ai eu aussi une
« vision qui m'a annoncé sa mort. Trois évêques le
« conduisaient en ma présence chargé de chaînes.
« L'un d'eux était Tétrique, le second Agricola, le
« troisième Nicet, évêque de Lyon. Deux d'entre eux
« disaient : *Relâchez-le, nous vous en prions, et per-*
« *mettez qu'il s'en aille après avoir reçu une puni-*
« *tion.* Mais l'évêque Tétrique répondait en colère :
« *Il ne s'en ira point ainsi, et il sera consumé*
« *par le feu à cause de ses crimes. Et lorsqu'ils eu-*

---

[1] L'évêque de Marseille dont il a été question dans le livre précédent.
[2] Probablement Gondovald et son parti.

« rent tenu entre eux beaucoup de discours en ma-
« nière d'altercation, je vis de loin un vase d'airain
« posé sur le feu, où il bouillait avec violence. Puis
« je vis en pleurant saisir le malheureux Chilpéric ;
« ses membres brisés furent jetés dans le vase et aus-
« sitôt il fut dissous et liquéfié dans les vapeurs de
« cette eau bouillante, de telle sorte qu'il n'en resta
« pas le moindre vestige. » Ces paroles du roi nous
remplirent d'une grande admiration ; et le repas
étant fini nous nous levâmes.

Le lendemain, le roi alla à la chasse; quand il revint, nous lui présentâmes Garachaire, comte de Bordeaux, et Bladaste qui, comme nous l'avons dit plus haut, avaient été se réfugier dans la basilique de Saint-Martin, parce qu'ils s'étaient joints à Gondovald. Comme d'abord, par mes prières, je n'avais pu rien obtenir du roi en leur faveur, je lui dis : « O roi, que ta puissance m'écoute; voilà que mon « Seigneur m'a ordonné de venir vers toi en ambas- « sade; mais que pourrai-je rapporter à celui qui m'a « envoyé, si tu ne veux me rendre aucune réponse ? » Lui stupéfait me demanda : « Et qui est-il ton Sei- « gneur qui t'a envoyé ? » Je lui répondis en souriant : « C'est saint Martin qui m'a envoyé. » Alors il ordonna que ces hommes lui fussent présentés ; mais lorsqu'ils furent devant lui, il leur reprocha beaucoup de perfidies et de parjures, les appelant souvent de rusés renards. Cependant il leur rendit ses bonnes grâces, et leur restitua ce qui leur avait été enlevé.

Le jour du Seigneur étant arrivé, le roi vint à la cathédrale entendre la messe. Les confrères de l'évêque Pallade, présens en ce lieu, lui cédèrent l'honneur de la célébrer. Comme il commençait à dire les prophéties, le roi demanda qui c'était, et lorsqu'on lui eut appris que c'était l'évêque Pallade, le roi irrité dit : « Quoi ! c'est cet homme toujours infidèle « et perfide envers moi, qui prêchera devant moi la « parole sacrée ! Je sors à l'instant de cette église, « pour ne pas entendre prêcher mon ennemi ; » et en disant ces mots, il allait pour sortir de l'église. Alors les évêques troublés de l'humiliation de leur frère dirent au roi : « Nous l'avons vu reçu à ta table, nous « t'avons vu recevoir de sa main la bénédiction; pour- « quoi maintenant le roi le rejette-t-il ? Si nous avions « su qu'il te fût odieux, nous aurions remis à un « autre le soin des choses qui doivent s'accomplir ici. « Maintenant permets qu'il célèbre la cérémonie qu'il « a commencée. Si ensuite, tu crois avoir à l'accuser, « l'affaire sera jugée selon la décision des canons. » L'évêque Pallade s'était déjà retiré dans la sacristie, avec une grande confusion; le roi ordonna de le rappeler, et il accomplit ce qu'il avait commencé. Pallade et Bertrand furent ensuite appelés de nouveau à la table du roi, et s'y étant émus de colère l'un contre l'autre, ils se reprochèrent mutuellement beaucoup d'adultères et de fornications, ainsi que plusieurs parjures. Beaucoup en riaient; mais d'autres, qui étaient d'une sagesse plus clairvoyante, s'affligeaient de voir les diables semer une telle zizanie parmi les prêtres du Seigneur. En quittant le roi, ils donnèrent des gages et des cautions qu'ils se représenteraient au synode le 21 septembre suivant.

Alors parurent des signes dans le ciel. On vit du côté du nord des rayons, comme il en avait déjà paru souvent. On vit une clarté parcourir le ciel, des fleurs se montrèrent sur les arbres, c'était alors le cinquième mois.

Ensuite le roi vint à Paris, et commença à s'exprimer ainsi en présence de tous : « Mon frère Chilpéric « en mourant a laissé, m'a-t-on dit, un fils dont les « gouverneurs, à la prière de leur mère, m'ont de- « mandé de le tenir au saint baptême le jour des fêtes « de la nativité du Seigneur, et ils ne sont pas venus. « Ils ont desiré ensuite qu'il fût baptisé le saint jour « de Pâques, et ce jour-là ils ne m'ont pas davantage « apporté l'enfant. Pour la troisième fois, ils ont prié « qu'il fût présenté au baptême à la fête de Saint- « Jean, et l'enfant n'est pas encore venu. Ils m'ont « fait quitter le lieu que j'habitais dans un temps de « stérilité; je suis venu et voilà qu'on cache cet en- « fant, et qu'on ne me le montre pas. D'après cela, « autant que je puis croire, ce n'est pas ce qu'on m'a « promis, mais à ce que je crois, le fils de quelqu'un « de nos Leudes, car s'il était de notre race, on me « l'aurait apporté. Vous saurez donc que je ne veux « pas le recevoir, jusqu'à ce qu'on m'ait donné sur « lui des renseignemens certains. » La reine Frédégonde, instruite de ces paroles, assembla les principaux de son royaume, savoir trois évêques et trois cents des meilleurs hommes, qui firent serment que cet enfant était né du roi Chilpéric, en sorte que les soupçons du roi furent effacés.

Ensuite, comme il avait souvent déploré la mort de Mérovée et celle de Clovis, et ne savait pas où ceux qui les avaient tués les avaient ensuite jetés [1], il vint

---

[1] Voir, dans le 5ᵉ livre, les détails sur la mort de ces deux fils de Chilpéric.

vers lui un homme qui lui dit : « Si cela ne doit pas
« tourner à l'avenir contre moi, je t'indiquerai en
« quel lieu est le cadavre de Clovis. » Le roi jura
qu'on ne lui ferait aucun mal, mais que plutôt on le
récompenserait par des présens. Alors il dit : « La
« chose même prouvera, ô roi, la vérité de mes pa-
« roles ; car lorsque Clovis eut été tué et enterré sous
« l'auvent d'un oratoire, la reine, craignant que quel-
« qu'un ne le trouvât et ne l'enterrât avec honneur,
« ordonna qu'il serait jeté dans la Marne. Alors je le
« trouvai dans des filets que j'avais préparés pour les
« besoins de mon métier, qui est de prendre des pois-
« sons. Ne sachant d'abord qui c'était, je reconnus
« Clovis à la longueur de ses cheveux, et l'ayant pris
« sur mes épaules, je le portai au rivage où je l'en-
« terrai et le couvris de gazon ; voilà que j'ai sauvé
« son corps, fais à présent ce que tu voudras. » Le
roi, apprenant ce qu'avait fait cet homme, feignit d'aller à la chasse, et ayant découvert le tombeau, y trouva
le corps encore sain et entier. Seulement une partie
des cheveux qui se trouvaient en dessous étaient déjà
tombés ; mais le reste était encore intact et conservait
ses longues boucles. Le roi reconnut que c'était celui
qu'il cherchait avec tant de soin ; ayant donc convoqué l'évêque de la ville, le clergé et le peuple, et
fait allumer un nombre infini de cierges, il conduisit
le corps, pour y être enterré, à la basilique de Saint-
Vincent, ne donnant pas moins de larmes à la mort
de ses neveux qu'il n'en avait répandu lorsqu'il vit
ensevelir ses propres enfans. Après quoi il envoya
Pappole, évêque de Chartres, demander le cadavre de
Mérovée, et l'ensevelit auprès du tombeau de Clovis.

Un des gardiens de la porte vint dire d'un de ses camarades : « Seigneur roi, celui-ci a consenti à re- « cevoir une récompense pour te tuer. » Celui qu'il accusait ayant été pris, fut frappé de coups et livré à beaucoup de tourmens, mais sans rien déclarer de la chose sur laquelle on l'interrogeait. Beaucoup de gens disaient que cela avait été fait par fraude et par envie, parce que le roi aimait beaucoup celui de ces gardiens de la porte auquel on avait imputé un tel crime. Ansovald, saisi de je ne sais quel soupçon, quitta le roi sans lui dire adieu. Le roi, revenu à Châlons, ordonna qu'on fît mourir par le glaive Boante qui lui avait toujours été infidèle. Sa maison fut entourée par les hommes du roi, et il périt tué par eux. Le fisc fut mis en possession de ses biens.

Comme ensuite le roi s'appliquait de toutes ses forces à poursuivre de nouveau l'évêque Théodore, et que Marseille était déjà rentrée sous la puissance de Childebert, le duc Rathaire fut envoyé par le roi Childebert, pour examiner en son nom cette affaire; mais lui, négligeant les formes de procédure que lui avait prescrites le roi, fit entourer la maison de l'évêque, l'obligea de donner caution, et de se rendre en présence du roi Gontran, pour être jugé par le synode qui devait avoir lieu à Mâcon, et y être condamné par les évêques; mais la vengeance divine, qui a continué de défendre ses serviteurs de la gueule des chiens furieux, ne s'oublia pas en ceci. L'évêque étant sorti de la cité, Rathaire s'empara des effets de l'église, prit les uns pour lui, et enferma les autres sous la garde de son sceau. Aussitôt qu'il eut agi ainsi, une cruelle maladie s'empara de ses serviteurs, qui moururent épuisés de la fièvre. Son fils périt du même mal, et il l'ensevelit avec de grands gémissemens dans un des faubourgs de Marseille, et sa maison fut frappée d'une telle plaie que, sorti de la ville, à peine pensait-on qu'il fût en état de regagner son pays. L'évêque Théodore fut retenu par le roi Gontran, mais le roi ne lui fit point de mal. C'est un homme d'une éminente sainteté, assidu à l'oraison, et de qui Magneric, évêque de Trèves, m'a raconté ce qui suit : « Lorsque les « années précédentes on l'avait amené au roi Childe-« bert, il était si rigoureusement gardé que, quand « il arrivait à une ville quelconque, on ne lui permet-« tait de voir ni l'évêque ni aucun des citoyens. Il vint « à Trèves, et on annonça à l'évêque qu'on l'avait « déjà fait entrer dans la barque qui devait l'emmener « en secret. L'évêque affligé se leva, et le suivant en « toute diligence, parvint à l'atteindre, tandis qu'il « était encore sur le rivage. Il demanda aux gardes « pourquoi ils en usaient avec cette cruauté de ne pas « lui permettre de voir son frère. Cependant il le vit, « l'embrassa, et après lui avoir donné quelques vête-« mens il le quitta. Il se rendit ensuite à la basilique « de Saint-Maximin, et se prosterna devant le sépul-« cre, se rappelant ces paroles de l'apôtre Jacques : « *priez l'un pour l'autre, afin que vous soyez gué-« ris* [1]. Après avoir long-temps offert au Seigneur sa « prière et ses larmes pour qu'il daignât venir au « secours de son frère, il sortit de la basilique, et voilà « qu'une femme agitée et tourmentée de l'esprit d'er-« reur, commença à appeler l'évêque, et à lui dire : « O scélérat, devenu plus méchant par les années,

[1] Épît. de S. Jacques, chap. 5, v. 16.

« qui offres à Dieu tes oraisons pour notre ennemi
« Théodore! voilà que nous cherchons tous les jours
« comment nous pourrons le chasser de la Gaule, où
« chaque jour il souffle le feu contre nous; et toi tu
« ne te lasses pas de prier pour lui. Il te vaudrait
« mieux de t'occuper diligemment des soins de ton
« église, pour empêcher le bien des pauvres de dé-
« périr, que de t'appliquer de cette sorte à prier pour
« celui-ci. » Et elle ajoutait : « Malheur à nous qui
« ne pouvons parvenir à le chasser! » Et quoiqu'on
ne doive pas croire aux paroles du démon, on vit
cependant quelle était la sainteté de cet évêque, dont
le démon se plaignait à grands cris. Mais revenons à
ce que nous avons commencé.

Le roi fit partir des envoyés pour aller trouver son
neveu Childebert, qui demeurait alors au château de
Conflans [1], ainsi nommé parce que le Rhin et la Moselle viennent se joindre en ce lieu; et comme il avait
été convenu que les évêques des deux royaumes se
rassembleraient dans la ville de Troyes en Champagne,
et que les évêques du royaume de Childebert ne s'y
étaient pas rendus, Félix l'un des envoyés, après avoir
salué le roi et lui avoir montré ses lettres, lui dit :
« Ton oncle, ô roi, te demande avec instance pour-
« quoi tu as révoqué ta promesse, en sorte que les
« évêques de ton royaume à qui vous aviez ordonné
« de venir au concile, ne s'y sont pas rendus. Peut-
« être des hommes méchans ont-ils fait naître entre
« vous quelque germe de discorde. » Le roi gardant
le silence, je répondis : « Ce n'est pas merveille qu'on
« sème la zizanie entre les peuples; mais entre ces

[1] Coblentz.

« deux rois, où celui qui voudrait la répandre trou-
« verait-il à en déposer le germe? Personne n'ignore
« que le roi Childebert n'a d'autre père que son oncle,
« et nous n'avons pas entendu dire jusqu'à présent
« que celui-ci se dispose à avoir un autre fils. Que
« Dieu ne permette donc pas qu'aucun germe de dis-
« corde croisse entre ceux qui doivent également s'ai-
« mer et se soutenir. » Le roi Childebert, ayant ensuite
parlé en secret à l'envoyé Félix, le pria et lui dit :
« Je supplie mon seigneur et père de ne faire souf-
« frir aucune injure à l'évêque Théodore, car s'il le
« faisait, il en naîtrait aussitôt du scandale entre nous,
« et nous serions divisés par les empêchemens de la
« discorde, nous qui devons demeurer en paix, et
« nous soutenir avec affection. » L'envoyé partit après
avoir obtenu réponse sur ce point et sur plusieurs
autres.

Durant notre séjour avec le roi dans le susdit château, une fois que nous avions été retenus jusqu'à la
nuit à la table du prince, le repas fini, nous nous levâmes, et nous étant rendus au bord du fleuve, nous
y trouvâmes une barque qui avait été préparée pour
nous. Comme nous y montions, une troupe de gens
de toutes sortes vint s'y précipiter, et la barque se
trouva remplie tant d'hommes que d'eau; mais la
puissance du Seigneur se montra en ceci, non sans
un grand miracle; car, bien que la barque fût remplie
jusqu'au bord, elle ne put enfoncer. Nous avions avec
nous les reliques du bienheureux Martin et de plusieurs autres Saints, et c'est par leurs vertus que nous
croyons avoir été sauvés. La barque revint au rivage
d'où nous étions partis; on la vida d'hommes et d'eau,

on repoussa les étrangers, et nous passâmes sans obstacle. Le lendemain, nous dîmes adieu au roi, et partîmes.

Dans notre route, nous arrivâmes au château d'Ivois[1]. Là, nous trouvâmes le diacre Vulfilaïc qui nous conduisit à son monastère, où nous fûmes reçus avec beaucoup de bienveillance. Ce monastère est à environ huit milles du château de Conflans, et situé sur la cime d'un mont. Vulfilaïc y a bâti une grande basilique qu'il a illustrée par les reliques de saint Martin et de plusieurs autres Saints. Pendant notre séjour dans ce lieu, nous commençâmes à le prier d'avoir la bonté de nous raconter quelque chose de son entrée en religion, et comment il était arrivé aux fonctions ecclésiastiques, car il était Lombard de naissance; mais il ne se souciait pas de nous faire connaître ce que nous lui demandions, voulant de tout son cœur éviter la vaine gloire. Mais moi, l'en conjurant au nom des choses les plus redoutables, et lui promettant de ne rien divulguer de ce qu'il nous raconterait, je le priai de ne me rien cacher des choses sur lesquelles je l'interrogeais. Après s'y être refusé long-temps, vaincu tant par mes prières que par mes adjurations, il me dit : « J'étais encore un tout petit enfant, qu'ayant
« entendu prononcer le nom du bienheureux Martin,
« sans savoir si c'était un martyr ou un confesseur,
« ni ce qu'il avait fait de bien dans ce monde, ni
« quelle contrée avait mérité de posséder le tombeau
« qui renfermait ses membres bienheureux, je célé-
« brais déjà des veilles en son honneur, et s'il m'ar-
« rivait quelque argent, je faisais l'aumône. En avan-

[1] Ou Ipsch, dans le duché de Luxembourg.

« çant en âge, je m'appliquai à apprendre mes lettres,
« et je sus les écrire avant de pouvoir reconnaître ce
« qui était écrit. M'étant associé à l'abbé Arédius, et
« instruit par lui, j'allai dans la basilique du bienheu-
« reux Martin. Comme nous revenions ensemble, il
« avait dérobé un peu de la poussière bénite de ce
« bienheureux sépulcre ; il la mit dans une petite
« boîte, et la suspendit à mon cou. Lorsque nous
« fûmes arrivés à son monastère situé sur le territoire
« de Limoges, il prit la boîte pour la placer dans son
« oratoire. La poussière s'était tellement augmentée,
« que non seulement elle remplissait toute la boîte, mais
« s'échappait par les bords et par toutes les issues. Ce
« miracle enflamma mon ame d'une plus vive lumière,
« et me décida à placer toutes les espérances de ma vie
« dans les mérites de ce Saint. De là je me rendis dans
« le territoire de Trèves, et j'y construisis de mes
« propres mains, sur cette montagne, la petite de-
« meure que vous voyez. J'y trouvai un simulacre de
« Diane que les gens du lieu, encore infidèles, ado-
« raient comme une divinité. J'y élevai une colonne,
« sur laquelle je me tenais avec de grandes souf-
« frances, sans aucune espèce de chaussure ; et lors-
« qu'arrivait le temps de l'hiver, j'étais tellement
« brûlé des rigueurs de la gelée que très-souvent
« elles ont fait tomber les ongles de mes pieds, et
« l'eau glacée pendait à ma barbe en forme de chan-
« delles ; car cette contrée passe pour avoir souvent
« des hivers très-froids. » Nous lui demandâmes ensuite avec instance de nous dire quelles étaient sa
nourriture et sa boisson, et comment il avait renversé
le simulacre de la montagne, il nous dit : « Ma nour-

« riture était un peu de pain et d'herbe et une petite
« quantité d'eau. Mais il commença à accourir vers
« moi une grande quantité de gens des villages voi-
« sins. Je leur prêchais continuellement que Diane
« n'existait pas, que le simulacre et les autres objets
« auxquels ils pensaient devoir adresser un culte,
« n'étaient absolument rien. Je leur répétais aussi que
« ces cantiques qu'ils avaient coutume de chanter en
« buvant, et au milieu de leurs débauches, étaient
« indignes de la divinité, et qu'il valait bien mieux
« offrir le sacrifice de leurs louanges au Dieu tout-
« puissant qui a fait le ciel et la terre. Je priais
« aussi bien souvent le Seigneur qu'il daignât ren-
« verser le simulacre, et arracher ces peuples à leurs
« erreurs. La miséricorde du Seigneur fléchit ces es-
« prits grossiers, et les disposa, prêtant l'oreille à mes
« paroles, à quitter leurs idoles, et à suivre le Sei-
« gneur. J'assemblai quelques-uns d'entr'eux, afin de
« pouvoir, avec leur secours, renverser ce simulacre
« immense que je ne pouvais détruire par ma seule
« force. J'avais déjà brisé les autres idoles, ce qui était
« plus facile. Beaucoup se rassemblèrent autour de la
« statue de Diane; ils y jetèrent des cordes, et com-
« mencèrent à la tirer; mais tous leurs efforts ne pou-
« vaient parvenir à l'ébranler. Alors je me rendis à la
« basilique, me prosternai à terre, et je suppliai avec
« larmes la miséricorde divine de détruire, par la
« puissance du ciel, ce que l'effort terrestre ne pouvait
« suffire à renverser. Après mon oraison, je sortis de
« la basilique, et vins retrouver les ouvriers; je pris la
« corde, et aussitôt que nous recommençâmes à tirer,
« dès le premier coup, l'idole tomba à terre; on la

« brisa ensuite, et avec des maillets de fer, on la ré-
« duisit en poudre. A cette heure même, comme
« j'allais prendre mon repas, tout mon corps, depuis
« le sommet de la tête jusqu'à la plante des pieds, fut
« couvert de pustules malignes, en telle sorte que je
« n'y pouvais trouver un espace vide de la largeur de
« mon doigt. Alors j'entrai seul dans la basilique, et
« me dépouillai devant le saint autel. J'avais une bou-
« teille pleine d'huile que j'avais apportée de la basi-
« lique Saint-Martin ; j'en oignis moi-même tous mes
« membres, puis je me livrai incontinent au sommeil.
« En me réveillant vers le milieu de la nuit, comme
« je me levais pour réciter les offices ordinaires, je
« trouvai tout mon corps parfaitement sain, et comme
« si je n'avais jamais eu sur moi le moindre ulcère,
« et je reconnus que cette plaie n'avait pu m'être en-
« voyée que par la haine de l'ennemi des hommes ;
« et, comme rempli d'envie, il s'efforce toujours de
« nuire à ceux qui cherchent Dieu, les évêques qui
« auraient dû me fortifier, afin que je pusse continuer
« plus parfaitement l'ouvrage que j'avais commencé,
« survinrent, et me dirent : — La voie que tu as choisie
« n'est pas la voie droite, et toi, indigne, tu ne saurais
« t'égaler à Siméon d'Antioche, qui vécut sur sa co-
« lonne. La situation du lieu ne permet pas d'ailleurs
« de supporter une pareille souffrance ; descends plu-
« tôt, et habite avec les frères que tu as rassemblés.
« — A ces paroles, pour n'être pas accusé du crime de
« désobéissance envers les évêques, je descendis, et
« j'allai avec eux, et pris aussi avec eux le repas. Un
« jour l'évêque, m'ayant fait venir loin du village, y
« envoya des ouvriers avec des haches, des ciseaux et

« des marteaux, et fit renverser la colonne sur la-
« quelle j'avais coutume de me tenir. Quand je revins
« le lendemain, je trouvai tout détruit ; je pleurai
« amèrement ; mais je ne voulus pas rétablir ce qu'on
« avait détruit, de peur qu'on ne m'accusât d'aller
« contre les ordres des évêques ; et, depuis ce temps,
« je demeure ici, et me contente d'habiter avec mes
« frères. »

Comme nous lui demandions de nous raconter ce qui s'était opéré en ces lieux par les mérites du bienheureux Martin, il nous rapporta ceci : « Le fils d'un
« Franc, homme très-noble parmi les siens, était
« sourd et muet. Les parens de l'enfant l'ayant amené
« à cette basilique, j'ordonnai qu'on lui mît un lit
« dans ce temple saint pour le coucher avec mon dia-
« cre et un autre des ministres de l'église[1]. Le jour
« il vaquait à l'oraison, et la nuit, comme je l'ai dit,
« il dormait dans la basilique. Dieu eut pitié de lui,
« et le bienheureux Martin m'apparut dans une vision
« et me dit : Fais sortir l'agneau de la basilique, car
« il est guéri. Le matin arrivé, comme je croyais que
« c'était un songe, l'enfant vint vers moi, se mit à
« parler, et commença à rendre grâces à Dieu ; puis,
« se tournant vers moi, il me dit : *J'offre mes actions*
« *de grâces au Dieu tout-puissant qui m'a rendu*
« *la parole et l'ouïe.* » Dès ce moment il recouvra la
« parole et retourna dans sa maison. Un autre qui,
« mêlé dans plusieurs vols et diverses sortes de cri-
« mes, avait coutume de se parjurer toutes les fois qu'il
« était accusé de quelques-uns de ses vols, dit : *J'irai*

---

[1] On appelait *ministri ecclesiæ*, les prêtres attachés à une église et qui y remplissaient les diverses fonctions ecclésiastiques.

« *à la basilique du bienheureux Martin, et, prê-*
« *tant serment, je serai absous.* Au moment où il
« entrait, sa hache échappa de sa main; il courut à la
« porte saisi d'une violente douleur au cœur, et le
« malheureux confessa de sa bouche le crime dont il
« venait se laver par un parjure. Un autre, accusé
« d'avoir mis le feu à la maison de son voisin, dit éga-
« lement : *J'irai au temple de saint Martin, j'y ju-*
« *rerai ma foi, et serai déchargé de cette accusa-*
« *tion.* Il était évident qu'il avait mis le feu à cette
« maison. Lors donc qu'il vint pour prêter serment, je
« me tournai vers lui, et lui dis : *D'après l'assertion*
« *de tes voisins, tu ne peux être innocent de ce*
« *crime, mais Dieu est partout et sa puissance ha-*
« *bite au dehors comme au dedans; ainsi donc, si*
« *tu es pris de cette vaine confiance que Dieu ou*
« *ses saints ne se vengent pas du parjure, voilà*
« *devant toi le temple saint, jure, si tu veux; car*
« *il ne te sera pas permis de passer le seuil sacré.*
« Il leva les mains et dit : *Par le Dieu tout-puissant*
« *et par les mérites du bienheureux Martin son*
« *évêque, je ne suis pas l'auteur de cet incendie.*
« Lorsqu'il s'en allait après avoir ainsi prêté serment,
« on le vit comme entouré de feu, et aussitôt se pré-
« cipitant par terre, il commença à crier que le bien-
« heureux évêque le brûlait avec violence. Ce mal-
« heureux disait : *J'atteste Dieu que j'ai vu le feu*
« *descendre du ciel, et que d'épaisses vapeurs*
« *m'environnent et m'embrasent.* En disant ces pa-
« roles il rendit l'esprit. Cela fut un avertissement à
« beaucoup d'autres de n'avoir plus la hardiesse de se
« parjurer désormais en ce lieu. » Le diacre me ra-

conta encore plusieurs autres miracles qu'il serait trop long de rapporter ici.

Pendant mon séjour dans ce lieu nous vîmes, durant deux nuits, des signes dans le ciel. Il parut du côté du nord des rayons d'une si brillante clarté qu'on n'en avait pas encore vu de pareils, et des deux côtés, à l'orient et à l'occident, étaient des nuages de couleur de sang; la troisième nuit ces rayons apparurent vers la seconde heure, et voilà, pendant que nous les regardions avec étonnement, que des quatre points du monde s'en élevèrent de semblables; nous en vîmes tout le ciel couvert. Il y avait au milieu du ciel une nuée brillante où les rayons allaient se réunir à la manière d'une tente dont les plis, beaucoup plus larges par en bas, se réunissent par le haut en guise de faisceau et forment comme une sorte de capuchon; au milieu de ces rayons on voyait d'autres nuages ou des clartés flamboyantes. Ce signe nous pénétra d'une grande crainte, et nous nous attendîmes à voir le ciel nous envoyer quelque plaie.

Le roi Childebert, poussé par les lettres de l'empereur qui lui redemandait l'or qu'il lui avait donné l'année précédente, envoya une armée en Italie. On disait d'ailleurs que sa sœur Ingonde avait été transportée à Constantinople; mais la division se mit entre ses chefs, et ils revinrent sans avoir fait aucune acquisition avantageuse. Le duc Wintrion, chassé par les gens du pays qu'il gouvernait, perdit son duché[1], et il aurait perdu la vie, s'il ne s'était échappé par la fuite; mais ensuite, le peuple apaisé, il revint dans son gouvernement. Nicet, élevé après le renvoi d'Eulalius au

---

[1] La Champagne.

rang de comte d'Auvergne, demanda au roi d'en être fait duc, et lui fit pour cela d'immenses présens. Il fut donc fait duc d'Auvergne, de Rouergue et d'Uzès. C'était un homme très-jeune d'âge, mais d'un esprit très-pénétrant. Il mit la paix dans la contrée d'Auvergne et dans les autres lieux de sa juridiction. Le Saxon Childéric étant tombé dans le déplaisir du roi Gontran pour la cause qui, comme nous l'avons dit, en avait obligé d'autres à s'enfuir, se réfugia dans la basilique de Saint-Martin, laissant sa femme dans le royaume dudit roi. Le roi avait défendu qu'elle osât revoir son mari, jusqu'à ce qu'il fût rentré dans ses bonnes grâces. Nous envoyâmes souvent vers lui pour cet objet, et enfin obtînmes que Childéric reprendrait sa femme et demeurerait de l'autre côté de la Loire, sans se permettre cependant d'aller trouver le roi Childebert; mais lorsqu'on lui eut donné la liberté de reprendre sa femme, il passa à lui en secret. Ayant reçu le gouvernement d'une cité au-delà de la Garonne qui était sous la domination de ce roi, il s'y rendit. Le roi Gontran voulant gouverner le royaume de son neveu Clotaire, fils de Chilpéric, nomma Théodulf comte d'Angers. Introduit dans la ville, il en fut repoussé avec honte par les citoyens et par Domégésile ; il retourna vers le roi qui lui donna de nouveaux ordres. Il fut établi par le duc Sigulf, et il gouverna la ville en qualité de comte. Gondovald ayant été fait comte de Melun à la place de Guerpin, entra dans la ville, et commença à y exercer son pouvoir. Mais comme dans le cours de ses fonctions il parcourait les environs de la ville, il fut tué dans un village par Guerpin. Les parens de Gondovald tombèrent sur Guerpin, et l'ayant enfermé dans une maison située sur un pont, ils le tuèrent. Ainsi la mort les dépouilla l'un et l'autre de leur comté.

L'abbé Dagulf était souvent accusé de crimes ; il avait commis plusieurs vols et homicides, et se livrait à l'adultère avec une grande dissolution. En ce temps il s'était épris de concupiscence pour la femme de son voisin, et s'approchait d'elle, cherchant toutes les occasions de pouvoir faire mourir le mari de cette adultère dans l'enceinte de son couvent. Enfin il le menaça en disant que s'il venait trouver sa femme, il le punirait. Cet homme quitta donc sa pauvre demeure ; et Dagulf venant la nuit avec un de ses clercs, entra dans la maison de la prostituée ; et après s'être longuement enivré à force de boire, ils se couchèrent dans un même lit. Tandis qu'ils dormaient le mari vint, alluma de la paille, et ayant levé sa hache les tua tous deux. Ceci doit être un avertissement aux ecclésiastiques de ne pas jouir, contre la défense des canons, de la compagnie de femmes étrangères, ce que leur interdisent et les lois canoniques, et toutes les saintes Écritures, et de se contenter de celle des femmes qu'on ne peut leur imputer à crime.

Cependant le jour de l'assemblée arriva, et les évêques, par l'ordre du roi Gontran, se réunirent dans la ville de Mâcon. Faustien qui, par l'ordre de Gondovald, avait été sacré évêque de Dax, fut renvoyé de ce siége, et il fut ordonné que Bertrand, Oreste et Pallade qui l'avaient sacré, le nourriraient tour à tour, et lui donneraient chaque année cent pièces d'or. Nicet, un laïque, nommé antérieurement par les ordres du roi Chilpéric, fut promu à l'évêché de cette ville. Ursicin, évêque de Cahors, fut excommunié parce qu'il avoua publiquement avoir reçu Gondovald. Il se soumit à faire pénitence pendant trois ans, et durant ce temps à ne couper ni sa barbe ni ses cheveux, à s'abstenir de vin et de viande, sans qu'il lui fût permis non plus de célébrer la messe, d'ordonner des clercs, de bénir ni églises ni saintes huiles, ni de donner des eulogies. Cependant on lui permit d'administrer comme à l'ordinaire les affaires de l'église soumise à sa juridiction. Il y eut dans ce synode un des évêques qui disait qu'on ne devait pas comprendre les femmes sous le nom d'*hommes*. Cependant les argumens des évêques le firent revenir, parce qu'on lui fit voir que les livres sacrés de l'ancien Testament nous enseignent « qu'au jour que Dieu « créa l'homme, il les créa mâle et femelle, et leur « donna le nom d'Adam [1]; » ce qui signifie homme de terre, appelant la femme et l'homme d'un même nom, et les appelant tous les deux *homme*. Jésus-Christ est nommé le fils de l'homme, parce qu'il est né d'une vierge, c'est-à-dire d'une femme à laquelle il dit, lorsqu'il a métamorphosé l'eau en vin : « Femme, « qu'y a-t-il de commun entre vous et moi [2] ?» et d'autres paroles. Ces témoignages et plusieurs autres le convainquirent et firent cesser la discussion. Prétextat, évêque de Rouen, récita, devant les évêques, des oraisons qu'il avait composées dans son église. Elles plurent à quelques-uns; quelques autres les cri-

---

[1] Gen. chap. 5, v. 1 et 2.
[2] Év. sel. S. Jean, chap. 2, v. 4.

tiquèrent, parce qu'il n'y avait pas observé les règles de l'art. Cependant le style en était en plusieurs endroits ecclésiastique et convenable. Il y eut une grande rixe entre les serviteurs de l'évêque Priscus et du duc Leudégésile. L'évêque Priscus donna beaucoup d'argent pour acheter la paix.

Dans ces jours-là, le roi Gontran tomba si grièvement malade que quelques-uns pensèrent qu'il n'en pourrait pas réchapper. Je crois que ce fut un effet de la Providence de Dieu, car il avait le projet d'envoyer beaucoup d'évêques en exil. L'évêque Théodore, revenu dans sa ville, y fut reçu avec beaucoup d'acclamations par le peuple qui le favorisait.

Pendant ce synode, Childebert réunit les siens à sa maison de Bastoigne, située au milieu des Ardennes. Là, la reine Brunchault implora tous les grands pour sa fille Ingonde, encore retenue en Afrique; mais elle en obtint peu de consolations. Alors on éleva une accusation contre Gontran-Boson. Peu de jours auparavant, une parente de sa femme, morte sans enfans, avait été enterrée dans une basilique de la ville de Metz avec un grand nombre de joyaux et beaucoup d'or. Il arriva que peu de jours après c'était la fête de saint Remi, qui se célèbre au mois d'octobre. Beaucoup de citoyens, et en particulier les principaux de la ville et le duc, en étaient sortis avec l'évêque. Alors les serviteurs de Gontran-Boson vinrent à la basilique où était ensevelie cette femme : ils y entrèrent, et ayant fermé les portes sur eux, ouvrirent le sépulcre, et enlevèrent du corps de la défunte tous les joyaux qu'ils purent trouver. Les moines de la basilique les ayant entendus, vinrent à la porte, mais on ne les laissa pas entrer. Alors ils allèrent avertir l'évêque et le duc. Les serviteurs, après avoir pris toutes ces choses, montèrent à cheval et prirent la fuite. Mais, craignant d'être saisis en route et qu'on ne leur fît souffrir diverses peines, ils retournèrent à la basilique, remirent ce qu'ils avaient pris sur l'autel, et n'osèrent plus ressortir. Ils s'écriaient et disaient : « C'est « Gontran-Boson qui nous a envoyés. » Lorsque Childebert eut assemblé les siens en cour de justice, dans le lieu dont nous avons parlé, Gontran-Boson, interpellé sur cette affaire, ne répondit rien, mais s'enfuit secrètement. On lui enleva tout ce qu'il tenait en Auvergne de la munificence du fisc, et il fut obligé d'abandonner avec honte plusieurs choses dont il s'était emparé injustement.

Laban, évêque d'Eause, mourut cette année, et eut pour successeur Didier, laïque. Le roi avait cependant promis avec serment qu'il ne choisirait jamais d'évêque parmi les laïques. Mais que ne peut, sur le cœur des mortels, la détestable soif de l'or ! Bertrand, revenant du synode, fut saisi de la fièvre. Il manda le diacre Waldon, qui avait aussi reçu au baptême le nom de Bertrand, lui remit tout le pouvoir du sacerdoce et le soin de tous ses biens, tant de ses propriétés héréditaires que des bénéfices qu'il avait reçus. Lorsque Waldon fut parti, Bertrand rendit l'esprit. Le diacre se rendit près du roi avec des présens et l'acte de sa nomination par les citoyens; mais il ne put rien obtenir. Le roi donna ordre qu'on sacrât évêque Gondégésile, comte de Saintes, autrement nommé Dodon, et cela se fit ainsi. Et comme, avant le synode, plusieurs des clercs de Saintes, d'accord avec l'évêque Bertrand, avaient écrit contre leur évêque Pallade des choses qui lui avaient apporté de la confusion, après la mort de Bertrand, l'évêque les prit, les fit battre cruellement, et les dépouilla. En ce temps mourut Wandelin, gouverneur du roi Childebert. On ne mit personne en sa place, parce que la reine voulut elle-même prendre soin de son fils. Tout ce qu'il avait obtenu du fisc rentra dans les droits du fisc. En ce temps-là le duc Bodégésile mourut plein de jours. On n'ôta rien à son fils des propriétés qu'il laissait. Fabius fut nommé évêque d'Auch à la place de Fauste, et, après la mort de saint Sauve, Désiré fut, cette année, nommé à sa place évêque d'Alby.

Il y eut cette année de grandes pluies, et les rivières grossirent tellement qu'il arriva plusieurs naufrages; et, sortant de leurs lits, elles enlevèrent les moissons voisines et couvrirent les prairies. Les mois de printemps et d'été furent si humides qu'on les aurait pris pour l'hiver plutôt que pour l'été. Cette année deux îles de la mer furent consumées par un incendie allumé de la main de Dieu. Pendant sept jours les hommes et les troupeaux périrent brûlés. Ceux qui fuyaient dans la mer et se précipitaient dans ses abîmes, brûlaient au milieu de l'eau où ils se plongeaient, et ceux qui ne mouraient pas sur-le-champ étaient consumés par de plus cruels tourmens. Toutes choses furent réduites en cendres, et la mer les couvrit de ses eaux. Beaucoup ont dit que les signes que nous avions vus, ainsi que nous l'avons rapporté, dans le huitième mois, lorsque le ciel nous parut ardent, n'étaient autre chose que la lueur de cet incendie.

Dans une autre ville proche de la cité de Vannes, il y avait un grand étang rempli de poissons, dont l'eau, à la profondeur d'une brasse, se changea en sang. Pendant plusieurs jours il se rassembla autour de cet étang une multitude innombrable de chiens et d'oiseaux qui buvaient ce sang, et le soir s'en retournaient rassasiés.

Ennodius fut donné pour duc à la ville de Tours et à celle de Poitiers. Bérulphe, qui avait auparavant gouverné ces villes, était suspect d'avoir, avec son associé Arnégésile, enlevé secrètement les trésors du roi Sigebert. Lors donc qu'il revint dans ces villes, dont il était duc, le duc Rauchingue, au moyen d'un artifice, s'empara de lui et de son compagnon, et les chargea de liens. On envoya aussitôt dans leur maison des serviteurs qui enlevèrent tout et y prirent beaucoup de choses qui leur appartenaient, et plusieurs aussi provenant des trésors dont j'ai parlé. Le tout fut porté au roi Childebert. On poursuivit l'affaire, et l'épée était déjà levée sur leur tête lorsque, par l'intervention des évêques, on leur rendit la liberté; mais on ne leur rendit rien de ce qu'on leur avait enlevé.

Le duc Didier se rendit, avec quelques évêques et l'abbé Arédius, près du roi Gontran. Le roi lui fit d'abord un très-mauvais accueil; mais ensuite, vaincu par les prières des évêques, il le reçut en grâce. Eulalius voulut le mettre en cause, parce que sa femme l'avait abandonné et avait passé à Didier; mais on se moqua de lui, et, rempli de confusion, il fut réduit au silence. Didier reçut des présens du roi et fut renvoyé avec faveur.

Ingonde, que son mari avait laissée, comme nous l'avons dit, avec l'armée de l'empereur, fut envoyée à ce prince avec son fils encore enfant. Mais, pendant ce voyage, elle mourut en Afrique et y fut ensevelie. Leuvigild mit à mort son fils Erménégild, dont elle avait été la femme. En sorte que le roi Gontran, irrité, fit marcher une armée contre l'Espagne, à dessein de soumettre d'abord à sa domination la Septimanie, située sur le territoire des Gaules. L'armée se mit immédiatement en marche. Tandis qu'elle avançait, je ne sais quels paysans trouvèrent un billet qu'ils firent passer au roi Gontran, et dans lequel il paraissait que Leuvigild écrivait à Frédégonde pour l'engager à trouver quelque moyen pour empêcher la marche de l'armée. « Faites promptement périr nos ennemis, savoir Childebert et sa « mère, et faites la paix avec le roi Gontran, en « l'achetant par beaucoup de présens. Si, par aventure, vous manquez d'argent, nous vous en enverrons en secret; faites seulement ce que nous vous « demandons. Quand nous serons vengés de nos ennemis, récompensez, par des bienfaits, l'évêque « Amélius et la matrone Leuba, par le moyen desquels « nos messagers trouvent un passage pour aller jusqu'à vous. » Leuba est la belle-mère du duc Bladaste.

En même temps qu'on portait cet avis à Gontran, Frédégonde avait fait faire deux couteaux de fer, dans lesquels elle avait ordonné de graver profondément, pour les imprégner de poison, afin que si le coup

mortel ne brisait pas sur-le-champ les liens de la vie, elle fût promptement détruite par l'effet du poison. Elle remit ces couteaux à deux clercs, et leur donna ainsi ses instructions : « Prenez ces glaives, et ren-
« dez-vous au plus vite près du roi Childebert, sous
« l'apparence de mendians, et vous jetant à ses pieds,
« comme pour lui demander l'aumône, percez-lui les
« deux flancs, afin que Brunehault qui le gouverne
« avec arrogance se trouve par sa chute soumise à
« mon pouvoir. Si le jeune homme est si bien gardé
« que vous ne puissiez arriver jusqu'à lui, tuez mon
« ennemie elle-même. La récompense qui vous at-
« tend pour cette action, c'est que si vous y trouvez
« la mort, je donnerai des biens à vos parens, je les
« enrichirai de présens, et les rendrai les plus heu-
« reux de mon royaume. Bannissez donc toute crainte,
« et que les terreurs de la mort n'entrent pas dans
« votre sein, car vous savez que tous les hommes
« sont sujets à la mort. Armez vos ames de courage,
« et considérez tout ce que vous voyez d'hommes
« courageux se précipiter dans les combats ; d'où il
« résulte que leurs parens deviennent nobles, sur-
« passent tous les autres par leurs immenses richesses,
« et sont élevés au-dessus de tous. » Tandis que cette femme parlait ainsi, les clercs commencèrent à trembler, regardant comme très-difficile d'accomplir ce qu'elle ordonnait. Les voyant incertains, elle leur fit prendre un breuvage, puis leur ordonna d'aller où elle les envoyait. Aussitôt la vigueur étant rentrée dans leurs ames, ils lui promirent d'accomplir tout ce qu'elle leur avait commandé. Néanmoins elle leur ordonna d'emporter un vase plein de ce breuvage,

disant : « Lorsque vous voudrez faire ce que je vous
« ordonne, le matin avant de commencer votre en-
« treprise, prenez cette boisson, elle vous donnera
« plus de courage pour faire ce que vous devez exé-
« cuter. » Après les avoir instruits de cette manière,
elle les fit partir. Ils se mirent en route, et en arrivant à Soissons, ils furent pris par le duc Rauchingue,
et ayant été interrogés, découvrirent le tout, et furent mis en prison chargés de liens. Peu de jours
après, Frédégonde, inquiète de savoir si ses ordres
avaient été accomplis, envoya un serviteur s'informer de ce qui se disait dans le public, pour tâcher
de découvrir par quelqu'indice s'il y avait lieu de
croire que Childebert eût été tué. Le serviteur partit
et vint à la ville de Soissons : là, ayant entendu dire
que les clercs étaient retenus en prison, il s'approcha de la porte ; mais comme il commençait à parler
aux satellites de la reine, il fut pris lui-même et remis entre les mains des gardes. Alors tous ensemble
furent envoyés au roi Childebert. Interrogés, ils découvrirent la vérité, déclarant que Frédégonde les
avait envoyés pour tuer le roi. « La reine, dirent-ils,
« nous avait ordonné de nous feindre des mendians,
« et nous voulions te percer d'un poignard au mo-
« ment où nous aurions embrassé tes pieds pour te
« demander quelque aumône, et si le coup porté par
« le fer ne s'enfonçait pas assez vigoureusement, le
« poison dont il était empreint devait plus rapide-
« ment pénétrer jusqu'à ton ame. » Lorsqu'ils eurent
dit ces paroles, on les appliqua à divers tourmens,
on leur coupa les mains, les oreilles et les narines,
et ils moururent chacun d'une mort différente.

Le roi Gontran ordonna donc de faire marcher son armée en Espagne, en disant : « Soumettez d'abord à « notre domination la province de Septimanie qui « est voisine des Gaules ; car il est honteux que les « frontières de ces horribles Goths s'étendent jusque « dans les Gaules. » Alors les troupes de son royaume se mirent en marche vers ce lieu. Les peuples qui habitaient au-delà de la Saône, du Rhône et de la Seine, unis avec les Bourguignons, dévastèrent tous les bords de la Saône et du Rhône, enlevant les récoltes et les troupeaux. Ils commirent dans leur propre pays beaucoup de meurtres, d'incendies, de pillages ; et, dépouillant les églises, tuant les clercs, les prêtres et beaucoup d'autres, jusque sur les saints autels de Dieu, ils parvinrent ainsi à la ville de Nismes. Les gens de Bourges, de Saintes, de Périgueux, d'Angoulême, et des autres villes soumises à la puissance du roi Gontran, arrivèrent de leur côté à Carcassonne en commettant les mêmes ravages. Lorsqu'ils approchèrent de la ville, les habitans ouvrirent d'eux-mêmes leurs portes, et ils y entrèrent sans aucune résistance ; mais ensuite il s'éleva dans Carcassonne je ne sais quel tumulte, et ils sortirent de la ville. Alors Terentiolus, autrefois comte de la ville de Limoges, tomba frappé d'une pierre qui lui fut jetée du haut des murs. Les ennemis, pour se venger de lui, lui coupèrent la tête et l'apportèrent à la ville. Alors ceux qui étaient venus, saisis de frayeur, se préparèrent à s'en retourner, laissant tout ce qu'ils avaient pris sur la route et tout ce qu'ils avaient apporté avec eux. Les Goths, au moyen d'embûches cachées, dépouillèrent et tuèrent beaucoup d'entre eux.

De là tombant entre les mains des Toulousains, ils eurent à en souffrir beaucoup de maux, et dépouillés, maltraités, purent à grand'peine retourner dans leur pays. Ceux qui étaient arrivés à Nismes, dévastant tout le pays, après avoir brûlé les maisons, incendié les moissons, coupé les vignes et abattu les oliviers, ne pouvant nuire à ce qui était enfermé dans des murs, prirent le parti de marcher vers d'autres villes. Mais elles étaient bien fortifiées, remplies de vivres et de toutes les autres choses nécessaires, en sorte qu'ils dévastèrent leurs environs, mais ne purent pénétrer dans les villes mêmes. Le duc Nicet qui avait conduit à cette expédition les gens d'Auvergne, assiégeait les villes de concert avec les autres troupes; mais ne pouvant les emporter, il marcha vers un château, et sur sa parole, ceux qui y étaient enfermés ouvrirent leurs portes, et croyant à sa promesse le reçurent en ami. Lorsqu'il fut entré avec ses gens, au mépris de leur serment, ils dispersèrent la garnison, et emmenèrent en captivité tous ceux qui étaient dans le château, puis ils se déterminèrent à retourner chacun chez soi, commettant dans la route, à travers leur propre pays, tant de crimes, de meurtres, de pillages et de ravages, qu'il serait trop long de les rapporter en détail.

Comme ils avaient brûlé, ainsi que nous l'avons dit, les récoltes des provinces qu'ils traversaient, exténués de faim et de misère, ils périssaient par les chemins; plusieurs se noyèrent dans les rivières, d'autres furent tués par le peuple soulevé. On rapporte qu'il en périt de ces diverses manières plus de cinq mille. Mais ceux qui restaient n'étaient pas corrigés par la mort des autres. Dans le pays d'Auvergne, toutes les églises qui se trouvèrent situées proche de la voie publique furent dépouillées de ce qui appartenait au service divin. Il n'y eut de terme à leurs ravages que lorsque chacun fut revenu chez lui.

Après ce retour, le roi Gontran fut pris d'une grande amertume de cœur. Les chefs des armées se réfugièrent dans la basilique de saint Symphorien martyr. Le roi étant venu à la fête de ce saint, ils se présentèrent, sous condition d'être ensuite entendus. Le roi ayant convoqué quatre évêques et plusieurs laïques des plus grandes familles, commença le procès des chefs en disant : « Comment pourrions-
« nous aujourd'hui obtenir la victoire, nous qui ne
« conservons pas les usages suivis par nos pères ? Ils
« bâtissaient des églises, mettaient en Dieu toute
« leur espérance, honoraient les martyrs, véné-
« raient les prêtres, et ainsi aidés du secours divin,
« avec l'épée et le bouclier ils soumirent beaucoup
« de nations ennemies. Pour nous, non seulement
« nous ne craignons pas Dieu, mais nous dévastons
« les choses qui lui sont consacrées, tuons ses minis-
« tres, enlevons et dispersons avec dérision jusqu'aux
« reliques des saints. Quand il se commet de telles
« actions, il est impossible d'obtenir la victoire. Aussi
« nos bras sont affaiblis, notre lance est refroidie, le
« bouclier ne nous défend et ne nous protège plus
« ainsi qu'il avait coutume. Si ce mal doit être im-
« puté à mes fautes, que Dieu le fasse tomber sur ma
« tête ; mais si vous méprisez les commandemens
« royaux, si vous négligez d'accomplir ce que j'or-
« donne, votre tête doit tomber sous la hache. Ce

« sera un avertissement pour l'armée toute entière
« de voir mettre à mort un de ses chefs. Nous de-
« vons essayer ce qu'il convient de faire : si quel-
« qu'un est en disposition d'obéir à la justice, qu'il
« soit obéi. Si quelqu'un la méprise, que la vengeance
« publique tombe sur sa tête ; car il vaut mieux
« qu'un petit nombre de coupables périsse, que si
« la colère de Dieu menaçait de mal toute la con-
« trée. » Le roi ayant parlé ainsi, les ducs répondirent : « Il ne serait pas facile, ô roi très-bon, d'ex-
« primer toutes les vertus de ton ame magnanime,
« de dire ce qu'il y a en toi de crainte de Dieu,
« d'amour pour l'église, de respect pour les prêtres,
« de compassion pour les pauvres, de libéralité en-
« vers les nécessiteux. Tout ce que votre Gloire a
« exposé doit être regardé comme juste et véritable.
« Mais que pouvons-nous faire quand le peuple s'a-
« bandonne à toutes sortes de vices, quand tous les
« hommes se complaisent dans l'iniquité? Nul ne
« craint le roi, nul ne respecte le duc ou le comte.
« Et si cette conduite déplait à quelqu'un, si pour
« prolonger votre vie, il s'efforce d'y apporter amen-
« dement, aussitôt le peuple se soulève, aussitôt se
« produisent des émeutes, et chacun se précipite
« plein de colère pour assaillir cet homme sage, et à
« grand'peine peut-il échapper, s'il ne se détermine à
« garder le silence. » Alors le roi dit : « Si quel-
« qu'un suit la justice, qu'il vive ; si quelqu'un mé-
« prise nos ordres, qu'il périsse, afin que ce blâme
« ne nous poursuive pas plus long-temps. » Comme il
parlait ainsi vint un messager qui dit : « Reccared,
« fils de Leuvigild, est sorti d'Espagne, a pris le

« château de Cabarat¹, dépeuplé la plus grande par-
« tie du pays Toulousain et emmené les habitans cap-
« tifs. Il a pris, dans le pays d'Arles, le château de
« Beaucaire, a enlevé tout ce qui s'y trouvait, hommes
« et biens, et s'est enfermé dans les murs de la ville
« de Nismes. » Le roi ayant entendu ces nouvelles,
nomma pour duc Leudégésile à la place de Calum-
niosus surnommé Agilan, lui soumit toute la province d'Arles et lui donna plus de quatre mille
hommes pour en garder les frontières. Nicet duc
d'Auvergne partit également avec des troupes, et
fut chargé de cerner les frontières du pays.

Pendant que cela se passait, Frédégonde, qui habitait la ville de Rouen, eut des paroles aigres avec
l'évêque Prétextat, et lui dit qu'il viendrait un temps
où il retrouverait le lieu dans lequel il avait été retenu
en exil. Prétextat lui dit : « En exil et hors de l'exil,
« j'ai toujours été, je suis et je serai évêque ; mais tu
« ne jouiras pas toujours de la puissance royale. De
« l'exil nous passons, avec l'aide de Dieu, dans le
« royaume céleste; de ton royaume, toi, tu tombe-
« ras dans l'abîme. Il aurait mieux valu pour toi lais-
« ser là tes méchancetés et tes folies, te convertir à
« une meilleure conduite, et dépouiller cet orgueil
« qui bouillonne toujours en toi, afin que tu pusses
« obtenir la vie éternelle, et amener à l'âge d'homme
« cet enfant que tu as mis au monde. » Lorsqu'il eut
dit ces paroles, Frédégonde, les prenant très-mal,
sortit de sa présence, violemment irritée contre lui.
Le jour de la résurrection du Seigneur étant arrivé,

¹ Dans le diocèse de Carcassonne.

comme l'évêque s'était rendu de bonne heure à la cathédrale pour accomplir les offices de l'église, et commençait à entonner les antiennes selon l'ordre accoutumé, dans un moment où, entre les psaumes, il était appuyé sur sa chaire, un cruel meurtrier s'approcha de lui, et tirant un couteau de sa ceinture, frappa l'évêque appuyé, comme il était, sur la chaire, au-dessous de l'aisselle. Il se mit à crier pour que les clercs présens en ce lieu lui portassent secours; mais de tous ceux qui étaient présens, aucun ne vint à son aide. Rempli de sang, il étendit ses mains sur l'autel, offrit à Dieu son oraison, lui rendit grâces, puis, emporté chez lui dans les bras des fidèles, il fut placé dans son lit. Aussitôt Frédégonde vint le voir avec le duc Beppolène et Ansovald, et lui dit : « Nous n'au-
« rions pas voulu, ô saint évêque, non plus que le
« reste de ton peuple, que, pendant l'exercice de tes
« fonctions, il t'arrivât une telle chose. Mais plût à
« Dieu qu'on pût nous indiquer celui qui a osé la
« commettre, afin qu'il subît le supplice que mérite
« un semblable crime ! » Le prêtre, sachant que ses paroles étaient pleines d'artifice, lui dit : « Et qui l'a
« commise si ce n'est celle qui a fait périr des rois,
« qui a si souvent répandu le sang innocent, et a com-
« mis divers autres méfaits en ce royaume? » Elle lui répondit : « Nous avons près de nous de très-habiles
« médecins qui pourront guérir cette blessure; per-
« mets qu'ils viennent te trouver. » Mais il lui dit :
« Les ordres de Dieu m'ont rappelé de ce monde. Toi
« qu'on reconnaît toujours pour la source de tous ces
« crimes, tu seras maudite dans les siècles, et Dieu
« vengera mon sang sur ta tête. » Lorsqu'elle fut par-

tie, le pontife mit ordre aux affaires de sa maison, puis rendit l'esprit. Romachaire, évêque de la ville de Coutances, vint l'ensevelir.

Tous les citoyens de la ville de Rouen, et surtout les principaux parmi les Francs qui habitaient cette ville, furent alors remplis d'une grande douleur. Un de ces seigneurs vint à Frédégonde, et lui dit : « Tu « as déjà commis bien des crimes dans cette vie ; mais « tu n'as encore rien fait de pire que d'ordonner le « meurtre d'un prêtre de Dieu. Que Dieu venge promp- « tement le sang innocent ! Nous poursuivrons tous la « punition de ce crime, afin que tu ne puisses pas « exercer plus long-temps de telles cruautés. » Comme il quittait la reine après avoir dit ces paroles, elle lui envoya quelqu'un pour le convier à sa table ; et comme il refusa d'y venir, elle le pria, s'il ne voulait pas s'asseoir à sa table, de boire au moins un coup, afin de ne pas sortir à jeûn de la maison royale. Y ayant consenti, il attendit un moment, reçut le breuvage composé, à la manière des Barbares, d'absinthe, de vin et de miel, et le but ; mais il était empoisonné. A peine l'eut-il avalé qu'il sentit en sa poitrine de violentes douleurs, comme si quelque chose le déchirait au dedans de lui ; il s'écria, disant aux siens : « Fuyez, « ô infortunés, fuyez le malheur qui m'arrive, de peur « que vous ne périssiez avec moi. » Ceux-ci s'abstinrent donc de boire, et se hâtèrent de s'en aller. Lui sentit sa vue s'obscurcir, et montant sur son cheval, à trois stades de ce lieu il tomba et mourut.

Ensuite l'évêque Leudovald envoya des lettres à tous les prêtres, et après avoir pris conseil, ferma les églises de Rouen, afin que le peuple n'assistât point aux saintes solennités jusqu'à ce que, par des recherches générales, on eût trouvé les auteurs du crime. Il en fit saisir quelques-uns qui, livrés aux tourmens, se laissèrent arracher la vérité, et déclarèrent que la chose avait été faite par Frédégonde; mais elle se défendait, et on ne put en prendre vengeance. On dit qu'il fut envoyé des assassins contre l'évêque, à cause de l'activité qu'il mettait à ces recherches; mais, comme il était entouré et gardé par les siens, ils ne purent lui faire aucun mal.

Lorsque ces choses eurent été annoncées au roi Gontran, et qu'il eut appris l'accusation qui pesait sur cette femme, il envoya trois évêques à son fils, fils, dit-on, de Chilpéric, dont nous avons déjà parlé sous le nom de Clotaire. Ces évêques étaient Arthémius, évêque de Sens, Véran, évêque de Cavaillon, et Agræcius, évêque de Troyes. Il les chargea de rechercher, de concert avec les gouverneurs de l'enfant, par qui avait été commis ce crime, et d'amener le coupable en sa présence; mais lorsque les évêques eurent parlé aux seigneurs, ceux-ci répondirent : « Cette « action nous cause un grand déplaisir, et nous de- « sirons de plus en plus en prendre vengeance; mais, « s'il se trouve parmi nous quelque coupable, il ne « peut être conduit en présence de votre roi, car nous « pouvons réprimer, avec la sanction royale, les « crimes qui se commettent parmi nous. « Alors les évêques leur dirent : « Sachez que, si la personne « qui a commis ce crime ne nous est pas remise, notre « roi viendra avec une armée, et livrera tout ce pays « au fer et aux flammes; car il est manifeste que l'é- « vêque a été frappé par la même personne qui a fait

« périr le Franc par le poison. » Après avoir ainsi parlé, ils s'en allèrent sans pouvoir obtenir aucune réponse raisonnable, et protestant contre la nomination de Mélantius à la place de Prétextat, afin qu'il ne fût point admis à remplir les fonctions épiscopales.

Il se commit en ce temps beaucoup de crimes. Domnole, fille de Victor, évêque de Rennes, veuve de Burgolène, et qui depuis avait épousé Nectaire, était en différend pour des vignes avec Bobolène, référendaire de Frédégonde. Sachant qu'elle était venue dans ses vignes, Bobolène lui envoya des messagers pour protester contre toute prise de possession de sa part; mais méprisant cette protestation, et disant que ce bien lui venait de son père, elle entra dans la vigne. Alors Bobolène excita un soulèvement, tomba sur elle avec des gens armés, et après l'avoir tuée, vendangea la vigne et enleva tout ce qui lui appartenait, faisant périr par l'épée tous ceux qui étaient avec elle, tant hommes que femmes, sans laisser en vie aucun des siens, si ce n'est ceux qui purent s'échapper par la fuite.

En ces jours-là il y avait à Paris une femme, qui dit aux habitans : « Fuyez de la ville, et sachez qu'elle « va être consumée par un incendie. » Beaucoup en riaient, et croyaient qu'elle disait cela d'après quelques présages obtenus en jetant les sorts, ou bien qu'elle l'avait rêvé, ou qu'elle parlait par l'inspiration de certains démons du midi; elle répondit : « Ce n'est « rien de ce que vous dites, mais je vous parle en « vérité. J'ai vu pendant mon sommeil sortir de la « basilique de Saint-Vincent un homme lumineux, « tenant à la main un flambeau de cire, dont il

---

[1] On lit ailleurs Beppolène.

« embrâsait l'une après l'autre les maisons des mar-
« chands. » Trois nuits après le jour où cette femme
avait parlé ainsi, à l'entrée du crépuscule, un citoyen
entra dans son cellier avec une lumière, et y ayant pris
de l'huile et d'autres choses dont il avait besoin, il
sortit, laissant sa lumière proche de la tonne d'huile.
Sa maison était la première contre la porte qui s'ou-
vre du côté du midi. Cette lumière mit le feu à la
maison, elle brûla, et l'incendie commença à gagner
les autres. Comme le feu allait se communiquer aux
prisons où étaient enchaînés les prisonniers, saint
Germain leur apparut, et ayant brisé les chaînes auxquelles ils étaient attachés, ouvrit les portes de la
prison; en sorte qu'ils sortirent sans aucun mal. Sortis
de la prison, ils se rendirent à la basilique de Saint-
Vincent, dans laquelle est le tombeau de ce bienheureux évêque. Le vent qui soufflait portait la flamme
dans toute la ville, et l'incendie, dans sa plus grande
force, commençait à s'approcher de l'autre porte où
l'on avait dédié un oratoire à saint Martin; il avait
été construit en ce lieu, parce que le saint y avait guéri
un lépreux en l'embrassant. L'homme qui avait construit cet oratoire de roseaux entrelacés sur le haut
de sa maison, plein de confiance dans le Seigneur,
et ne doutant pas non plus des mérites de saint Martin, se réfugia avec ce qu'il possédait dans l'oratoire,
disant : « Je crois, et suis dans la confiance que celui
« qui a souvent commandé aux flammes, et qui a
« guéri en ce lieu un lépreux par ses baisers, repous-
« sera d'ici cet incendie. » Lorsque le feu commença
à s'approcher, de gros globes de flammes venaient
frapper les parois de l'oratoire, et s'éteignaient aussi-

tôt. Le peuple criait à cet homme et à sa femme, « Fuyez, ô pauvres gens, afin de pouvoir échapper : « voilà déjà que le feu se précipite sur vous ; voilà « que les étincelles et les charbons tombent comme une « violente pluie, et s'étendent jusqu'à vous. Sortez de « l'oratoire et ne vous y laissez pas brûler. » Mais lui, occupé à l'oraison, ne fut pas un instant ébranlé de ces cris, et sa femme ne quitta pas la fenêtre par laquelle les flammes entraient dans l'oratoire. Une ferme espérance dans les mérites du saint évêque la garantissait de tout danger. Telle fut en effet la puissance du saint pontife que non seulement l'oratoire sauva la maison et les habitans, mais il ne permit pas que la violence des flammes nuisît à aucune des maisons qui l'environnaient. Là finit l'incendie, de ce côté du pont. De l'autre côté, il s'étendit avec tant de violence qu'il ne fut arrêté que par les bords du fleuve ; cependant les églises et les maisons qui leur appartenaient ne furent pas brûlées. On disait que cette ville avait été consacrée autrefois, en sorte que le feu ne pouvait s'y propager, et qu'on n'y voyait ni serpens, ni loirs ; mais que, lorsque dernièrement on avait nettoyé les conduits des ponts, et qu'on les avait vidés de la boue qui les remplissait, on y avait trouvé un serpent et un loir d'airain ; qu'après qu'on les eut ôtés il parut dans Paris des loirs et des serpens sans nombre, et qu'après cela la ville fut prise de l'incendie.

Le prince des ténèbres a mille artifices pour faire le mal, et je vais raconter ce qui est arrivé dernièrement à des reclus et à des hommes dévoués à Dieu. Le breton Winoch, élevé aux honneurs de la prêtrise, et dont nous avons parlé dans un autre livre, s'était soumis à de telles austérités qu'il ne se vêtissait que de peau, ne mangeait que des herbes sauvages crues, et portait si légèrement le vase de vin à sa bouche, qu'on aurait dit que c'était pour le baiser plutôt que pour le boire. Mais la libéralité des dévots lui ayant souvent apporté des vases remplis de cette liqueur, il s'accoutuma par malheur à en boire outre mesure, et finit par s'abandonner tellement à la boisson qu'on le vit plusieurs fois ivre. D'où il arriva que son ivrognerie augmentant par la suite des temps, le démon s'empara de lui et le tourmenta avec une telle violence que, prenant un couteau ou quelque espèce de projectile qu'il pût attraper, soit pierres, soit bâtons, furieux il poursuivait les hommes qu'il voyait; en sorte qu'on fut obligé de le garder dans sa cellule, chargé de chaînes. Après avoir passé deux ans frénétique sous le poids de ce jugement, il rendit l'esprit. Un autre nommé Anatole, natif de Bourgogne, et enfant de douze ans, à ce qu'on rapporte, étant au service d'un certain marchand, lui demanda la permission d'entrer en réclusion. Le maître résista long-temps croyant que son zèle se refroidirait, et qu'à cet âge il ne pourrait accomplir ce qu'il s'efforçait d'obtenir. Cependant, vaincu par les prières de son serviteur, il lui donna les moyens de faire ce qu'il desirait. Il y avait en ce lieu un antique souterrain voûté et curieusement travaillé, en un coin duquel se trouvait une petite cellule formée de pierres carrées, et dans laquelle un homme pouvait à peine se tenir debout. L'enfant entra dans cette cellule, et y demeura l'espace de huit ans au plus, satisfait de très-peu de nourriture et de boisson, veillant et vaquant à l'oraison. Après cela, saisi d'une grande terreur, il commença à s'écrier qu'il éprouvait de violentes douleurs au dedans de lui, d'où il arriva qu'aidé, je crois, d'une partie de la milice de l'Enfer, il ébranla les pierres de taille qui le tenaient enfermé, renversa le mur, et joignit les mains, disant que les saints de Dieu le brûlaient. Après qu'il eut demeuré long-temps dans cette folie, comme il confessait souvent le nom de saint Martin, et se disait tourmenté par ce saint encore plus que par les autres, on le conduisit à Tours ; mais le mauvais esprit, réprimé, à ce que je crois, par les mérites et la puissance du saint, cessa de le tourmenter. Après être demeuré à Tours plusieurs années sans éprouver aucun mal, il s'en alla, mais il fut ensuite repris de sa maladie.

Les envoyés d'Espagne vinrent trouver le roi Gontran avec beaucoup de présens, lui demandant la paix [1]; mais ils ne purent en obtenir aucune réponse positive; car, dans l'année précédente, tandis que l'armée ravageait la Septimanie, des vaisseaux, qui allaient des Gaules en Galice, avaient été pillés par ordre du roi Leuvigild, et on avait enlevé ce qu'ils portaient. Les hommes qui les montaient avaient été maltraités et tués; plusieurs avaient été emmenés en captivité ; un petit nombre, qui s'étaient échappés sur des barques, étaient revenus dans leur pays annoncer ce qui s'était passé.

A la cour du roi Childebert, Magnovald fut tué de la manière suivante, pour des causes inconnues. Le roi était à Metz dans son palais, et regardait le spectacle d'un animal environné et harcelé d'une

[1] En 586.

troupe de chiens. Il manda Magnovald. Celui-ci arrivant et ne se doutant pas de ce qui l'attendait, se mit à rire avec les autres et à regarder le combat des bêtes. Lorsqu'on le vit atttentif au spectacle, un homme, qui en avait reçu l'ordre, le frappa de sa hache et lui coupa la tête. Il tomba mort, fut jeté par les fenêtres de la maison, et enseveli par les siens. On enleva aussitôt tous ses effets, et tout ce qu'on trouva fut porté au trésor public. On disait qu'on l'avait fait mourir parce qu'après la mort de son frère, il avait fait périr sa femme par toutes sortes de mauvais traitemens, et avait ensuite épousé la femme de son frère.

Après cela naquit au roi Childebert un fils que Magnéric, évêque de Trèves, tint sur les fonts sacrés, et qui reçut le nom de Théodebert. Le roi Gontran en eut tant de joie qu'il fit sur-le-champ partir des envoyés chargés de beaucoup de présens, disant : « Si le père « conserve cet enfant et si cet enfant conserve son « père, Dieu, par sa bonté particulière, relèvera la « grandeur du royaume des Francs. »

La onzième année du règne du roi Childebert, il revint de nouveau des envoyés d'Espagne pour demander la paix; mais, n'ayant pu obtenir de réponse positive, ils s'en retournèrent. Reccared, fils de Leuvigild, vint jusqu'à Narbonne, enleva du butin sur le territoire des Gaules, et s'en retourna secrètement.

Cette année moururent beaucoup d'évêques, entre autres Bodégésile, évêque du Mans, homme très-cruel au peuple, qui enlevait ou pillait injustement les biens des uns et des autres. Sa femme ajoutait encore à la cruauté de son ame inhumaine, l'excitant toujours par de mauvais conseils, et le stimulant à commettre des crimes. Il ne se passait pas un jour, pas un moment, où il ne s'occupât, soit à dépouiller des citoyens, soit à élever diverses querelles. Chaque jour, sans relâche, il siégeait avec les juges pour juger les procès, ne cessant d'exercer des offices séculiers, de sévir contre les uns, de maltraiter les autres; il en frappait beaucoup de ses propres mains, disant : « Parce que je suis clerc, ne vengerai-je pas mes in« jures? » Mais que dirai-je de sa conduite envers les autres, puisqu'il n'épargna pas ses propres frères, et qu'il les dépouilla de beaucoup de choses, tellement, qu'ils ne purent jamais obtenir de lui ce qui leur revenait des biens de leur père et de leur mère? Ayant accompli la cinquième année de son épiscopat, en entrant dans la sixième, il avait fait préparer avec beaucoup de joie un repas pour les citoyens, lorsqu'il fut saisi de la fièvre, et la mort finit aussitôt pour lui l'année qu'il commençait. On mit à sa place Bertrand, archidiacre de Paris. Il se trouva exposé à beaucoup d'altercations avec la veuve du défunt, qui voulait retenir, comme lui appartenant, les choses données à l'Église du temps de l'évêque Bodégésile, disant : « C'est mon mari qui les a gagnées. » Cependant, elle fut forcée de tout rendre malgré elle, et elle était d'une méchanceté inexprimable. Elle coupait souvent aux hommes les parties naturelles, avec la peau du ventre, et faisait brûler aux femmes, avec des fers ardens, les parties secrètes de leur corps. Elle commit beaucoup d'autres iniquités qu'il vaut mieux, je crois, passer sous silence. En ce temps mourut aussi Sabaude, évêque d'Arles, à la place duquel fut nommé Licérius, référendaire du roi Gontran. Cette province fut dépeuplée par une cruelle contagion. Evans, évêque de Vienne, mourut aussi, et, à sa place, le roi nomma Virus, prêtre de race sénatoriale. Cette année, beaucoup d'évêques quittèrent ce monde, et je n'en parle point, parce que chacun a laissé dans sa ville des monumens.

Il y eut dans la ville de Tours un certain Pélage, exercé à une infinité de méchancetés, ne craignant aucun juge, parce qu'il avait sous ses ordres les gardes des chevaux du fisc. Il ne cessait de surprendre les citoyens, d'envahir leurs biens, de les maltraiter, et de se livrer à diverses sortes de crimes, tant sur l'eau que sur terre. Je le mandai plusieurs fois, et tâchai, soit par des menaces, soit par des paroles de douceur, de le détourner de sa mauvaise conduite; mais, au lieu d'en recueillir aucun fruit de justice, je m'attirai plutôt sa haine, d'après les paroles de Salomon : « Ne reprenez point le fou, de peur qu'il « ne vous haïsse [1]. » Ce malheureux avait en effet pour moi une telle haine que souvent, après avoir dépouillé et maltraité des gens de la sainte Église, il les laissait sans vie, cherchant de quelle manière il pourrait porter dommage, soit à la cathédrale, soit à la basilique de saint Martin. Il arriva qu'une fois il rencontra nos gens portant un hérisson dans des vases, il les maltraita, les foula aux pieds, et prit les vases. Ayant appris la chose, je lui interdis la communion, non pour venger mon injure, mais pour parvenir à le corriger de sa frénésie. Mais il choisit

[1] prov. chap. 9, v. 8.

douze hommes avec lesquels il vint pour se purger de ce crime par un faux serment; je ne voulais recevoir aucun serment; mais sollicité par lui et par nos citoyens, je renvoyai ceux qu'il avait amenés, pris seulement son serment, et le reçus à la communion. On était alors dans le premier mois. Au cinquième mois, à l'époque où l'on a coutume de faucher les prés, il envahit un pré de religieuses qui confinait au sien; mais, aussitôt qu'il y eut mis la faulx, il fut pris de la fièvre, et rendit l'esprit le troisième jour. On l'avait mis en un sépulcre dans la basilique de saint Martin, au bourg de Candes. On trouva le sépulcre ouvert et brisé en pièces; on l'ensevelit ensuite sous le portique de la basilique, et les vases du hérisson, qu'il avait juré faussement n'avoir point pris, furent, après sa mort, rapportés de son cellier. Ainsi se manifesta la puissance de la bienheureuse Marie, dans la basilique de laquelle ce misérable avait proféré de faux sermens.

Le bruit s'étant répandu par tout le pays que l'évêque Prétextat avait été tué par l'ordre de Frédégonde, pour se laver de ce crime, elle fit prendre un de ses serviteurs, et ordonna qu'il fût violemment frappé de coups, disant: « C'est toi qui as fait tom-
« ber sur moi ce blâme, en attaquant de ton épée
« Prétextat, évêque de la ville de Rouen; » et elle le livra au neveu de l'évêque. Celui-ci l'ayant fait appliquer aux tourmens, le serviteur découvrit clairement toute l'affaire, et dit: « J'ai reçu de la reine
« Frédégonde cent sols d'or pour faire ce que j'ai
« fait. J'en ai eu cinquante de l'évêque Mélantius, et

« cinquante autres de l'archidiacre de la cité. De
« plus, on m'a promis que je serais libre ainsi que
« ma femme. » A ces mots, le neveu de l'évêque tirant son épée mit le coupable en morceaux. Frédégonde institua évêque Mélantius, qu'elle avait dès le premier moment nommé à ce siège.

Le duc Beppolène, fort ennuyé de Frédégonde qui ne lui accordait pas près d'elle les honneurs qui lui étaient dus, et s'en voyant méprisé, alla trouver le roi Gontran, qui lui confia la puissance ducale sur les cités qui appartenaient à Clotaire, fils du roi Chilpéric. Il s'y rendit avec un grand appareil, mais ne fut pas reçu à Rennes. Venant ensuite à Angers, il y fit beaucoup de mal, s'emparant des provisions, du foin, du vin, et de tout ce qu'il pouvait trouver dans les maisons des citoyens, où il entrait sans attendre les clefs, et en rompant les portes. Il frappa de coups et foula aux pieds beaucoup des habitans de ce lieu. Il fit peur aussi à Domégésile ; mais ensuite se racommoda avec lui. Étant venu à la ville, tandis qu'il était à faire festin avec plusieurs, dans une maison à trois étages, le plancher de la maison s'enfonça tout à coup, et il s'en échappa à grand'peine demi-mort, et beaucoup furent blessés ; mais il n'en persévéra pas moins dans ses mauvaises actions. Frédégonde lui enleva beaucoup des propriétés qu'il avait dans le royaume de son fils. Il retourna à Rennes, et, voulant soumettre cette ville à la puissance du roi Gontran, il laissa son fils auprès ; mais peu de temps après, les habitans de Rennes étant tombés sur lui, le tuèrent ainsi que beaucoup d'hommes de rang.

Cette année beaucoup de signes apparurent; on vit des arbres fleurir au septième mois, et plusieurs qui avaient déjà donné des fruits en produisirent de nouveaux, qui demeurèrent sur les arbres jusqu'au jour de la nativité du Seigneur. On vit des feux parcourir le ciel en manière de serpens.

L'an douzième du roi Childebert[1], Nicet d'Auvergne fut nommé gouverneur de la province de Marseille et des autres villes appartenant à Childebert en ces contrées. Antestius fut envoyé à Angers par le roi Gontran, et infligea beaucoup d'amendes à ceux qui avaient été impliqués dans le meurtre de Domnole, femme de Nectaire; il vint à Nantes apportant au fisc les biens de Beppolène, principal auteur de ce crime, et il commença à inquiéter l'évêque Namnichius en lui disant : « Ton fils est impliqué dans ce « crime, et il faut qu'il subisse la peine qu'il a méri- « tée. » Le jeune homme, effrayé par les accusations de sa conscience, s'enfuit près de Clotaire, fils de Chilpéric. Antestius, ayant pris caution de l'évêque qu'il se présenterait devant le roi, se rendit à Saintes. Il courait alors un bruit que Frédégonde avait envoyé secrètement des messagers en Espagne, qu'ils avaient été reçus également en secret par Pallade, évêque de Saintes, qui les avait fait passer plus loin. On était alors dans les saints jours du carême, et l'évêque s'était retiré dans une île de la mer pour s'y livrer à l'oraison. Comme il revenait, selon la coutume, le jour de la cène du Seigneur à sa cathédrale, où le peuple l'attendait, il fut entouré en route par les gens d'An-

[1] En 587.

testius. Celui-ci, sans examiner la vérité des faits, lui dit : « Tu n'entreras point dans la ville, mais seras « condamné à l'exil, parce que tu as reçu les messa- « gers de l'ennemie du roi notre seigneur. — Je ne « sais, répondit l'évêque, ce que tu veux dire, mais « cependant voici les jours saints, allons à la ville, et, « après les solennités de ces saintes fêtes, porte contre « moi l'accusation que tu voudras et écoute mes rai- « sons ; car ce que tu crois n'est pas véritable. — Point « du tout, dit Antestius, tu n'atteindras pas le seuil « de ton église, car il paraît que tu as manqué de foi « au roi notre seigneur. » Que dirai-je de plus ? Il retint l'évêque sur la route, fit l'inventaire de la maison épiscopale, et en enleva les effets. Les citoyens ne purent obtenir de lui qu'au moins la chose ne fût discutée qu'après la célébration des fêtes de Pâques. Mais, comme ils le sollicitaient et qu'il se refusait à leurs prières, il découvrit enfin la plaie cachée de son cœur. « S'il veut, dit-il, remettre en mes mains, à « titre de vente, la maison qu'on sait qu'il possède « dans le territoire de Bourges, je ferai ce que vous « demandez, autrement il ne sortira de mes mains « que pour aller en exil. » L'évêque n'osa refuser ; il écrivit, signa et livra son champ. Puis, ayant donné caution de se présenter devant le roi, il lui fut permis de rentrer dans la ville. Les jours saints passés, il se rendit vers le roi, Antestius s'y rendit aussi ; mais ne put rien prouver de ce qu'il avait imputé à l'évêque. L'évêque s'en retourna dans sa ville, et son affaire fut renvoyée au futur synode, afin qu'on y examinât si l'on pouvait prouver quelque chose de ce dont on l'accusait. L'évêque Namnichius se rendit aussi devant le roi, et fut renvoyé après avoir donné beaucoup de présens.

Frédégonde adressa, au nom de son fils, des envoyés au roi Gontran. Celui-ci, ayant ouvert la lettre et fait réponse, les envoyés lui dirent adieu, et se retirèrent; mais je ne sais pourquoi ils demeurèrent quelque temps auprès de son logis. Le matin suivant, le roi se rendant à Matines précédé d'un flambeau de cire, on vit dans un coin de l'oratoire un homme endormi, comme ivre. Il portait une épée à son baudrier, et sa lance était appuyée contre la muraille. Le roi, l'ayant vu, se récria, et dit qu'il n'était pas naturel que, durant l'horreur de la nuit, un homme dormît en tel lieu. Il fut donc saisi, lié avec des cordes, et on lui demanda ce que signifiait une telle conduite. Livré sur-le-champ aux tourmens, il dit qu'il avait été chargé par les envoyés de tuer le roi. On prit donc les envoyés de Frédégonde, qui n'avouèrent aucun des faits sur lesquels on les interrogeait, et dirent : « Nous « n'avons eu d'autre mission que d'apporter le mes- « sage que nous avons rendu au roi. » L'homme qu'on avait pris fut soumis à divers tourmens, et condamné à la prison, et les envoyés furent condamnés à l'exil en divers lieux. Il parut clairement qu'ils avaient été traîtreusement envoyés par Frédégonde pour faire périr le roi, ce que ne permit pas la miséricorde de Dieu. Parmi eux se trouvait Baddon, un des principaux de sa ville.

Les envoyés d'Espagne revenaient continuellement vers le roi Gontran, sans pouvoir en obtenir la paix;

mais, au contraire, l'inimitié s'augmentait. Le roi Gontran rendit à son neveu Childebert la ville d'Alby. Le duc Didier, qui avait rassemblé dans le territoire de cette ville toutes ses meilleures possessions, craignit alors la vengeance du roi Childebert, parce qu'autrefois, dans ce même lieu, il avait rudement traité en ennemie l'armée du roi Sigebert de glorieuse mémoire. Il s'en alla donc avec sa femme Tétradia qu'il avait enlevée à Eulalius, comte d'Auvergne; et, passant avec tous ses biens dans le territoire de Toulouse, il leva une armée, et se disposa à marcher contre les Goths, après avoir partagé, à ce qu'on dit, tout ce qu'il possédait entre ses fils et sa femme. Ayant pris avec lui le comte Austrovald, il marcha vers Carcassonne. Les citoyens de cette ville se préparèrent à se défendre, car ils avaient été avertis de leur arrivée. Le combat ayant été livré, les Goths commencèrent à fuir, et Didier, ainsi qu'Austrovald, à les poursuivre toujours battant. Eux continuant à fuir, Didier arriva à la ville avec peu de monde, parce que les chevaux de ses compagnons étaient rendus. S'étant donc approché de la porte de la ville, il fut entouré par les citoyens demeurés dans les murs, et tué avec ceux des siens qui l'avaient suivi. A grand'peine put-il s'en échapper un petit nombre qui vinrent raconter ce qui s'était passé. Austrovald, apprenant la mort de Didier, rebroussa chemin, et se rendit vers le roi, qui aussitôt le fit duc à la place de Didier.

Après cela, Leuvigild, roi d'Espagne, tomba malade. Mais, à ce qu'on assure, il fit pénitence des erreurs de son hérésie, et protestant qu'il n'y retomberait point de sa volonté, fut converti à la foi catholique; après avoir pleuré sept jours l'iniquité de ses entreprises contre Dieu, il rendit l'esprit [1]. Son fils Reccared régna en sa place.

[1] En 586, et non en 587 comme le suppose ici Grégoire de Tours.

FIN DU TOME PREMIER.

www.ingramcontent.com/pod-product-compliance
Lightning Source LLC
Chambersburg PA
CBHW050600230426
43670CB00009B/1199